Gaosu Gonglu Dianzi Butingche Shoufei Xitong Jianshe Tansuo yu Shijian

高速公路电子不停车收费系统建设探索与实践

盛 刚 李冬陵 高海龙 编著

人民交通出版社股份有限公司
China Communications Press Co.,Ltd.

内 容 提 要

电子不停车收费系统(ETC)作为智慧交通建设的重要内容之一,得到了各级交通建设管理部门的高度重视。湖南省是第一批实现ETC联网收费的14个省市之一,其发展过程连续创造了奇迹。本书共分为九个篇章,内容不仅涉及前期的方案研究、规划和建设过程的技术方案,同时涉及后期的营销、运行、管理和维护,全方位总结了湖南省在ETC发展过程汇总的成功经验。

本书适用于高速公路联网运行机电系统相关的规划、设计、施工、运营、维护、管理等人员。

图书在版编目(CIP)数据

高速公路电子不停车收费系统建设探索与实践 / 盛刚,李冬陵,高海龙编著. —北京 :人民交通出版社股份有限公司,2018.9

ISBN 978-7-114-15012-8

Ⅰ. ①高… Ⅱ. ①盛… ②李… ③高… Ⅲ. ①高速公路—公路收费系统—研究—湖南 Ⅳ. ①U412.36

中国版本图书馆CIP数据核字(2018)第215198号

书　　名:高速公路电子不停车收费系统建设探索与实践
著 作 者:盛　刚　李冬陵　高海龙
责任编辑:牛家鸣　周　凯
责任校对:刘　芹
责任印刷:张　凯
出版发行:人民交通出版社股份有限公司
地　　址:(100011)北京市朝阳区安定门外外馆斜街3号
网　　址:http://www.ccpress.com.cn
销售电话:(010)59757973
总 经 销:人民交通出版社股份有限公司发行部
经　　销:各地新华书店
印　　刷:北京虎彩文化传播有限公司
开　　本:787×1092　1/16
印　　张:26
字　　数:598千
版　　次:2018年9月　第1版
印　　次:2018年9月　第1次印刷
书　　号:ISBN 978-7-114-15012-8
定　　价:90.00元
(有印刷、装订质量问题的图书,由本公司负责调换)

《高速公路电子不停车收费系统建设探索与实践》

编 委 会

主　　编：盛　刚

副 主 编：李冬陵　高海龙

编写成员：何培舟　徐　宏　冯海伟　梁　铭　谭　峰
刘见振　刘春成　付怀珀　王永新　钟卫强
周雄坚　朱建军　袁　皓　钟　标　徐东彬
王　黎　邹　杰　葛　涛　杨晓寒　周兰孙
王　兴　于加晴　顾思思　李金蔚　王　珣

编写单位：北京交科公路勘察设计研究院有限公司
交通运输部公路科学研究院

前　言

电子不停车收费系统(ETC)是智慧交通建设的重要内容之一。ETC技术的应用,将改变现行占主导地位的人工收费模式,在提高收费站通行效率、缓解交通拥堵的同时,能够显著节约管理成本,提升管理水平。全国ETC的联网不仅提升了收费效率,而且将公路管理的信息终端延伸到车辆,架起了路与车之间专用的信息通道,实现人、车、路的信息交互,具备了运行信息采集和个性化信息服务的基础,将极大促进公路交通服务转型升级。

湖南省位于我国东南腹地、长江中游,是连接东部沿海地区与西部内陆地区的桥梁纽带,位置十分重要。2013年底,湖南已通车高速公路达5084km,位列全国前七。2014年,交通运输部组织全国14个省(市)第一批实现ETC联网收费,湖南省名列其中。从2014年初开始,省委省政府、交通运输厅、高速公路管理局十分重视ETC发展,加大研究和投入,并形成一整套成功的技术和市场模式,到2016年8月,ETC用户已突破170万,ETC覆盖率100%,其发展速度创造了奇迹。

《高速公路电子不停车收费系统建设探索与实践》全方位总结了湖南省在ETC发展过程中的成功经验,内容涉及高速公路智能收费方式研究、高速公路电子不停车收费系统建设规划、高速公路电子不停车收费系统技术要求、高速公路电子不停车收费系统全国联网技术方案、高速公路电子不停车收费系统营销合作方案、高速公路联网收费系统与银行ETC营销系统对接技术要求、湘通卡代理业务管理办法、高速公路电子不停车收费系统运行及服务管理办法、电子不停车收费系统维护手册等。

本书的编著得到了各方领导、专家和朋友的大力支持,特别感谢湖南省高速公路监控中心、湖南省高速公路建设开发总公司相关单位领导支持,感谢长安大学许宏科教授对全书提出了很多宝贵建议,但由于作者水平有限和时间原因,其中不足之处在所难免,恳请专家和同行指正,以臻完善。

作　者

2016年8月4日

目　　录

第1篇　湖南省高速公路综合智能收费方式研究

第 2 篇 湖南省高速公路电子不停车收费系统建设规划

第 3 篇 湖南省高速公路电子不停车收费系统技术方案

第 4 篇 湖南省高速公路电子不停车收费系统全国联网技术方案

第5篇 湖南省高速公路电子不停车收费系统营销合作方案

第6篇　湖南省高速公路联网收费系统与银行ETC营销系统对接技术要求

第7篇　湘通卡代理业务管理办法

第 8 篇　湖南省高速公路电子不停车收费系统运行及服务管理办法

第 9 篇　湖南省高速公路电子不停车收费系统维护手册

第1篇

湖南省高速公路综合智能收费方式研究

第1章 概　　述

2007年交通运输部启动电子不停车收费示范工程，湖南省从2012年开始布局，2014年湖南成为第一批纳入全国ETC联网的省份，其ETC建设模式独特，形成一套成功的技术方案和市场模式。这些成绩的取得与其前期研究、布局密不可分。本书将分九篇对其进行介绍，旨在总结和还原湖南ETC的建设过程和典型做法。

随着湖南省社会经济的快速发展，高速公路建设及大规模联网收费的步伐也在加快。截至2012年底，湖南省高速公路通车总里程达3969公里，2013年底达5084公里。随着车流量的不断增加，高速公路出入口车辆排长队甚至拥堵现象越来越频繁，传统收费管理模式造成通行效率低的弊端日益凸显。因此，提高高速公路服务水平，特别是利用综合智能技术提高收费效率，增强收费车道通行能力，是提高交通运行效率的有效手段。为此，湖南省交通运输厅决定开展湖南省高速公路综合智能收费方式评估分析，并将其列为2013年智慧交通重点工作目标。

1.1 背景

1.1.1 湖南省情况

到2013年，湖南省高速公路收费系统主要为人工半自动(Manual Toll Collection system，MTC)收费和电子不停车(Electronic Toll Collection，ETC)收费两种收费方式。从通行效率来看，ETC最高。从全国形势分析，MTC和ETC收费将会长期共存，如何利用新的智能技术，提高MTC通行效率是当前迫切需要解决的问题。特别是大型货车需携带大量现金作为通行费，人工收费除造成收费站严重拥堵外，给驾驶员的自身安全也带来极大隐患。在加强、完善ETC应用的基础上，通过在MTC中引入湘通(专用/联名)卡、银联卡和电子现金(如手机钱包)等多种非现金支付方式并进行优化组合以提高通行效率的收费方式称为综合智能收费方式。综合智能收费方式的应用将极大地缓解交通拥堵并减少驾乘人员的安全隐患。

1.1.2 政策依据

针对智能收费方式，国家相关部委、湖南省政府出台了系列规定，为湖南实现多种智能收费方式提供了重要的政策和技术保障。

(1)2010 年 12 月,交通运输部、国家发展和改革委员会和财政部联合出台了《关于促进高速公路应用联网电子不停车收费技术的若干意见》(交公路发〔2010〕726 号)(以下简称《意见》),《意见》提出两个具体指标:“力争到‘十二五’期末,全国高速公路 ETC 平均覆盖率达到 60%……非现金支付使用率达到 40%。”

2011 年 4 月,交通运输部颁布的《公路水路交通运输信息化“十二五”发展规划》再次明确了这一目标。智能交通电子支付是交通运输部面向 2020 年的重要应用和建设重点。

(2)《湖南省政府 2013 年工作报告》中提出了加快手机支付、智能交通建设的要求。

(3)2008 年 1 月,国务院信息化工作办公室以国信办函〔2008〕4 号文批复湖南成为全国第一个“国家移动电子商务试点示范省”。

1.1.3 公众需求

据统计,截至 2011 年底,湖南省民用汽车拥有量为 290.6 万辆,其中客车 201.4 万辆、货车 54.9 万辆、其他汽车 24.2 万辆;截至 2012 年 9 月底,湖南省驾驶员达 858 万人。这其中,不同行业和不同人群对高速公路的支付方式的要求不同,可分为以下几大类:

(1)对快速通行和便捷缴费有高要求的车辆,如物流和专业运输公司,以及生活、工作在城市周边,需要经常出入高速公路的人群的车辆等,此类车辆采用 ETC 方式比较适合。

(2)偶尔使用高速公路的车辆,其中 7 座以下小客车比例最大。7 座以下小客车占湖南省高速公路通行比例为 67%,收费额仅占 18%。经过问卷调查,96.15% 的驾驶员希望在高速缴费的时候像公交刷卡一样,65% 的驾驶员愿意办理中国移动推出的小额手机钱包。电子现金(手机钱包)的方式在快速支付上具有一定的优势。

(3)过境的外省大型客货车辆。此类车辆单次交费容易超过电子现金的最高限额,因此驾驶员迫切希望能刷银联卡交费,以避免携带大量现金。

综上所述,公众出行需求的多样性决定了智能收费方式的多样性,只有采用多种支付手段,才能满足全社会的需求、服务于公众,更好地为公众提供一个经济、便捷和舒适的出行环境。

1.2 收费方式划分

高速公路收费方式主要从两个方面进行划分:第一是通行方式,第二是支付手段。

1.2.1 按通行方式划分

按通行方式可以分为停车收费和不停车收费两种。

1)停车收费方式

停车收费方式又分为人工服务和自助通过,与之对应的是人工半自动(MTC)收费系统和自助取(交)卡(ATC)系统。

(1)MTC 收费系统

MTC 收费方式,即人工判别车型,入口发放通行卡,出口收卡、验卡、计算通行费,人工收费(现金支付),计算机管理,辅以车辆检测器校准、闭路电视监控。

(2)ATC 系统

自助取卡系统是在高速公路收费站入口车道安装自助发卡机,并配套自动车型分类器,驾驶员自助取卡通行,代替人工取、交卡。自助取卡收费系统是 MTC 收费系统的一种有效补充形式,在其他省(市)已有成熟应用,特别是一些大型收费站。

自助交卡系统目前正处于研发阶段。

2)ETC

在高速公路收费站出、入口车道安装 ETC 相关设备,办理了 ETC 的车辆(即办理湘通专用卡并安装车载单元(OBU))通过时,无须停车,系统自动识别、记录、扣费、抬杆放行。

1.2.2 按支付手段划分

按支付手段分为:现金和非现金。其中,湖南省高速公路非现金支付手段又分为湘通(专用/联名)卡、电子现金(如手机钱包)和银联卡。

1)湘通(专用/联名)卡支付

湖南省高速公路目前发行的为湘通专用卡,主要用于高速公路 ETC 车道配合 OBU 交费通行和在 MTC 车道上通过手持机交费通行。2012 年 12 月,湘通专用卡发行量仅 6026 张。为了加快 ETC 及湘通卡的推广应用,积极同银行展开合作发行 OBU 和湘通(专用/联名)卡(考虑非现金支付的需求,可以对货车只发行湘通卡),有以下两种模式:

第一种是银行卡和湘通专用卡绑定模式。即银行发行银行卡和湘通专用卡,两张卡只做账户绑定,分别应用于各自领域。银行卡仍应用于日常消费(非高速公路收费业务)环节,而湘通专用卡用于高速公路通行,用户在使用前可以将资金由银行卡划转至湘通专用卡,从而在高速公路实现刷卡收费。这种方式是目前国内 ETC 和银行合作的主要模式,大部分省(市)均采用这种方式。

第二种是银行卡与湘通卡复合模式,即湘通联名卡。以采用 PBOC 2.0 标准的金融 IC 卡(含 IC 卡芯片)为载体,兼具金融功能和高速公路收费功能,设置银行卡账户和 ETC 账户,实现一卡双账户,双账户各自独立,分别应用于各自领域。实际上是将第一种模式中的两张卡合并为一张卡,既可插在 OBU 中实现 ETC 通行,也可实现 MTC 车道的刷卡通行,这种方式是目前国内高速公路收费方式的发展趋势。

此外,中国人民银行已推出基于 PBOC 3.0 标准的,划分出支持各行业应用区域(如公交、地铁和高速公路等)的银行卡。银行卡中金融高速公路区域开放使用后,在所有收费站车道安装特定的 POS 机,可实现所有银行卡既可以充当 IC 卡使用,又能实现非现金支付,包括电子现金支付(1000 元以内,如手机钱包)、储值卡支付和信用卡支付。同时,也具备目前湖南省使用的湘通专用卡功能,此方式在 ETC 车道通行,需要对目前使用的 OBU 进行定制更换。

与银行合作是扩大 ETC 用户规模的有效手段,目前已经在国内大部分省(市)推广应用。这种模式给用户带来了极大的便利,特别是湘通(专用/联名)记账卡,用户无须到 ETC 网点对用户卡进行充值,银行发行 ETC 记账卡分担了高速公路直接发行 ETC 记账卡的资金风险。

2)银联卡支付

银联卡支付系统在国内大多数金融消费领域具有较为成熟的技术条件。银联卡支付只能用于 MTC 收费车道,且支付过程中需要输入密码和签名确认。

3）电子现金

电子现金（如手机钱包）是由商业银行或支付机构发行的，遵循国家金融行业标准，具有消费信用、转账结算、现金存取全部或部分金融功能，可以具有其他商业服务和社会管理功能的金融工具，符合中国人民银行的PBOC 2.0标准。此方式只能用于MTC收费车道，支付时无须输入密码或签名，具有支付速度快、无须找零、能提高车辆（主要是小车）通行效率等优势。

1.3 需求及目标

2013年初，湖南省高速公路以停车现金支付的收费方式为主，方式较为单一，对于日益增长的收费站车流量，无法满足公众对支付手段的多样性需求，造成收费站拥堵日益严重（特别是在大城市周边的主要收费站），而收费站收费效率直接影响路网的通行能力。因此，尽快改进湖南省高速公路收费系统十分必要，根据外省（市）高速公路收费方式的成熟发展经验，多元化收费方式的有效组合将成为湖南省高速公路收费方式的主要发展方向，总体目标为以下几点：

（1）在加强、完善ETC应用的同时，充分提升目前大量存在的非ETC车道的通行效率。

（2）根据对各种收费方式的分析和评估，以改善目前湖南省高速公路收费服务效率低下、收费站拥堵等主要问题为前提，以达到快速、便捷通行为目的，确定出科学合理、快速多元的高速公路MTC车道智能收费组合方式，从而使车辆的整体通行效率及灵活性得到提升，实现全省综合智能收费。

（3）根据对外省（市）运营管理模式的分析，并结合湖南省实际情况，提出适应湖南省高速公路收费方式发展的运营管理模式，提高服务、管理水平和高速公路整体形象。

（4）提出实现全省综合智能收费系统设置的近、远期规划，保障湖南省高速公路收费方式的平稳过渡和顺利实施。

1.4 评估重点

根据《收费公路联网收费技术要求》（交通部2007年第35号公告）、《收费公路联网电子不停车收费技术要求》（交通运输部2011年第13号公告）相关要求，主要从技术路线及实际应用的角度对高速公路综合智能收费方式的需求分析、现状及问题、优化组合原则、经济效益和相关建议进行论述，并结合现有的工程技术条件提出适合湖南省本省发展的综合智能收费组合方式，为最终利用综合智能收费方式，达到显著加强收费站整体车道通行能力、服务于公众出行、节约运营成本、降低人工劳动强度、防止作弊和提高资金管理效率及提高综合服务水平提供决策参考。

根据本省情况，着重分析综合智能收费方式的组合方式并给出最优化结论，根据湖南省现状问题和外省已有经验提出评估建议，保障综合智能收费方式适应湖南省现阶段及未来发展。

第 2 章 湖南省内外收费方式现状分析

2.1 湖南省外典型省份交通收费分析

为了推动 ETC 的迅速发展，交通部以示范工程的形式进行推动，2007 年 4 月 9 日，交通部下发《关于开展京津冀和长三角区域高速公路联网不停车收费示范工程建设的通知》。以“京津冀”和“长三角”为代表的两个区域联网模式的联网进程如下：

2007 年 9 月 18 日，“长三角区域（苏、浙、沪、皖）高速公路联网电子不停车收费实施方案”获交通部批准。

2008 年 4 月 24 日，交通运输部批复京津冀联网不停车收费方案。

2008 年 12 月 31 日，沪、苏实现联网收费。

2009 年 11 月 28 日，沪、苏、安徽实现联网收费。

2010 年 7 月 28 日，沪、苏、皖、赣实现联网收费。

2010 年 9 月 28 日，京、津、冀实现联网收费。

2012 年 8 月 1 日，沪、苏、皖、浙、赣、闽五省一市实现区域联网收费，电子收费用户可以在不同省（市）实现一卡通行。

2013 年，京津冀区域联网电子不停车收费系统实现与山东、山西等省（市）的联网。

在示范工程的推动下，到 2012 年底，全国已有 24 个省（市）开通 ETC 车道，共建设电子不停车收费车道超过 4200 条，ETC 及非现金用户数已超过 480 万，自营客户服务网点 500 余处。

2.1.1 长三角收费方式介绍

长三角区域高速公路联网不停车收费系统采用对等式架构，不设置实体性的跨省（区、市）区域联网收费管理中心，各省（区、市）联网收费管理中心之间通过协商完成跨省（区、市）交易的清分与结算。长三角区域联网不停车收费系统的管理体制总体上分三级：省（区、市）级联网收费管理中心—路段收费中心—收费站。

1）江苏

2008 年 5 月，江苏开始试点 ETC 工程，在南京机场高速公路主线收费站开通 2 条 ETC 车道。同年 12 月，完成 23 条 ETC 车道、ETC 结算中心、ETC 客服系统的建设，于 2009 年 1 月 1 日与上海同期开通了满足新国标的 ETC 收费系统，江苏省与上海市的系统实现了互联。

江苏高速公路不停车收费系统的苏通卡是由江苏高速公路联网运营管理公司经授权向社会发行的专门用于长三角不停车联网收费系统的非现金支付 IC 卡。苏通卡分为储值卡(C 卡)、记账卡(D 卡)两种。

全省苏通卡的结算业务由江苏高速公路联网运营管理公司负责,采用“T+3”模式与周边省(市)进行资金结算。全省高速公路通行费的 5%为电子支付。

到 2012 年底,江苏省 ETC 已覆盖 334 个收费站,731 条车道(所有收费车道共计2573 条),ETC 已实现收费站全覆盖,对于车道数量很少的收费站,采取混合式安装,分时切换方式进行。建设 30 个 ETC 营销网点(全业务网点,自营的客服中心,13 个地级市和 36 个县均已覆盖,可以办理包括 OBU 安装在内的所有业务)。只能进行销售和充值两项功能的网点:160 个银行网点(工行、建行、农行)、服务区网点 27 个、便利点网点 3 个(大型收费站,周一至周五可以办理 OBU)。ETC 结算银行为农行,结算周期可以选择 10 天、15 天、30 天进行结算。

江苏省 ETC 营销方式:

(1)通过政府下文,对财政预算事业单位推荐使用苏通卡,可以加强苏通卡的管理。

(2)充值送 OBU,江苏省曾开展充值 5000 元送 OBU,之后开展充值 3000 元送 OBU 等活动。

(3)针对客运车辆,凭运管局发的营运证可以免费领取 OBU。

(4)针对私家车主,可与银行联合进行 OBU 优惠的活动,减少其购买费用。

(5)物流公司货车,办理苏通卡可以免工本费(50 元),并且可累积积分。

(6)现使用 ETC 的货车有约 2 万辆,且在 53 万苏通卡用户中有 10%是没有办理 OBU,其中还有 2 万多辆车是客车。

(7)苏通卡发展情况:2009 年 2 万用户,2010 年 10 万,2011 年 22 万,2012 年 53 万。

江苏省 ETC 资金沉淀总额为 6 亿元。自营网点的业务和经费均来源于联网收费技术服务费。

江苏省拆账工作在 2012 年之前是在车道进行拆账,2012 年以后在省中心进行拆账。收费原始数据,同时提供给省交通运输厅和江苏省高速公路联网营运管理中心。拆账数据在 T+1 日进行审核并计算,拆分结果在 T+2 日内可以通过专用网络平台供业主们浏览并确认,T+3 日和 T+4 日财务公司按确认的拆账结果对资金进行划拨(一周两次)。

江苏省联网收费的收费标准为:小车为 45、50、55 分/公里。路桥单次收费 3 元/次或 6 元/次。计重收费超限部分加收(130%~200%部分)3~6 倍收费(2012 年之前是 2~5 倍)。

江苏省通行 IC 卡由管理中心统一进行采购、初始化、发行、修复、清洁和报废等工作。

江苏省骨干通信网络于 2008 年和 2012 年分两次建设,2013 年之前处于质保期内,暂时还没有较大的维护费用,视频和通信网属于各路段按属地原则维护,且运行正常。

江苏省拥有高速公路 96777 客服热线,2013 年时有 20 个座席,平均每天接听 3000 个电话,每月平均接听量为 10 万。同时,江苏省交通运输厅还有 96196 热线。

在 ETC 联网工作中,2009 年长三角区域出台了 1 套争议数据处理协议。

2)上海

上海市 ETC 工程始于 2001 年,2009 年 1 月 1 日与江苏同期开通了满足新国标的 ETC

收费系统,江苏省与上海市的系统实现了互联。

上海高速公路不停车收费系统的沪通卡是由上海公共交通卡股份有限公司经授权向社会发行的专门用于长三角不停车联网收费系统的非现金支付 IC 卡。沪通卡分为:储值卡、A 类记账卡和 B 类记账卡三种。A 类记账卡为先用后结算方式的卡片,客户需在办理记账卡前办理指定的银行卡扣款账户。在沪通卡车道使用时,车道设备自动记录交易记录及消费金额,并通过结算中心从用户指定的账户中扣除相应金额;B 类记账卡为先预付、后使用、再扣款方式,客户在办理此类记账卡时,需在发行单位建立账户并预存一定数额的保证金,每次消费后,由系统自动从发行公司账户中扣除。此类记账卡用户可使用现金、充值卡等方式对账户进行充值。到 2012 年底,全市 ETC 用户 20 万,周一至周五工作日高速公路路网 ETC 日均流量超过 13 万辆次,占路网总流量的 17%左右,在提升高速公路通行能力、改善收费口拥堵以及节能减排等方面的效益日益凸显。

全市沪通卡的结算业务由上海公共交通卡股份有限公司负责,交通卡公司结算后将拆分结果提供给上海市高速公路中心,由公路中心进行核对;系统采用 T+3 模式与周边省(市)进行资金结算。全市高速通行费的 5%为电子支付,其中 48%的电子支付通行费是在市界主线站产生的。

上海市 ETC 客户服务中心负责全市 ETC 的客户服务业务。上海市开通了 30 个 ETC 特约安装服务点,开通了 350 个充值网点,工行自助充值网点 133 个,借助工商银行网点代理方式发展用户。

上海高速公路 ETC 系统采用了联网收费清分与客户服务相分离的运行管理模式,公路处主要承担政府管理和行业监管的职责,具体的操作性事务委托上海公共交通卡股份有限公司运作。ETC 建设初期,没有及时出台通行费折扣等配套优惠措施;在比较拥堵的射线高速公路主线收费站设置的均是混合车道,ETC 体现不出其快速通行的优势。之后对最拥堵的射线高速公路主线 18 条 ETC 混合车道进行了改造,将混合改为专用,同时加强了标志标线的设置,充分发挥了 ETC 快速通行的优势。之后增加了优惠措施和加强了社会宣传,从报纸、媒体、电台、发送宣传资料等全方位组合宣传,ETC 用户量迅速增长,用户数量:6000(2009 年 5 月)、1.3 万(2009 年 7 月)、10.5 万(2011 年 1 月)、20 万(2012 年 5 月),ETC 日均流量占路网总流量的 17%。

2.1.2 京津冀收费方式介绍

京津冀区域高速公路联网不停车收费系统,在各省(市)联网收费管理中心之上设立京津冀区域联网收费管理中心,采用区域管理中心—省(市)管理中心两级清算方式完成跨省市交易的清分与结算。管理体制总体上为四级:区域联网收费管理中心—省(市)级联网收费管理中心—路段收费中心—收费站。

1)北京

2007 年 10 月,在京承高速公路试点开通 6 条 ETC 车道,30 条刷卡车道,累计测试 63 万次。

2008 年 4 月 1 日,系统进入全面用户测试运行阶段。

2008 年 7 月 26 日,完成机场路新老系统切换工作,22000 用户实现平稳过渡,系统切换时间48h。老用户免费置换标签,历时3个月。

2008年12月10日,系统进入全面试运行。

2009年5月1日,全路网实现电子收费联网,北京市电子收费系统进入正式运行,电子收费用户通行费同步实行9.5折优惠。

2010年11月23日,由北京、天津、河北交通主管部门联合发文成立了京津冀区域联网电子收费管理委员会,清分结算工作委托速通公司承担。

截至2012年8月,已开通ETC车道398条,1158条人工刷卡车道,实现电子收费的全覆盖,所有主线站点实现2入2出ETC车道;建设了55处服务点(自营19个、银行合作36个),联名卡代理发行业务网点1189个、自助充值终端8800台。

ETC车载单元发行量已突破90万(2008年4.3万、2009年14.9万、2010年38.2万、2011年63万、2012年90万)。ETC累计交易量达2.7亿辆次,电子收费流量已占到总收费流量的27%。

2012年3月,北京市交通委员会在"首都机场地区交通运输组织优化工作专题会"上明确提出将ETC技术应用到航站楼停车场。2012年11月7日,ETC系统正式在T1、T2及T3航站楼停车场投入使用,共建设8条ETC专用通道、24条速通卡刷卡车道以及配套的后台管理系统。日均交易量约3500笔,ETC通行比例达到25%。

北京先后与工行、建行、中行、华夏行、农商行、邮储行、银联商务等商业银行开展合作,其中与华夏、工行、中行开展联名卡业务,与农商行、邮储开展代理营业厅业务,与银联商务开展代理充值续费业务。华夏速通卡用户达到26万户、牡丹速通卡用户25万户、中行速通卡5万户、建行1600户用户实现了银企双方互惠双赢,获得了社会各界的广泛关注和肯定。

政府政策的支持促进ETC的快速发展:2009年4月14日,北京市交通委、财政局、国资委联合下发《关于北京市各级党政机关、全额拨款事业单位公务车上安装使用电子收费车载装置支付车辆通行费的通知》(京交办发〔2009〕78号),对公务车安装车载单元明确了指导性意见。2009年5月1日起,北京市ETC用户可在三年内享受通行费九五折优惠。通过上述政策的实施,2009年ETC客户量得到快速增长,同比增长200%。

到2012年底,北京与银行的合作模式共有三种,可以分成两大类:

(1)银行充当劳务代理的角色,银行只是负责办理ETC卡、卡充值等常规业务,如邮储银行。

(2)银行卡与ETC卡进行后台绑定,用户需要在银行开办账户,具体分为两种:

①办理储值卡与ETC卡进行后台绑定,用户和资金均属于ETC发行公司。

②办理信用卡与ETC卡进行后台绑定,用户和资金均属于所属银行,借用银行的信用担保体系。

2)天津

2009年9月,完成6条示范车道的招标。

2010年9月28日,天津市高速公路已建成669条人工刷卡车道和21条不停车收费车道。包括京沪高速公路(G2)、长深高速公路(G25)、津蓟高速公路(S1)、津沧高速公路(S6)、京津高速公路(S30)、京津塘高速公路(S40)。

截至2012年2月底,天津ETC用户达到20659户,至此天津ETC用户突破2万户。

2015 年底,天津高速公路 ETC 车道共有 65 条,正在建设 77 条,届时天津高速公路 ETC 车道的覆盖率将达到 75%。其中自营网点 3 处,银行合作网点 11 处。

2.2 湖南省现状分析

湖南省高速公路实际应用的有 MTC 收费系统、ETC 收费系统、自助取卡车道系统。

2.2.1 停车方式

1) MTC 收费系统

截至 2012 年底,湖南省已运营联网收费站共计 248 个,安装 MTC 设备的出口车道 1152 条,入口车道 725 条。湖南省大部分收费站采用 MTC 收费方式。MTC 收费方式是采用人工收、发卡,并对通过车辆收取现金的方式。此方式存在车道服务能力低、人员劳动强度大、通行卡管理工作量大、运营成本高等弊端。

2) 自助取(收)卡车道系统

湖南省高速公路自助取卡车道系统于 2010 年 1 月开始启动自助取卡的试点工程,2010 年 4 月至 2011 年 5 月对 4 个厂家的自助取卡机进行室内机械性能测试和 10 个收费站安装无人值守的试点工程,并试运行和室外测试。2015 年底,湖南省共计安装自助取卡车道系统 37 套。2011 年 12 月 22 日,湖南省交通运输厅印发了《湖南省高速公路无人值守及手机钱包联名卡快速通道系统指导意见》(第一册),对湖南省自助取卡系统建设有重要指导意义。

2.2.2 不停车方式

湖南省 ETC 系统自 2009 年建设试运行以来,共计完成 102 个收费站的 210 条 ETC 收费车道、1 个省联网收费管理中心、1 个客户服务与发行中心(含 1 个营销分网点)的建设,共计 6026 台车辆安装了 ETC 装置。到 2012 年底,ETC 系统技术成熟,各设备运行稳定,但由于管理及维护机制等因素影响,并未正式推广。

第 3 章 国内收费方式技术比较

3.1 停车收费方式

到 2012 年底,国内高速公路以 MTC 收费系统为主,并在出口配备便携式收费机或手持式收费机等可移动收费设备作为应急收费。近几年,也有部分省(市)在研究 MTC 收费系统结合银联卡、电子现金(如手机钱包)支付和自助交卡系统的收费方式。

3.1.1 MTC 收费方式

1)服务水平

根据《收费公路联网收费技术要求》(交通部 2007 年第 35 号公告)中要求,MTC 车道收费系统服务水平(小客车):

(1)入口服务时间:6~8s。

(2)出口服务时间:14~20s;省界联合收费站服务时间:宜采用 20~26s。

(3)出口计重收费车道服务时间:30~60s;省界联合收费站服务时间:可根据具体条件适当选取。

根据各省(市)的实际使用情况,MTC 现金收费平均服务时间为:小额现金收费在 14s 左右,大额现金在 20s 左右;MTC 车道刷 ETC 用户卡平均服务时间为 8s 左右。

2)建设及运营成本

(1)建设成本

MTC 收费系统一般与高速公路机电系统同期建设完成,大部分高速公路建设初期 MTC 车道仅具备现金收费功能,根据国内其他省市建设 MTC 系统情况统计分析,每条 MTC 车道入口建设成本约为 28 万元/车道、出口约为 50 万元/车道。

(2)运营成本

MTC 运营成本包括日常维护费用、人员费用以及其他费用。人员成本包括收费车道的收费员、结算人员、行政办公人员等人员成本;维护成本包括基础设施及设备设施日常维护费等。

高速公路收费站一般收费人员的工资水平如按 5.5 万元/(年·人)估算,加上日常管理和行政办公成本 1.5 万元/(年·人),合计 7 万元/(年·人)。一条 MTC 车道配备收费员 4 人 3 班倒,另外平均分摊有 0.5 人做辅助服务,所以平均每条 MTC 车道工作人员为 4.5 人,设备维护费用 3 万元/(年·条),其运营成本为 34.5 万元/年。

3)推广应用情况

该收费方式普遍应用于各高速公路收费站,技术成熟,为目前主流的收费方式。近几年,MTC 车道安装 ETC 用户卡的专用读写设备,使 MTC 车道具备通行 ETC 车辆功能,实现刷 ETC 用户卡的非现金支付方式,已成为国内高速公路 MTC 收费系统的发展趋势,也应作为湖南省高速公路综合智能收费系统稳步发展的必要条件。

3.1.2　自助取(交)卡收费系统

1)服务水平

该系统在我国部分省(市)高速公路只用于收费站入口。因自助取卡服务水平受设备稳定性、使用者驾驶技术以及操作熟练度等因素影响,就实际使用情况看,其实际服务水平与 MTC 入口车道相当。

2)建设及运营成本

(1)建设成本

根据国内其他省(市)建设自助取卡系统情况的统计分析,自助取卡车道设备成本为 30 万元/车道(含 ETC 用户卡读写功能)。

(2)运营成本

自助取卡系统设于收费站入口,无须人员干预,设备维护费用等同于 MTC 维护费用,运营成本约为 3 万元/年。

3)推广应用情况

自助取卡系统在广东、河南、山东、福建等省(市)的推广应用较为成熟,而自助交卡系统在国内并无实际应用。

3.1.3　电子现金支付

1)服务水平

电子现金(如手机钱包)对于通行费小于 1000 元的小额支付可以脱机消费,无须用户输入密码或者签字确认,只需在具有“闪付”标识的 POS 机上进行交易,即可完成支付,用时 5s 左右。在零售百货、食品、电影院、医药、餐饮、旅游等众多行业应用。建议先在主要城市和主线收费站出口小客车专用通道试点建设。

2)建设及运营成本

(1)建设成本

MTC 车道增加电子现金(如手机钱包)支付,需改造 MTC 车道系统收费软件及通信链路和增加支付、结算模块等。

(2)运营成本

MTC 车道系统结合电子现金(如手机钱包)支付的收费方式,是在 MTC 车道系统开发人工刷银联卡消费功能,除需按国家有关规定,支付每笔银联交易 0.38%手续费和金融 POS 终端无线 GPRS 通信卡通信费用约 0.3 万元/(年·车道)(该通信费用与电子现金支付金融

POS 终端无线 GPRS 通信费用合用)，无须额外增加 MTC 车道的运营成本费用。

3)推广应用情况

到 2012 年底，电子现金(如手机钱包)支付在高速公路领域还没有实际应用，但是在零售百货、食品、电影院、医药、餐饮、旅游等众多行业应用，电子现金(如手机钱包)用户达 60 万(主要集中在上海、湖南、江苏、浙江、湖北等地)，同比增幅达 330%。由于湖南省是全国第一个“国家移动电子商务试点示范省”，在电子现金推广方面具有重要的政策和技术保障。

3.1.4 银联卡支付方式

1)服务水平

银联卡支付虽然在少数省(市)的高速公路收费中有所应用，但考虑在线交易的特点以及网络连接的稳定性等因素，经测试，正常情况下交易速率与 MTC 收费系统人工收取 30 张钞票相当，建议银联卡支付仅在大额通行费或特殊情况时采用。

2)建设及运营成本

(1)建设成本

MTC 车道增加银联卡非现金支付，需改造 MTC 车道系统收费软件及通信链路和增加支付、结算模块。平均一条车道改造成本估算为 2 万元。

(2)运营成本

MTC 车道系统结合银联卡(POS 终端)支付的收费方式，是在 MTC 车道系统开发人工刷银联卡消费功能，除需按国家有关规定，支付每笔银联交易 0.38%手续费和金融 POS 终端无线 GPRS 通信卡通信费用约 0.3 万元/(年·车道)(该通信费用与电子现金支付金融 POS 终端无线 GPRS 通信费用合用)，无须额外增加 MTC 车道的运营成本费用。

3)推广应用情况

到 2012 年底，少数省(市)已实现银联卡支付的应用，但相对于小型车支付效果并不理想，而银联卡支付在日常生活金融领域中的应用相对广泛，如商场、超市、餐厅、加油站、影院、医疗、社保、农贸市场等场所消费。

3.1.5 其他收费方式

此外，为了解决收费站突发性拥堵，出现了移动式收费、便携式收费、手持式 POS 机收费等应急收费系统。国内有使用案例的应急收费系统大致包括三类：移动式应急收费系统、便携式应急收费系统、手持式应急收费系统。

(1)移动式应急收费系统

移动式应急收费系统又分为台式移动应急收费系统和车载移动应急收费系统。

台式移动应急收费系统主要设备包括：①笔记本电脑；②非接触式 IC 卡读卡器；③票据打印机；④照明台灯；⑤票卡箱；⑥有线和无线通信接收器；⑦能支持系统独立工作 4~8h 的 UPS 电源；⑧带有四个小轮的箱式工作台(上述硬件装在箱内或台面上)；⑨将现有收费软件改造后的系统软件，共同组成一个应急移动收费系统。

车载移动应急收费系统是在厢式货车上集成应急收费系统的各种设备，包括两至四台车道工控机、非接触式 IC 卡机、票据打印机、收费键盘、摄像机等，利用车载电源实现不间断供电,可以方便地在各种环境下构建临时收费车道。

(2)便携式应急收费系统

便携式收费机是采用工业级高集成度计算机为核心,采用折叠式液晶显示屏,在手提式机箱内集成有IC读卡器、打印机、语音报价、无线网卡、摄像头等设备,是全功能的一体化移动收费终端。它可通过外界电源或不间断电源工作,应付运输高峰且收费能力不足情况,增加收费站处理能力,或者代替损坏的固定式收费设备。

(3)手持式应急收费系统

手持式收费机是一种移动的计算机终端,集成微型电子计算机系统和IC卡读写器,运行专用的车道收费软件,体积小巧,无须外界电源,使用方便,高速公路配置手持式收费机,在收费站断电等紧急情况下,可以代替匝道收费亭的计算机系统,实现计算机收费。

手持式收费机内置全套的路段营运参数,包括操作人员表、费率表等,提供入口发放IC卡、出口IC卡收费、计算机记录收费流水等功能,它按照普通车道的业务规则来设计开发,对收费业务的处理能力和普通车道基本一致,是传统收费系统的一种补充手段。

以上几种可移动收费方式无车辆和车牌抓拍功能,产生的交易数据缺少车辆图片信息,导致收费稽查不便;且不具备计重收费功能,无法完成货车收费,需客货分流后方可对客车收费;可移动收费方式无监控管理,日常使用时需对应非常严格的后台和现场管理机制。因此,可移动收费方式普遍只在应急情况下使用。

3.2 不停车收费方式

1)服务水平

根据《收费公路联网电子不停车收费技术要求》(交通运输部2011年第13号公告)中要求,ETC车道系统应满足以下性能指标的要求:

(1)每条电子收费车道通行能力不小于550辆/h。

(2)正常ETC车辆以20km/h的速度通过电子收费车道,每千笔电子收费交易不能有多于3次的错误。

根据已开通ETC的省(市)的实际使用情况,ETC车道平均服务时间为4s左右。

2)建设及运营成本

(1)建设成本

根据国内其他省(市)建设ETC系统情况的统计分析,到2012年底,一条ETC车道建设成本平均约50万元。

(2)运营成本

ETC与MTC车道运营管理内容服从收费站整体运营。在人员分配上,主要包括收费操作人员以及后台的服务人员。ETC车道不需收取现金,正常情况下无须人工干预,但需专业队伍进行维护,运营费用约4万/(年·车道)。

3)推广应用情况

国内大部分省(市)都在大力推广ETC,ETC系统技术日趋成熟,收费通信链路安全可靠,已成为当前高速公路收费站的主流收费方式。ETC的拓展应用也正在进一步被开发,如基于 ETC 技术的停车应用、多车道自由流应用等。

3.3 外省(市)收费方式实际应用情况

在所调查省(市)中,对收费站出现的拥堵现象,大部分省(市)采用便携机或手持式设备配合 MTC 收费,以缓解收费站拥堵。

3.4 收费方式综合对比

我国高速公路收费站出、入口主要的收费方式还是 MTC 收费方式、ETC 收费方式,部分省(市)采用自助取卡方式替代收费站入口车道,银联卡、电子现金(如手机钱包)等非现金支付处于初步应用阶段。

第 4 章 综合智能收费方式可行性及效果分析

基于对各种收费方式的研究,结合湖南省高速公路收费方式现状和条件,下面就各种收费方式的优化组合在湖南省的适用性进行可行性分析。

4.1 收费方式优化组合可行性分析

4.1.1 ETC 收费方式

ETC 收费方式,以其节能减排、快速通行的优势,正在全国普遍推广。随着 ETC 车道建设进程的加快,ETC 系统在湖南省的应用将会逐步推广。为了加快 ETC 的推广应用,可以积极同银行展开合作,发行 OBU 和 ETC 用户卡,通过与银行发行 ETC 联名卡的方式促进 ETC 用户的发展。因此,ETC 收费应作为湖南省高速公路收费方式的一个重点发展方向。

根据相关政策的指引,湖南省将逐步分期分批建设 ETC 车道,大力发展 ETC 用户。

4.1.2 停车收费方式

停车收费是目前最为普及的收费方式,湖南省绝大多数车道为 MTC 现金收费方式,因为其效率低、出错率高、人力成本高等原因,已逐渐无法满足日益增长的高速公路出行需求,因此,目前急需提升大量存在的 MTC 收费系统的通行效率。

1)MTC 收费系统

(1)MTC(电子现金)

根据数据显示,湖南省高速公路客车与货车所占总交通流量比例为 74%:26%,其中 7 座以下的小客车所占比例为 67%,收费额仅占 18%。因此,如何提高小客车的通行效率、降低收费成本,具有非常现实的意义。经过比较分析,MTC(电子现金)方式在通行费快速支付上具有一定的优势,改造投入也较小。

电子现金(如手机钱包)采用 PBOC 2.0 标准 IC 卡,对于通行费小于 1000 元的小额支付可以脱机消费,无须用户输入密码或者签字确认,避免了清点现金和找零的时间,提高了通行效率。而且对湖南省现有 MTC 收费系统改造较小。

电子现金(如手机钱包)与现有金融受理终端全面兼容,全国通用(凡是符合非接触式

IC 卡金融标准的 POS 机均可刷卡)。发卡行负责相关支付的设备投入和维护,每笔交易收取通行费的 0.38%。

湖南省已开展了电子现金(如手机钱包)支付应用与 MTC 车道的研究,建议先在主要城市和主线收费站出口小车专用通道试点建设,条件成熟后再在全省所有高速公路出口推广。

(2)MTC(湘通卡)

随着 ETC 系统应用的发展,ETC 用户的扩大,在没有 OBU 或无 ETC 专用车道的收费站,车辆均可在 MTC 收费车道通过刷卡方式实现非现金支付。此种收费方式对现有 MTC 改造投入较小,缩短收费站服务时间的效果较为明显,具有一定的优势与可行性。该方式是 MTC 收费方式向 ETC 收费方式转变的必经阶段,是保证 ETC 用户体验的重要手段,也是交通运输部和各省(区、市)正在大力推广应用的收费方式,在很大程度上提升了 MTC 道口的通行效率。该方式在全国大部分省(区、市)都得到了应用,成熟可靠,标准规范健全,是交通运输部推行跨省联网收费的主要措施,因此应作为湖南省优先发展的收费方式。

(3)MTC(银联卡)

此种收费方式,可以减少清点现金的时间,避免资金交易出错,可减少货车司机携带大额现金用于通行费支付的风险,但是银联卡支付也会使收费操作流程增加密码输入确认、打印银联存根等烦琐环节,并且需要和银行系统实现在线交易,对网络的稳定性要求极高,需要有稳固的网络平台作为其有效支撑。同时,银联卡支付需要对湖南省现有 MTC 收费系统进行改造,同时也实现了电子现金支付,该项改造在收费站仅需对 MTC 收费系统软、硬件接口进行修改和增加部分串口卡等设备,投入不大。建议先期应用于主要城市和主线收费站出口非小车专用通道,然后在全省范围进行推广应用。

2)自助取(交)卡系统(ATC)

2012 年底,湖南省开展了自助取卡系统的试点工作,且是以与 MTC 车道共用的形式完成的。此种收费方式,可以减少收费员发卡强度,尤其在较小的收费站,人员配置不足,且较为偏远,其优势更为明显,同时两种方式在所有收费站支持相互补充替换。湖南省已在部分收费站安装了自助取卡系统,可作为 MTC 收费的有效补充。

(1)自助取(交)卡系统(电子现金)

在高速公路入口自助取卡机和出口自助交卡机中安装电子现金支付业务系统,以实现替代目前人工半自动(MTC)收费系统中驾驶员使用通行 IC 卡通行及现金交易等功能,此系统的应用无须现金交易,能减少资金清点时间,并无须输入密码和签名,有效减少车辆在收费站的滞留时间,加快通行效率,但是,此类方式还有待于相关单位进行研发测试,建议在测试完成,并在出口小车专用通道上试运行获得成功后,再在全省进行推广。

(2)自助取(交)卡系统(湘通卡)

对于出口设置自助式交卡机并完成自助(配合湘通卡)收费,在国内并无实际应用,此方式还处于研究阶段。该方式对于无 OBU 或收费站无 ETC 专用车道的车辆通行效率提升明显,可达到提高收费站通行效率的目的,是较为一种理想的快速通道建设方案。但是,此类方式还有待测试，建议和省内高速公路收费站出口与自助取（交）卡系统（电子现金）同时进行测试，并在出口小车专用通道上试运行后，再在全省推广。

4.1.3 入口停车收费方式优化组合方案

根据湖南省情况，入口停车收费方式优化组合方案，如表1-4-1所示。

入口停车（发卡）收费方式优化组合方案 表1-4-1

序号	组合方式	所适合的收费站类型	组合方式说明
组合方式1	MTC（通行卡、电子现金、湘通卡）车道+MTC（通行卡、电子现金、湘通卡）/ATC（电子现金、湘通卡）混合安装分时启用车道	入口车道数在5条以上的收费站	MTC发卡以及MTC系统与自助取卡系统在同一车道混合建设，分时启用，同时研究在自助取卡系统上增加电子现金卡或湘通卡代替通行IC卡功能，实现快速通道功能
组合方式2	MTC（通行卡、电子现金、湘通卡）和ATC（电子现金、湘通卡）混合安装分时启用车道	入口车道数在3条和4条，且无法扩建的收费站	MTC系统与自助取卡系统混合建设分时共用，同时研究在自助取卡系统上增加电子现金或湘通卡代替通行IC卡功能，实现快速通道功能
组合方式3	MTC（通行卡、电子现金、湘通卡）车道	入口车道数在2条及以下，且无法扩建的收费站	MTC人工发卡

4.1.4 出口停车收费方式优化组合方案

根据湖南省情况，出口停车收费方式优化组合方案，如表1-4-2所示。

出口停车收费方式优化组合方案 表1-4-2

序号	组合方式	所适合的收费站类型	组合方式说明
组合方式1	MTC（现金、电子现金、湘通卡、银联卡）车道+MTC（现金、电子现金、湘通卡、银联卡）和ATC（电子现金、湘通卡）混合安装分时启用车道	出口车道数为4条及以上的收费站	MTC现金收费和非现金收费（包括支持湘通卡、电子现金和银联卡。同时研究自助交卡进行电子现金或湘通卡闪付，实现快速通道的功能
组合方式2	MTC（现金、电子现金、湘通卡、银联卡）车道	出口车道数为3条及以下，且无法扩建的收费站	MTC现金收费和非现金收费（包括支持湘通卡、电子现金和银联卡）

4.2 出口收费方式组合服务水平对比

4.2.1 服务水平计算

根据实际应用及经验分析，目前收费方式拥堵主要出现在收费站出口车道，出口平均服务水平如下所示：

(1)MTC 收费方式。

现金支付：小额，14s；大额，20s。

非现金支付(包括支持 ETC 用户卡和电子现金)：8s。

(2)自助交卡(湘通卡、电子现金)收费方式：7s。

根据湖南省现有收费站车流量分析，星沙收费站是所有收费站中车流量较大的收费站，以星沙收费站 2013 年 10 月的车流量数据为测算基础，入口车流量为 415588 辆，出口车流量为 442539 辆，日均总车流量 27682 辆，日均入口车流量 13406 辆，日均出口车流量 14275 辆。

按照 1/3 交易为 MTC 现金收费方式(其中 10%为大额现金支付)、1/3 交易为自助交卡(电子现金、湘通卡)收费方式、1/3 交易为 MTC 非现金收费方式(其中 50%为电子现金支付、50%为 ETC 刷卡支付)，单一 MTC 车道现金收费服务水平 14.20s/辆车。

(1)出口组合方式 1 车道服务水平。

按照上述测算原则，此组合方式车道服务水平经计算为 9.7s/辆车。

(2)出口组合方式 2 车道服务水平。

按照上述测算原则，此组合方式车道服务水平经计算为 11.1s/辆车。

(3)MTC(现金)。

按照上述测算原则，此方式车道服务水平经计算为 14.20s/辆车。

4.2.2 综合分析

根据上述数据对比，组合方式综合分析如表 1-4-3 所示。

组合收费方式服务水平对比　　表 1-4-3

组合序号	组合描述	MTC 服务时间(s/辆车)	组合方式服务时间(s/辆车)	通行能力提高率(%)
1	MTC(现金、电子现金、湘通卡、银联卡)车道+MTC(现金、电子现金、湘通卡、银联卡)和 ATC(电子现金、湘通卡)混合安装分时启用车道	14.20	9.7	46
2	MTC(现金、电子现金、湘通卡、银联卡)车道	14.20	11.1	28

根据表 1-4-3 分析，表中两种收费方式的组合均适合湖南省的现状及发展，在 ETC 大面积推广的前提下，提高非 ETC 车道通行效率更能体现综合智能收费的服务水平，通过测算两

种组合收费方式,理论上可分别提高46%、28%的通行能力。尤其在大型收费站实施综合智能收费方式对通行效率提升效果更加明显。

4.3 经济效益评估分析

4.3.1 道路经营主体的经济效益

根据上述分析,湖南省综合智能收费方式的优化组合主要丰富了非现金支付方式的种类,比如:ETC 收费、MTC(ETC 用户卡)收费、银联卡、电子现金支付。

非现金支付手段能在一定程度上降低通行费发票及打印机等耗材的消耗、降低收费差错率、减少点钞成本,减少私收、少收、漏收现象,提高道路经营主体的经济效益,如表 1-4-4 所示。

组合式非现金收费的效益体现(对比单一现金收费) 表 1-4-4

项　　目	非现金收费、MTC 非现金支付
经济效益 主要体现	(1)降低收费差错率(长短款、假钞、残钞):≤0.2‰; (2)减少点钞成本; (3)减少私收、少收、漏收现象,增加经济效益

其效益的计算,主要考虑以下因素:

(1)根据高速公路 MTC 现金收费水平,目前 MTC 现金收费的差错率在 0.2‰左右。

(2)高速公路人员需要集中进行点钞,按每人点 100 万元估算,每人每月人工成本约 3000 元,即每万元点钞成本约 1 元钱。

到 2012 年底,湖南省全年通行费交易笔数达到 5500 万笔,收费额达到 80 亿。本估算暂按非现金交易比例达到 2/3,非现金支付收费额为 53.3 亿估算。

根据表 1-4-5 所示,非现金交易比例的增加,将大大降低收费差错及点钞成本,当非现金交易和现金交易比例达到 2/3 时,每年至少为道路投资主体带来近 160 万元的经济效益。

组合式非现金支付为道路投资主体带来的经济效益 表 1-4-5

非现金支付交易笔数	非现金支付收费额	降低收费差错	点钞成本	小　计
36670000 万笔	533000 万元	106.6 万元	53.3 万元	159.9 万元

4.3.2 道路使用者的经济效益

1)车辆燃油节约经济效益分析

车辆在起步、怠速下的油耗均高于经济时速下的油耗,而针对目前收费站收费方式的特点,采用不同的智能收费组合方式可以减少车辆在收费区的排队,减少车辆加减速次数及怠速时间,相应地控制了车辆因频繁加减速及怠速引起的过度耗油,汽油的不完全燃烧现象也相应减少,CO_2、CO、HC 的排放也随之大大减少。根据实验统计结果,由于减少了起步、制动的频率,在节约油耗方面,相对于现金支付方式车道,使用非现金支付方式平均每次可以节约油耗 20.33mL。

按照非现金通行量达到200万辆次，每年以10%递增，据此推算湖南省应用非现金支付方式为道路使用者带来的经济效益如表1-4-6所示。

非现金支付方式为道路使用者带来的经济效益 表1-4-6

非现金支付方式的通行量	节省燃油(万L)	经济效益(万元)
2000000	4.07	30.36
2200000	4.47	34.60
2420000	4.92	38.08
2662000	5.41	41.87
2928200	5.95	46.05

2)旅客在途时间节省的经济效益

时间节省的效益，一部分表现为时间投入减少或物资投入的成本减少，另一部分表现为当企业和事业单位通过高速公路运输而使得用于运输的时间减少时，人们把节约的时间等度地用于其他生产收入和生活活动，即作为最终产品的物质需求、文化需求以及投资需求的增加，并间接地增加各部门的净收入。

公路项目运输时间节省的效益主要指旅客节约时间的效益。我们假设每辆车平均3名乘客，湖南省2011年人均生产总值为2.988万元/年，按照年工作天数253天，每天8h工作制换算成人均小时生产总值为14.8元/h。按照4.2节两种综合智能收费组合方式所节约的时间水平，据此测算综合智能收费组合方式为道路使用者带来的经济效益如表1-4-7所示。

综合智能收费方式为道路使用者带来的节约时间产生的经济效益 表1-4-7

组 合 方 式	节约时间(万h)	节约旅客时间效益(万元)
1	203.6	3013.28
2	152.8	2261.44

4.4 能源与环境影响评估分析

4.4.1 能源节约效益

车辆运行在联网收费的路网内，随着收费站以及停车次数的减少、交通流情况的改善，可以减少车辆在收费站前排队停留带来过多的能源消耗，以及减少因频繁踩加速踏板与制动踏板所造成的能源损耗，提高车辆能源利用的效能。通常，车辆在起动加速时比其他任何状态都要消耗更多的油量，因此在计算节约油耗时，往往只考虑加速情况。

4.4.2 尾气排放降低量效益

汽车尾气污染物主要包括：一氧化碳、碳氢化合物、氮氧化合物、二氧化硫、烟尘微粒等。根据ETC收费系统油耗与排放监测实验，测得平均每辆车通过非现金支付车道比通过现金方式支付车道的各种尾气排放降低量如表1-4-8所示。

非现金支付方式车道减少尾气排放计算表 表 1-4-8

碳氢化物排放降低量(g/车)	一氧化碳排放降低量(g/车)	氮氧化物排放降低量(g/车)
0.6749	4.6533	0.2674

当湖南省非现金支付方式成规模性发展时,全年的节能减排量如表 1-4-9 所示。

非现金支付方式车道全年节能减排量 表 1-4-9

日交易量(万笔/天)	碳氢化物排放降低(t)	一氧化碳排放降低(t)	氮氧化物排放降低量(t)	总排放降低量(t)
50	123.17	849.23	48.80	1021.20
100	246.34	1698.45	97.60	2042.39
200	492.68	3396.91	195.20	4084.79

根据国家环保局公布的每年在治理环境污染方面的投资费用,估算在 2015 年治理污染性气体需投资 1.3 万元/t,据此计算当湖南省非现金支付日交易量达到 50 万笔/天时,可节约治理环境污染的投资建设费用共计 1327.56 万元;当非现金支付日交易量达到 100 万笔/天时,可节约治理环境污染的投资建设费用共计 2655.11 万元;当非现金支付日交易量达到 200 万笔/天时,可节约治理环境污染的投资建设费用共计 5310.23 万元。

因此,综合智能收费方式的实施所带来的能耗与排放的减少是综合智能收费方式外部效益在能源环境方面的重要体现,尤其是当用户数迅速增长达到一定的规模时,综合智能收费方式的实施对于减少资源消耗、降低城市污染、构建绿色交通和建设可持续发展的交通体系将发挥重要的作用。

第 5 章 湖南省高速公路综合智能收费实施方案

5.1 布设原则

5.1.1 MTC 车道设置原则

结合湖南省建设经验，交通流量较小的收费站，至少应达到 3 入 5 出的车道建设规模，每站应至少配备 1 入 1 出 MTC 车道。

所有 MTC 车道均应兼容湘通专用卡（即湖南省高速公路管理局已发行的 ETC 储值卡）和湘通联名卡（湘通记账/储值卡，与金融机构或电信运营部门联合发行）的刷卡支付。

在货车流量较大的省界收费站的非小客车专用车道布设银联卡支付设备。

5.1.2 ETC 车道设置原则

根据国内其他省（市）ETC 车道设置原则的相关要求，建议湖南省按照分期原则设置 ETC 车道，最终达到 100%覆盖。

（1）出入口交通流量较大（日流量大于 1000 辆）且存在高峰交通拥堵现象的收费站。

（2）能提高对外窗口形象，提升所在地区投资环境的收费站。

（3）进出重要城市的高速公路收费站。

（4）一些著名风景区的上下高速点，对外的服务窗口。

（5）小客车通过量较大的收费站。

（6）省界收费站应按 2 进 2 出布置（预留）。

（7）对于在建、拟建路段，条件具备的路段按照 100%站点覆盖率设置 ETC 车道。

根据湖南省各高速公路交通流量、地域分布特点，建议近期湖南省分一、二、三期实施 ETC 车道建设。

三期是在一、二期工程完成的基础上继续对道贺、衡邵、潭衡西、随岳、宜凤、吉茶等新通车路段收费站以及原未建设 ETC 的收费站进行完善。

5.1.3 非现金支付设置原则

高速公路入口自助取卡系统已有成熟应用可以推广，而出口自助交卡系统还需要进行相关测试、试点,可考虑尽快进行试点,同时开展电子现金等其他非现金支付方式的试点。

据统计,湖南省高速公路通行车辆总流量中一型车所占比例为67%,但通行费只占总费额的18%,且单次交易费额均未超过1000元。因此,在自助取(交)卡系统中,入口直接使用电子现金卡记录入口信息,出口时使用电子现金卡直接进行支付,此流程操作预估比人工收费平均每辆车节省3~9s时间。

电子现金支付方式具有操作简单、用户体验好、扩展性好、支付方式多样等优点,但同时受移动终端制约,需要移动终端厂商、运营商、银行等相关部门配合。

(1)电子现金支付终端先在进出核心地区,且小客车流量较大的收费站的小客车利用车专用车道进行试点,再在其他车道推广使用见表1-5-1。

核心地区收费站流量 表1-5-1

序号	地区	站名	2013年1月总流量		日均流量	
			入口	出口	入口	出口
1	长沙	月形山	99146	110766	3198	3573
2	长沙	星沙	451387	424134	14561	13682
3	长沙	李家塘	260395	289148	8400	9327
4	长沙	雨花	304257	292750	9815	9444
5	长沙	长沙西	536219	490750	17297	15831
6	湘潭	马家河	36879	38065	1190	1228
7	湘潭	湘潭	285568	268528	9212	8662
8	湘潭	湘潭西	46306	45645	1494	1472
9	株洲	株洲东	48593	54056	1568	1744
10	株洲	株洲西	117754	115123	3799	3714
11	株洲	株洲北	80660	79748	2602	2573
12	株洲	株洲	162847	160184	5253	5167
13	岳阳	岳阳	203522	234747	6565	7572
14	衡阳	衡阳蒸湘	39941	54234	1288	1749
15	衡阳	衡阳西	63286	48089	2041	1551
16	衡阳	衡阳东	28770	26180	928	845
17	娄底	娄底南	128483	121357	4145	3915
18	娄底	娄底西	90363	99538	2915	3211
19	邵阳	邵阳南	179133	179826	5778	5801
20	邵阳	邵阳东	123677	121825	3990	3930
21	邵阳	邵阳北	11015	12489	355	403
22	吉首	吉首	92885	92017	2996	2968
23	吉首	吉首东	24147	23816	779	768
24	吉首	吉首南	27368	29112	883	939
25	怀化	怀化西	56980	58504	1838	1887

续上表

序号	地区	站名	2013年1月总流量		日均流量	
			入口	出口	入口	出口
26	怀化	怀化南	77077	75988	2486	2451
27	张家界	张家界	73164	75738	2360	2443
28	永州	永州	53254	53854	1718	1737
29	永州	永州北	8923	9413	288	304
30	永州	永州东	47482	52936	1532	1708
31	郴州	郴州南	5994	6493	193	209
32	郴州	郴州	104979	114040	3386	3679
33	郴州	郴州西	13230	16119	427	520

(2)根据湖南省高速公路货车出口流量最大的前10个收费站数据统计，收费金额大于1000元的车辆数占总数的17.38%。因此，建议银联卡支付终端先在货车流量较大的省界收费站的非小客车专用车道进行试点，再在其他收费站推广使用，如表1-5-2所示。

湖南省高速公路货车出口流量最大的前10个收费站 表1-5-2

序号	路段	收费站	出口流量	收费总额	日均流量	平均每车收费额	收费额高于1000元车辆数
1	临长	羊楼司	114855	76672633	3705	667.56	30989
2	耒宜	小塘	100816	69016181	3252	684.58	25564
3	长潭	雨花	98122	13691675	3165	139.54	767
4	长潭	李家塘	91417	12776212	2949	139.76	836
5	醴潭	金鱼石	79899	30310501	2577	379.36	6365
6	长益	长沙西	70385	12485809	2270	177.39	867
7	临长	岳阳	68846	33001589	2221	479.35	6850
8	衡枣	枣木铺	63271	40384428	2041	638.28	10084
9	怀新	新晃	53553	42225954	1728	788.49	22040
10	吉茶	茶峒	30261	27092023	976	895.28	13187

5.1.4 远期布设原则建议

在总结非现金支付试点经验的基础上，进行有序全面推广。可考虑最终实现远期布设原则如下：

(1)湘通(专用/联名)卡、电子现金(如手机钱包)在所有MTC车道布设。

(2)银联卡在货车流量较大的省界收费站的非小客车专用车道上布设。

(3)自助取卡系统，按INT[(土建车道数-ETC车道数)/2]的原则布设，即小于或等于2条入口车道的收费站不设置自助取卡车道、3条和4条车道的收费站布设1条自助取卡车道、5条和6条车道的收费站布设2条自助取卡车道，以此类推。

(4)自助交卡系统,按INT[(土建车道数-ETC车道数)/4]的原则布设,即小于或等于3条出口车道的收费站不设置自助交卡车道,4条至8条车道的收费站设置1条自助交卡车道,9条和12条车道的收费站布设2条自助取卡车道,以此类推。

(5)湘通(专用/联名)卡和电子现金在所有自助取(交)卡系统上布设。

5.2 实施目标

5.2.1 总体目标

大力推进综合智能收费系统建设,到"十二五"末,湖南省高速公路ETC站点覆盖率超过80%,湘通(专用/联名)卡支付车道覆盖率、MTC电子现金(如手机钱包)支付车道覆盖率、货车流量较大的省界收费站的非小客车专用车道银联卡支付覆盖率均达到100%;非现金支付使用率大于50%,其中ETC支付使用率达到25%,其他非现金(湘通联名卡、手机钱包、银联卡等)支付使用率达到25%。

5.2.2 具体目标

1)近期(2013—2014年底)

继续完成一、二期ETC系统建设,开展ETC系统三期建设,推进MTC系统兼容湘通卡改造,即建成湘通专用卡系统,同时推广湘通联名卡,开展手机支付和银联卡支付的测试、试点,并部分推广,稳步推进非现金支付的分步实施。到2014年底,ETC站点覆盖率超过70%,湘通(专用/联名)卡支付车道覆盖率达100%,MTC电子现金(如手机钱包)支付车道覆盖率达40%。非现金支付使用率达到20%,其中ETC支付使用率达到10%,其他非现金(湘通联名卡、手机钱包、银联卡等)支付使用率达到10%。

2)中期(2015年初—2015年底)

采用与金融机构或电信运营商合作的模式,全面推广湘通联名卡、手机钱包和银联卡支付功能在车道收费中的应用。到2015年底,ETC站点覆盖率超过80%,湘通(专用/联名)卡支付车道覆盖率、MTC电子现金(如手机钱包)支付车道覆盖率、货车流量较大的省界收费站的非小客车专用车道银联卡支付覆盖率均达到100%。非现金支付使用率达到50%,其中ETC支付使用率达到25%,其他非现金(湘通联名卡、手机钱包、银联卡等)支付使用率达到25%。

5.3 实施内容

(1)工程建设和运维:ETC系统二、三期工程建设和运维。

(2)营销推广体系:ETC系统一、二、三期湘通专用卡的推广;湘通联名卡的建设与推广;手机钱包和银联卡的建设、测试与推广。

第 6 章 建设与运营模式

6.1 建设模式

6.1.1 建设资金估算

2012 年 12 月底，已运营的 39 条联网收费的高速公路，包含 248 个收费站，其中需要进行改造提升的入口设备车道为 858 条、出口设备车道为 1285 条，估算改造建设费用为22327万元。

另外，作为试点应用，在已建 37 套自助取卡车道系统基础上再建设自助取卡车道系统 64 套，自助收卡车道系统 135 套，估算改造建设费用为 5970 万元。资金估算清单如表 1-6-1 所示。

建设资金估算　　表 1-6-1

收费方式	涉及车道数	平均每车道费用(万元)	合计费用(万元)
ETC(含一、二、三期工程，并包括增加 MTC 读取湘通卡功能)	133 入/133 出	50	13300
电子现金	725 入/1152 出	1	1877
收费系统优化升级(含银联卡)	725 入/1152 出	2. 93	5500
ETC 一、二期工程未完成的其他建设内容	37 入/37 出	22. 3	1650
自助取(收)卡系统	64 入/135 出	30	5970

6.1.2 资金筹措

建设资金筹措常用方案有如下四种：

(1)综合智能收费方式中各系统建设费用分摊到各路段，还贷性高速公路的建设资金通过纳入通行费预算安排解决，经营性高速公路的建设资金由经营性公司自筹解决。

(2)选择结算银行时,以非现金交易的资金沉淀或银行卡刷卡手续费作为基础,吸引金融机构投资建设。

(3)使用联网技术服务费作为依据,向金融机构贷款。

(4)直接使用联网技术服务费,费用不足时,可分批分期实施。

建议优先考虑第一和第二方案的组合。

6.2　运营管理模式建议

运营管理模式的确定与实施内容密切相关,核心是要实现湖南省交通运输厅和湖南省高速公路管理局期望达到的目的,包括最佳的技术方案和最节约的建设运营方式。结合"ETC 二、三期工程建设和运维"和"营销推广体系"两大实施内容及湖南省现状,现提出如下三个运营管理方案:

方案一:以湖南省高速公路管理局为主体的运营管理模式。

在运营管理机构设置方面,建议成立由各经营业主组成的综合智能收费业主管理委员会,负责涉及共同利益的项目建设的审批及预算、决算的审批;由湖南省高速公路管理局成立湖南高速联网(湘通卡)管理中心,具体负责"ETC 二、三期工程建设和运维"和"营销推广体系"运营(含推广和维护)管理和成本归集(会计核算);各经营业主负责本路段的综合智能收费系统配套建设。

方案二:通过购买服务方式,以金融机构或电信运营商等社会企业为运营主体的运营管理模式。

通过引进金融机构或电信运营商等社会企业进行 ETC 二、三期的投资建设、后期维护,及"营销推广体系"运营和营销管理,保障湖南省高速公路管理局收费业务的正常运营。每年按一定收费比例向投资企业支付维护管理及运营费用。

方案三:湖南省高速公路管理局负责 ETC 二、三期工程的建设和维护,"营销推广体系"引进金融机构或电信运营公司的管理模式。

ETC 二、三期建设由湖南省高速公路管理局筹资建设和维护,通过引进金融机构或电信运营公司进行运营管理(含推广和营销),同时支付一定的刷卡手续费来保证运营商的正常运作。

对以上三个方案的利弊分析如下:

方案一能充分利用湖南省高速公路管理局 ETC 的现有资源,特别是经过几年的积累,有一定的建设、管理与运营经验。但需要一次性贷款融资,组建机构、队伍、营销网点等,建设资金和运营资金占用较大。

方案二可以利用社会企业资源包括资金、营销团队和网点等进行 ETC 建设和运营,湖南省高速公路管理局一次性投入的资金压力较小,便于集中精力抓好收费业务。但主要问题就是 ETC 一期遗留问题将极大地影响二、三期 ETC 工程的招商。

方案三充分利用湖南省高速公路管理局和金融机构的现有资源和经验,便于实现双赢。主要不足在于系统维护和运营不是同一主体,在运营过程中将存在矛盾协调量大等问题。

综合比较上述方式,建议采用方案二作为智能收费的运营管理模式。

6.3 综合智能收费方式与现有项目的实现关联

综合智能收费方式的实现主要是通过对现有收费系统进行优化整合并进行相应改造来完成，而 ETC 二、三期工程、无人值守（也称自助通过）车道建设、收费系统优化升级工程，车道改扩建项目等工程是综合智能收费方式的一部分，可以依托这些工程来加快实施。

第7章 招 标

7.1 优惠政策

针对推荐的运营管理模式(即方案二),建议湖南省高速公路管理局对推行智能收费方式提供政策,支持参与建设者达到“双赢”的格局。

(1)根据湖南省高速公路ETC系统试运营三年的数据统计,平均每辆ETC车沉淀资金1049元,按非现金支付卡发行量50万估算,沉淀资金为5.245亿元,该沉淀资金可作为沉淀的存量资金,其产生的时间价值可作为金融机构投资建设智能收费系统的条件。

(2)以银联卡的交易手续费3.8‰计算,湖南2012年高速公路联网区域收费额为89.85亿元,交易1.13亿笔,按非现金支付使用率50%估算,交易费在1600万元左右。

(3)前三年对使用湘通专用卡支付的交易者,给予减免不低于2%通行费的优惠。

(4)特许经营期限初定六年。

7.2 招标方式

对于推荐的运营管理模式,应采用政府采购方式进行公开招标,由湖南省高速公路管理局统一组织安排。

7.3 招标条件

针对上述招标方式,结合湖南省高速公路综合智能收费方案需求,对投标人提出的基本要求如下:

1)投标人主体条件

(1)具备从事支付业务的相关资质和许可。

(2)营销网点遍布全省各市(州)、县(市)、乡(镇),具备卓越的市场表现、良好的品牌信誉、优质的客户服务和强大的客户群推广能力。

(3)熟悉高速公路收费业务和操作管理流程,具备从事高速公路非现金收费和支付业务的经验以及相关技术优势。在湖南具备本地化的常年服务支撑团队。

2)投标人承诺条件

(1)愿意投资湖南省高速公路收费系统(包括 ETC 二、三期工程和 MTC 改造)的建设并承担运营管理及营销推广。

(2)与湖南省高速公路管理局紧密合作,共同承担非现金收费卡的推广发行工作,并承诺到 2015 年底各类通行卡发行量达到 50 万张以上,达到湖南省小型车辆保有量的 25%。

(3)与湖南省高速公路管理局紧密合作,共同建立湖南省高速公路通行费非现金支付收费结算体系,具体负责投资并组织承担与湖南省现有高速公路收费系统(包括 ETC 和 MTC)兼容对接的非现金支付系统(包括金融 IC 卡收费车道读写、传输及后台处理设备和相关软件等)的建设任务和运营管理工作。

(4)承诺沉淀资金以 24h 为限,资金自动转到湖南省高速公路管理局财务公司的资金池。

(5)承诺在投标人各营销网点免费提供各类通行卡销售充值服务业务,提供专用设施条件,并配备专职管理和服务人员,各营销(客服)网点的技术标准、规范、标识及相关服务水平符合交通运输部统一要求。

(6)承诺为"湘通卡"提供柜面充值、账户建立、核销与划转、卡内圈存等服务,为客户提供消费明细查询及单证打印服务。提供本区域和跨区域通行车辆账户清算服务,并确保跨区域账户清算的安全与信息准确。

(7)提供减免非现金电子支付交易(含手机钱包、银联卡)相关服务费和手续费的优惠条件,为办理非现金支付卡的车辆用户减免 OBU 装置费用和 IC 卡工本费,并在投标人各营销网点提供免费安装 OBU 装置的服务。

附录 A 商务平台条件分析报告

A.1 项目背景

到 2012 年底,湖南省的民用汽车拥有量已经超过 340 万辆,39 条高速公路通车里程 3968km,248 个收费站安装了人工半自动(MTC)现金收费设备的车道 1877 条,仅有 100 个收费站 206 条车道安装了电子不停车(ETC)收费设备,ETC 系统因管理体制等原因未正式推广。随着车流量的不断增加,高速公路出入口车辆拥堵现象日益频繁,传统收费模式造成通行效率低的弊端日益凸显。利用综合智能技术提高收费效率,增强收费车道通行能力,是提高交通运行效率的有效手段。为此,湖南省交通运输厅决定启动高速公路综合智能收费项目建设。

为达到"十二五"末高速公路 ETC 站点覆盖率超过 80%,湘通卡(银联卡、手机支付)车道覆盖率达到 100%、非现金支付使用率超过 50%的目标,有必要大力推进综合智能收费系统建设,推进 ETC 系统三期建设,进行 MTC 系统兼容湘通卡改造,形成湘通卡营销及客服体系,开展手机支付和银联卡支付的测试与推广等工作。

根据上述综合智能收费实施方案,尚需建设 133 对 ETC 车道,改造升级入口车道 725 条及出口车道 1152 条。在系统建设与运营管理模式上,主管部门初步形成了四套可选择的运营管理模式:建设单位自营模式、整体外包模式、建设维护和营销分开、建设营销和维护分开模式。

模式一:以湖南省高速公路管理局(以下简称省高管局)为建设运营主体。

省高管局成立湖南高速联网(湘通卡)管理中心,负责"ETC 二、三期工程建设和运维"及"营销推广体系"运营(含推广和维护)管理和成本归集(会计核算);各经营业主负责本路段的综合智能收费系统配套建设。

模式二:购买服务方式,以合作商为建设运营主体。

通过引进金融机构或电信运营商等合作商进行 ETC 二、三期的投资建设、后期维护及"营销推广体系"运营和营销管理,保障湖南省高速公路建设开发总公司收费业务的正常运营。每年按一定收费比例向投资企业支付维护管理及运营费用。

模式三:省高管局负责建设和维护,营销引进合作商。

ETC 二、三期建设由省高管局筹资建设和维护,引进合作商进行运营管理(含推广和营销),支付一定的刷卡手续费来保证运营商的正常运作。

模式四:ETC 二、三期工程的建设和营销引进合作商,省高管局负责维护。

考虑到省高管局负责维护更方便、更专业,在模式二的基础上将维护独立出来,或者在合作商总包的基础上将维护返包给省高管局。

通过财务评估比较,在以上四种模式中,模式三和模式四经济指标较优。下面着重对这两种模式分析其商业平台条件,供主管部门决策参考。

A.2 成本分析

A.2.1 建设成本

1)ETC 建设成本

全省 ETC 三期工程计划改造 96 对车道,加上二期未完成的 37 对,应改造 133 出/133 入,共 266 条收费通道。以每个站一进一出两条车道计算,按一、二期工程标准,每个收费站标志标牌、线材等建安工程投资 26.8 万元,天线及控制器(RSU)、专用软件等设备购置费用 55 万元,省高管局监控中心设备分摊费用 3 万元,其他费用按 15%、预备费按 3%估算 15.6 万元,共计 100.4 万元。按每条 50 万元计算改造 266 条车道共需投资 13300 万元。

2)电子现金收费车道改造

现有 MTC 车道(248 个站,725 入/1152 出)全部安装电子收费系统,电子现金收费系统建设费用估算为每站 8.4 万元,平均每条车道约 1 万元,共需投资 1877 万元。

3)收费系统优化升级

为了与 ETC 系统配套,需对现有 MTC 车道(725 入/1152 出)进行优化升级。根据省高管局测算,需增加 MTC 车道读取湘通卡和银联卡系统(1402 万元)、VPN 接入及时间同步系统(965 万元)、MTC 出口车道调入口图像系统(749 万元)、MTC 车道全车牌输入系统(410 万元)、车牌黑白灰名单系统(423 万元)、全省应急收费系统(444 万元),室内模拟测试环境等其他设备 307 万元,上述设备改造直接投资共约 4700 万元;加工程其他费用、管理费用、预备费等约 800 万元,共需投资约 5500 万元。

4)二期 ETC 其他未完项目

湖南省 ETC 建设项目二期尚有部分未完项目,为实现全省 ETC 与 MTC 统一运维管理,需完成二期的未完项目。未完项目总预算为 5350 万元,除上述 ETC 车道安排 3700 万元外,尚需完成投资 1650 万元。

A.2.2 维护成本

1)ETC 车道维护费

ETC 车道不收取现金,正常情况下无须人工干预,但需要专业队伍进行维护,维护费用为 2.5 万元/(年·车道)。

2012 年已建成的 210 条车道,二期未完成的 74 条车道,加三期计划建设 192 条,至 2013 年底共有 476 条 ETC 车道,2014 年维护支出估算为 1190 万元。2014 年新建 ETC 车道 268 条,2015 年新增维护费用 670 万元,维护费用增至 1860 万元。至 2018 年 ETC 车道总数为1156条,需维护资金 2680 万元。据此估算,2014—2018 年共需 10620 万元,见表 1-A-1。

历年 ETC 车道与维护费用(含新通车的) 表 1-A-1

年份(年)	2013	2014	2015	2016	2017	2018	累计
车道数(条)	476	744	950	1006	1072	1156	1156
维护费(万元)	—	1190	1860	2375	2515	2680	10620

2)MTC 车道维护费

每个收费站 8 条车道按 5000 元估算。2012 年底已经开通的收费站为 248 个,2013 年计划开通 94 个收费站,至 2013 年底共 342 个收费站,2014 年需维护费用 171 万元。至 2017 年底共开通 548 个收费站,2018 年需要维护费 274 万元。2014—2018 年共需维护经费 1157 万元,见表 1-A-2。

历年 MTC 车道与维护费用(含新通车的)　　表 1-A-2

年份(年)	2013	2014	2015	2016	2017	2018	累计
车道数(条)	1176	1485	1569	1668	1794	1902	1902
收费站(个)	342	445	473	506	548	584	584
维护费(万元)	—	171.00	222.50	236.50	253.00	274.00	1157

A.2.3 营销成本

目标:湘通卡(储值卡与记账卡)2015 年发行 50 万张以上,占同期车辆保有量的 10%左右;2018 年发展至 80 万张,占同期车辆保有量的 15%左右。OBU 前期与湘通卡同步发行至 50 万片,后三年每年增加 5 万片,2018 年发展到 65 万片。湘通专用卡仍由省高管局发行,合作方只发行湘通联名卡。

为达成上述目标,合作商应充分利用其现有网点,在 2013 年底建设市级营业网点 80 个,县级营业网点 176 个,客服中心增加 8 个座席员工(20 人);另在 52 对高速公路服务区(加油站)建立人工充值网点。

每个银行营业网点硬软件投资 1 万元(包括电脑 5000 元,电脑桌 1000 元,数码相机 1000元,通信费用 1500 元,充值设备 1500 元),服务区(加油站)网点每个投资 4 万元,客服中心增加 8 个座席按 80 万元计算。自助充值机可利用现有充值机,不额外计费用。

年度营销费用按充值额(非现金通行费收入加沉淀资金)的万分之八计算,每年补贴每个市级营业网点 3 万元,县级网点和服务区网点 2 万元固定费用,不另计网点人员工资。客服中心 20 人,工资 100 万元。

推广费用市级网点 2 万元/(个·年),县级网点 1 万元/(个·年),总部宣传费 164 万元,共 500 万元,按三年计算。

以上三项合计,合作商的网点硬软件投资 544 万元,年度营销费用工资 5957.65 万元,推广经费 1500 万元,共需 8001.65 万元。

A.2.4 MTC 刷卡手续费

假定湘通专用卡和其他刷卡量各占一半。自营模式下,使用湘通卡联名卡、银联卡、手机钱包支付时,需按交通行业 0.38%的费率支付手续费。外包模式下,使用省高管局发行的湘通专用卡也可参照 0.38%的费率执行。

A.2.5 合作商关联收益分析

1)湘通联名卡沉淀资金收益

按现行省高管局发行湘通专用卡、合作方发行联名卡的模式,专用卡与联名卡的发行比例由 5∶5 逐步降低为 3∶7,合作银行发行的借记卡与信用卡比例为 4∶1,按每张储值卡沉淀1000元,以上年沉淀资金余额的 6%估算当年沉淀资金收益,2014—2018 年合计为 6744 万元,见表 1-A-3。

湘通卡沉淀资金分析表

表 1-A-3

发行单位	类别		2013 年		2014 年		2015 年	
			发行量(万张)	沉淀资金(万元)	发行量(万张)	沉淀资金(万元)	发行量(万张)	沉淀资金(万元)
省高管局	专用卡	储值卡	0.75	750	2.40	2400	4.50	4500
		记账卡	1.75		5.60		10.50	
合作银行	联名卡	借记卡	2.00	2000	9.60	9600	28.00	28000
		信用卡	0.50		2.40		7.00	
	理财收益					120		576
合计			5.00	2750	20.00	12000	50.00	32500

发行单位	类别		2016 年		2017 年		2018 年	
			发行量(万张)	沉淀资金(万元)	发行量(万张)	沉淀资金(万元)	发行量(万张)	沉淀资金(万元)
省高管局	专用卡	储值卡	5.40	5400	6.30	6300	7.20	7200
		记账卡	12.60		14.70		16.80	
合作银行	联名卡	借记卡	33.60	33600	39.20	39200	44.80	44800
		信用卡	8.40		9.80		11.20	
	理财收益			1680		2016		2352
合计			60.00	39000	70.00	45500	80.00	52000

2)ETC 未缴通行费滞留资金收益

在 ETC 与 MTC 通行费分开结算时,如 ETC 通行费中合作方的湘通联名卡储值卡交易量占 50%,每月清算两次,按 2013 年 4 月 12 日上海银行间同业拆放利率 2 周的平均利率 3.138%计算拆借利息收入,见表 1-A-4。

ETC 未缴通行费滞留资金分析表

表 1-A-4

年份(年)	2013	2014	2015	2016	2017	2018	合计
ETC 通行费(亿元)	1.30	4.52	9.60	9.98	10.35	10.73	92.94
日均通行费(万元)	36.10	125.56	266.67	277.08	287.50	297.92	
可拆借资金平均余额(万元)	252.68	878.89	1866.67	1939.58	2012.50	2085.42	
每次拆借资金利息(万元)	0.31	1.07	2.28	2.37	2.46	2.54	
全年拆借收入(48 次)(万元)	14.80	51.48	109.34	113.61	117.88	122.16	529.28

若 ETC 通行费与 MTC 通行费合并结算,ETC 通行费没有滞留资金。

3)新增客户延伸交易收益

合作方在与高管局合作发行湘通卡的过程中,新增客户持有的湘通卡在餐饮娱乐、购货等一般支出中刷卡,将给合作银行带来延伸增值收益。假如借记卡的四分之一为新增客户,每位客户每年刷卡消费1.6万元,餐饮娱乐和一般支出各占一半。根据国家发改委《关于优化和调整银行卡刷卡手续费的通知》(发改价格〔2013〕66号),发卡行的服务费餐饮娱乐业为0.9%,一般消费为0.55%,新增客户延伸交易分析见表1-A-5。

新增客户延伸交易分析表 表1-A-5

年份(年)	2013	2014	2015	2016	2017	2018	合计
联名储值卡(万张)	2.00	9.60	28.00	33.60	39.20	44.80	44.80
联名记账卡(万张)	0.50	2.40	7.00	8.40	9.80	11.20	11.20
新增客户(万户)	1.00	4.80	14.00	16.80	19.60	22.40	22.40
新增客户其他消费(亿元)	0.80	3.84	11.20	13.44	15.68	17.92	62.88
新增手续费收入(万元)	58	278.4	812	974.4	1136.8	1299.2	4558.8

以上三项关联收益合计为6744+529.28+4558.8=11832.08(万元)。

A.3 营销外包模式(三)的商务平台条件

A.3.1 提成费率及每年支付金额

在营销外包模式下,合作商的静态投资估算为8001.65万元,若每年投资金额按9%计算投资回报,2013—2018年应给予的回报为2762.03万元。假定合作期间全省高速公路通行费收入按预测数据增长,从2012年的90亿元逐步增长至2018年的164亿元,通行费中ETC和非现金通行费收入能达到全部通行费收入的20%,将上述承包商的投资本息折算至通行费中提取,MTC非现金收费手续费率为0.26%(银联刷卡手续费0.38%,扣除清算机构和收单行的费用,发卡行所得手续费率为0.26%),ETC收费的提成比例约为1.1%。

参照外省市经验,若设置通行费存款、高速公路建设贷款等互惠条件,合作方综合考虑与省高管局的全面合作、因发行湘通联名卡带来的客户增长和沉淀资金增值等因素,愿意承担湘通联名卡和电子标签的营销费用,可不再从通行费中提取费用。

合作方营销支出成本为8001.65万元,资金回报按每年9%计算为2762.03万元,合计为10763.68万元。合作方通过资金理财和延伸业务收入合计估算为11832.08万元。合作方略有盈利空间,不需要另行支付营销费用。

6744+529.28+4558.8=11832.08(万元)>8001.65+2762.03=10763.68(万元)

建设单位只承担系统建设、维护支出及利息,各年度支出见表1-A-6。

建设单位各年度支出表 表1-A-6

年份(年)	2013	2014	2015	2016	2017	2018	合计
建设单位支出(万元)	14130.46	12212.49	4169.95	4683.39	4731.73	4787.63	44715.65

A.3.2 管理及商务条件

合作商与省高管局合作,出资建设高速公路运营单位与银行对接的充值及结算系统,为ETC及非现金支付用户提供业务开通办理、电子标签发行及安装、柜面及自助充值(自助终端、电话银行、网上银行等）等多种服务，并采取多种形式推广上述业务，按时完成营销任务。

1）由省高管局提供的支持

省高管局负责技术标准、软件开发、湘通卡与电子标签初始化、密钥管理、资金结算、收费管理等，协调合作商与上级主管部门、高速公路业主、收费站、服务区、加油站等业务往来单位之间的关系。

2）湘通卡发行

合作商发行湘通联名卡，可发储值卡或记账卡，要求 2015 年达到 50 万张，2016—2018 年每年发行不低于 10 万张（表 1-A-7）。

湘通卡各年发行量 表 1-A-7

年份（年）	2013	2014	2015	2016	2017	2018	合计
湘通卡发行量（万张）	5	15	30	10	10	10	80

3）电子标签（OBU）发行及安装

合作商发行电子标签，要求 2015 年达到 50 万张，2016—2018 年每年发行不低于 5 万张（表 1-A-8）。要求合作商为用户提供免费安装服务。

OBU 各年发行量 表 1-A-8

年份（年）	2013	2014	2015	2016	2017	2018	合计
OBU 发行量（万片）	5	15	30	5	5	5	65

4）营运管理

要求所有县级以上营业网点可发行湘通卡，每个县（区）至少有一个网点可发行电子标签，在所有营业网点均可充值。另外，在 52 对服务区（加油站）布设充值点。

5）客户服务

在客户服务中心增加湘通卡、电子标签客户咨询服务内容，增设 8 个专用座席安排员工 20 人以上。建立客户与业务部门、主管部门之间的联系通道，将用户反映的问题及时反馈给省高管局，将省高管局的政策及时传达给用户。

6）对用户的优惠

省高管局承诺给予 ETC 用户通行费 9.8 折优惠。

合作商承诺给予湘通卡用户免除发卡工本费，销售给用户的电子标签价格不高于进价并免收安装费用。

A.4 建设与营销外包模式（四）的商务平台条件

A.4.1 提成费率及每年支付金额分析

合作商的 ETC 系统建设及 MTC 优化等投资 22327 万元，支付湘通专用卡的刷卡手续费 728.67 万元，静态投资估算为 23055.67 万元。若每年投资金额按 9%计算投资回报，2013—2018 年应给予的投资回报为 11418.41 万元。假定合作期间全省高速公路通行费收入按预测数据增长，从 2012 年的 90 亿元逐步增长至 2018 年的 164 亿元，通行费中 ETC 和非现金通行费收入能达到全部通行费收入的20%,将上述承包商的投资本息折算至通行费中,MTC非现金收费固定按0.26%提取手续费(银联刷卡手续费0.38%,扣除清算机构和收单行的费用,发卡行所得手续费率为0.26%),ETC收费的提成比例为3.65%。

合作方营销支出成本为8001.65万元,资金回报按每年9%计算为2762.03万元,合计为10763.68万元。合作方通过资金理财和延伸业务收入合计估算为11832.08万元。合作方略有盈利空间,不需要另行支付营销费用。

建设单位需支付ETC提成、MTC手续费、维护费用及利息等支出。各年度支出见表1-A-9。

建设单位各年支出表(万元)　　表1-A-9

年份(年)	2013	2014	2015	2016	2017	2018	合计
ETC提成支出	948.64	3299.60	7008.00	7281.75	7555.50	7829.25	33922.74
MTC手续费支出	6.38	38.48	85.80	96.85	123.50	147.55	498.56
维护费及利息	—	1796.52	2615.62	3112.91	3122.30	3143.06	13790.41
建设单位支出	955.02	5134.60	9709.42	10491.51	10801.30	11119.86	48211.71

A.4.2 管理及商务条件

合作商与省管局合作,出资建设列入项目的ETC车道和MTC车道的电子收费设备,建立银行与高速公路运营单位对接的充值及结算系统,为ETC及非现金支付用户提供业务开通办理、电子标签发行及安装、柜面及自助充值(自助终端、电话银行、网上银行等)等多种服务,并采取多种形式推广上述业务,按时完成各项建设和运营任务。

1)由省高管局提供的支持

省高管局负责ETC车道规划与设计、技术标准、软件开发、湘通卡与电子标签初始化、密钥管理、资金结算、收费管理等,协调合作商与上级主管部门、高速公路业主、收费站、服务区、加油站等业务往来单位之间的关系。

省高管局负责ETC车道和MTC车道的电子收费设备的维护。

2)建设内容

改造133出/133入共266条收费通道,现有MTC车道(248个站,725入/1152出)全部安装电子收费系统,对现有MTC车道(725入/1152出)进行优化升级,完成二期的未完项目。

3)湘通卡发行

合作商发行湘通联名卡,可发储值卡或记账卡,要求2015年达到50万张,2016—2018年每年发行不低于10万张(表1-A-10)。

湘通卡各年发行量表　　表1-A-10

年份(年)	2013	2014	2015	2016	2017	2018	合计
湘通卡发行量(万张)	5	15	30	10	10	10	80

4)OBU发行及安装

合作商发行电子标签,要求2015年达到50万张,2016—2018年每年发行不低于5万张

(表 1-A-11)。要求合作商为用户提供免费安装服务。

OBU 各年发行量表 表 1-A-11

年份(年)	2013	2014	2015	2016	2017	2018	合计
OBU 发行量(万片)	5	15	30	5	5	5	65

5)营运管理

要求所有县级以上营业网点可发行湘通卡,每个县(区)至少有一个网点可发行电子标签,在所有营业网点均可充值。另外,在 52 对服务区(加油站)布设充值点。

6)客户服务

在客户服务中心增加湘通卡、电子标签客户咨询服务内容,增设 8 个专用座席,安排员工 20 人以上。建立客户与业务部门、主管部门之间的联系通道,将用户反映的问题及时反馈给省高管局,将省高管局的政策及时传达给用户。

7)设备折旧及移交

车道收费系统及中心处理设备统一按 8 年折旧,预留 5%的残值,从 2014 年开始计算折旧。按建设投资 22327 万元计算每年折旧为 2651. 33 万元,5 年共折旧 13256. 66 万元;设备折余价值为 9070. 34 万元。因设备投资已经通过提成全部补偿给合作商,合作商应在合作期满后无偿移交给省高管局。

8)对用户的优惠

省高管局承诺给予 ETC 用户通行费 9. 8 折优惠。

合作商承诺给予湘通卡用户免除发卡工本费,销售给用户的电子标签价格不高于进价并免收安装费用。

附录B　高速公路收费支付方式用户调查报告

B.1　研究方法

1)调查取样

本次调查对象为湖南省长株潭地区在高速公路有过缴费经历的车主。从中国移动数据业务 12580 车主小秘书的用户数据库中随机提取长株潭地区车主手机号码 2000 个,采取电话外呼的形式进行调研,520 个目标车主完整接受访问,即有效样本量为 520。

2)调查内容

了解车主开车通过高速公路的收费经历和对使用手机钱包缴费的意愿。

3)调查时间

2013 年 2 月 25~26 日。

B.2　主要结论

(1)调查结果显示,除重大节假日外,49.62%的车主平均每年通过高速公路次数超过 10 次,其中 25.77%的车主平均每年通过高速公路次数超过 30 次。

(2)车主使用手机钱包刷卡缴费的意愿非常强烈。调查结果显示,96.15%的车主希望在缴费的时候像公交卡一样便捷。

(3)车主办理手机钱包缴费的意愿强烈。调查结果显示,65%的车主愿意办理中国移动推出的小额手机钱包业务。

B.3　具体结果

(1)除重大节假日外,车主平均每年通过高速公路的次数情况(图 1-B-1)。

调查显示,在 520 名受访者中,有近一半车主(占比 49.62%)除重大节假日外,平均每年通过高速公路的次数超过 10 次,其中 25.77%的车主平均每年通过高速公路次数超过 30 次。有一半车主(占比 50.38%)通过高速公路次数在 1~10 次。

(2)车主使用手机钱包刷卡缴费的意愿情况(图 1-B-2)。

调查显示,绝大多数车主(占比 96.15%)希望在缴费的时候像刷公交卡一样便捷;只有极少数用户(3.85%)没有这个意愿。这充分说明了车主希望高效便捷地刷卡缴费。

(3)车主办理手机钱包业务的意愿情况(图 1-B-3)。

调查显示,大部分车主(占比 65%)愿意办理中国移动推出的小额手机钱包业务来刷卡缴费;少部分车主(占比 35%)没有这个意愿。这充分说明了车主对于中国移动推出的小额手机钱包业务充满期待。

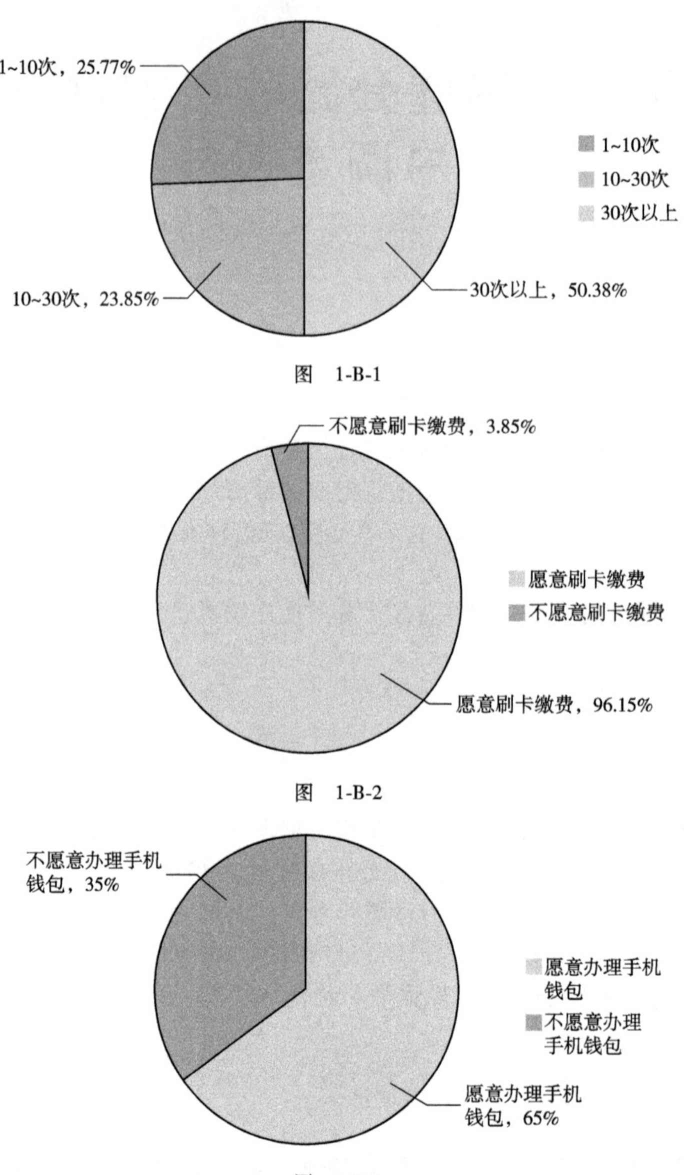

图 1-B-1

图 1-B-2

图 1-B-3

附录 C　京津冀和长三角区域高速公路 ETC 联网体系与运营架构

C.1　总体要求

1)“统一标准,一卡通行”(非现金支付)

示范工程中采用了国家和交通运输部的统一标准。示范工程中发行的非现金支付卡可以在示范工程范围内所有路网实现跨省(市)应用。

电子收费用户在经过示范工程内任何 ETC 车道时,将非现金支付卡插入电子标签,可实现不停车通过。

电子收费用户在经过示范工程内任何支持非现金支付的 MTC 车道时,需停车刷卡,在入口车道写入入口信息,出口车道实现非现金支付。

2)“四个基本维持”

(1)基本维持示范工程路网现有的联网收费体制不变,保留现有主线收费站。

(2)基本维持现有的人工半自动收费系统和通信系统不变,升级人工车道、收费站、收费(分)中心、省(市)联网收费结算中心的软件,增加或者改造必要的硬件设备。

(3)基本维持车型分类标准和收费计量单位不变。

(4)基本维持现有的人工半自动收费方式(包括收费、拆分、结算等)不变,对示范工程中涉及的技术标准、收费管理制度、收费结算时间、划账时间等进行协商。

3)“自主收费,两级清算”

(1)自主收费:示范工程各省(市)负责本省(市)的收费工作,电子收费交易数据上传本省(市)联网电子收费管理中心。

(2)第一级清算:跨省(市)交易的清算工作在区域联网收费管理中心完成(京津冀区域),或通过省(市)联网电子收费管理中心之间协商完成(长三角区域),并将清算结果返回参与联网收费的各省(市)联网电子收费管理中心。

(3)第二级清算:第一级清算的基础上,由各省(市)联网电子收费管理中心协调本省(市)电子收费发行机构完成跨省(市)电子收费交易资金划拨,以及本省(市)电子收费交易的资金结算。

C.2　收费技术

C.2.1　电子收费技术

示范工程将采用基于两片式电子标签+双界面 CPU 卡的组合式电子收费技术,满足跨省(市)联网收费的应用(图 1-C-1)。

电子收费技术中的专用短程通信技术、路侧设备、车载电子标签的技术指标及产品检测应符合以下国家标准:

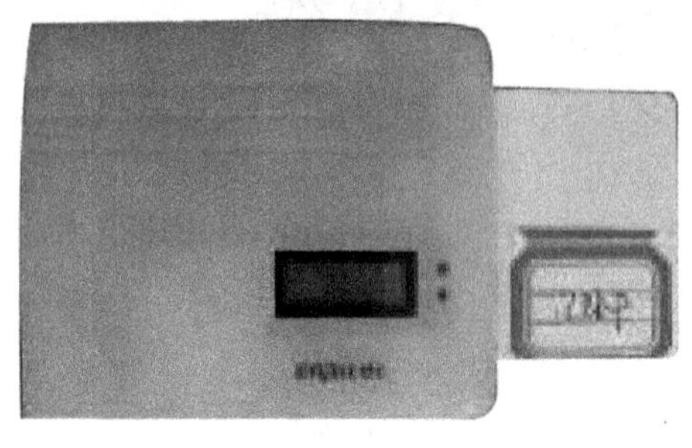

图 1-C-1　两片式电子标签及双界面 CPU 卡示意图

《电子收费　专用短程通信　物理层》(GB/T 20851.1—2007)。

《电子收费　专用短程通信　数据链路层》(GB/T 20851.2—2007)。

《电子收费　专用短程通信　应用层》(GB/T 20851.3—2007)。

《电子收费　专用短程通信　设备应用》(GB/T 20851.4—2007)。

《电子收费　专用短程通信　物理层主要参数测试方法》(GB/T 20851.5—2007)。

双界面 CPU 卡应符合 ISO/IEC 7816 和 ISO/IEC 14443 TYPE A 的工业标准,COS 支持 PBOC 全指令集,数据格式和数据元定义应符合《收费公路联网收费技术要求》中对于卡格式的定义,以及《高速公路区域联网不停车收费示范工程暂行技术要求》的规定。

C.2.2　电子收费技术的应用

示范工程中,电子收费技术可以向用户提供两种类型的应用:一是选择电子标签,同时必须选择非现金支付卡;二是只选择非现金支付卡。

选择电子标签和非现金支付卡的用户,可以使用 ETC 车道,也可以使用 MTC 车道。只选择非现金支付卡的用户只能使用 MTC 车道。

非现金支付卡与车辆及电子标签可以实现绑定功能。

C.2.3　非现金支付卡的种类

非现金支付卡的种类分为两种:储值卡和记账卡。

1)储值卡

储值卡内应设定最高充值金额,不计息。

用户预先在储值卡上存入一定金额,用于支付通行费,当储值卡上余额不足时,用户需用现金足额缴纳通行费。

储值卡可以包括两种类型:记名储值卡和不记名储值卡。

持记名储值卡的用户可以获得完善的客户服务。不记名储值卡不能办理挂失、补办、注销、变更信息等业务。示范工程在开通的初期主要推广记名方式的储值卡。

2)记账卡

记账卡限于对信用等级较高的集团用户发行。记账卡采用预付一定押金后的消费方式。

记账卡采用记名方式,一个账号可以对应多个记账卡。用户办理记账卡时,必须登记用户资料、用户银行转账账户等信息。

C.2.4　电子收费介质文件结构

电子收费介质包括 PSAM 卡、电子标签、非现金支付卡。示范工程各省(市)电子收费介质数据格式应一致。

电子收费中 PSAM 卡的文件结构、数据格式、数据元定义应符合《收费公路联网收费技术要求》以及《高速公路区域联网不停车收费示范工程暂行技术要求》中的相关规定。PSAM 卡中用于电子收费的密钥由"收费公路(交通行业)密钥管理与安全认证系统"统一提供电子标签的文件结构、数据格式、数据元定义应符合国家标准 GB/T 20851.4—2007《电子收费　专用短程通信　设备应用》以及《高速公路区域联网不停车收费示范工程暂行技术要求》的相关规定。电子标签中的密钥由"收费公路(交通行业)密钥管理与安全认证系统"统一提供。

非现金支付卡的文件结构、数据格式、数据元定义应符合《收费公路联网收费技术要求》以及《高速公路区域联网不停车收费示范工程暂行技术要求》中的相关规定。其中与消费相关的密钥(外部认证密钥、消费子密钥 1、消费子密钥 2、内部子密钥)由"收费公路(交通行业)密钥管理与安全认证系统"统一提供。

C.2.5　电子标签及非现金支付卡的发放

对于京津冀区域示范工程,为避免对实施出口计重收费的省(市)造成影响,北京市对所有客、货车发放电子标签,但货车不能使用河北省、天津市的 ETC 出口车道;河北省、天津市只对客车发放电子标签。示范工程中发行的非现金支付卡可以向所有用户发放。

对于长三角区域,初期仅对客车发行跨省(市)使用的不停车收费(ETC)车载设备,非现金支付卡(与车载设备绑定)只对 ETC 用户发行。不推荐对货车发行车载设备,如确实需要对货车发行车载设备,则仅限于本省(市)区域内使用。

C.2.6　与现有非现金支付卡的关系

示范工程发行的非现金支付卡是为满足示范区域跨省(市)应用的支付手段,独立于各省(市)现有的其他非现金支付卡。

各个省(市)现有的其他非现金支付卡维持不变,但只能在发卡的省(市)区域内使用。

C.3　收费方式

示范工程将采用两种收费方式:电子收费方式和半自动收费方式。电子收费用户在通过收费车道时,可以有以下几种选择方式:

(1)ETC 车道入、ETC 车道出:需同时使用非现金支付卡和电子标签。

(2)ETC 车道入、MTC 车道出:在 ETC 车道需结合电子标签。

(3)MTC 车道入、ETC 车道出:在 ETC 车道需结合电子标签。

(4)MTC 车道入、MTC 车道出:只需使用非现金支付卡。

只有非现金支付卡的用户,只能在人工收费车道通过,入口刷卡写入入口信息,出口刷卡实现非现金支付通行费。

安装有电子标签的用户,在通过人工收费车道时,刷卡通过;在通过 ETC 车道时,结合电子标签可不停车通过,收费过程自动完成。

C.4 总体框架与功能

C.4.1 管理体制

1)京津冀区域

在北京市、天津市、河北省现有联网收费管理体系基础上,组建"区域联网收费管理中心",负责行使示范工程中跨省域收费交易的管理职能。

区域联网不停车收费系统的总体架构如图 1-C-2 所示。

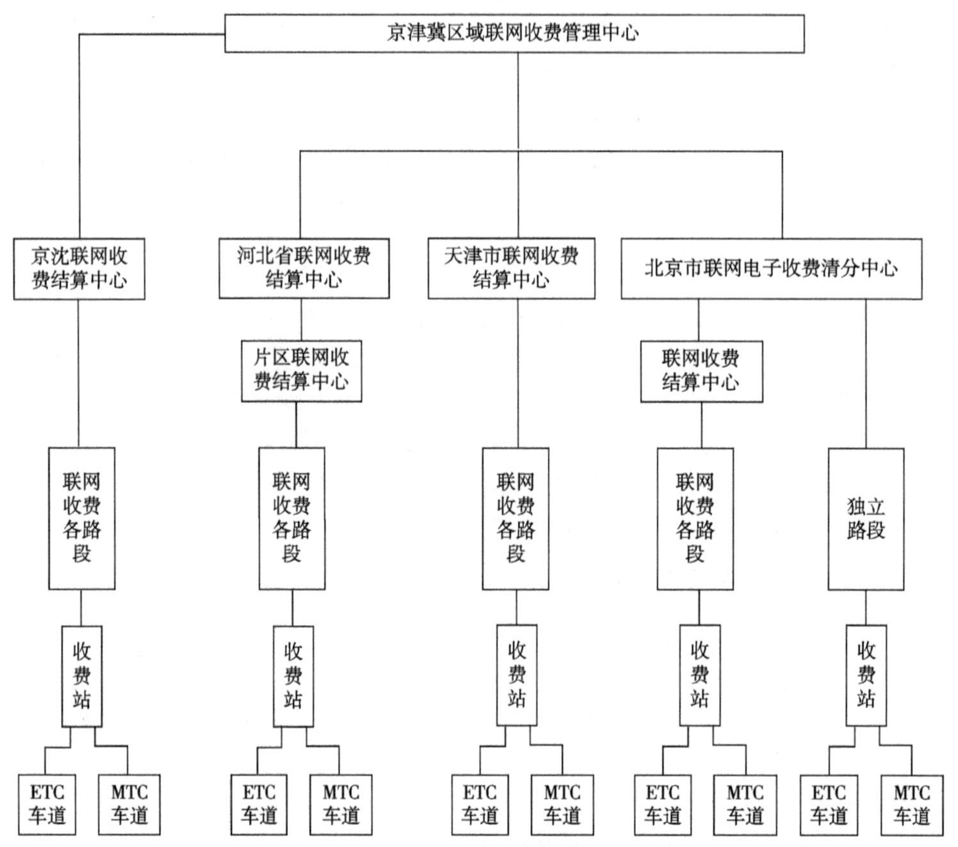

图 1-C-2 区域联网不停车收费系统总体架构

2)长三角区域

长三角区域高速公路联网不停车收费示范工程采用对等管理架构,不设置长三角区域联网不停车收费管理中心,先期利用现有的各省(市)联网收费管理(结算)中心完成数据的汇总、验证、统计与清算等业务,省(市)联网收费管理(结算)中心之间完成跨省(市)不停车收费(含非现金支付)原始交易数据、清算数据、黑名单、核对结果、查询请求、查询结果的传输与交换,通过银行完成跨省(市)清算资金的划拨,通过客户服务与发行系统和银行完成资金的归集、账户的管理等,各省(市)内仍然维持现有的管理架构不变,见图 1-C-3。

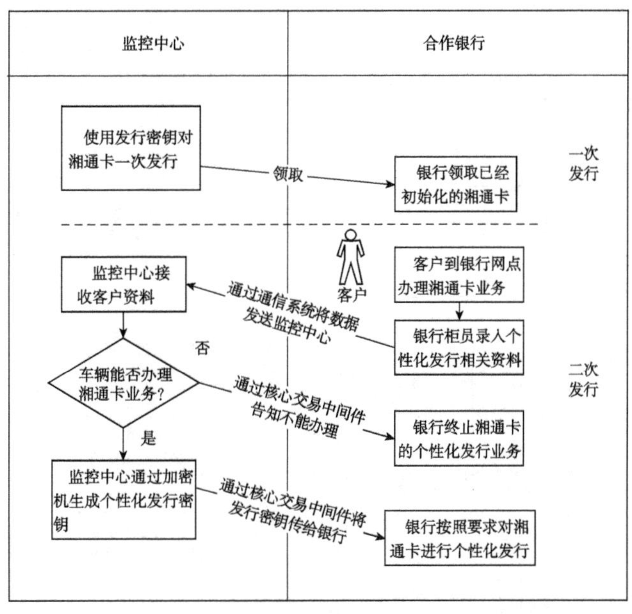

图 1-C-3　长三角区域高速公路联网收费管理体制图

C. 4. 2　运营架构

区域高速公路联网不停车收费系统运营架构由以下实体组成：

(1)区域联网收费管理中心(京津冀区域)。

(2)省(市)结算机构。

(3)省(市)发行及服务机构。

(4)路段管理单位。

(5)银行。

(6)用户。

各实体间界面相互关系,如图 1-C-4、图 1-C-5 所示。

1)区域联网收费管理中心(京津冀区域)

在京津冀区域各省(市)结算机构之上,设立区域联网收费管理中心,主要用于验证、汇总跨省(市)部分的电子收费交易数据,完成电子收费交易的第一级清算工作,为各省(市)结算机构完成电子收费交易的第二级清算创造条件,并行使跨省域收费交易的管理职能。

2)省(市)结算机构

(1)北京市

北京市已组建专营公司(北京快通高速路电子收费系统有限公司),设北京市联网电子收费清分中心,独立于现有的人工收费系统的联网收费结算中心,专门负责电子收费交易数据的统计和清分,并完成与区域联网收费管理中心的数据交换,协调发行机构进行资金划拨。该中心的清分结果发往北京市联网收费结算中心、各个独立路段收费分中心,为下一步的结算工作创造条件。

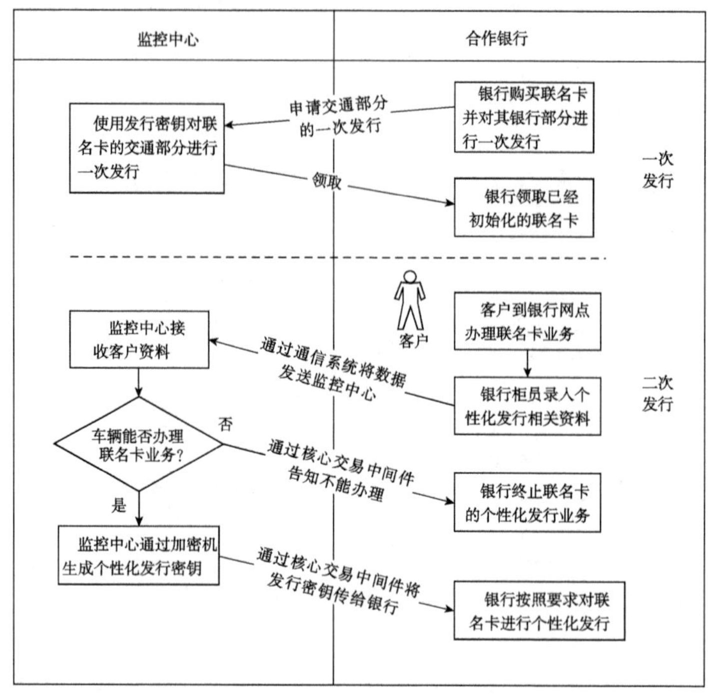

图 1-C-4　京津冀区域高速公路联网不停车收费系统运营架构示意图

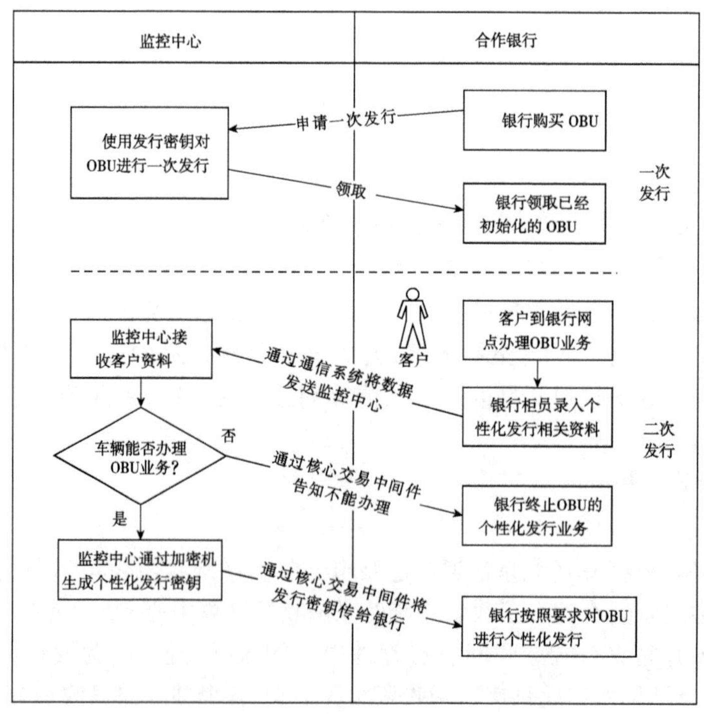

图 1-C-5　长三角区域高速公路联网不停车收费系统运营架构示意图

北京市联网收费结算中心在现有人工收费（现金部分）结算功能基础上，增加非现金部分的结算功能。

（2）河北省联网收费结算中心、片区联网收费结算中心

河北省联网收费结算中心，负责完成与区域联网收费管理中心的数据交换，协调发行机构进行资金划拨，并在现有人工收费（现金部分）结算功能的基础上进行改扩建，增加非现金部分的清算功能。清算结果发往片区结算中心。

河北省片区联网收费结算中心在现有人工收费（现金部分）结算功能的基础上进行改扩建，增加非现金部分的结算功能。

（3）天津市联网收费结算中心

天津市联网收费结算中心，负责完成与区域联网收费管理中心的数据交换，协调发行机构进行资金划拨，并在现有人工收费（现金部分）结算功能的基础上进行改扩建，增加非现金部分的清算功能。

（4）京沈联网收费结算中心

京沈联网收费结算中心，负责完成与区域联网收费管理中心的数据交换，并在现有人工收费（现金部分）结算功能的基础上进行改扩建，增加非现金部分的结算功能。

（5）长三角区域省（市）联网收费管理（结算）中心

负责完成不停车收费原始交易数据汇总、统计、清算等，对跨省（市）交易数据、清分结果等进行交换，完成交易数据与清算结果的验证，通过银行完成跨省（市）通行费收入的划拨。省（市）联网收费管理（结算）中心完成针对本省（市）各个路段业主的通行费收入的拆分、结算、划拨等；负责提供用于不停车收费交易安全的各类应用密钥，确保交易数据记录的完整性、一致性、准确性、可靠性。

3）省（市）发行及服务机构

发行及服务机构由发行中心、客户服务中心、发行网点及服务网点组成，其中客户服务中心主要由客户呼叫中心、客户服务网站组成。

其中，发行中心和发行网点统称为发行系统；客户服务中心和服务网点统称为客户服务系统。发行网点一般和服务网点合并设置，共同向用户提供发行服务和客户服务。

发行及服务机构负责建设电子收费发行系统和客户服务系统；负责电子收费中央账户的维护管理；负责电子标签、非现金支付卡的发行和管理；负责电子收费业务的推广和宣传；负责电子收费资金的划拨。

发行及服务机构的建设有以下两种模式：

（1）模式一

组建专营公司（独立的运营商，例如北京市），负责本省（市）内电子收费发行及服务系统的建设、运营和管理。该模式下，省（市）级的联网收费结算中心只是对电子收费交易数据进行处理、统计、与运营商的对账等，电子收费涉及的资金划拨［运营商向本省（市）联网收费中心的划拨、跨省（市）交易资金的划拨等］均由运营商负责完成。

（2）模式二

由各省（市）的联网收费结算中心负责建设电子收费发行及服务系统，并负责电子收费的建设、运营和管理。该模式下，省（市）发行及服务机构将作为省（市）联网收费结算中心

的组成部分，负责对电子收费数据进行处理、统计等，并在银行开设账户，完成省内、省际资金划拨业务，同时完成电子标签、非现金支付卡的发行、管理等工作。

4）路段管理单位

路段管理单位向用户提供电子收费服务，形成电子收费交易数据。

5）银行

负责根据电子收费发行中心下达的结算、划拨指令，将电子收费用户产生的通行费划拨到结算机构指定的账户，并完成跨省（市）资金的划拨，划账工作结束后将划账结果通过发行中心反馈给本省（市）结算机构。

6）用户

用户可以根据自己的需要，通过电子收费发行及服务机构申请非现金支付业务（只申请非现金支付卡）或不停车收费业务（同时申请电子标签和非现金支付卡）。在与发行及服务机构、银行等签订各类必需的用户协议，以及根据规定办理了相关手续后，即可在服务提供商享受相应的服务。

用户应按照相关协议保证非现金支付卡中保持有足够的余额，或扣款账户有足够的资金。

C.4.3 系统功能

区域高速公路联网不停车收费系统由以下部分构成：

（1）区域联网收费管理中心（京津冀区域）。

（2）省（市）结算机构。

（3）省（市）电子收费发行及服务机构。

（4）路段收费（分）中心。

（5）收费站。

（6）收费车道（ETC 车道、MTC 车道）。

1）区域联网收费管理中心（京津冀区域）

（1）数据验证功能

对各省（市）上传的电子收费交易数据逐条验证，验证通过后存入主数据库中。

只有通过验证的数据才能用于统计和清算，验证未通过的数据保存其他数据库中，并进行差错数据处理。

（2）通行费清算功能

对经过验证的数据进行统计和清分，计算并汇总各省（市）的应收资金，以及划拨给其他省（市）的应付资金。

清算后的统计数据将发往相应的省（市），这些数据将作为各省（市）对账、划账的基础数据和依据。

（3）各省（市）间划账通知和对账单的审核和转发功能

各省（市）间的划账通知和对账单首先应发往区域联网收费管理中心，区域联网收费管理中心根据自身的统计数据对这些划账通知和对账单进行审核，审核通过后再转发至相应省（市）结算机构。

如果审核出现不一致的情况,由区域联网收费管理中心协调相关省(市)重新核算,直至审核通过。

(4)报表管理功能

可以根据上传的原始数据统计出管理所需的各类报表,包括:

各省(市)日/月/年应收、应付资金统计表。

各省(市)日/月/年差错数据统计表。

各省(市)日/月/年未清算资金统计表。

各省(市)日/月/年储值卡、记账卡使用情况统计表(包括所占比例、增长情况等)。

(5)系统参数管理功能

系统参数主要包括非现金支付卡黑名单表,联网收费区域内发行方标识、卡片网络编号、区域分散代码参数表。

区域联网收费管理中心应具备系统参数的汇总、生成、更新、改写、下发等功能。

系统参数表需要下发至联网收费区域内所有车道。

卡片网络编号、区域分散代码由收费公路(交通行业)密钥管理与安全认证系统统一提供,发行方标识由各省(市)发行机构定义。

发行方标识、卡片网络编号的数据编码定义应符合《公路联网收费技术要求》的规定。

(6)对差错数据的处理功能

差错数据主要指上传至区域联网收费管理中心且未通过验证的原始数据。

当出现差错数据时,区域联网收费管理中心需协调卡片发行省(市)、产生交易数据的省(市)对该条数据进行核对,分析差错出现的原因,按照相关协议进行处理。

(7)系统监控功能

系统监控的范围主要包括:

区域联网收费管理中心各项操作的监控。

区域联网收费管理中心的设备、网络情况、资源监控。

区域联网收费管理中心与各省(市)通信网络的监控。

(8)数据备份与恢复功能

定期对数据库进行备份,建立科学、快速的备份和恢复机制。

(9)系统性能要求

区域联网收费管理中心由于要对跨省(市)交易数据进行处理和验证,担负的责任重大,因此整个系统特别是在数据的传输、存储、管理、备份等方面应具有高可靠性、安全性和稳定性。

为此,区域联网收费管理中心需设置合适容量的不中断电源,后备时间至少可以保证系统在断电后可以运行 2h;具备可靠的热备份机制,关键设备没有单点故障,保证系统满足全年 24h 不停机运行的要求。在电源、设备或系统出现故障时,应保证数据不会丢失。

区域联网收费管理中心主要性能指标如下:

①原始交易数据的在线保存时间:≥120 天。

②统计数据、报表的在线保存时间:≥5 年。

③历史交易在线查询相应时间:≤10s。

④日终批处理时间：≤1h。

⑤数据备份时间：≤1h。

⑥数据恢复时间：≤2h。

⑦单张报表生成及打印时间：≤2min。

2)省(市)结算机构

(1)与区域联网收费管理中心的数据交换

①电子收费交易数据的交换。

②用户状态信息的交换。

③电子收费介质状态信息的交换。

④结算及划账信息的交换。

(2)与本省(市)电子收费发行及服务机构的数据交换

①接收用户状态信息、电子收费介质状态信息。

②接收对账信息和划账结果。

③发送结算结果和划账申请。

(3)与联网各路段收费站的数据交换

①接收电子收费交易原始数据。

②发送用户状态信息、电子收费介质状态信息。

③发送路网参数信息。

(4)与片区(或路网)结算中心的数据交换

①接收电子收费交易原始数据。

②发送用户状态信息、电子收费介质状态信息。

③发送路网参数信息。

④结算及划账信息的交换。

(5)数据验证功能

对收费站上传的省(市)域内电子收费交易数据逐条验证，验证通过后存入主数据库中。

只有通过验证的数据才能用于统计和清算，验证未通过的数据保存在其他数据库中，并进行差错数据处理。

(6)通行费清算功能

对经过验证的数据进行统计和清分，计算并汇总应收资金，以及划拨给其他省(市)的应付资金。

将区域联网收费管理中心发来的跨省(市)交易部分的划账通知和对账单，与本省(市)域内的清算结果进行汇总，形成完整的划账通知和对账单。

将汇总后的划账通知和对账单发往发行机构，由发行机构将资金划拨到相应的账户。

(7)报表管理功能

可以根据上传的原始数据统计出管理所需的各类报表，包括：

①本省(市)日/月/年电子收费部分应收、应付资金统计表(包括电子收费部分收入占总收入的百分比等)。

②本省(市)日/月/年差错数据统计表。

③本省(市)日/月/年电子收费未清算资金统计表。

④本省(市)日/月/年储值卡、记账卡使用情况统计表(包括所占比例、增长情况等)。

(8)系统参数管理功能

系统参数主要包括非现金支付卡黑名单表,联网收费区域内发行方标识、卡片网络编号、区域分散代码参数表。

具备系统参数的汇总、生成、更新、改写、上传、下发等功能。

系统参数表需要下发至省(市)内支持非现金支付的所有车道。

(9)对差错数据的处理功能

差错数据主要指收费站上传的且未通过验证的原始数据,包括省(市)内及跨省(市)的电子收费原始数据。

当出现差错数据时,对于省(市)内的数据,需协调发行机构和收费路段对该条数据进行核对,分析差错出现的原因,按照相关协议进行处理。对于跨省(市)的数据,需配合“区域联网收费管理中心”对该条数据进行核对,分析差错出现的原因,按照相关协议进行处理。

(10)系统监控功能

系统监控的范围主要包括:

①电子收费各项操作的监控。

②电子收费的设备、网络情况、资源监控。

③本省(市)与区域联网收费管理中心通信网络的监控。

(11)数据备份与恢复功能

定期对电子收费数据库进行备份,建立科学、快速的备份和恢复机制。

(12)电子收费密钥管理及分发

3)省(市)电子收费发行及服务机构

(1)发行中心的主要功能

①用户账户的管理和维护。

②电子收费介质状态信息的管理。

③非现金支付卡、电子标签的管理:包括空白卡片、标签的管理,卡片、标签库存管理,卡片、标签初始化,卡片、标签发行数据的存储、上传和统计,废卡、标签的管理。

④向省(市)结算中心或清分中心发送用户、电子收费介质状态信息。

⑤根据结算数据和对账单进行资金划拨。

⑥为用户提供服务平台。

⑦向用户发行电子标签和非现金支付卡,并提供完善的售后服务。

(2)客户呼叫中心的主要功能

①为用户提供24h热线电话服务。

②为注册用户提供短信服务。

③为用户提供电话查询、挂失等服务。

④处理用户的投诉等。

(3)客户服务网站的主要功能

①为用户提供 WEB 服务。

②处理用户网上查询、业务申请、挂失、用户信息变更等业务。

③网上发布信息等。

(4)发行及服务网点的主要功能

①为用户办理非现金支付业务或电子不停车收费业务。

②提供电子标签安装服务。

③用户充值服务。

④用户信息变更、查询服务。

⑤向用户提供发票,处理用户的投诉、挂失等其他业务。

4)路段收费(分)中心

在现有路段收费(分)中心系统上扩充电子收费业务,原有的网络通信链路以及设备保持不变。仅对应用软件、数据库管理系统进行必要的改造与调整,满足电子收费管理的要求,增加的功能主要包括以下内容:

(1)电子收费报表统计功能

①现有收费报表统计的调整修改

示范工程的实施,会对现有数据库结构、数据编码等产生变化,需要在现有报表统计中增加非现金支付及 ETC 部分的统计数据。

②计重收费统计报表的调整修改

实施计重收费的省(市),需要增加非现金支付部分的计重车辆的统计数据。

③交通流量报表

维持现有报表样式,统计时需要增加非现金支付及 ETC 部分的交通流量统计数据。

④新增报表

收费(分)中心非现金支付及 ETC 部分日、月、年交通量统计表:按收费站、非现金支付卡类型、车型、ETC 车辆进行统计。

收费(分)中心通行费日、月、年汇总统计报表:在现有通行费统计报表中增加非现金支付部分的应收款,并区分储值卡和记账卡。

(2)电子收费原始过车记录查询功能

①根据非现金支付卡号查询原始过车记录。

②根据时间段、车道号、电子标签查询非现金支付消费的原始过车记录。

③根据电子标签查询原始过车记录。

(3)对数据库的改造

收费(分)中心在现有数据库系统中,增加如下电子收费部分的数据表:

①电子收费入口车道收费数据记录表。

②电子收费出口车道收费数据记录表。

③电子收费计重收费数据记录表[对于实施计重收费的省(市)]。

④电子收费黑名单表。

⑤ETC 车道特殊事件处理表(可选)。

(4)电子收费部分数据备份与恢复功能

①在现有数据备份机制的基础上,对新增数据表能够安全、可靠、方便地进行数据备份和恢复。

②可以在现有备份介质上进行备份,也可增加其他类型介质的备份。

③能从备份介质安全、快速的恢复到数据库中。

5)收费站

收费站主要完成电子收费数据向收费(分)中心、上级联网收费结算中心的传输,对现有收费系统网络和设备可以保持不变。仅对站级应用软件、数据库管理系统进行必要的改造与调整,以满足电子收费管理,以及电子收费数据上传下发的要求,增加的功能主要包括以下内容:

(1)实时监视功能

在现有车道监视功能的基础上,增加对车道上电子收费部分的操作和收费数据的实时监视功能。

增加对 ETC 车道的网络状况、车道工作状态、关键设备的工作状态(ETC 路侧设备、栏杆机、IC 卡读写器等)进行实时检测,一旦出现故障应向监控室工作人员报警。ETC 车道的故障应及时发现,及时排除。

(2)电子收费原始过车记录查询功能

①根据卡号查询电子收费原始过车记录。

②根据时间段、车道号查询电子收费的原始过车记录。

③根据电子标签查询电子收费原始过车记录。

(3)ETC 车道日志或特殊事件数据表的存储和管理功能

接收并保存 ETC 车道上传的日志或特殊事件数据表,提供日志或数据表的查询、统计等管理功能。

(4)电子收费报表统计功能

①现有收费报表统计的调整修改

示范工程的实施,会对现有数据库结构、数据编码等产生变化,需要在现有报表统计中增加非现金支付及 ETC 部分的统计数据。

②计重收费统计报表的调整修改

实施计重收费的省(市),需要增加非现金支付部分的计重车辆的统计数据。

③交通流量报表

维持现有报表样式,统计时需要增加非现金支付及 ETC 部分的交通流量统计数据。

④新增报表

收费站非现金支付及 ETC 部分日、月、年交通量统计表:按收费员、班次、车型、非现金支付卡类型、电子标签统计。

收费站通行费日、月、年汇总统计报表:在现有通行费统计报表中增加非现金支付部分的应收款,并区分储值卡和记账卡。

(5)电子收费异常情况站级处理功能

电子收费异常情况站级处理功能主要包括:当出口车道出现储值卡、记账卡读卡失败、坏卡、卡内入口信息异常或无法获取卡内入口信息等情况时，收费站应提供通过收费网络查询用户入口信息的功能。

需要查询的入口信息主要包括：卡号、入口站、入口车道、入口员工号、入口班次、入口日期和事件、车型、车种、车牌号、抓拍图像等。

(6)电子收费黑名单手工维护功能

若收费站由于网络问题导致长时间无法和上级中心完成数据通信，电子收费黑名单将不能在对外承诺的时间段内下传到车道，因此上级中心将以其他方式通知收费站黑名单的更新情况，并由收费站在管理上授权的前提下，以手工录入的形式维护黑名单表，可以增加、修改和删除，对黑名单的改动必须记录修改日志，并完成将黑名单表更新到车道的任务。

(7)对数据库的改造

收费站在现有数据库系统中，增加如下电子收费部分的数据表：

①电子收费入口车道收费数据记录表。

②电子收费出口车道收费数据记录表。

③电子收费计重收费数据记录表。(对于实施计重收费的省(市))

④电子收费黑名单表(非现金支付卡黑名单)。

⑤ETC 车道特殊事件处理表(可选)。

(8)电子收费部分数据备份与恢复功能

①在现有数据备份机制的基础上，对新增数据表能够安全、可靠、方便地进行数据备份和恢复。

②可以在现有备份介质上进行备份，也可增加其他类型介质的备份。

③能从备份介质安全、快速地恢复到数据库中。

6)ETC 车道

(1)与车道上行驶的车辆进行通信：系统能够通过 DSRC 链路准确、可靠地与通过 ETC 车道并持有有效的电子标签的车辆进行通信，读写车辆身份及相关的收费信息。在通信时，不能因为速度变化等其他的一些干扰因素影响通过系统的准确性和可靠性。

(2)检测车辆的到来和离开并对车辆进行计数，并传送检测结果。结合车辆识别可判断来车是否有电子标签。

(3)当车辆通过车道时，抓拍设备自动对车辆图像进行抓拍并保存。

(4)在入口车道将入口收费站、车类、车型等信息写入 IC 卡；在出口车道，根据车辆经过的入口收费站、车类、车型信息，查费率表，计算通行费金额，回写出口标识，完成收费交易过程，并记录和存储相关信息。

(5)根据车道计算机控制指令正确控制车道设备的动作，进行相应的交通指挥操作，包括：自动栏杆的升起、雨棚灯的切换、通行信号灯的切换、闪光警报器的开启和关闭、信息显示屏的显示等。

(6)完成车道和收费站之间的数据交换。包括：接收收费站下传的信息，如同步时钟、费率表、储值卡黑名单表、记账卡黑名单表、收费站信息表、收费员信息表等系统设置参数等；上传原收费交易记录、车道设备状况和警报信息等。

(7)收费车道系统能够以独立作业的方式工作，当收费站计算机不工作或网络出现问题时，不影响正常工作，作业参数、数据记录均存储在本地。当车道长期独立工作时，可通过人工的方式用其他存储介质将收费数据上传至收费站。

(8)如果车辆通过 ETC 车道时出现异常，车道系统将拦截该车辆、不允许通过，通过人工干预进行处理。

(9)ETC 车道与 MTC 车道的切换功能：

①可以从 ETC 专用车道切换到 MTC 车道的工作模式(此时的 ETC 设备停止工作)，也可以切回到 ETC 专用车道工作模式，此时 ETC 设备恢复工作。

②车道工作状态的切换，近期可由人工切换来实现；远期应实现远程控制的自动切换，即在软件的控制下自动完成工作状态的切换，而无须人工干预，系统应能自动检测和判断车道的工作状态。

(10)ETC 车道系统性能要求。

ETC 专用车道应满足如下性能要求：

单条 ETC 专用车道通行能力：≥800 辆/h。

正常情况下车辆通过 ETC 车道的设计速度：匝道站 20km/h，主线站 40km/h。

路侧设备和 OBU 之间完成一个交易的典型时间：≤300ms。

可靠性：每万笔电子收费交易不能有多于 5 次的错误。

电子收费车道信息保存：至少为 10 万次电子收费交易记录。

MTBF：≥10000h。

7)人工收费车道

示范工程的实施需要对示范区域内现有人工收费车道进行改造，以支持非现金支付的功能，改造内容主要涉及 IC 卡读写器、车道收费软件、费额显示器。

对于北京市，路网内的所有收费站的人工收费车道均要求具有支持非现金支付功能，因此需要在所有人工收费车道增加非接触 IC 卡读写器，并改造收费软件，以支持处理非现金支付卡的功能要求。

对于天津市，所有收费车道已安装有 IC 卡读写器，路网内的所有收费站的 MTC 车道均要求具有支持非现金支付功能，本次改造要求对所有 IC 卡读写器进行测试和改造，以支持非现金支付卡的读写操作，对于不支持该功能的读写器应予以更换，同时改造车道收费软件，以满足处理非现金支付卡的功能要求。

对于河北省，所有收费车道已安装有 IC 卡读写器，路网内部分 MTC 车道要求具有非现金支付功能，本次改造要求对这些车道的 IC 卡读写器进行改造，以支持非现金支付卡的读写操作，对于不支持该功能的读写器应予以更换，同时改造这些车道的收费软件，以满足处理非现金支付卡的功能要求。

对于京沈路网，在扩网改造工程中，对 IC 卡读写器进行了改造，已要求读写器能够支持非现金支付卡(CPU 卡)的读写，但车道收费软件需要改造，以支持非现金支付功能。

对于出口人工收费车道的费额显示器，河北省在计重收费改造工程中，已对费额显示器进行了改造，可以支持余额的显示功能；天津市的费额显示器都不支持余额显示功能，需要进行改造；北京市现有的费额显示器也需要进行改造，增加余额显示功能。

C.5 车型分类方案

京津冀区域各省(市)的车型分类标准均已统一到交通运输部发布的车型分类标准上来,即示范工程各省(市)的车型分类已形成了统一,这就为示范工程的实施创造了良好的条件。

长三角区域各省(市)高速公路车型分类标准不一致,综合考虑各省(市)高速公路车型分类的实施现状,在长三角区域高速公路联网不停车收费示范工程实施和今后运营过程中,各省(市)交通运输主管部门和公路管理(经营)可以保持现有的车型分类标准,在发行车载设备时直接写入车辆特征基础数据信息,通过车道软件系统直接判断车型分类。

C.6 清算方案

C.6.1 清算原则

示范工程区域内发行的电子标签、非现金支付卡可以用于整个示范区域路网内的非现金支付,非现金支付通行费的清算应遵循以下的原则:

1)两级清算

首先完成跨省(市)交易通行费的清算;然后由各省(市)联网收费结算中心完成本省(市)内非现金部分通行费的清算。

2)不影响现金通行费的清算

示范工程中非现金部分通行费的清算与各省(市)现有的现金部分通行费的清算相互独立,互不影响。

3)维持现有的车型分类标准、路径识别方案

各省(市)非现金部分通行费清算涉及的车型分类、路径识别方案维持现有情况不变。

C.6.2 两级清算方案

1)第一级清算

各省(市)联网收费结算中心要保持一致行动。在商定的结算周期时间内,统计、拆分出在本省(市)收取的外地用户通行费数据,并负责将这些跨省(市)的原始记录连同统计结果一起上传至区域联网收费管理中心(京津冀区域),或其他省(市)联网收费结算中心(长三角区域)。

区域联网收费管理中心(京津冀区域),或其他省(市)联网收费结算中心(长三角区域)对上传的原始数据进行验证、汇集、拆分、清算,并与相应省(市)联网收费结算中心进行比对,核对准确无误后,将划账指令和验证结果回送各省(市)联网收费结算中心,再通过各省(市)的发行机构将通行费划拨至其他省(市)指定的账户。

2)第二级清算

在第一级清算的基础上,各省(市)将跨省(市)交易部分的清算结果与省(市)域内电子收费交易的清算结果合并,形成完整的电子收费清算结果,核对无误后,向发行机构发出划

账指令，发行及服务机构将通行费划拨到省（市）联网收费结算中心的电子收费专用账户。

发行机构向省（市）联网收费结算中心划账成功后，再由省（市）联网收费结算中心完成对片区（或路网）结算中心非现金部分的清算，最后由片区（或路网）结算中心完成对各联网路段非现金部分的资金清算。

C.6.3 账户设置

示范工程的实施，将在各省（市）现有通行费结算体系中增加非现金部分通行费的结算，因此整个区域通行费结算体系中需要增加非现金部分清算的专用账户。

非现金部分的专用账户主要包括以下类别：

（1）区域联网收费管理中心需要设置的账户：基本账户，主要用于划转区域联网收费管理中心的运行经费和日常支出。

（2）各省（市）联网收费结算中心需要增加的账户：电子收费清算账户（主要用于非现金部分资金的归集和清分）、电子收费未清算账户（主要用于未清算资金的暂存）。

（3）片区（或路网）联网收费结算中心需要增加的账户：电子收费清算账户（主要用于非现金部分资金的归集和清分）、电子收费未清算账户（主要用于未清算资金的暂存）。

（4）发行机构需要建立的账户：电子收费汇集账户（主要用于用户充值资金、记账卡用户转账资金的汇集，以及向电子收费清算账户的资金划拨）。

（5）电子收费用户需要建立的账户；记账卡用户划账专用账户（主要用于向电子收费汇集账户的资金划拨）。

以京津冀区域为例，非现金部分的资金账户，以及与现金部分账户的相互关系如图1-C-6所示。

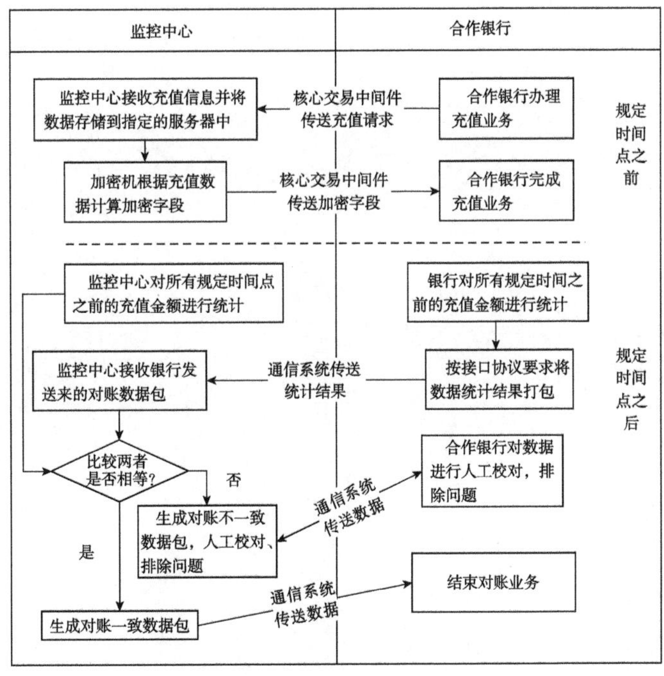

图1-C-6 电子收费账户关系示意图

C.6.4 结算银行

区域各省(市)人工收费系统结算银行情况:

(1)北京市主要是中国工商银行。

(2)河北省是中国银行(除京沈路网外)。

(3)天津市是中国建设银行和中国银行。

(4)京沈路网是中国建设银行。

为了使电子收费的结算速度更快,各省(市)电子收费发行机构开设账户的银行应尽量与电子收费结算银行[即省(市)联网收费结算中心的合作银行]为同一家银行。

附录D　国家发展改革委关于优化和调整银行卡刷卡手续费的通知

国家发展改革委关于优化和调整银行卡刷卡手续费的通知

发改价格〔2013〕66号

中国人民银行、中国银行业监督管理委员会、商务部，各省、自治区、直辖市发展改革委、物价局，中国商业联合会，中国银行业协会，中国支付清算协会，各国有商业银行、股份制商业银行、中国邮政储蓄银行，中国银联股份有限公司，各收单机构：

近年来，我国银行卡产业快速发展，对于扩大消费、拉动内需、方便群众生活、节约流通成本、防止税收流失和控制洗钱风险等发挥了重要作用。为更好地促进银行卡产业发展，减轻商户负担，方便群众刷卡消费，根据《国务院办公厅关于印发降低流通费用提高流通效率综合工作方案的通知》(国办发〔2013〕5号)精神，现就优化和调整银行卡刷卡手续费的有关问题通知如下：

一、优化和调整的基本原则

刷卡手续费是指银行卡经营机构为商户提供结算服务而向商户收取的费用。优化和调整刷卡手续费按照有利于鼓励消费、降低流通成本、扩大内需和促进经济发展的总体目标，适当下调部分偏高刷卡手续费标准，减轻商户负担，方便群众持卡消费，促进银行卡产业健康发展，实现多方共赢。

二、优化和调整的具体方案

刷卡手续费由发卡行服务费、银行卡清算组织网络服务费和收单服务费组成。其中，发卡行服务费和银行卡清算组织网络服务费实行政府定价，收单服务费实行政府指导价。刷卡手续费商户类别包括餐娱类、一般类、民生类和公益类四大类。各类商户发卡行服务费、银行卡清算组织网络服务费和收单服务费根据行业刷卡成本和风险等因素确定。对公益类机构免收发卡行服务费和银行卡清算组织网络服务费。优化和调整后的刷卡手续费标准见附表。

三、做好政策衔接转换

人民银行负责组织各商业银行、银行卡清算组织和收单机构做好刷卡手续费政策调整的准备和实施工作。商务部负责组织中国商业联合会向商户做好政策的解释和说明工作。各发卡银行、收单机构和银行卡清算组织要做好刷卡手续费调整的衔接工作，根据调整后的收费标准组织专业人员对收费系统进行改造和测试。各收单机构要在规定时间内与签约商户重新签订收单合同。

四、严格收单市场管理

各收单机构和银行卡清算组织应建立自律约束机制，加强对公益类及低费率商户的审核，防止违规套用低费率，做到刷卡手续费应收尽收。银行卡清算组织应当明确各类商户具体适用费率标准、公益类机构包含的具体范围等，并报国家发展改革委备案。

五、进一步提高服务水平

各发卡银行、收单机构和银行卡清算组织，要不断改善服务质量，提高服务水平，在控制风险的基础上扩大刷卡机具布放范围，促进银行卡的受理和使用，方便群众刷卡消费。为促进刷卡机具的推广应用，鼓励对农村地区和便民支付等新兴业务领域执行优惠费率。

六、做好政策的宣传引导

银行卡刷卡手续费的优化和调整涉及面广，政策性强，各有关单位要做好宣传解释工作，保证政策平稳实施。

上述规定自2013年2月25日起执行，本通知规定的刷卡手续费标准适用于境内发卡银行发行的银行卡在境内银行卡受理终端发起的消费交易。

附表：银行卡刷卡手续费标准

国家发展改革委
2013年1月16日

附表：

银行卡刷卡手续费标准

商户类别	发卡行服务费	银行卡清算组织网络服务费	收单服务费基准价
1.餐娱类：餐饮、宾馆、娱乐、珠宝金饰、工艺美术品、房地产及汽车销售	0.9%，其中房地产及汽车销售封顶60元	0.13%，其中房地产及汽车销售封顶10元	0.22%，其中房地产、汽车销售封顶10元
2.一般类：百货、批发、社会培训、中介服务、旅行社及景区门票等	0.55%，其中批发类封顶20元	0.08%，其中批发类封顶2.5元	0.15%，其中批发类封顶3.5元
3.民生类：超市、大型仓储式卖场、水电煤气缴费、加油、交通运输售票	0.26%	0.04%	0.08%
4.公益类：公立医院和公立学校	0	0	按照服务成本收取

注：1.单店营业面积在100（含100）m^2 以下的餐饮类商户按一般类商户标准执行；

2.未在表中列出的行业按照一般类商户标准执行；

3.收单服务费标准为基准价，实际执行中可以此为基础上下浮动10%。

附录 E　外省(市)收费方式应用情况表

表 1-E-1

省(市)	主要收费方式						应急收费方式		收费方式组合	ETC 用户卡发行模式
	MTC	ETC	自助取(交)卡		手机钱包支付	银联卡直接支付	便携式收费	手持式收费		
			入口	出口						
北京	●	●	○	○	○	○	●	●	ETC + MTC(现金) + MTC(ETC 用户卡)	除自营网点发行外,还主要与华夏、工商、农商、邮储、中国银行合作发行 ETC 用户卡
天津	●	●	●	○	○	○	●	●	ETC + MTC(现金) + MTC(ETC 用户卡);部分入口车道设置自助取卡系统	除自营网点发行外,还与部分银行合作发行 ETC 用户卡
河北	●	●	●	○	○	○	●	○	ETC + MTC(现金) + MTC(ETC 用户卡);部分入口车道设置自助取卡系统	以自营网点发行为主
安徽	●	●	●	○	○	○	●	●	ETC + MTC(现金) + MTC(ETC 用户卡);部分入口车道设置自助取卡系统	除自营网点发行外,还主要与工行、招行合作发行 ETC 用户卡
上海	●	●	○	○	○	○	○	○	ETC + MTC(现金) + MTC(ETC 用户卡)	除自营网点发行外,还主要与工行合作发行 ETC 用户卡

续上表

省(市)	主要收费方式						应急收费方式		收费方式组合	ETC 用户卡发行模式
	MTC	ETC	自助取(交)卡		手机钱包支付	银联卡直接支付	便携式收费	手持式收费		
			入口	出口						
江苏	●	●	●	○	○	○	●	○	ETC+MTC(现金)+MTC(ETC 用户卡);部分入口车道设置自助取卡系统	除自营网点发行外,还主要与招行合作发行 ETC 用户卡
浙江	●	●	●	○	○	○	●	●	ETC+MTC(现金)+MTC(ETC 用户卡);部分入口车道设置自助取卡系统	除自营网点发行外,还主要与中信银行合作发行 ETC 用户卡
福建	●	●	●	○	○	○	●	●	ETC+MTC(现金)+MTC(ETC 用户卡);部分入口车道设置自助取卡系统	除自营网点发行外,还主要与中信银行合作发行 ETC 用户卡
江西	●	●	●	○	○	○	●	○	ETC+MTC(现金)+MTC(ETC 用户卡);部分入口车道设置自助取卡系统	除自营网点发行外,还主要与招行、农行合作发行 ETC 用户卡
山西	●	●	●	○	○	○	●	○	ETC+MTC(现金)+MTC(ETC 用户卡);部分入口车道设置自助取卡系统	以自营网点发行为主
广东	●	●	●	○	○	○	●	●	ETC+MTC(现金)+MTC(ETC 用户卡);部分入口车道设置自助取卡系统	除自营网点发行外,还与部分银行、加油站、4S 店合作发行 ETC 用户卡

注:●为该收费方式已正式应用;○为该收费方式未正式应用。

附录 F 收费方式综合对比表

表 1-F-1

对比项		ETC	MTC				
			现金支付	湘通(专用/联名)卡支付	电子现金(手机支付)支付	银联卡支付	自助取卡
关键技术及运行效果	优势	各省(市)正大力推广,机电系统技术日趋成熟,收费通信链路安全可靠; 实现不停车收费; ETC 规模效应后,可彻底解决收费站拥堵问题	普遍存在于高速公路收费站,机电系统技术成熟	节省通行时间; 避免人工收费差错,节约人工点钞成本; 在 ETC 出口车道无法交易时,可作为 ETC 收费的补充; 可用于货车的非现金支付,提高通行效率	节省找零、点钞的时间; 携带方便,使用快捷,用途广泛,通用性强,还可用于其他消费场合(如超市购物等); 更容易被社会接受,有利于迅速扩大发行数量,从而提高通行效率	可实现非现金支付; 可用于货车的大额非现金支付,提高通行效率; 减少人工收费差错,节约人工点钞成本; 现有用户规模庞大	部分省(市)采用自助取卡方式,设于入口,降低收费站入口等待时间; 系统技术较成熟,通信链路安全可靠; 节省收费人员,用于其他现场管理工作,如:管理计重收费、绿色通道等
	不足	对于 ETC 车道的突发性状况,需要人工干预处理; ETC 已实现了京津冀、长三角区域联网,更大区域范围的联网正在研究中,对于未在区域联网的省(市),跨省(市)交易还不能实现	车道服务时间需要平均 14.2s/台,对交通流量较大的收费站容易引起拥堵	车道服务时间需要 8s/台,较现金收费能节省 6.2s/台,但由于与现金收费共用车道,对于交通流量较大的收费站拥堵现象还是时有发生	车道服务时间需要 8s/台,较现金收费能节省 6.2s/台,但由于与现金收费共用车道,对于交通流量较大的收费站拥堵现象还是时有发生; 主要用于小额支付	因银联卡支付需刷银联专用 POS 机,并需联机在线消费,对于偏远收费站,POS 机的实时通信能力无法保证; 驾驶员需进行验证、输入密码环节	对于自助取卡车道的突发性状况,需要人工干预处理; 车牌识别与车型分类技术在自助取卡设备中实际应用稳定性不高; 对于不熟悉自助取卡的驾驶员,会延长自助取卡时间,引起车辆排队
建设成本		根据国内其他地区建设 ETC 系统情况统计分析,ETC 车道建设成本为平均 50 万元/车道	根据国内其他地区建设 ETC 系统情况统计分析,一条 ETC 车道建设成本为平均 50 万元/车道	一条 ETC 车道建设成本为平均 50 万元/车道	每条 MTC 车道入口建设成本约为 28 万元/车道、出口约为 50 万元/车道	平均一条车道改造成本估算为 2 万元	自助取卡车道设备成本为 30 万元/车道

续上表

对比项		ETC	MTC				
			现金支付	湘通(专用/联名)卡支付	电子现金(手机支付)支付	银联卡支付	自助取卡
运营管理与成本	优势	大部分省(市)实现省域内ETC联网收费,管理体制明确,管理模式日趋成熟; 可降低收费员人工点钞强度,减少漏收、假币等现象,保障收费的准确性; 后台结算工作通过服务器等电子手段完成,减少人工成本; 减少通行IC卡的购置数量,降低IC卡调配、管理难度	大部分省(市)实现省域内联网收费,管理体制明确,管理模式成熟	被大部分省(市)采用,应用成熟	可降低人工点钞强度,减少漏收、假币等现象,保障收费的准确性	对于货车大额收费,可降低人工点钞强度,减少漏收、假币等现象,保障收费的准确性。 减少驾乘人员携带大量现金的风险	一定程度上减少收费站入口车道人员人工成本
	不足	对于ETC运营经验不足的省(市),ETC的市场推广将制约ETC的发展; 各省(市)ETC服务规则尚不统一,服务水平有差异	收费车道操作流程较复杂,收费过程差错率较高; 收费人员劳动强度大、人员成本较高; 存在错收、漏收等人为因素; 后台结算人员工作量大,人员成本高; 通行卡调配、管理难度大; 现金收费资金回笼速度慢	收费人员劳动强度较现金收费有所改善,但是同样需要人员操作,人员成本较高;	收费人员劳动强度较现金收费有所改善,但是同样需要人员操作,人员成本较高; 收费员需进行专项培训	收费人员劳动强度较现金收费有所改善,但是同样需要人员操作,人员成本较高; 收费员需进行专项培训; 由于高速公路收费额较高,银联POS机刷卡支付会产生较高手续费	耗费一定人工成本;IC卡管理难度大

续上表

对比项		ETC	MTC				
			现金支付	湘通(专用/联名)卡支付	电子现金(手机支付)支付	银联卡支付	自助取卡
运营管理与成本	成本	4万元/(年·车道)	34.5万元/(年·车道)	湘通专用卡成本可忽略不计;湘通联名卡需要产生0.38%手续费	会产生0.38%手续费	会产生0.38%手续费	运营成本为3万元/(年·车道)
应用前景		目前收费站主流收费方式; ETC的拓展应用正在进一步被开发,如基于ETC技术的停车应用、基于ETC技术的多车道自由流应用等	收费站主流趋向的收费方式	应用领域广泛	经试点后在全省推广	应用领域广泛	大多数省(市)只在入口设置

附录G 综合智能收费方式与现有项目的实现关系

综合智能收费方式的实现主要是通过对现有收费系统进行优化整合并进行相应改造来完成,而ETC二、三期工程、无人值守(也称自助通过)车道建设、收费系统优化升级工程、车道改扩建项目等工程均是综合智能收费方式研究的一部分,可考虑在综合智能收费方式建设时,将改造内容分别依托至相关项目实施,不仅可加快实施进度,而且可同时简化前期工作。现就这些工程与综合智能收费方式的关系简述如下:

G.1 ETC一、二、三期工程与综合智能收费方式的关系

湖南ETC一、二期工程从2009年开始实施,一期和部分二期工程已完成76条车道,计划2013年完成二期剩余工程,二期工程主要内容包括在全省已通车高速公路37个收费站安装74条ETC收费车道、建设24个营销网点、在47个服务区建设ETC充值网点等;ETC三期工程计划对至2011年底已营运的路段中ETC一、二期工程未覆盖的收费站安装ETC系统,并在全省所有收费站布设ETC营销网点等,现已完成初步设计的编制。

对ETC二、三期工程的内容进行相应调整,使之符合综合智能收费方式的要求,可加快湖南省高速公路综合智能收费方式评估报告中关联的各项目实施。

G.2 无人值守(自助通过)车道建设与综合智能收费方式的关系

无人值守(自助通过)车道建设项目已在2011年完成项目库立项、初步设计的上报及造价站审核,现只需按综合智能收费方式评估分析报告中的要求调整项目工程内容,可减少前期审批部分流程,加快建设。

G.3 收费系统优化升级工程与综合智能收费的关系

湖南省高速公路机电系统(收费系统)优化升级工程项目(下称收费系统升级项目)主要内容包括:解决全省高速公路通行费征收专题工作会议提出的“出口收费车道查询入口车辆车牌等信息、车辆全牌照信息输入、防止自助式发卡设备重复取卡、增加计重设备(内部)标定次数、建立可靠的保障收费系统数据通信体系、建立逃费车辆黑名单查询系统”等问题;解决MTC收费系统读取湘通卡和银联卡等。

目前,湖南省高管局已组织完成收费系统升级项目技术方案、实施方案、项目投资估算、“出口收费车道查询入口车辆车牌等信息、车辆全牌照信息输入、防止自助式发卡设备重复取卡、建立逃费车辆黑名单查询系统”等软件功能测试。

该项工程与综合智能收费方式评估分析报告紧密相连,项目的实施能提升湖南省目前

大量存在的非 ETC 车道的通行效率,并能从技术上解决冲关、倒卡等恶意偷逃通行费等问题,能充分体现湖南省高速公路综合智能收费的水平。

G.4　车道改扩建工程与综合智能收费的关系

湖南部分收费站因车道数量少、车流量大而出现拥堵现象,通过综合智能收费方式提高通行效率仍不能从根本上解决,需通过增加土建车道和增设复式收费亭来提高通行能力,该项目已完成前期立项、初步设计等大量前期工作,需加快实施。

第2篇

湖南省高速公路电子不停车收费系统建设规划

第1章 概述

为了更好地指导湖南省高速公路电子不停车收费系统的建设，促进湖南省ETC的发展，制定《湖南省高速公路不停车收费系统建设规划》是很有必要的，湖南省于2012年启动了这项工作，为湖南ETC的快速发展奠定了基础。从本章开始将对规划情况逐一介绍。

1.1 项目背景

湖南省地处我国中南部，东邻江西，西连重庆、四川、贵州，南靠广东、广西，北接湖北，位于长江中游，地理上属于华中地区，省会为长沙。因地处洞庭湖以南而得名“湖南”，又因湘江贯穿全境而简称“湘”。

湖南全省辖14个地市州，136个县市区。经济主要集中于湘东北，长沙、株洲、湘潭、岳阳、衡阳和常德为工商业发达城市。土地总面积21.18万km^2，其中耕地面积4900万亩，丘岗山地2.56亿亩，水田2000万亩。因处于云贵高原向江南丘陵和南岭山脉向江汉平原过渡的地带，东南西三面环山，东有罗霄山脉，南有南岭，西有武陵、雪峰山脉；北部为洞庭湖平原；中部多为丘陵、盆地。整个地势南高北低，为西南东三面向中部北部倾斜、朝北开口的不对称马蹄形。全省地貌以山池、丘陵为主，山地面积占全省面积的51.25%，丘陵盆地占29.3%，平原占13.1%，水面占6.4%，大致构成“七山一水二田土”的格局。

湖南省气候属于亚热带季风湿润气候。省境距海400km，受东亚季风环流的影响密切相关。气候具有三个特点：

(1)光、热、水资源丰富，三者的高值又基本同步。

(2)气候年内与年际的变化较大。冬寒冷而夏酷热，春温多变，秋温陡降，春夏多雨，秋冬干旱。

(3)气候垂直变化最明显的地带为三面环山的山地。尤以湘西与湘南山地更为显著。年平均降水量在1200~1700mm，雨量充沛。

因特殊的气候及其地理条件，湖南旅游资源得天独厚。境内有十大旅游区和100多处旅游景点。“东边一线”，有南岳衡山、古城长沙、革命圣地韶山以及岳阳楼、炎帝陵等。“西边一片”，有被联合国列为世界自然遗产保护的武陵源自然风景区和桃花源、夹山寺、猛洞河等名风景区，是全国有名的旅游胜地。

全省的公路通车里程达6万多公里，G106、G107、G207、G209、G319、G320、G322、京珠高

速公路等经过湖南省境内。

湖南省交通厅于2006年编制完成了《湖南省高速公路网规划》,全省高速公路总体规划为“五纵七横”,在建高速公路高达3000多公里;2008年初,湖南省政府经过慎重研究后,决定调整湖南省“十一五”高速公路发展规划,至2012年通车里程将达到5800km,2009年底将有一波近800km的建成通车小高潮,并将在2012年前后到达建成通车高峰。构建纵贯南北、承东启西、覆盖全省、通达四邻的高速公路网。随着全省高速公路网的迅速发展,为出行者提供了更加便捷、快速的通行条件。使路网内的交通量呈现稳定的增长趋势,这对各收费站的车辆通行带来了更大压力和新的挑战。

随着智能交通的发展,利用ETC,可以在车辆不停车或在一定的限速条件下顺利通过收费广场,很好地解决收费站区车辆拥堵现象。正是基于ETC系统的上述优势,国外的电子收费系统已经联网并形成规模,国内如北京、上海、江苏、江西、福建、广东等省(市)也实现了电子收费规模化的运营,其明显的社会效益和经济效益,已经得到了大家的一致认可。

2010年11月,交通运输部、国家发展和改革委员会、财政部三部委,联合发布《关于促进高速公路应用联网电子不停车收费技术的若干意见》,文件要求各省(市)进一步利用信息技术提升高速公路通行效率和服务水平,促进节能减排,应加快高速公路联网电子不停车收费的推广应用。2011年4月27日,交通运输部正式印发了《公路水路交通运输信息化“十二五”发展规划》,将“积极引导建设、推广跨省市高速公路联网收费系统和区域联网不停车收费系统,有效缓解收费站拥堵、提高通行效率,促进节能减排、节约用地”作为交通运输行业信息化重大工程的建设重点。

基于上述原因,湖南省交通运输厅积极推进湖南省的ETC项目建设,由湖南省高速公路监控中心牵头,编制《湖南省高速公路不停车收费系统建设规划》,有效地指导湖南省ETC工作。

1.2 规划依据

(1)《智能运输系统　电子收费　系统框架模型》(GB/T 20135—2006)。

(2)《电子收费　专用短程通信》系列标准(GB/T 20851.1~4—2007)。

(3)《收费公路联网收费技术要求》(交通部2007年第35号公告)。

(4)《关于促进高速公路应用联网电子不停车收费技术的若干意见》(交公路〔2010〕726号)。

(5)《公路水路交通运输信息化“十二五”发展规划》。

(6)《收费公路联网电子不停车收费技术要求》(交通运输部2011年第13号公告)。

(7)《湖南省高速公路交通工程机电系统总体规划》(湖南省交通运输厅2008年编制)。

(8)《湖南省高速公路综合智能收费方式评估分析报告》(湖南省交通运输厅和交通运输部公路科学研究院2013年3月编制)。

1.3 规划范围

1.3.1 路网范围

立足于湖南省高速公路机电系统的现状,路网范围为《湖南省高速公路网规划》规划建设的高速公路;高速公路以外的普通公路及城市道路不在本规划范围之内,但相关的技术标准和规范仍适用的普通公路及城市道路。

1.3.2 规划内容

1)电子收费系统总体要求

电子收费系统总体要求包括管理体制、收费制式、支付方式、电子收费数据传输方案、清分结算方案、密钥管理系统、票据与税务方案、车道设置要求等。

2)电子收费系统构成及功能

电子收费系统构成及功能包括省监控中心系统、客户服务与发行系统、分中心系统、收费站系统的系统功能和系统构成;ETC 车道系统的系统功能、系统构成、土建要求、安全设施。

3)实施方案

实施方案包括 ETC 车道设置原则及分期实施方案、客户服务体系及发行网点的设置原则、设置方案。

1.4 规划目标

立足于湖南省高速公路机电系统现状,结合湖南省高速公路网规划及交通运输部、国家发展改革委、财政部《关于促进高速公路应用联网电子不停车收费技术的若干意见》,着眼于湖南省高速公路网的发展和需求,制定符合湖南省高速公路路网管理需求的 ETC 电子收费系统规划。

1.4.1 总体目标

(1)实现高速公路主要入出口均建有专用的 ETC 车道,有效解决高速公路的拥堵。

(2)建立完善的 ETC 服务体系,向用户提供优质、高效、便捷的服务。

(3)完善 ETC 结算体系,提供运转有效的结算功能,提高结算效率。

(4)积极争取政府引导、政策优惠、资金支持等措施,不断培育和扩大 ETC 用户规模。

(5)根据全国 ETC 推广进程,为远期实现与其他区域的联网电子收费预留有关接口。

1.4.2 具体目标

到“十二五”末,湖南省高速公路 ETC 站点覆盖达到 60%以上,力争覆盖率达到 100%,ETC 湘通卡销售量达到 50 万以上,湘通(专用/联名)卡支付车道覆盖率达到 100%,ETC 车辆支付使用率达到 25%。

1.5 规划原则

从湖南省高速公路的整体路网出发,用于指导湖南省高速公路 ETC 的项目立项、设计、建设、运营、管理等各个阶段,规划编制遵从如下原则:

1.5.1 前瞻性

适应湖南省高速公路长远发展需求，能够应对未来复杂路网形成后出现的新问题、新情况，确保5年内关键技术不落后，10年内规划方案具有可操作性。

1.5.2 科学性

贯彻交通运输部、湖南省人民政府、湖南省交通运输厅的有关政策，从全省的高度，对高速公路电子收费系统进行统筹规划。通过科学的分析，尽量采用先进、成熟、可靠的新技术。

1.5.3 适用性

充分考虑湖南省高速公路机电系统的现状，充分利用原有设施，最大限度地保护原有投资，同时确保原有系统与新建ETC系统之间整体兼容。

1.5.4 先进性

充分考虑技术的发展趋势，基于对主流技术的判断，尽量采用先进的技术，并充分考虑新产品和新技术的稳定性。

1.5.5 标准性

遵循国家和行业相关标准，针对湖南省高速公路机电系统的特点，制定电子收费实施过程中统一的技术规范。

1.5.6 指导性

结合湖南省高速公路现状，为近期已建路段电子收费系统改造以及新建路段电子收费系统建设提供技术指导。

1.6 规划意义

(1)发挥公路网整体效益的需要。
(2)进一步提升通行效率和服务水平的需要。
(3)落实三部委推进高速公路联网电子不停车收费技术的需要。
(4)指导全省高速公路电子收费系统建设，避免建设过程重复投资。
(5)推动全省高速公路ETC电子收费系统的建设和发展。

第2章 湖南省高速公路网规划

2.1 湖南省高速公路网规划

到2012年底，湖南省高速公路已通车3969km，在建高速公路2483km，“十二五”待建项目2388km（其中改建562km），“十二五”预备项目505km，共计9343km（其中改建562km）。湖南省高速公路“十二五”期间待建、预备项目分别见表2-2-1、表2-2-2。

“十二五”待建项目表　　表2-2-1

序号	项目名称	性质	里程(km)	建设时间(年)
1	桑植—张家界	新建	44	2011—2014
2	武冈—靖州（城步）	新建	79	2011—2014
3	马迹塘—安化	新建	67	2011—2014
4	莲易路改扩建	改建	30	2011—2014
5	京港澳高速公路湘潭—衡阳段	改建	130	2011—2014
6	醴陵—湘乡（韶山）	新建	123	2011—2014
7	宁乡—湘乡（韶山）	新建	69	2011—2014
8	安乡—慈利	新建	123	2012—2015
9	茶陵—常宁	新建	144	2012—2015
10	南县—益阳	新建	89	2012—2015
11	白仓—新宁	新建	80	2012—2015
12	怀化—芷江	新建	27	2013—2016
13	永州—道县	新建	100	2013—2016
14	祁东—永州	新建	84	2013—2016
15	安化—溆浦	新建	70	2013—2016
16	涟源湄江—新化琅塘	新建	56	2013—2016
17	龙山—桑植	新建	60	2013—2016
18	京港澳高速公路良田—宜章段	改建	41	2013—2016
19	京港澳高速公路衡阳—良田段	改建	133	2013—2016

续上表

序号	项目名称	性质	里程(km)	建设时间(年)
20	平江—益阳	新建	120	2014—2017
21	张家界—新化	新建	160	2014—2017
22	新化—武冈	新建	135	2014—2017
23	郴州—新田	新建	106	2014—2017
24	桂东—郴州	新建	90	2014—2017
25	京港澳高速公路长沙—湘潭段	改建	45	2015—2018
26	京港澳高速公路临湘—长沙段	改建	183	2015—2018
合计			2388	

“十二五”预备项目表 表 2-2-2

序号	项目名称	性质	里程(km)	建设时间(年)
1	沅陵—辰溪	新建	56	2014—2017
2	南岳—双峰	新建	68	2014—2017
3	溆浦—洞口	新建	100	2014—2017
4	邵阳市区—隆回金石桥	新建	45	2014—2017
5	永州—新宁	新建	74	2015—2018
6	城步—龙胜	新建	45	2015—2018
7	炉红山(湘鄂界)—慈利	新建	72	2015—2018
8	贵州松桃—从江高速公路湖南段	新建	45	2015—2018
合计			505	

2.2 湖南省高速公路网建设现状

到 2012 年底,湖南省已通车高速公路的具体情况见表 2-2-3。

湖南省已通车高速公路一览表 表 2-2-3

序号	项目名称	里程(km)	通车时间
1	长沙—永安	28.7	1994 年 12 月
2	株洲(白关)—易家湾	21.028	1994 年 12 月
3	长沙—湘潭	44.76	1996 年 12 月
4	长沙—益阳	68.9	1997 年 10 月
5	益阳—常德	73.083	1999 年 12 月
6	长沙绕城线西北段	79.937	1999 年 12 月
	长沙绕城线西南段		2002 年 12 月
	长沙—黄花机场		2003 年 9 月

续上表

序号	项 目 名 称	里程(km)	通 车 时 间
7	湘潭—耒阳	168.848	2000年12月
8	耒阳—宜章	135.372	2001年12月
9	临湘—长沙	182.788	2002年11月
10	湘潭—邵阳	220.395	2002年12月
	韶山高速	13	2008年12月
11	衡阳—枣木铺	186.065	2003年12月
12	常德—张家界	160.682	2005年12月
13	衡阳—大浦	24	2005年12月
	衡阳—炎陵	114.638	2009年12月
14	醴陵—湘潭	71.4	2007年10月
15	长沙—湘潭西线	27.951	2007年2月
16	邵阳—怀化	155.581	2007年11月
17	怀化—新晃	106.018	2007年11月
18	常德—吉首	224.515	2008年12月
19	邵阳—永州	111.116	2009年11月
20	长沙—株洲	36.709	2009年
21	衡阳—邵阳	130.579	2010年
22	湘潭—衡阳西	139.104	2011年
23	宜章—凤头岭	48.451	2011年
24	包茂吉首—茶洞	64.946	2012年
25	二广永州—蓝山	145.067	2012年
26	道县—贺州	50.652	2011年
27	随岳高速公路湖南段	24.08	2011年
28	厦蓉汝城—郴州	97.973	2012年
29	厦蓉郴州—宁远	104.407	2012年
30	厦蓉宁远—道县	91.538	2012年
31	包茂吉首—怀化	104.836	2012年
32	娄底—新化	95.713	2012年
33	炎陵—睦村(湘赣界)	18.12	2012年
34	衡阳—南岳	51.816	2012年
35	长沙—湘潭	74.891	2012年
36	衡阳—桂阳	95.10	2012年

续上表

序号	项 目 名 称	里程(km)	通 车 时 间
37	桂阳—临武	107.807	2012 年
38	炎陵分路口—炎陵县城	12.545	2012 年
39	通城界(湘鄂界)—平江(黄泥界)	73.027	2012 年
40	浏阳(黄泥界)—醴陵	99.196	2012 年
41	大围山(湘赣界)—浏阳	83.644	2012 年
总里程		3969	

第 3 章
电子不停车收费系统建设规划

3.1　建设概况

为提高通行效率，适应全国高速公路大联网和信息时代电子化消费的趋势，在湖南省政府的大力支持及湖南省交通运输厅的指导下，经湖南省高速公路管理局统一组织，湖南省高速广信联网技术服务有限公司负责实施，历时 6 个月，于 2009 年 10 月 25 日完成了湖南省 ETC 一期建设，进入试运营及二期建设阶段。到 2013 年 4 月已建设有 37 个 ETC 站，共计 76 条 ETC 车道，占已运营路段总收费站的 44.97%，1 个联网收费管理中心，1 个营销客服中心及 1 个营销分网点。

至 2013 年 4 月，已安装 ETC 车辆 4781 辆，其中内部测试车辆 2131 辆，外部测试车辆 2650 辆；累计 ETC 通行费充值金额 1319.41 万元，申办 ETC 的客户数量每月呈递增趋势。

至 2012 年 8 月 31 日，ETC 累计通行费收入 913.34 万元，其中 2011 年 ETC 通行费收入 443.6 万元，月均 37.0 万元；2012 年 1～8 月 ETC 通行费收入 449.36 万元，月均 56.17 万元，2012 年 ETC 车辆月均流量 9.7 万辆次/月。

3.2　“十二五”规划

3.2.1　高速公路 ETC 系统规划

(1)至 2011 年底已运营高速公路。

力争至“十二五”期末，全省高速公路 ETC 车道建设采取分期实施的方案。其中，第一期为 37 个 ETC 站点(含已拆除的松木塘和娄底收费站)、ETC 站点覆盖率 24%(已完成)，第二期增建 37 个 ETC 站、覆盖 50%的站点，第三期达到 ETC 站点覆盖率 100%的目标。第一、二、三 ETC 车道数设置的具体情况见表 2-3-1。

三期是在一、二期工程完成的基础上继续对道贺、衡邵、潭衡西、随岳、宜凤、吉茶等新通车路段收费站以及原未建设 ETC 的收费站进行完善建设 ETC 车道，实现 ETC 站点覆盖率 100%。

ETC 一、二、三期涉及收费站与 ETC 车道汇总表

表 2-3-1

序号	分局	路段	编号	站名	ETC 一期规划				ETC 二期规划				ETC 三期规划			
					站数	入口	出口	总计	站数	入口	出口	总计	站数	入口	出口	总计
1	岳阳	京港澳高速公路临长段G4	1	羊楼司(省界主线)									1	2	2	4
			2	金鸡									1	1	1	2
			3	临湘					1	1	1	2				
			4	桃林									1	1	1	2
			5	岳阳	1	1	1	2								
			6	荣家湾					1	1	1	2				
			7	大荆					1	1	1	2				
			8	平江西	1	1	1	2								
			小计		2	2	2	4	3	3	3	6	3	4	4	8
		岳临高速公路随岳湖南段S61	1	道仁(主线站)									1	2	2	4
			2	巴陵									1	1	1	2
			3	云溪									1	1	1	2
			4	岳阳东									1	1	1	2
			小计										4	5	5	10
	合计				2	2	2	4	3	3	3	6	7	9	9	18
2	长沙	京港澳高速公路临长段G4	1	开慧	1	1	1	2								
			2	广福	1	1	1	2								
			3	杨梓冲	1	1	1	2								
			4	月形山	1	1	1	2								
			小计		4	4	4	8								

续上表

序号	分局	路段	编号	站名	ETC 一期规划				ETC 二期规划				ETC 三期规划			
					站数	入口	出口	总计	站数	入口	出口	总计	站数	入口	出口	总计
2	长沙	长浏高速公路长永段 S20	1	永安					1	1	1	2				
			2	星沙	1	2	2	4								
			3	三一												
			4	黄花	1	1	1	2								
			小计		2	3	3	6	1	1	1	2				
		长株高速公路 S21	1	榔梨东									1	1	1	2
			2	仙人									1	1	1	2
			3	团头									1	1	1	2
			4	云龙北									1	1	1	2
			5	株洲					1	1	1	2				
			小计						1	1	1	2	4	4	4	8
		京港澳高速公路长潭段 G4	1	雨花	1	1	1	2								
			2	李家塘	1	1	1	2								
			3	马家河	1	1	1	2								
			4	易家湾												
			小计		3	3	3	6								
		长张高速公路长益段 G5513	1	长沙西	1	1	1	2								
			2	友仁									1	1	1	2
			3	关山									1	1	1	2
			4	金洲	1	1	1	2								
			5	宁乡	1	1	1	2								
			6	泉交河									1	1	1	2
			7	朝阳	1	1	1	2								
			小计		4	4	4	8					3	3	3	6
	合计				13	14	14	28	2	2	2	4	7	7	7	14

续上表

序号	分局	路段	编号	站名	ETC 一期规划				ETC 二期规划				ETC 三期规划			
					站数	入口	出口	总计	站数	入口	出口	总计	站数	入口	出口	总计
3	湘潭	沪昆高速公路潭邵段 G60	1	楠竹山									1	1	1	2
			2	韶山	1	1	1	2								
			3	竹埠港									1	1	1	2
			4	湘潭	1	1	1	2								
			5	湘乡	1	1	1	2								
			小计		3	3	3	6					2	2	2	4
		岳临高速公路潭衡西段 S61	1	湘潭西									1	1	1	2
			2	杨嘉桥									1	1	1	2
			3	射埠									1	1	1	2
			4	回龙桥									1	1	1	2
			5	白果									1	1	1	2
			6	东湖									1	1	1	2
			7	石市									1	1	1	2
			8	衡阳蒸湘									1	1	1	2
			小计										8	8	8	16
	合计				3	3	3	6	0	0	0	0	10	10	10	20
4	株洲	京港澳高速公路潭耒段 G4	1	株洲西	1	1	1	2	1	1	1	2				
			2	伞铺									1	1	1	2
			3	王十万									1	1	1	2
			4	朱亭									1	1	1	2
			5	新塘	1	1	1	2								
			6	大浦									1	1	1	2
			7	冠市									1	1	1	2
			8	新市									1	1	1	2
			9	耒阳					1	1	1	2				
			小计		2	2	2	4	2	2	2	4	6	6	6	12

续上表

序号	分局	路段	编号	站名	ETC 一期规划				ETC 二期规划				ETC 三期规划			
					站数	入口	出口	总计	站数	入口	出口	总计	站数	入口	出口	总计
4	株洲	莲易高速公路	1	株洲北	1	1	1	2								
			小计		1	1	1	2								
		沪昆高速公路醴潭段　G60	1	株洲东	1	1	1	2								
			2	芷钱桥					1	1	1	2				
			3	醴陵东									1	1	1	2
			4	金鱼石（省界）									1	2	2	4
			5	醴陵工业园									1	1	1	2
			小计		1	1	1	2	1	1	1	2	3	4	4	8
	合计				4	4	4	8	3	3	3	6	9	10	10	20
5	衡阳	耒宜高速公路G4	1	公平									1	1	1	2
			小计										1	1	1	2
		泉南高速公路衡炎段　G72	1	楠木									1	1	1	2
			2	福星庙									1	1	1	2
			3	松木塘	1	1	1	2								
			4	衡东					1	1	1	2				
			5	高湖									1	1	1	2
			6	攸县					1	1	1	2				
			7	茶陵					1	1	1	2				
			8	浣溪									1	1	1	2
			9	炎帝陵					1	1	1	2				
			小计		1	1	1	2	4	4	4	8	4	4	4	8

续上表

序号	分局	路段	编号	站名	ETC一期规划				ETC二期规划				ETC三期规划			
					站数	入口	出口	总计	站数	入口	出口	总计	站数	入口	出口	总计
5	衡阳	泉南高速公路衡枣段 G72	1	古城									1	1	1	2
			2	衡阳东	1	1	1	2								
			3	衡阳西	1	1	1	2								
			4	硫市									1	1	1	2
			5	石埠					1	1	1	2				
			6	归阳					1	1	1	2				
			小计		2	2	2	4	2	2	2	4	2	2	2	4
		衡邵高速公路衡邵段 S80	1	衡阳西渡									1	1	1	2
			2	演陂									1	1	1	2
			3	金兰									1	1	1	2
			4	杨桥									1	1	1	2
			5	邵东南									1	1	1	2
			6	邵阳北									1	1	1	2
			7	新邵									1	1	1	2
			小计										7	7	7	14
	合计				3	3	3	6	6	6	6	12	14	14	14	28
6	郴州	京港澳高速公路耒宜段 G4	1	马田									1	1	1	2
			2	永兴					1	1	1	2				
			3	五里牌									1	1	1	2
			4	郴州	1	1	1	2								
			5	良田									1	1	1	2
			6	宜章					1	1	1	2				
			7	小塘（省界）									1	2	2	4
			小计		1	1	1	2	2	2	2	4	4	5	5	10

续上表

序号	分局	路段	编号	站名	ETC 一期规划				ETC 二期规划				ETC 三期规划			
					站数	入口	出口	总计	站数	入口	出口	总计	站数	入口	出口	总计
6	郴州	宜凤高速公路 S31	1	宜章南									1	1	1	2
			2	梅田									1	1	1	2
			3	长村									1	1	1	2
			4	黄沙									1	1	1	2
			5	堡城（省界）									1	2	2	4
			小计										5	6	6	12
	合计				1	1	1	2	2	2	2	4	9	11	11	22
7	永州	厦蓉高速公路 郴宁段　G76	6	楠市												
			小计													
		二广高速公路 邵永段　G55	1	邵阳县									1	1	1	2
			2	白仓									1	1	1	2
			3	花桥									1	1	1	2
			4	永州北					1	1	1	2				
			5	永州东					1	1	1	2				
			小计						2	2	2	4	3	3	3	6
		道贺高速公路 S81	1	道州									1	1	1	2
			2	道州南									1	1	1	2
			3	江华									1	1	1	2
			4	江永									1	1	1	2
			5	回龙圩									1	1	1	2
			6	永济亭（省界）									1	2	2	4
			小计										6	7	7	14

续上表

序号	分局	路段	编号	站名	ETC 一期规划				ETC 二期规划				ETC 三期规划			
					站数	入口	出口	总计	站数	入口	出口	总计	站数	入口	出口	总计
7	永州	泉南高速公路衡枣段 G72	7	潘市					1	1	1	2				
			8	白水					1	1	1	2				
			9	大忠桥									1	1	1	2
			10	永州	1	1	1	2								
			11	黄田铺					1	1	1	2				
			12	珠山									1	1	1	2
			13	枣木铺(省界主线)									1	2	2	4
			小计		1	1	1	2	3	3	3	6	3	4	4	8
	合计				1	1	1	2	5	5	5	10	12	14	14	28
8	邵阳	沪昆高速公路邵怀段 G60	1	隆回					1	1	1	2				
			2	黄桥									1	1	1	2
			3	大水									1	1	1	2
			4	洞口					1	1	1	2				
			5	江口									1	1	1	2
			小计						2	2	2	4	3	3	3	6
		沪昆高速公路潭邵段 G60	11	邵东					1	1	1	2				
			12	邵阳东					1	1	1	2				
			13	邵阳南	1	1	1	2								
			14	周旺铺					1	1	1	2				
			小计		1	1	1	2	3	3	3	6				
	合计				1	1	1	2	5	5	5	10	3	3	3	6

续上表

序号	分局	路段	编号	站名	ETC 一期规划				ETC 二期规划				ETC 三期规划			
					站数	入口	出口	总计	站数	入口	出口	总计	站数	入口	出口	总计
9	怀化	沪昆高速公路 邵怀段 G60	6	安江									1	1	1	2
			7	中方					1	1	1	2				
			小计						1	1	1	2	1	1	1	2
		沪昆高速公路 怀新段 G60	1	芷江					1	1	1	2				
			2	土桥									1	1	1	2
			3	兴隆					1	1	1	2				
			4	新晃（省界站）									1	2	2	4
			5	怀化南	1	1	1	2								
			小计		1	1	1	2	2	2	2	4	2	3	3	6
	合计				1	1	1	2	3	3	3	6	3	4	4	8
10	湘西	杭瑞高速公路 常吉段 G56	1	泸溪					1	1	1	2				
			2	吉首东									1	1	1	2
			3	吉首	1	1	1	2								
			小计		1	1	1	2	1	1	1	2	1	1	1	2
	合计				1	1	1	2	1	1	1	2	1	1	1	2
11	常德	长张高速公路 常张段 G5513	1	斗姆湖					1	1	1	2				
			2	河洑	1	1	1	2								
			3	架桥									1	1	1	2
			4	热市									1	1	1	2
			5	慈利东					1	1	1	2				
			6	慈利西					1	1	1	2				
			7	岩泊渡									1	1	1	2
			8	阳和					1	1	1	2				
			9	张家界（主线）	1	1	1	2								
			小计		2	2	2	4	4	4	4	8	3	3	3	6

续上表

序号	分局	路段	编号	站名	ETC 一期规划				ETC 二期规划				ETC 三期规划			
					站数	入口	出口	总计	站数	入口	出口	总计	站数	入口	出口	总计
11	常德	杭瑞高速公路常吉段 G56	1	桃花源	1	1	1	2								
			2	乌云界									1	1	1	2
			3	茶庵铺									1	1	1	2
			4	官庄									1	1	1	2
			5	马底驿									1	1	1	2
			6	沅陵	1	1	1	2								
			7	筲箕湾	1	1	1	2								
			小计		3	3	3	6					4	4	4	8
		长张高速公路益常段 G5513	1	幸福渠									1	1	1	2
			2	迎风桥									1	1	1	2
			3	军山铺									1	1	1	2
			4	太子庙									1	1	1	2
			5	谢家铺									1	1	1	2
			6	德山	1	1	1	2								
			小计		1	1	1	2					5	5	5	10
	合计				6	6	6	12	4	4	4	8	12	12	12	24
12	娄底	沪昆高速公路潭邵段 G60	1	水府庙					1	1	1	2				
			2	娄底	1	1	1	2								
			3	双峰					1	1	1	2				
			4	三塘铺									1	1	1	2
			5	廉桥					1	1	1	2				
			小计		1	1	1	2	3	3	3	6	1	1	1	2
	合计				1	1	1	2	3	3	3	6	1	1	1	2
总计					37	38	38	76	37	37	37	74	88	96	96	192

(2)2012 年及以后通车的高速公路。

2012 年及以后通车的高速公路在通车前按站点 100%覆盖率建设 ETC 车道,并确保与高速公路同步开通,满足全省规划要求。

(3)因经济发展或其他原因而增建的收费站,收费站根据 ETC 车道设置原则建设 ETC 车道,并确保与收费站同步开通,建设费用在收费站建设项目中开支。

3.2.2　客户服务系统规划

客户服务系统以"自主营销为主、联合银行发行为辅"。

由湖南省高速公路发行"湘通卡"储值卡,按照"统一建设、统一标准、统一管理、共同参与、共同受益"的原则,以"湘通卡"为载体,以非现金支付结算平台为中心,建立多业务非现金支付结算体系。

1)近期(2013 年)

年内大力推广湘通卡在高速公路通行缴费领域的发行使用,建立起高速公路 ETC 通行费非现金支付结算体系,在开放前期,选择一至两家合作银行推行 ETC 联名卡发行业务。

本阶段目标用户数量为 5 万户;客户对象:以省直机关、财政拨款事业单位、大型国营企业(如湖南广电)(湘政办函〔2010〕101 号文件规定安装单位)及其下属单位的所有车辆为主。

2)中期(2014 年)

ETC 湘通卡发行:湘通卡客户使用量达到一定规模后,推动湘通卡在高速公路服务区、加油站等路网内部小额支付消费领域的使用。

ETC 联名卡发行:增加一至两家合作银行推行 ETC 联名卡发行业务。

本阶段目标用户数量为 20 万户;客户对象:民营企业(重点为物流公司)及私家车客户。

3)远期(2015 年)

ETC 湘通卡发行:以高速公路湘通卡的高客户量规模为依托,推动湘通卡在交通系统的全面发行和使用,积极与交通行业及其他行业单位合作,同时扩大湘通卡在其他行业领域的非现金支付市场份额。将"一卡通"扩容升级为以交通行业应用为主,其他行业应用为辅的多业务、多功能的非现金支付结算体系。

ETC 联名卡发行:当 ETC 联名卡的一定市场规模及发行模式成熟后,再选择开放两至三家银行发行 ETC 联名卡业务,进一步推进 ETC 联名卡发行。

本阶段目标用户数量为 50 万户。

3.3　站点选址原则

一、二期 ETC 车道布设原则:

(1)出入口交通量较大(日流量大于 1500 辆),且存在高峰交通拥堵现象的收费站。

(2)能提高对外窗口形象,提升投资环境地区所在收费站。

(3)进出重要城市的高速公路收费站。

(4)一些著名风景区的上下高速公路点,对外的服务窗口。

(5)小型客车通过数量比较多的收费站。

三期是在一、二期工程完成的基础上继续对道贺、衡邵、潭衡西、随岳、宜凤、吉茶等新通车路段收费站以及原未建设 ETC 的收费站进行完善建设 ETC 车道,实现 ETC 站点覆盖率 100%,且省界站按 2 进 2 出布设。

湖南省新建高速公路 ETC 车道可遵循以下原则设置:

(1)每个收费站原则上须至少设置 1 进 1 出或以上的 ETC 车道。

(2)当收费站的单向 ETC 车辆的平均日小时交通量超过 1600 辆/h 时,单方向增加 1 条 ETC 车道。

(3)4A 级风景区的上下高速公路点,应按 2 进 2 出布设。

(4)省界收费站应按 2 进 2 出布置。

3.4 服务网点选址原则

3.4.1 服务网点设置地区

(1)在建设有 ETC 车道的邻近大中城市(全省 14 个地级市)。

(2)在 ETC 专用卡用户量较大的城市(用户量较大地区,如长株潭)。

(3)在消费能力较强、物流较大的城市。

(4)在有高速公路出入口的地级市。

3.4.2 服务网点选址原则

(1)高速公路收费站出口附近(或收费站、管理处内)。

(2)汽车 4S 服务网点、加油站。

(3)大型高速公路服务区。

(4)依托金融机构。

3.4.3 服务网点的开设应满足如下基础条件

1)位置

位置显著,交通便利,易于寻找。(地区管理处)

最好设在中心城市市区到周边高速公路口的必经之路上,如管理处、收费站、服务区。

2)停车

提供便利停车条件,4 个以上门前停车位置,方便车载机安装。

3)通信

要求满足 DDN 或帧中继数据或 IPVPN 专线通信方式。

4)价格

根据网点位置,在 20~150 元/(m^2·月)。

5)供电

有稳定的220V供配电资源。

6)面积

100~200m^{2}为宜。

7)形象

要求一楼临街铺位,门面宽6m以上。

8)环境

周边环境良好、公共秩序井然,最好经营交通、金融等相关行业。

9)稳定

可长期稳定租用,要求租约在3年以上。

3.4.4 可根据需要在如下地点设置POS充值查询机

(1)专营公司对外营业的服务网点大厅内。

(2)用户数较集中区域的银行大厅内。

(3)本区域路网内大型高速公路服务区。

3.5 规划投资金额

3.5.1 ETC项目一、二期

项目一期于2009年开始改(启动)到2012年底全部投入试运行,工程范围包括37条高速公路的76条ETC车道、一个联网收费管理备份中心、一个客户服务与发行备份中心、一个POS客房发行网点的建设工程。

项目二期于2013年启动实施,工程范围分为ETC建设和MTC改造两个部分,其中,ETC建设规模为37条高速公路的74条ETC车道建设,MTC改造规模为至2011年10月底,已通车运营的21条高速公路150个收费站1072条MTC收费车道兼容湘通卡改造等工程。

根据工程可行性研究,一、二期总投资额约为12294万元(最终以批复为准)。

3.5.2 ETC项目三期

项目三期于2013年启动实施,主要为补充2011年底前通车运营的高速公路的收费站ETC覆盖率至100%和全省MTC兼容湘通卡改造。工程范围包含88个收费站的192条ETC车道建设,全省89个收费站的717条MTC收费车道兼容湘通卡改造。预计投资额为10000万元。

3.5.3 在建高速公路ETC系统建设

2011年底后的在建高速公路ETC系统由建设路段按照本规划目标要求自行建设满覆盖ETC车道,建设费用从高速公路建设费用中开支。

3.5.4 客户服务网点建设

在2013年底建设市级营业网点80个，县级营业网点176个，客服中心增加8个座席员工20人；另在52对高速公路服务区(加油站)建立人工充值网点。

每个银行营业网点硬软件投资1万元(包括电脑5000元，办公桌1000元，数码相机1000元，通信费用1500元，充值设备1500元)，服务区(加油站)网点每个投资4万元，客服中心增加8个座席按80万元计算。自助充值机可利用现有充值机，不额外计费用。

年度营销费用按充值额(非现金通行费收入加沉淀资金)的万分之八计算，每年补贴每个市级营业网点3万元，县级网点和服务区网点2万元固定费用，不另计网点人员工资。客服中心20人工资100万元。

推广费用市级网点每个2万元一年，县级网点每个1万元一年，总部宣传费164万元，共500万元，按三年计算。

以上三项合计，合作商的网点硬软件投资544万元，年度营销费用工资5957.65万元，推广经费1500万元，预计共需8001.65万元。

第 4 章
电子不停车收费系统总体要求

4.1 管理体制

根据总体要求,在保持湖南省联网收费系统总体框架、管理架构不变的基础上,充分利用现有人工收费联网系统资源,在湖南省高速公路监控中心新增电子支付管理系统,完成电子收费(非现即支付、电子不停车收费)数据的汇总、统计与清算等业务,完成原始交易数据、统计数据、黑名单、核对结果、拆分结果、通行费划拨指令的传输,通过银行完成资金的划拨,通过客户服务与发行机构(包括客户服务中心、客户服务点、代理点等)和银行完成资金的归集、账户的管理、专用账户资金的划拨等,新增的ETC业务纳入到现有的路段收费分中心、收费站进行管理。

4.2 运营管理模式与框架

湖南省高速公路电子不停车收费运营构架由湖南省高速公路监控中心、路段业主、客户服务与发行机构、银行、用户等实体组成,按照业务功能分为管理层、操作层、用户层,相互之间界面清楚、功能分工明确,各实体功能见图2-4-1。

4.2.1 湖南省高速公路监控中心

负责对本省区域内高速公路网内产生的电子收费交易记录进行数据汇总、验证及统计,核对准确后借助银行按照指令将ETC通行费划分给所属路段;并负责提供用于电子收费交易安全认证的密钥系统,确保电子收费交易数据记录的完整、一致、准确、可靠。

4.2.2 客户服务与发行机构

按照统一的技术标准、安全标准进行建设,负责电子收费资金的归集;车载设备、非现金支付卡的发行管理、客户服务与账户管理服务;与省联网收费管理中心更新用户信息、黑名单等。

4.2.3 服务提供商

即湖南省内各高速公路公司,向用户提供电子收费服务,形成电子收费交易数据的统计数据;同时,通过湖南省高速公路监控中心借助银行获取应得的通行收入。

4.2.4 用户

用户在客户服务与发行机构申请电子收费服务,缴纳必要的安装、手续费用等,成为湖南省电子收费用户(注册用户),遵循湖南省高速公路监控中心或客户服务与发行机构的管理规章、服务协议等。

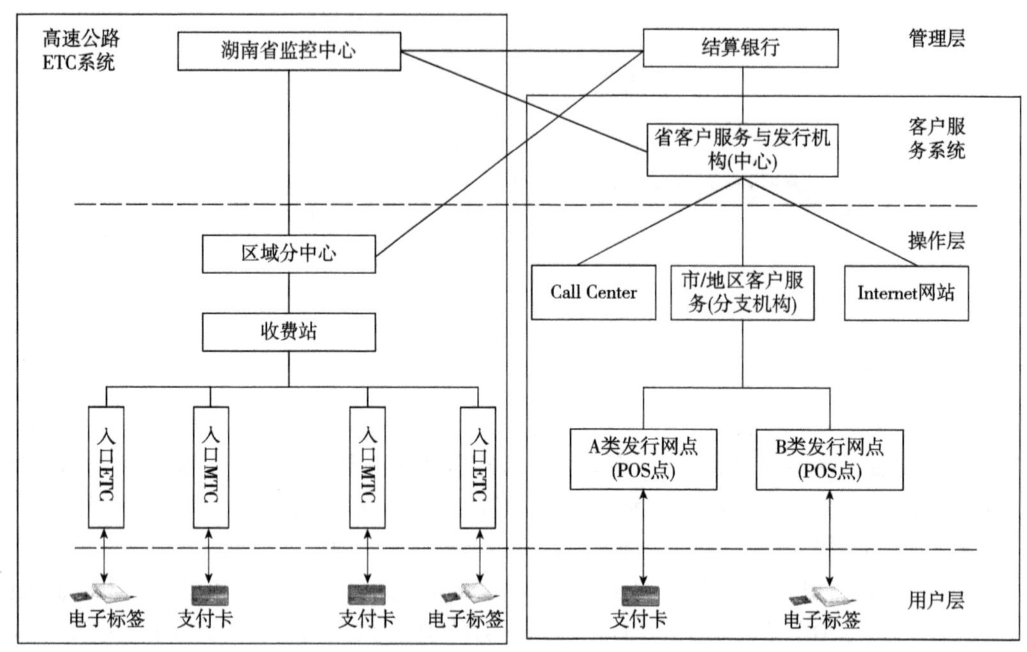

图 2-4-1　湖南省高速公路电子不停车收费运营架构图

4.2.5　银行

根据湖南省高速公路监控中心下达的结算、划拨指令,负责完成资金的划拨,将结算后的车辆通行费划拨到本路网内的收费道路业主的账户。与客户服务与发行机构(包含客户服务中心、客户服务点)共同完成资金的归集、账户的管理等工作。

4.3　收费制式、收费方式和支付方式

4.3.1　收费制式

采用封闭式收费制式。

4.3.2　收费方式

(1)ETC 车道入、ETC 车道出:需同时使用非现金支付卡和电子标签。

(2)ETC 车道入、MTC 车道出:在 ETC 车道需结合电子标签。

(3)MTC 车道入、ETC 车道出:在 ETC 车道需结合电子标签。

(4)MTC 车道入、MTC 车道出:只需使用非现金支付卡。

安装有车载设备的用户,在通过人工收费车道时,需要将非现金支付卡从车载设备中拔出,刷卡通过;在通过 ETC 车道时,结合车载设备可不停车通过,车道交易自动完成。没有安装车载设备但拥有非现金支付卡的用户,从 MTC 车道刷卡通过。

4.3.3　支付方式

支付方式有两种：非现金支付和现金支付。

(1)只有非现金支付卡的用户，只能在人工收费车道通过，入口刷卡写入入口信息，出口刷卡实现非现金支付通行费。

(2)持有非现金支付卡的货车用户，只能在人工收费车道通过，入口刷卡写入入口信息，出口计重收费，刷卡实现通行费的支付。

(3)安装有电子标签的用户，在通过人工收费车道时，刷卡通过；在通过 ETC 车道时，结合电子标签可不停车通过，收费过程自动完成。

(4)未安装电子标签，也没有非现金支付卡的用户，只能从人工收费车道入，人工车道出。

4.4　收费技术

湖南省高速公路采用基于两片式电子标签+双界面 CPU 卡的组合式收费技术，满足在湖南省高速公路联网电子不停车收费的应用。

组合式收费技术中的专用短程通信技术要求、路侧设备与车载设备的技术指标及产品检测符合以下国家标准：

(1)《收费公路联网电子不停车收费技术要求》(交通运输部 2011 年第 13 号公告)。

(2)《电子收费专用短程通信　物理层》(GB/T 20851.1—2007)。

(3)《电子收费专用短程通信　数据链路层》(GB/T 20851.2—2007)。

(4)《电子收费专用短程通信　应用层》(GB/T 20851.3—2007)。

(5)《电子收费专用短程通信　设备应用》(GB/T 20851.4—2007)。

(6)《电子收费专用短程通信　物理层主要参数测试方法》(GB/T 20851.5—2007)。

非现金支付卡采用双界面 CPU 卡，应符合 ISO/IEC 7816 和 ISO/IEC 14443 TYPE A 的工业标准，双界面 CPU 卡的卡片操作系统(COS)支持《中国金融集成电路(IC)卡规范》(JR/T 0025.1~10—2005)中规定的全指令集，数据格式和数据元定义符合《收费公路联网电子不停车收费技术要求》中双界面 CPU 卡格式的定义。在此基础上，湖南省可扩展其他数据元或文件定义，满足本省电子不停车收费的特殊应用需要。

非现金支付卡分为储值卡、记账卡，由湖南省高速公路监控中心发行和管理。储值卡内应设定最高充值金额，不计息。用户预先在储值卡内存入一定金额，在通行时扣款，当储值卡内余额不足不能足额支付通行费时，用户可用现金足额缴纳通行费。储值卡分为记名储值卡和不记名储值卡，记名储值卡在绑定车型、车牌上与记账卡相同，可挂失、可退卡退款。不记名储值卡不绑定车型、车牌，任何车辆皆可使用，不支持挂失、不支持退卡退款。

4.5　通行费清分结算方案

现金部分和非现金部分通行费的清分结算应相互独立，互不影响。现金部分通行费清分结算由湖南省高速公路监控中心完成，非现金部分清分结算由湖南省高速公路监控中心和客户服务与发行机构共同完成。

4.5.1　清分结算原则

(1)在公平、公正、公开的原则下，确定统一的电子不停车收费通行费清分、结算、划拨方式,对路网内每一电子收费用户支付的通行费准确收集、汇总、拆分,准确、合理地反映各路段单位的实际收益。

(2)确立统一的结算模式,实施有效的电子收费用户支付车辆通行费交易数据采集管理、清算账户管理、资金收缴和划拨管理,保障结算工作顺利地实施。

(3)通行费的征收依据是车辆行驶路径和车型确定的收费标准。

4.5.2 清分结算方案

(1)湖南省内所有高速公路路段分中心要保持一致行动,在商定的结算周期时间内,将该工作日内的所有电子收费交易原始数据、统计数据等上传湖南省高速公路监控中心。

(2)湖南省高速公路监控中心对电子不停车收费数据的原始数据等进行处理,验证数据的有效性、完整性、一致性,完成针对各个路段的清分业务,将包括用户原始交易数据、清分统计数据、划账指令一并传至客户服务与发行机构。

(3)客户服务与发行机构对用户的原始电子收费数据进行汇集、验证、核对准确无误后,将验证结果、划账结果回发给湖南省高速公路监控中心,通知银行按照划拨指令将通行费划拨至湖南省高速公路监控中心主账户,再由湖南省高速公路监控中心将资金划拨给各个道路业主。

在此期间,必须保障电子不停车收费数据的及时上传,工作时间的统一。湖南省高速公路监控中心需要与各高速公路业主相互协商,制定相应的联网不停车收费管理协议、配套相应的制度与资金清算协议,确保不停车收费结算的高效、安全。

4.5.3 账户设置

湖南省高速公路实施联网电子不停车收费需要根据电子不停车收费的运营流程、资金清算模式设置如下账户:

(1)湖南省高速公路监控中心需要设置电子不停车收费清算账户,用于电子不停车收费部分资金的归集与清分;需要设置电子不停车收费未清算账户,用于电子不停车收费部分未清算的资金暂存。

(2)各个路段业主需要设置电子不停车收费收益账户,用于电子不停车收费部分资金的归集。

(3)客户服务与发行机构需要设置电子不停车收费汇集账户,主要用于用户的充值资金、记账卡用户备付资金的归集,同时向电子不停车收费清算账户的资金划拨。

4.5.4 工作日时间和结算时间

湖南省高速公路实施电子不停车收费工程中,工作日时间与人工收费日时间保持一致,前期电子收费的结算时间为 1 个月;后期对储值卡可采用 T+1 或 7 天为结算周期,记账卡的结算周期仍为 1 个月。

4.6 电子不停车收费数据融合方案

ETC 车道收费数据通过 ETC 专用软件上传至收费站,湘通卡数据通过 MTC 软件上传至收费站,利用收费站应用软件实现数据融合,逐级上传至省中心,省中心对电子收费数据和 MTC 数据分离,利用中心结算软件进行分别处理(图 2-4-2)。

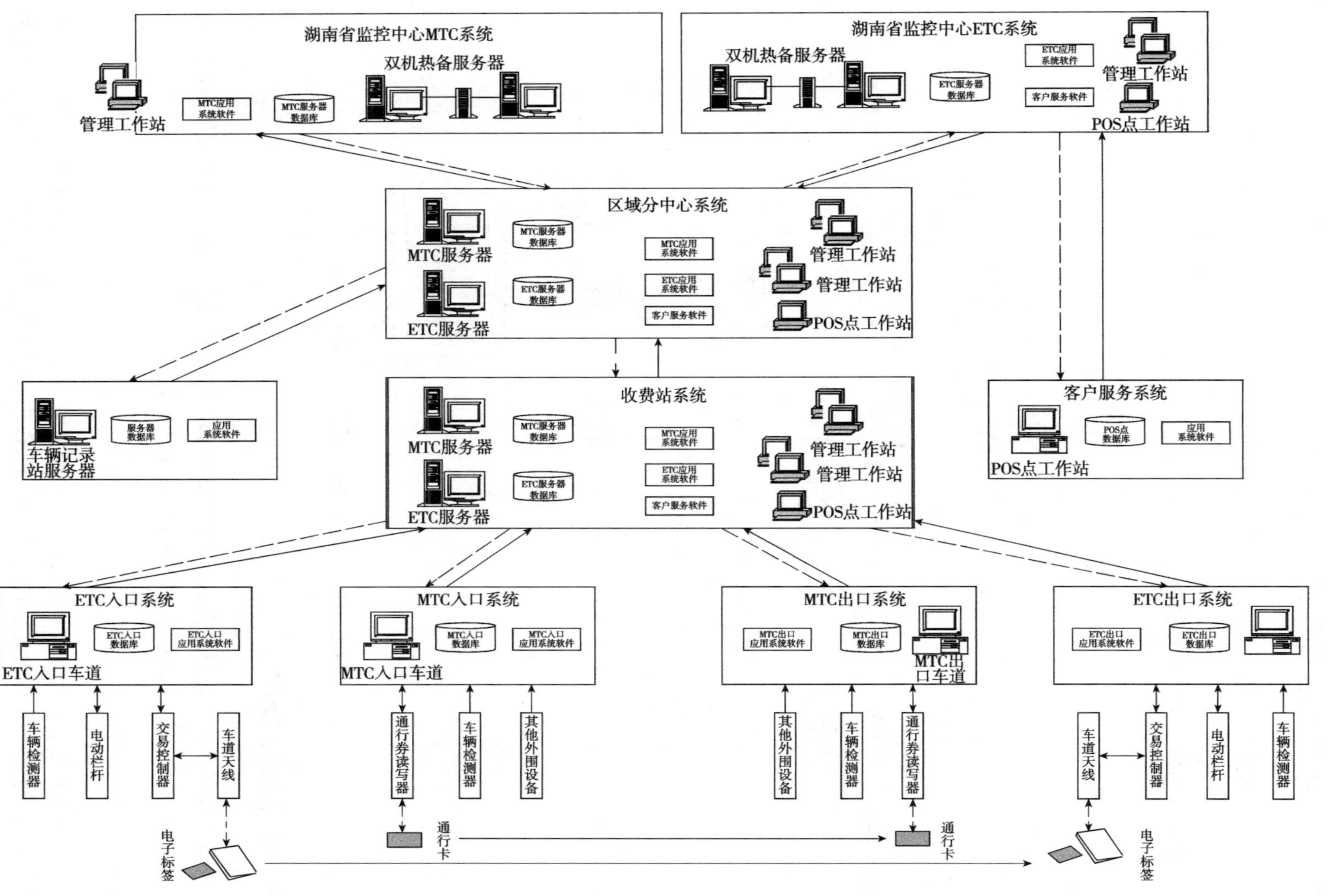

图2-4-2　湖南省高速公路不停车收费数据融合图

4.7 电子不停车收费数据传输方案

ETC 车道收费数据通过 ETC 专用软件上传至收费站，湘通卡数据通过 MTC 软件上传至收费站，通过通信接口软件实现 ETC 数据与 MTC 数据的融合，然后通过通信系统提供的通信链路将非现金数据和现金数据上传至湖南省高速公路监控中心（图 2-4-3）。

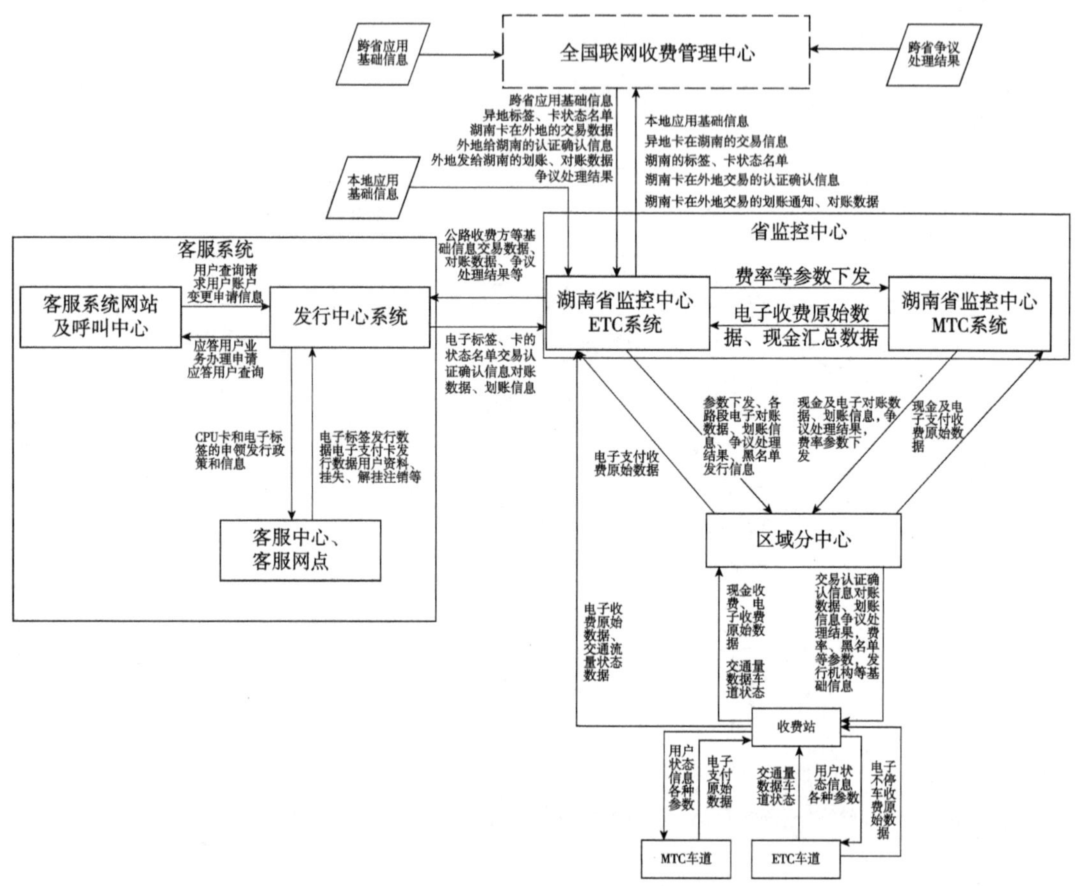

图 2-4-3　湖南省高速公路电子不停车收费数据流程图

4.8 异常数据处理

ETC 数据包括各类参数数据、客户服务数据和原始收费数据。在系统中可能存在各类的异常数据，其中重要的包括滞留数据、黑名单数据、重复交易数据三种。

4.8.1 滞留数据

滞留数据是指客户服务网点已开出，并抄税报税，而客户没进行认证抵扣的增值税专用发票有关的数据。滞留数据建议进行特殊标定，作为特殊数据，在专用数据库中存储；特殊处理后，再进行删除。

4.8.2 黑名单数据

黑名单是指由发卡方产生的针对 OBU、CPU 卡的拒收名单，实际运行过程中，车道如果遇到黑名单上的 OBU 或 CPU 卡，应拒绝交易。黑名单的产生及撤销均由发行方完成，并及时将名单发送给各省（市）对应中心。由各省（市）对应中心将黑名单下发路网直至车道启用。黑名单的具体入单理由由发行方自行确定。原则上发行方成功发布黑名单（接收方应答成功接受）后 24h 内应生效，如果超过 24h 该黑名单的卡发生交易，发行方应视为可疑交易。

黑名单生效时间定义为发行方进行黑名单发布交易，在接收到其他省（市）结算中心同步的通信应答成功的时刻开始计时，顺延 24h 后生效。

如果接收方未接收成功，异步返回接收异常应答给发行方，发行方重新进行下发，并重新对下发的黑名单生效时间进行计算，按重新下发接收到的同步应答成功时间顺延 24h 后生效。

4.8.3 重复交易数据

由于 ETC 车辆快速通过 ETC 车道时，可能由于设备的稳定性等原因，造成重复扣款，生成重复交易的特殊事件。

ETC 车道的重复交易数据上传至省（市）中心结算系统，通过交易时间确认为特殊事件，标定数据为特殊事件，经人工核对确认后，应将多条数据合并后，生成正确数据。如果发生多次扣款的情况，应将相应的金额返回至用户账户中。

4.9 密钥管理系统

采用交通运输部统一的密钥系统，湖南省内用户不停车收费交易的合法性验证由湖南省交通运输厅完成。省级密钥由湖南省交通运输厅负责管理，具体工作可委托湖南省高速公路监控中心，但应确保其唯一性。省级密钥管理的主要内容包括：

（1）按照《收费公路联网电子不停车收费技术要求》的要求建设省级密钥管理系统并负责维护。

（2）制作及管理各类最终应用密钥和相应的密钥卡及传输卡。

（3）申领省级密钥母卡、省级密钥传输卡。

（4）申领 PSAM 卡及 OBE-SAM 一次发行母卡。

（5）发行和管理本辖区内各种密钥母卡、PSAM 卡、CPU 用户卡，并对上述各类卡片的使用进行注册登记和监控管理。

（6）其他相关工作。

湖南省交通运输厅应妥善保管省级密钥母卡及省级密钥传输卡，母卡内密钥仅限于导入本省密钥管理系统。

对于在操作、使用过程中损坏的密钥母卡和传输卡，省级密钥管理承担单位应如数及时退回国家密钥管理承担单位，并由其统一销毁。

4.10 与计重收费的关系

现有的计重收费系统采用的是低速称重设备(通过速度小于5km/h),当安装有车载设备的车辆通过专用ETC车道时(20~30km/h),低速称重设备的精度大大降低,不宜作为称重依据。

考虑到保证用户在整个路网中的快速通过,提高车道的利用效率,初期仅对货车发行非现金支付卡(湘通卡),不发行车载设备(OBU)。待相关技术成熟后,对货车可发行车载设备。

4.11 票据与税务管理

在湖南省高速公路联网电子不停车收费系统运营过程中,各个高速公路公司以实际的通行费收入作为纳税依据,由湖南省交通运输厅和/或收费公路管理经营单位与当地的税务主管部门协商处理。ETC运营商、客户服务与发行机构根据采用的运营管理模式与当地的税务主管部门协商处理纳税事宜。

用户在向客户服务与发行机构申请储值卡、进行充值时,客户服务与发行机构向用户提供发票,该发票可以作为用户的报销凭证;用户在向客户服务与发行机构申请记账卡、进行账款结算时,客户服务与发行机构向用户提供发票,该发票可以作为用户的报销凭证。用户每次经过ETC出口车道或人工收费出口车道,车道系统将不提供通行费发票或收据,用户可以通过邮寄的形式或者在线查询等方式获取通行交易明细数据等。

4.12 军车ETC的要求

经中央军委批准,全军和武警部队从2013年5月1号起统一使用新式军车号牌,“2004式”军车号牌即行废止;同时要求所有车辆安装电子标签,这就将高速公路ETC技术引入军车管理,把军车行车执照和公路电子收费用户卡有机整合,当车辆进入ETC通道时,收费站管理系统自动核对车辆信息,假冒军车不予通行并立即通告军队有关部门。

4.13 ETC湘通卡的要求

ETC湘通卡分为湘通专用卡和银行联名卡,其中湘通专用卡又分为储值卡和记账卡。

4.13.1 储值卡

储值卡内应设定最高充值金额,不计息。

用户预先在储值卡上存入一定金额,用于支付通行费,当储值卡上余额不足时,用户需用现金足额缴纳通行费。

储值卡可以包括两种类型,即记名储值卡和不记名储值卡。

持记名储值卡的用户可以获得完善的客户服务。不记名储值卡不能办理挂失、补办、注销、变更信息等业务。示范工程在开通的初期应以推广记名方式的储值卡为主,在积累一定的管理和运营经验后,可决定是否开展不记名方式的储值卡业务。

为方便以后推广储值卡的增值服务,建议湖南省采用记名方式的储值卡业务。

4.13.2 记账卡

记账卡限于对信用等级较高的集团用户发行。记账卡采用预付一定押金后的消费方式。

记账卡采用记名方式,一个账号可以对应多个记账卡。用户办理记账卡时,必须登记用户资料、用户银行转账账户等信息。

4.13.3 银行联名卡

银行联名卡可由湖南省监控中心联合银行发行,有四种形式:借记卡与储值卡绑定,信用卡与储值卡绑定,信用卡与记账卡绑定,借记卡与记账卡绑定。

银行联名卡的发行,需要和银行确定发行的具体细节、技术接口、技术标准、发放程序等。

4.14 车道设置要求

4.14.1 设置原则

ETC 车道设备设置原则主要体现在"专用快速""容错""自动处理+人工辅助"三个方面。

(1)"专用快速"主要指:ETC 车道应设置为专用车道,对于 ETC 用户,应以快速通行作为首要目标,把用户的使用感受放在首位,为用户提供方便快捷的服务。

(2)"容错"主要指:系统应能处理非 ETC 用户的误入、OBU 与 RSU 认证失败等多种特殊情况,对于这些异常情况,也应以车辆快速通过为目标,尽量减少或避免对后续车辆的影响。

(3)"自动处理+人工辅助"主要指:正常情况下,ETC 车辆不停车通过,无须人工干预,所有流程由计算机控制自动完成;当出现 OBU 认证失败等异常情况,或非 ETC 车辆误入时,通过人工辅助的方式完成交易并放行。

此外,对于误入或认证失败的车辆,车道应提供明显的、通俗易懂的提示信息,提示车辆接受停车操作。

4.14.2 设置要求

(1)主线收费站等规模比较大的收费站,ETC 专用收费车道可以设置在同方向收费车道左侧第一、第二条收费车道,并尽量避免与军警专用车道冲突。匝道收费站一般情况下设置一条 ETC 专用车道,设置在同方向收费车道左侧第一或第二条收费车道,主线收费广场设置的 ETC 专用车道至少保证 20km/h 通行速度,匝道收费广场设置的 ETC 专用车道至少保证 20km/h 通行速度。

为了确保通行的效率和可靠性,建议在具备条件的情况下优先采用双通信区域的天线布设方式。

（2）实施电子不停车收费工程时，应设置统一的 ETC 服务标志、ETC 专用车道标线、限速标志等，例如：在收费站入口侧、出口侧的适当位置应设置 ETC 服务标志、指引标志，明确告知用户该收费站可以提供电子不停车收费或者使用非现金支付卡付费，该标志的设置可以与高速公路现有的收费站入口预告标志、收费站出口预告标志、收费站预告标志等组合使用；在收费广场 ETC 车道路面铺设 ETC 专用车道标线，在 ETC 专用收费车道所在的天棚正面设置 ETC 专用车道标志，在收费岛上设置限速标志，引导车辆以允许速度进入 ETC 车道。

4.14.3 自动栏杆的布置模式

ETC 车道自动栏杆布置模式有两种：自动栏杆前置模式、自动栏杆后置模式。自动栏杆前置模式的设备布设如图 2-4-4 所示，ETC 车道的自动栏杆与 MTC 收费岛岛头平齐，自动栏杆与远端通信区域前沿距离达 18m 以上，宜敷设 6 个线圈，ETC 收费岛宜加长 6m。

自动栏杆后置模式如图 2-4-5 所示，设备主要布设在 ETC 收费岛的后部（天线设置于收费岛前部），宜敷设 4 个线圈。

4.14.4 天线布设方式

ETC 天线布设方式主要有单通信区 ETC 车道天线布设技术和双通信区 ETC 车道天线布设技术。

4.14.5 自动栏杆、天线布设方式的选择原则

（1）首条 ETC 车道，采用自动栏杆前置模式。

（2）收费广场延长收费岛条件受限时采用自动栏杆后置模式。

（3）省界站设置模式和相邻省（市）协商确定。

（4）在条件允许的情况下，宜采用自动栏杆前置、双通信区天线布设。反之，宜选择自动栏杆后置、单通信区天线布设。

4.14.6 省界合建收费站 ETC 车道设置方案

在省界收费站设置 ETC 专用车道，原则上合建的省界收费站 ETC 车道设置一套设备，各省（市）分别负责各自出口侧的 ETC 车道的建设，并采用适宜的安全机制保证车道数据传输的稳定、可靠和安全。具体的设置方案如下：

1）方案一

各省（市）分别负责各自出口侧 ETC 专用收费车道的建设，出口车道只设置一套 ETC 车道设备，车道控制器安装双网卡或者通过网闸等方式保证系统数据传输安全，车道控制器同时向本省出口侧收费站、邻省（市）入口侧收费站传输车道交易数据，车辆在完成出口 ETC 交易后，向车载设备写入该站的入口数据信息，交易操作完成，车辆放行。在进入邻省（市）路网后，车载设备（非现金支付卡）中已经写有入口数据信息，可以在出口车道完成正常交易。同时，为保证省界合建收费站 ETC 专用车道的操作安全、稳定，推荐 ETC 专用车道设置两套 ETC 车道路侧单元，以双机热备份方式工作，一套用于正常工作，另一套用于备份，以应对一旦路侧单元故障而导致 ETC 专用车道瘫痪。

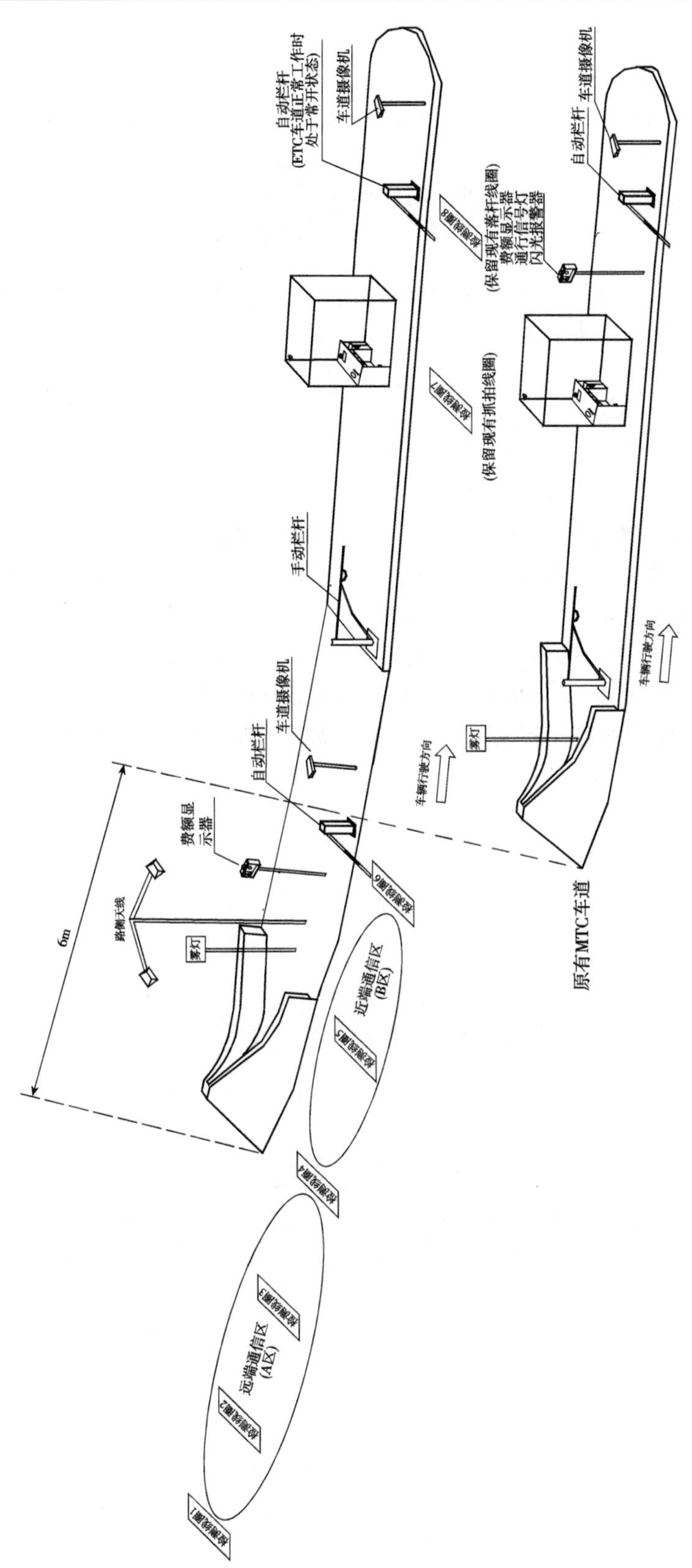

图2-4-4　自动栏杆前置模式ETC车道设备布设示意图

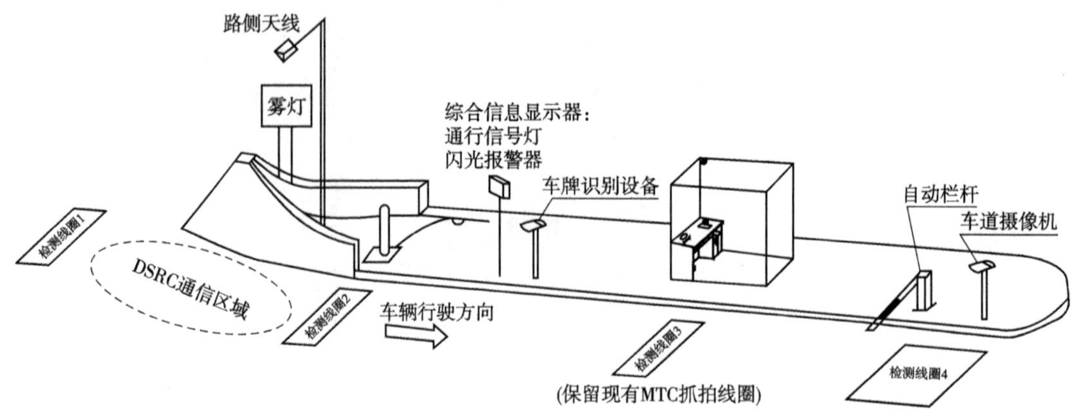

图 2-4-5　自动栏杆后置模式 ETC 车道设备布设示意图

2)方案二

各省(市)分别负责入口侧、出口侧 ETC 专用收费车道的建设，单一车道设置两套 ETC 车道设备，本省 ETC 车道设备在完成出口 ETC 交易后，邻省(市)ETC 车道设备写入该站的入口信息，只有两次交易完全成功后，车辆才予以放行。相关省(市)交通运输主管部门在方案中应综合考虑路侧单元的通信区域、车道处理流程、收费车道土建设施等条件，相互协调合建车道设置方案、设备布局、系统控制方案等，应避免两套 ETC 车道设备的相互干扰等情况的发生，保证合建收费车道操作流程的顺畅和合建收费车道交易的安全、可靠。

第 5 章 电子不停车收费系统构成及功能

5.1　省监控中心系统

5.1.1　系统构成

省监控中心硬件系统主要由双机热备主机系统、数据通信子系统、数据备份与恢复子系统、通行费拆分与结算子系统、收费管理子系统、WEB 服务(内网)/图片管理子系统、电子收费管理子系统等构成。每个子系统由相应的应用服务器与若干台工作站组成。应用服务器主要包括:通信服务器、现金拆分与结算服务器、电子收费拆分与结算服务器、收费管理服务器、备份管理服务器、WEB 服务(内网)/图片管理服务器、电子收费管理服务器。现金结算工作站、系统参数管理工作站、通信管理工作站、报表统计/查询/打印工作站与收费管理服务器等共同构成现金收费管理子系统的局域网,电子收费结算工作站、电子标签管理查询工作站、通信管理工作站与电子收费管理服务器等共同构成电子收费管理子系统的局域网。

5.1.2　系统功能

1)现金结算系统功能(图 2-5-1)

(1)日常事务管理:制定与湖南省高速公路联网收费相关的技术要求、管理制度和规程。

(2)系统参数管理:查询、增加、修改现有收费路网的联网收费系统运行参数(如车型分类表、黑/白名单表、费率表、员工表、时钟同步、联网收费拆分表、车辆行驶超时表等系统设置参数)。

(3)数据采集管理:建立与结算银行、下级系统的通信连接,传输联网收费系统所需的一切数据;如发送系统运行参数,接收下级系统上传的联网收费数据(包括原始收费数据和统计数据等)。

(4)数据处理与存储管理:完成联网收费数据的完整性、准确性、可靠性、真实性和安全性处理,并储存于数据存储系统;在异常情况下,接收利用网络拨号或移动介质上传的联网收费数据。

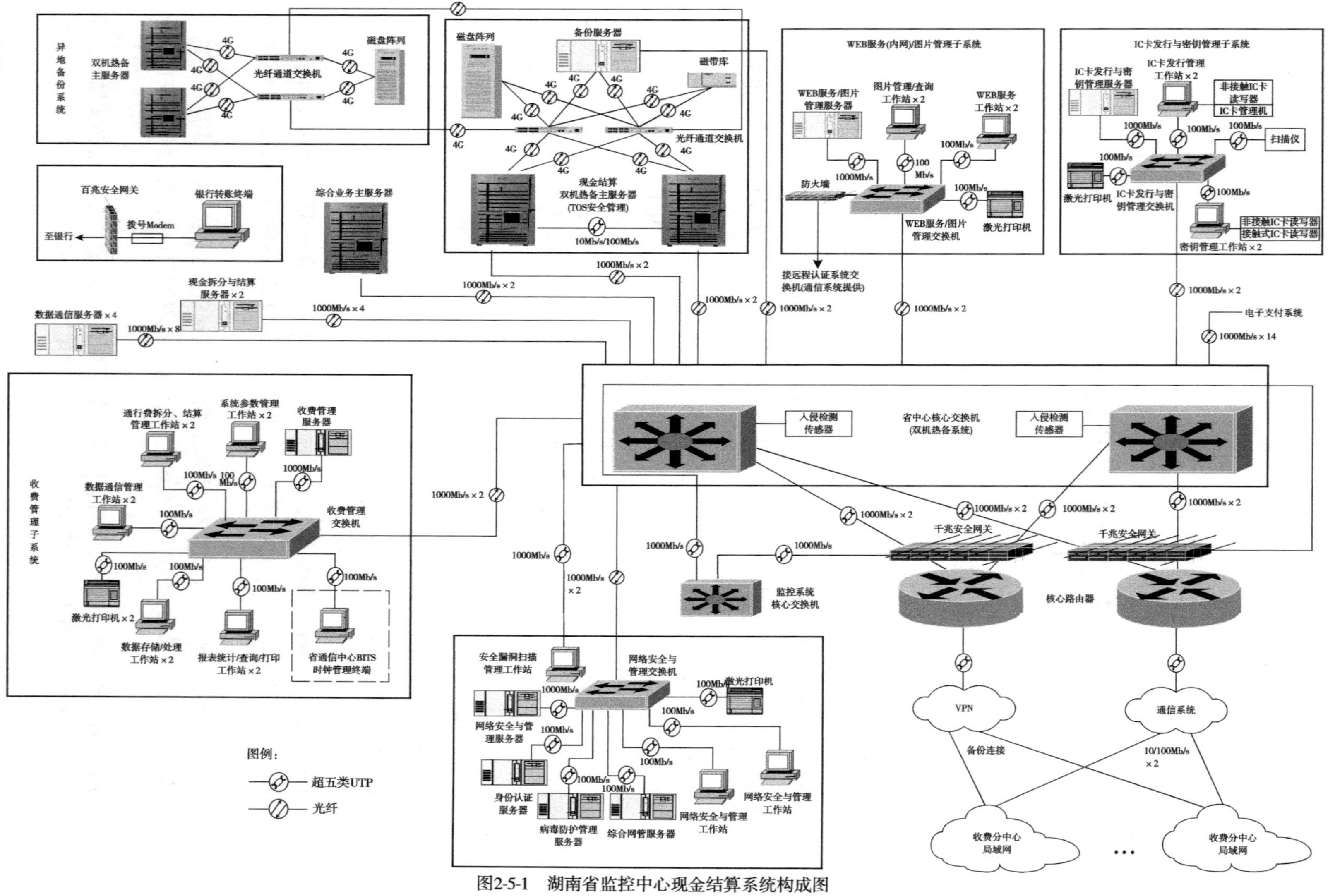

图2-5-1 湖南省监控中心现金结算系统构成图

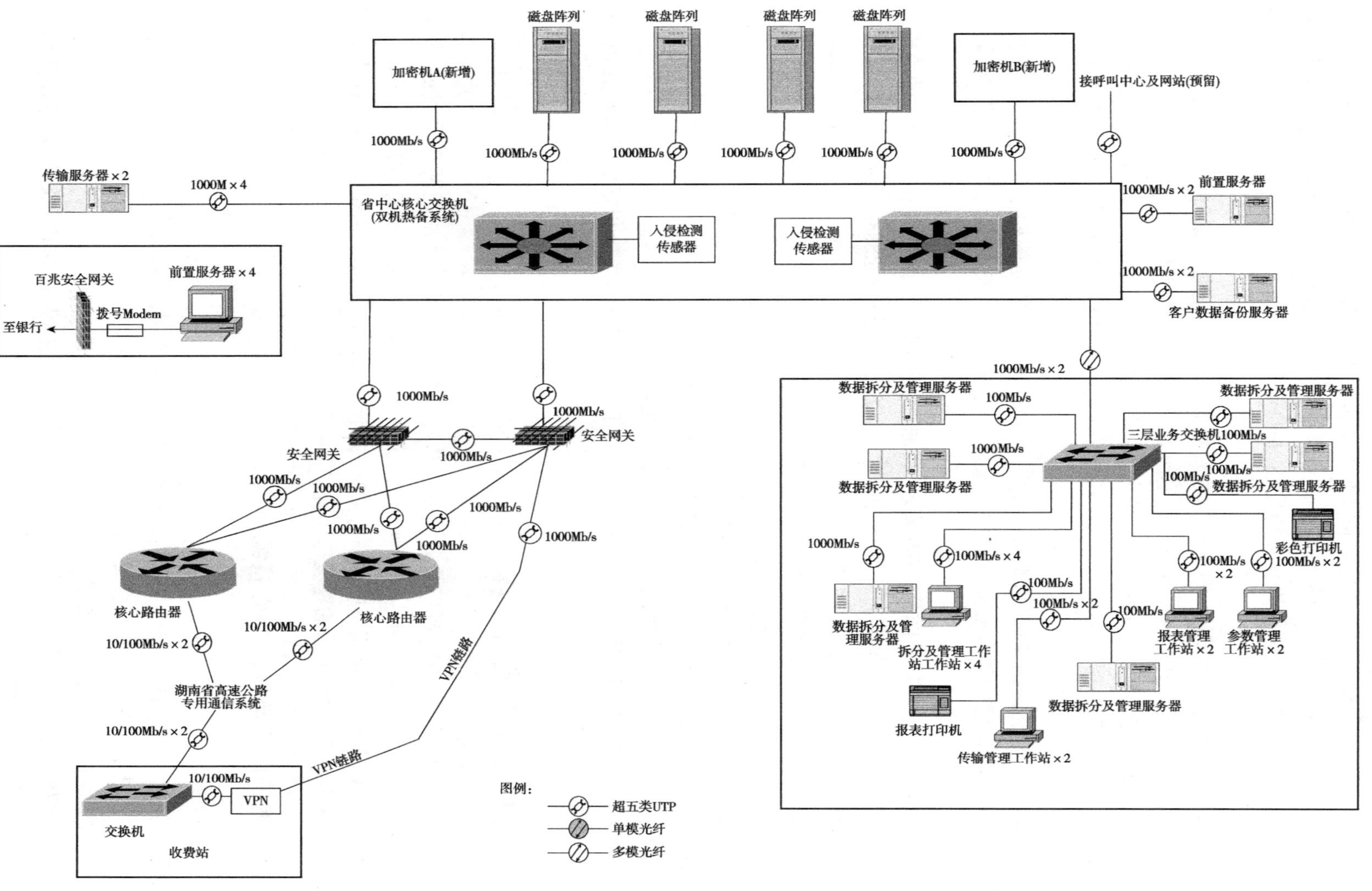

图2-5-2　湖南省监控中心非现金结算系统构成图

(5)通行费的拆分与结算管理:完成收费数据的验证,根据不同的拆分条件,对每一笔通行费进行拆分和结算,统计生成各类拆账报表,将拆分结果生成银行划拨指令,并传至开户行;将银行返回的资金划拨结果进行分类整理,并将通行费拆分与结算结果数据发送给下级系统。

(6)报表统计/查询/打印管理:对联网收费数据进行整合、处理、统计和生成收费、管理、交通量等报表(时间段、班次、日、月、年);原始收费数据不允许修改。

(7)数据备份与恢复管理:数据备份是指依据所制定的备份策略,对收费数据和部分重要的系统文件进行备份;数据恢复是指在系统出现故障,根据需要,对收费数据或系统文件进行恢复。

(8)IC 卡发行及密钥管理:省监控中心应设置一套相对独立的网络环境,配制独立的应用软件,为联网收费 IC 卡初始化、发行、制作、配送、管理、安全保密体系提供软、硬件环境。

(9)WEB 服务(内网)及图片查询/管理:将通行费拆账结果、收费标准、系统参数等信息对联网收费内部各个收费单位进行发布,供其浏览查询。抓拍图像的查询与管理等。

2)非现金结算系统功能(图 2-5-2)

(1)电子支付系统参数管理与传输。

(2)电子支付系统数据收集、统计、存储、备份。

(3)电子支付通行费拆分、核查、清算。

(4)电子支付系统信息显示、查询、检索、处理。

(5)电子支付系统中密钥的生成、分发、管理、更新、销毁。

(6)负责用户密钥的管理;电子标签、电子支付卡的初始化、销售和维修、修改、充值、缴费、挂失、解挂、注销。

5.2 客户服务与发行系统

客户服务与发行系统由客户服务与发行中心系统和客服网点系统两部分组成,具有 OBU、非现金支付卡(包括储值卡和记账卡)的发行管理、客户服务与账户管理、电子收费资金归集、与湖南省高速公路监控中心清分数据的相互校核、根据湖南省高速公路监控中心的指令进行资金划拨、ETC 车道的建设等功能。

5.2.1 客户服务与发行中心系统

1)系统构成

客户服务与发行中心系统由电子收费发行中心子系统、电子收费客服中心子系统、呼叫中心子系统、客服网站子系统等组成。

(1)电子收费发行中心子系统

电子收费发行中心子系统由工作站、IC 卡读写器、扫描仪、加密机等硬件设备以及部署在工作站上的应用软件组成。

(2)电子收费客服中心子系统

电子收费客服中心系统由服务器、磁盘阵列、工作站、手持发行设备、扫描仪、激光打印机、IC 卡读写器等硬件设备以及部署在服务器和工作站上的应用软件组成。

(3)呼叫中心子系统

呼叫中心子系统包括网络电话交换机(排队机)、呼叫中心/交互式语音应答服务器(CTI/IVR)、录音/应用服务器、数据库服务器、交换机、座席终端、传真机、打印机等。

(4)客服网站子系统

客服网站子系统由服务器、网站管理工作站、三层以太网交换机、防火墙、访问路由器等组成。

2)系统功能

(1)电子收费发行中心子系统

电子收费发行中心子系统主要功能如下:

完成电子标签和非现金支付卡的初始化工作,即一次发行,并按照电子收费客服中心和各服务网点的需求发放电子标签和非现金支付卡。

保存、管理和维护:电子收费介质(电子标签、非现金支付卡)信息、电子收费介质状态变化信息。

(2)电子收费客服中心子系统

电子收费客服中心子系统主要功能如下:

完成二次发行,包括用户信息的登记、变更、挂失、解挂、补领、查询和票据打印服务等。

保存、管理和维护电子收费用户信息、电子收费介质状态变化信息、用户状态变化信息。

与客服网点系统、省监控中心系统完成数据交互,更新电子收费用户交易信息等,同时根据用户消费信息完成消费资金的结算和划拨。

将电子收费黑白名单等参数传递给湖南省高速公路监控中心 ETC 系统,再经省湖南省高速公路监控中心 MTC 系统统一完成下发。

为呼叫中心子系统、客服网站子系统提供用户的交易信息、账户信息等基本资料,以完成用户的查询、更改、挂失、解挂等服务。

(3)呼叫中心子系统

当用户通过电话等方式访问时,呼叫中心提供自动语音、人工服务、短信息平台(和客户服务网站子系统共用)、传真多种形式的服务,包括非现金支付卡、电子标签业务资源、余额查询、高速公路路况查询、业务办理查询、投诉处理等功能。远期可以实现呼叫中心充值功能。系统还具有如下功能:

①短消息平台

呼叫中心子系统和客户服务网站子系统共有短消息平台,用于完成用户通过移动电话发送短消息查询 ETC 相关数据,如消费金额、剩余金额等。短消息平台还用于完成充值提醒、路况提醒、业务办理等功能。

②录音功能

录音服务器负责对关键业务座席进行录音,以提高服务质量。

(4)客服网站子系统

客服网站主要为用户提供网上业务咨询、业务办理、消费查询、余额查询和网上充值等服务,并可提供短消息提醒、充值、路况信息等服务。客服网站子系统主要功能如下:

为客户提供互联网站、短信服务等多种服务手段,管理和维护客户服务平台,为用户提供业务咨询、网点分布、相关政策等服务。

通过与电子收费客服中心子系统进行数据交换,近期为用户提供用户的基本资料、卡内余额的查询。远期可以实现网上、短信充值服务。

通过与电子收费客服中心子系统的数据交互为用户提供近期消费查询、历史消费记录等服务。

客户服务网站可以通过短信平台将用户的查询结果,根据用户的需求发送到用户的移动电话上,为用户提供余额提醒、充值提醒优惠等服务。

为用户提供查询本省内高速公路的路况信息服务。

5.2.2 客服网点系统

1)系统构成

客服网点系统主要由电子标签发行设备、网点工作站、票据打印机、IC卡读写器等构成,如图2-5-3所示。

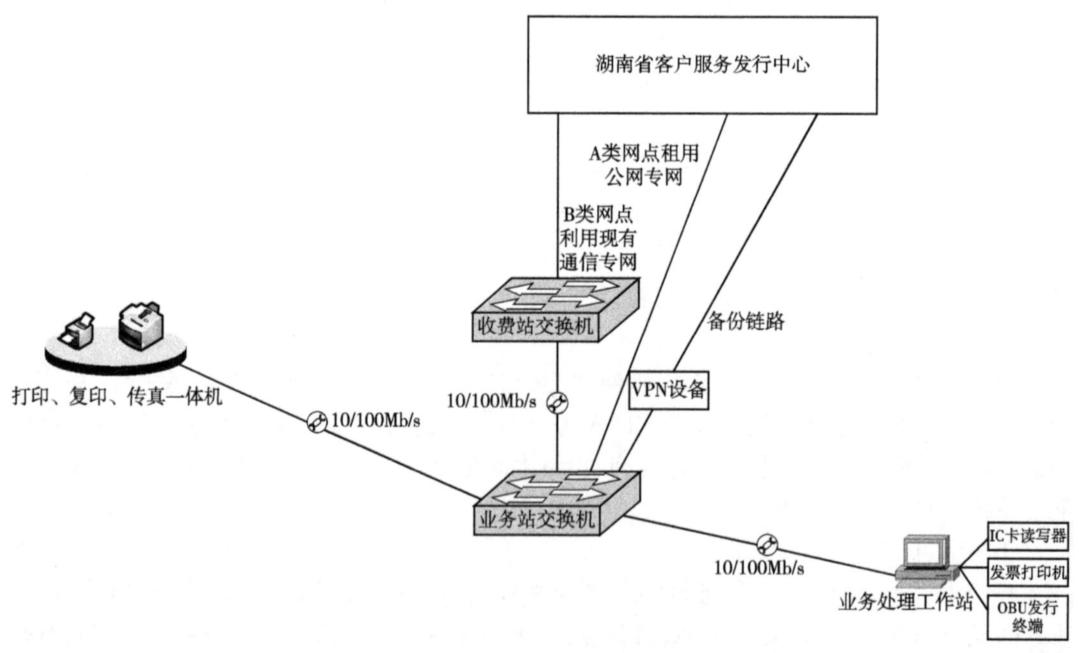

图2-5-3 湖南省客户服务网点构成图

2）系统功能

（1）电子标签和储值卡的发行。

（2）通过可移动式发行设备，实现电子标签和非现金支付卡的发行服务。

（3）用户充值服务。

（4）对已持有非现金支付卡的用户实现充值服务，并打印相关票据。

（5）电子标签的安装。

对申请电子标签的用户讲解注意事项，负责安装电子标签。对于大客户和集团用户则提供上门安装服务。

（6）发行数据的上传。

将用户基本信息和用户储值数据上传电子收费发行中心子系统。

（7）售后服务。

完成电子标签和用户储值卡的售后服务。

5.3　区域分中心系统

维持现有区域分中心系统构成和系统功能不变，新增以下功能：

5.3.1　电子收费报表统计功能

（1）收费报表统计的调整与修改

在现有报表基础上增加非现金支付及 ETC 部分的统计。

（2）计重收费统计报表的调整与修改

增加湘通卡支付通行费的计重车辆的数据统计功能。

（3）交通流量报表

维持现有报表样式，增加湘通卡支付通行费的交通流量统计数据。

（4）新增报表

收费站非现金支付及 ETC 部分日、月、年交通量统计表：按收费员、班次、车型、发行方、非现金支付卡类型、电子标签统计。

收费站通行费日、月、年汇总统计报表：在电子收费系统通行费统计报表中增加 MTC 车道的应收款，并区分储值卡和记账卡。

5.3.2　电子收费原始过车记录查询功能

（1）根据非现金支付卡号查询原始过车记录。

（2）根据时间段、车道号、电子标签查询非现金支付消费的原始过车记录。

（3）根据电子标签查询原始过车记录。

5.3.3　新增电子收费数据库

收费站新增电子收费数据库应包括现有数据库的各种数据表以及以下电子收费数据表：

(1)电子收费入口车道收费数据记录表。

(2)电子收费出口车道收费数据记录表。

(3)增加湘通卡支付通行费的计重收费数据记录表。

(4)电子收费黑名单表(非现金支付卡黑名单)。

(5)ETC 车道特殊事件处理表(如需要)。

5.3.4 电子收费部分数据备份与恢复功能

(1)在现有数据备份机制的基础上,对新增数据表能够安全、可靠、方便地进行数据备份和恢复。

(2)可以在现有备份介质上进行备份,也可增加其他类型介质的备份。

(3)能从备份介质安全、快速地恢复到数据库中。

5.4 收费站系统

5.4.1 系统构成

路网内已建收费站:需要在站级 MTC 计算机系统上新增 1 台 ETC 数据服务器、1 台工作站以及 ETC 车道监控管理软件。ETC 数据通过接口软件和 MTC 数据在站级实现融合,再由 MTC 的通信链路上传至收费分中心。ETC 和 MTC 宜共用站级软件,新增的车道监控管理软件主要实现对 ETC 车道收费情况进行实时监视、ETC 车道系统相关参数的查询。

路网内新建收费站:在站级配置 1 台服务器用于对 MTC 和 ETC 系统的现金和非现金支付数据进行统一的统计、存储、备份和管理。

5.4.2 系统功能

收费站相应软件功能包括:

1)实时监视功能

在现有车道监视功能的基础上,增加对车道上电子收费部分的操作和收费数据的实时监视功能。

增加对 ETC 车道的网络状况、车道工作状态、关键设备的工作状态(ETC 路侧设备、自动栏杆、IC 卡读写器等)进行实时检测,一旦出现故障应向监控室工作人员报警。ETC 车道的故障应及时发现,及时排除。

2)电子收费原始过车记录查询功能

(1)根据卡号查询电子收费原始过车记录。

(2)根据时间段、车道号查询电子收费的原始过车记录。

(3)根据电子标签查询电子收费原始过车记录。

3)ETC 车道日志或特殊事件数据表的存储和管理功能

接收并保存 ETC 车道上传的日志或特殊事件数据表,提供日志或数据表的查询、统计等管理功能。

4)电子收费报表统计功能

(1)收费报表统计的调整与修改

在现有报表基础上增加非现金支付及ETC部分的统计。

(2)计重收费统计报表的调整与修改

增加湘通卡支付通行费的计重车辆数据的统计功能。

(3)交通流量报表

维持现有报表样式,统计时需要增加非现金支付的交通流量统计数据。

(4)新增报表

收费站非现金支付及ETC部分日、月、年交通量统计表:按收费员、班次、车型、发行方、非现金支付卡类型、电子标签统计。

收费站通行费日、月、年汇总统计报表:在电子收费系统通行费统计报表中增加MTC车道的应收款,并区分储值卡和记账卡。

5)电子收费异常情况站级处理功能

电子收费异常情况站级处理功能主要包括:当出口车道出现储值卡、记账卡读卡失败、卡坏、卡内入口信息异常或无法获取卡内入口信息等情况时,收费站应提供通过收费网络查询用户入口信息的功能。

需要查询的入口信息主要包括:卡号、入口站、入口车道、入口员工号、入口班次、入口日期和事件、车型、车种、车牌号、抓拍图像等。

6)电子收费黑名单手工维护功能

若收费站由于网络问题导致长时间无法和上级中心完成数据通信,电子收费黑名单将不能在对外承诺的时间段内下传到车道,因此上级中心将以其他方式通知收费站黑名单的更新情况,并由收费站在管理上授权的前提下,以手工录入的形式维护黑名单表,可以增加、修改和删除,对黑名单的改动必须记录在修改日志,并完成将黑名单表更新到车道的任务。

7)电子收费数据库

收费站电子收费数据库应包括现有数据库的各种数据表以及以下电子收费数据表:

(1)电子收费入口车道收费数据记录表。

(2)电子收费出口车道收费数据记录表。

(3)增加湘通卡支付通行费的计重收费车辆数据记录表。

(4)电子收费黑名单表(非现金支付卡黑名单)。

(5)ETC车道特殊事件处理表(如需要)。

8)电子收费部分数据备份与恢复功能

(1)在现有数据备份机制的基础上,对新增数据表能够安全、可靠、方便地进行数据备份和恢复。

(2)可以在现有备份介质上进行备份,也可增加其他类型介质的备份。

(3)能从备份介质安全、快速地恢复到数据库中。

湖南省ETC收费站软件构成如图2-5-4所示。

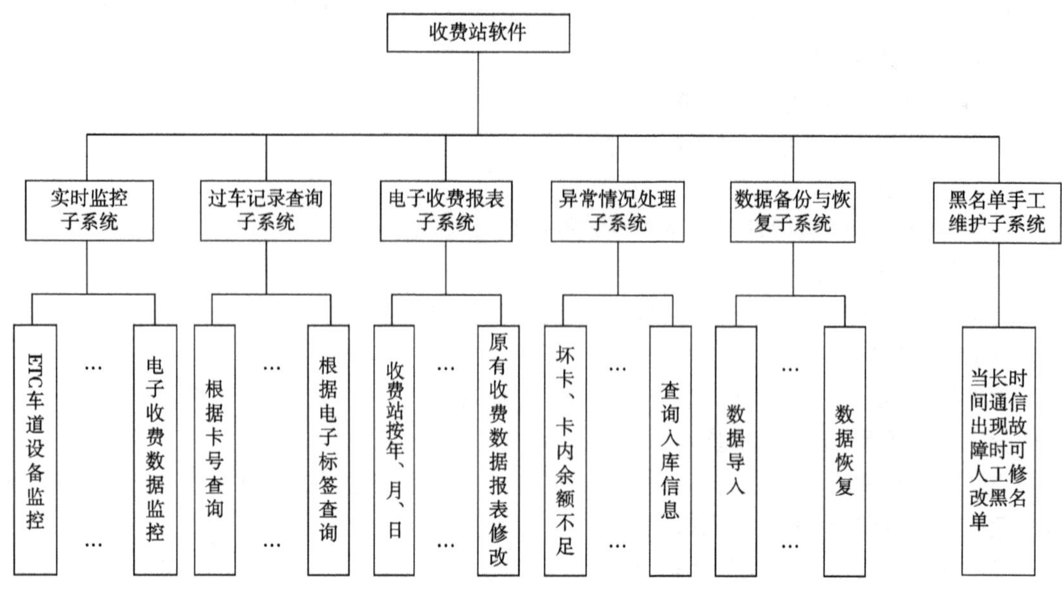

图 2-5-4　湖南省 ETC 收费站软件构成图

5.5　电子不停车收费车道系统

5.5.1　系统构成

ETC 车道分为入口车道、出口车道。入口、出口 ETC 车道系统的配置设备基本一致，主要由车道控制器、RSU、自动栏杆、报警设备、信息显示屏、雨棚信号灯、车道信号灯、车辆检测器及车道摄像机等组成。

5.5.2　系统功能

1)入口车道的基本功能

(1)能够控制 RSU 与其通信区域内的 OBU 建立通信链路，完成双向认证以及对 CPU 用户卡入口信息写入。

(2)能够按照 OBU 及 CPU 用户卡信息核对是否在黑、灰名单之列。

(3)将入口车道信息通过 OBU 写入 CPU 用户后，能够根据执行结果控制车道外部设备(车道信号灯、自动栏杆、信息显示屏等)状态，放行或拦截车辆。

(4)系统自动生成过车记录，保存到本地数据库，同时可以通过网络上传至收费站。

(5)能够与收费站实现实时数据通信，以完成数据的自动传输。如果通信链路长期故障，可以人工通过移动介质(可读写光盘/U 盘等)对 ETC 车道进行数据采集，到收费站进行数据上传以实现人工传输数据。

(6)能够处理异常情况(无 OBU、OBU 故障、非法 OBU 等)，凡是异常情况，需要做报警处理，并将本次异常记录信息存储本地数据库，同时通过网络上传至收费站。

(7)能够处理特殊情况(如黑名单、灰名单等)，凡是特殊情况应能启动相应的车道状态,如灰名单车辆,将车道状态置于 ETC 车道警告通行状态;如黑名单车辆,将车道状态置于 ETC 车道车辆阻截状态。

(8)能够接收收费站下发的系统参数及数据表格(时钟参数、费率表、黑名单、灰名单等),并受控使其有效。

(9)部分非关键设备发生故障时,系统仍然能够继续工作。

(10)能够自动检测部分外围设备故障,将其结果存入本地数据库的同时,通过网络上传至收费站。

2)出口车道的基本功能

(1)能够控制 RSU 与其通信区域内的 OBU 建立通信链路,自动完成双向认证,计算通行费额,扣除本次通行费额,并将本次交易信息写入 OBU。

(2)能够根据交易执行结果控制车道外围设备放行、警告通行或拦截车辆,并将出口信息和入口信息组成一条完整的原始收费交易记录数据存入本地数据库,同时通过网络上传至收费站。

(3)能够按照 OBU ID 及用户信息核对是否在黑、灰名单之列。

(4)能够与收费站实现实时数据通信,以完成数据的自动传输。如果通信链路长期故障,可以人工通过移动介质(可读写光盘/U 盘等)对 ETC 车道进行数据采集,到收费站进行数据上载以实现人工传输数据。

(5)能够处理异常情况(无 OBU、OBU 故障、非 OBU 等),凡是异常情况,需要做报警处理,并将本次异常记录信息存入本地数据库,同时通过网络上传至收费站。

(6)能够处理特殊情况(如黑名单、灰名单、U 转等),凡是特殊情况应能启动相应的车道状态,如灰名单车辆,将车道状态置于 ETC 车道警告通行状态;如黑名单车辆,将车道状态置于 ETC 车道车辆阻截状态。

(7)能够接收收费站系统下发的系统参数及数据表格(时钟参数、费率表、黑名单、灰名单等),并受控使其有效。

(8)部分非关键设备的故障时,系统仍能够继续工作。

(9)能够自动检测其外围设备的故障,将其结果存入本地数据库,同时通过网络上传至收费站。

(10)能够对车道状态进行全天候视频监视。

5.5.3　土建要求

1)收费岛布局

ETC 收费岛上设有雾灯、车道限速标志、ETC 天线单悬、ETC 车牌识别、摄像机设备、ETC 综合信息显示屏、自动栏杆等 ETC 设备专用基础以及相应管线和设备。ETC 车道一般布置在广场最内侧(双向收费岛的两侧)。根据栏杆前置的流程要求,收费岛岛头需加长 6m,保证自动栏杆与远端通信区域前沿距离达到 18m 或以上,在加长部分依次增设上述 ETC 设备专用基础。

2)收费岛岛面铺装

收费岛岛面铺装同 MTC 收费岛岛面,管线开槽敷设、迁移完毕后岛面原样恢复。

3)设备基础及管线

设备基础均采用C30混凝土现浇,收费岛内预埋管道宜采用$\phi60\times3.5$镀锌钢管,一端为设备基础,另一端至收费岛电缆槽内,其埋深为岛面至管顶15cm,收费岛内管道应排列整齐,不得相互交叉,管道弯曲时其弯曲半径不得小于管径的10倍,管道铺设完成后应加穿中ϕ3mm钢丝(或8号镀锌铁丝)。设备基础破开岛面开挖应调查清楚岛内原有管线的走向,施工时对原有管线采取适当的保护措施,尽量避免破坏原有管线。

5.5.4 安全设施

ETC安全设施主要是指ETC专用标志、标线的设置,包括ETC预告类标志、ETC指示类标志、ETC收费岛头标志、ETC车道地面标线和文字、用于ETC信息中文说明的辅助标志。ETC安全设施的设置应符合《收费公路联网电子不停车收费技术要求》(交通运输部2011年第13号公告)的要求。

5.6 MTC车道兼容湘通卡功能

要在MTC车道收费系统完全实现兼容湘通卡的通行和支付,则需要在MTC收费车道系统增加相应软、硬件设施,实现MTC车道读取、改写湘通卡功能。

5.6.1 MTC车道增加湘通卡读写器

在全省联网收费路段所有MTC车道增加湘通卡读写器设备,湘通卡读写器具有读写湘通卡的能力。

5.6.2 升级MTC车道级收费系统软、硬件

针对现有MTC车道级收费软件进行升级和开放车道工控机串口(RS232)。湘通卡读写器通过与工控机串口物理连接,在现有MTC出、入口车道收费软件功能基础上增加湘通卡读写器软件接口支持,实现车道收费系统与湘通卡读写器设备的信息交互。

调整车道级收费数据格式,增加MTC湘通卡收费数据的表示方法,与MTC收费数据区别开。

5.7 系统运营维护

项目建成后,涉及大量后期的运营维护工作。为明确各单位职责,需要对后期运营中的各实体进行责任细化。其中,省监控中心非现金结算系统由湖南省高速公路监控中心运营维护;客户服务与发行系统由湖南省高速公路监控中心主导,与合作机构共同运营维护;区域分中心系统由各分局负责运营管理;收费站、电子收费车道由各路段公司负责运营管理。

第 6 章

跨省(市)区域电子不停车联网收费

6.1　跨省(市)区域联网

2007年10月,交通部颁布实施《收费公路联网收费技术要求》,把电子收费技术作为下一阶段联网收费的主流技术。随着"京津冀和长三角区域高速公路联网不停车收费示范工程"的陆续展开,开启了我国高速公路联网收费由省域范围向跨省(市)大区域范围迈进的新征程。

2008年12月31日,沪、苏实现区域联网收费。

2009年11月28日,沪、苏、皖实现区域联网收费。

2010年7月28日,沪、苏、皖、赣实现联网收费。

2010年9月28日,京、津、冀实现跨区域联网。

2012年8月1日,沪、苏、皖、浙、赣、闽实现区域联网收费,电子收费用户可在不同省(市)实现一卡通行。

6.2　湖南省跨省(市)区域联网收费

按照全国ETC联网收费要求,湖南省作为第一批全国ETC联网省份,湖南省要预留与全国ETC联网收费接口,为实现全国电子收费数据互联互通、电子缴费车辆实现异地结算积极准备。

第 7 章 社会经济环境评价

7.1 评价说明

湖南省高速公路ETC收费系统改造项目工程的实施,将逐步影响社会各层次、各行业的出行管理、车辆管理习惯,其社会经济效益将辐射到多个相关方面。

社会经济效益主要包括经济效益、社会效益和环境效益。鉴于高速公路不是生产工具,不能通过投入使用而直接产生经济效益,因此本章从高速公路投资主体、道路使用者的经济效益进行概略定性分析。由于高速公路管理者是站在一个行业或者区域路网的高度,从宏观的角度对联网电子收费将要取得的效益、得到的技术经济性指标进行行业管理或者行政区域管理的综合结果,而难以将电子收费实施后取得的社会经济环境效益进行合理的量化剥离。

7.2 评价依据

《建设项目经济评价方法与参数》(第三版)已于2006年7月由国家发展与改革委员会、住房和城乡建设部以发改投资〔2006〕1325号文印发,要求在投资项目的经济评价工作中使用。

7.3 经济效益评估分析

7.3.1 道路经营主体的经济效益

ETC收费能在一定程度上降低通行发票及打印机等耗材的消耗、降低收费差错率、减少点钞成本,较少私收、少收、漏收现象,提高道路经营主体的经济效益。

(1)根据高速公路MTC现金收费水平,目前MTC现金收费的差错率在万分之二左右。

(2)高速公路人员需要集中进行点钞,按每人点100万元估算,每人每月人工成本约3000元,即每万元点钞成本约1元。

2015年,湖南省全年通行费交易笔数达到5500万笔,收费额达到80亿。本估算暂按非现金交易比例达到2/3,非现金支付收费额为53.3亿估算。

ETC交易比例的增加,将大大降低收费差错及点钞成本,当非现金交易和现金交易比例达到 2/3 时，每年至少为道路投资主体带来近 160 万元的经济效益。

7.3.2　道路使用者的经济效益

1) *车辆燃油节约经济效益分析*

车辆燃油的消耗主要体现在车辆在起步、怠速下的油耗均高于经济时速下的油耗，而针对目前收费站收费方式的特点，采用不同的智能收费组合方式可以减少车辆在收费区的排队，减少车辆加减速次数及怠速时间，相应地控制了车辆因频繁加减速及怠速引起的过度耗油，车辆的不完全燃烧现象也相应减少，CO_2、CO、HC 的排放也随之大大减少。根据实验统计分析结果，由于减少了起步、制动的频率，在节约油耗方面，相对于现金支付方式车道，使用非现金支付方式平均每次可以节约油耗 20.33mL。

2) *旅客在途时间节省的经济效益*

时间节省的效益，一部分表现为时间投入减少或物资投入的成本减少，另一部分表现为当企业和事业单位通过高速公路运输而使得用于运输的时间减少时，人们把节约的时间等度地用于其他生产收入和生活活动，即作为最终产品的物质需求、文化需求以及投资需求的增加，并间接地引至各部门净收入的增加。

公路项目运输时间节省的效益主要指旅客节约时间的效益。假设每辆车平均 3 名乘客，湖南省 2011 年人均生产总值为 2.988 万元/年，按照年工作天数 253 天，每天 8h 工作制换算成人均小时生产总值为 14.8 元/h。按这种模式算，可节约旅客时间效益 3013.28 万元。

7.4　能源与环境影响评估分析

7.4.1　能源节约效益

车辆运行在联网收费的路网内，随着收费站以及停车次数的减少、交通流情况的改善，可以减少车辆在收费站前排队停留带来过多的能源消耗，以及减少因频繁踩加速踏板与制动所造成的能源损耗，提高车辆能源利用的效能。通常，车辆在起动加速时比其他任何状态要消耗更多的油量，因此在计算节约油耗时，往往只考虑加速情况。

7.4.2　尾气排放降低量效益

汽车尾气污染物主要包括一氧化碳、碳氢化合物、氮氧化合物、二氧化硫、烟尘微粒等。

根据国家环保局公布的每年在治理环境污染方面的投资费用，估算在 2015 年治理污染性气体需投资 1.3 万元/t，据此计算当湖南省非现金支付日交易量达到 50 万笔/天时，可节约治理环境污染的投资建设费用共计 1327.56 万元；当非现金支付日交易量达到 100 万笔/天时，可节约治理环境污染的投资建设费用共计 2655.11 万元；当非现金支付日交易量达到 200 万笔/天时，可节约治理环境污染的投资建设费用共计 5310.23 万元。

附录 A　电子收费客户服务系统方案

A.1　近期规划

湖南省电子收费客户服务体系近期采用两级架构,“客户服务与发行中心—客服网点”。

客户服务与发行中心设置在长沙市,各客服网点设置在较大城市市区或收费站附近。近期客户客服体系架构如图 2-A-1 所示。

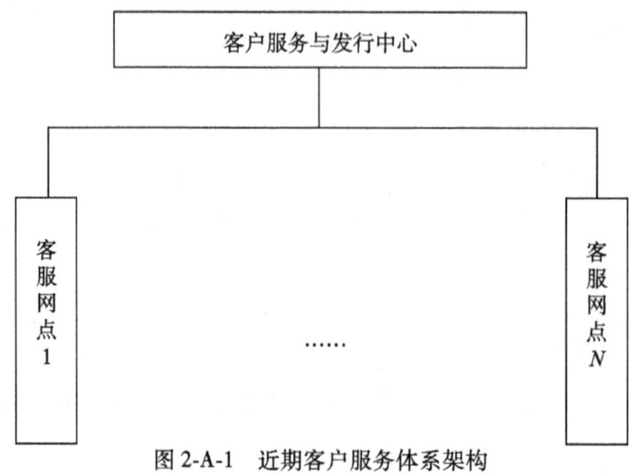

图 2-A-1　近期客户服务体系架构

A.2　远期规划

根据电子收费用户的发展需求,远期客户服务体系宜采用三级架构:“客户服务与发行中心—地州客服中心—客服网点”(图 2-A-2)。

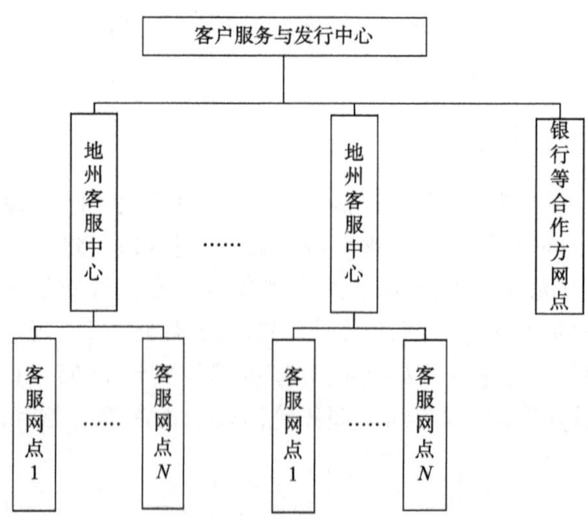

图 2-A-2　远期客户服务体系架构

地州客服中心原则上应设置在地州市区或收费分中心。各客服网点可设置在大城市内、较大的县级市内及高速公路收费站。并逐步向市区内推广，以方便市区内的用户办理电子标签和湘通卡业务。此外，还可以与商业单位、银行等开展合作，进一步提高客服网点的数量和覆盖率。

A.3 各级架构功能

A.3.1 客户服务与发行中心

负责电子标签和非现金支付卡的初始化、发行、充值、注销、挂失等管理工作；保存、维护电子收费客户资料；接受用户的投诉和建议；负责电子标签的发放、回收；对地州客服中心、客服网点进行业务指导；处理用户投诉和建议。

A.3.2 地州客服中心

负责本地州内电子收费发行网点业务的管理工作；负责收集、整理本地州内客户资料，形成完整的客户档案；负责本地州内电子标签、非现金支付卡的领取、发放和回收工作；接受本片区内用户的咨询、投诉和建议；兼具有客服网点的功能。

A.3.3 客服网点

负责电子标签、非现金支付卡的二次发行工作，负责录入客户资料，负责电子标签的安装；负责电子标签的领取、回收工作；接受本片区内用户的咨询和建议。

A.4 ETC营销推广策略

(1)政策扶持。

采用行政命令或者财政转移支付的方式引导社会公众的消费方式发生转变是合适而且有效的方法，如通过行政命令对政府、事业单位和大型国企的车辆通行费凭ETC发票报销。

(2)赠送电子标签。

在电子标签发行销售初期，为了快速扩大ETC系统的影响力，发展优质客户迅速缓解交通压力，可采用向特定用户赠送电子标签。

(3)通行费打折。

根据交通运输部要求，联网收费高速公路要对ETC用户给予通行费优惠，优惠幅度原则上不少于5%。刺激用户数量增长，可采用通行费打折的方式吸引用户购置和安装电子标签。

(4)电子标签优惠+通行费打折。

(5)累积通行费返还购买电子标签费用。

(6)累积通行次数返还购买电子标签费用。

A.5 ETC 营销推广宣传

A.5.1 近期

(1)利用位于省高速公路监控中心的高速公路全媒体直播室为 ETC 营销推广定期免费宣传,向广大社会宣传推广信息。

(2)利用湖南省高速公路宣传情报板,定期在高速公路宣传 ETC 营销推广信息。

(3)在收费站、收费亭张贴宣传标语和 ETC 营销推广初期发放宣传单。

(4)高速公路(如:服务区、收费站等)本身就是极好的营销场所,可引入广告公司进入高速公路开展广告业务,以广告位定期免费宣传 ETC 营销推广内容为进入条件。

(5)合作银行开展 ETC 营销推广宣传。

A.5.2 中期

(1)实现联合银行、车友会、汽车 4S 店、加油站等汽车服务相关单位合作开放相关业务后,通过汽车服务单位加强 ETC 营销推广宣传。

(2)加大高速公路近期 ETC 营销推广宣传力度。

(3)ETC 用户量形成规模,融资平台呈现一定动作效果并融资营利后,利用营利资金开展媒体、电视节目、报纸、高速公路宣传板宣传和加强营销网点和营销体系的建设。

(5)合作银行开展 ETC 营销推广宣传。

A.5.3 远期

当与合作银行机构联合发行 ETC 联名卡业务基本成熟后,合作银行将大规模开展 ETC 营销推广宣传。

附录 B　标志版面设计示例

B.1　ETC 车道预告标志

ETC 车道预告标志如图 2-B-1～图 2-B-3 所示。

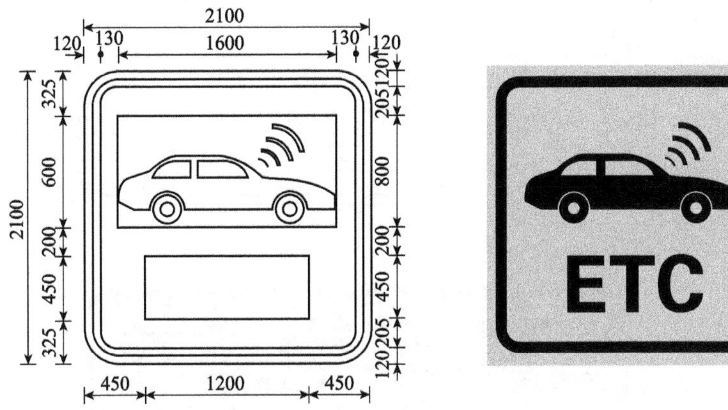

图 2-B-1　单独式 ETC 车道预告标志(附着/单柱)(尺寸单位:mm)

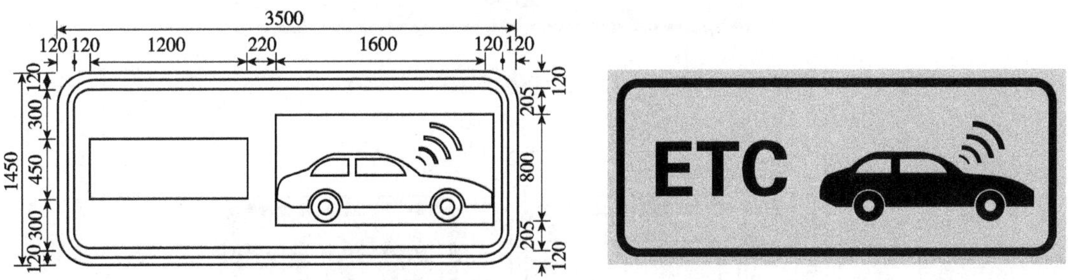

图 2-B-2　单独式标志(单悬)(尺寸单位:mm)

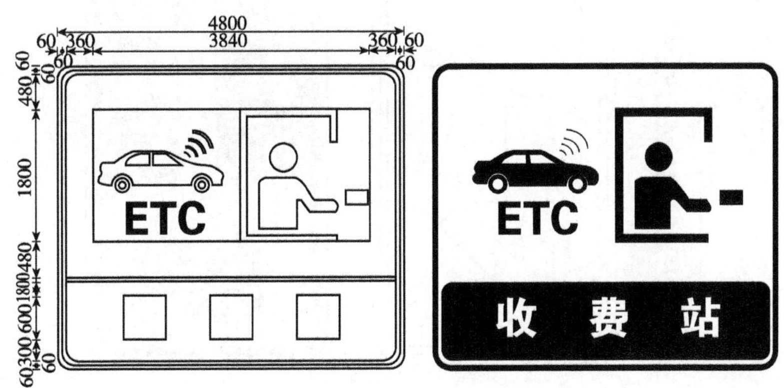

图 2-B-3　组合型标志示例(单悬)(尺寸单位:mm)

B.2 ETC 车道信息指示类标志

ETC 车道信息指示标志如图 2-B-4～图 2-B-9 所示。

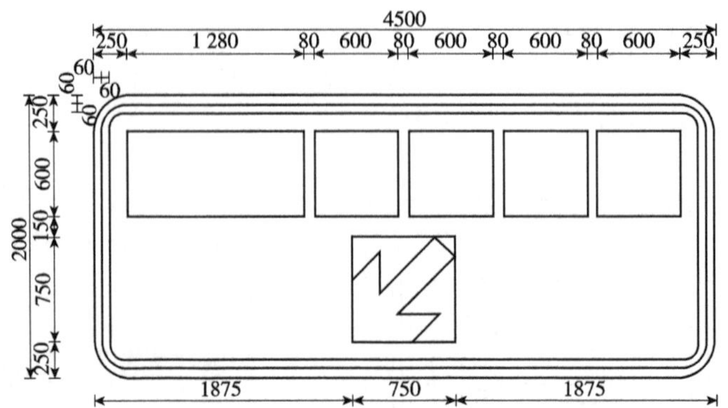

图 2-B-4 ETC 广场前标志示例(单悬)(尺寸单位:mm)

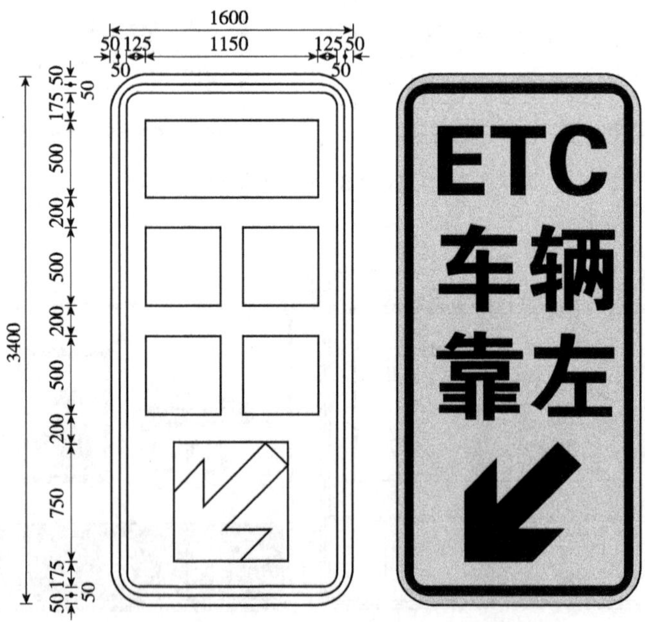

图 2-B-5 ETC 广场前标志示例(单柱)(尺寸单位:mm)

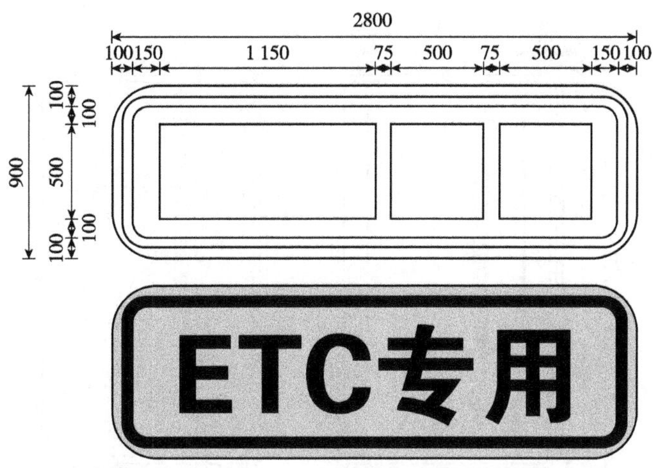

图 2-B-6 设置在收费 ETC 车道天棚上的 ETC 车道标志示例(尺寸单位:mm)

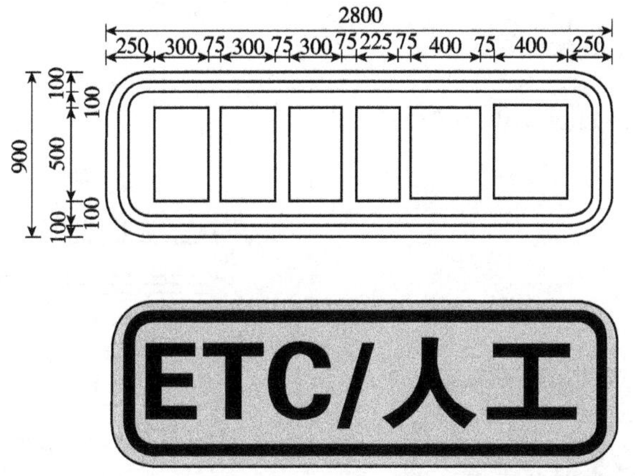

图 2-B-7 设置在收费 ETC 车道天棚上的 ETC 混合车道标志示例(尺寸单位:mm)

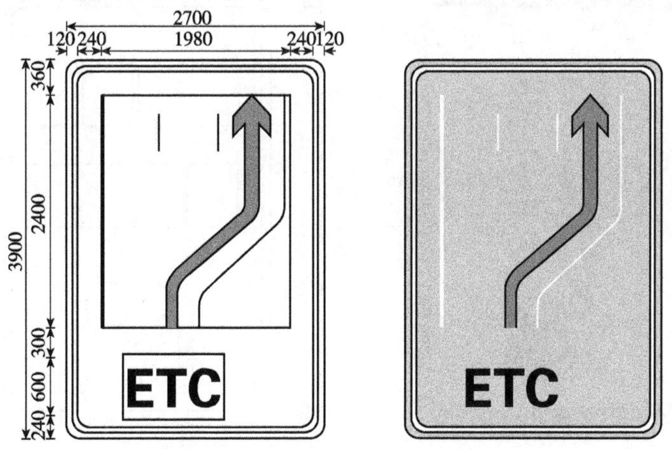

图 2-B-8 ETC 车道指示标志(尺寸单位:mm)

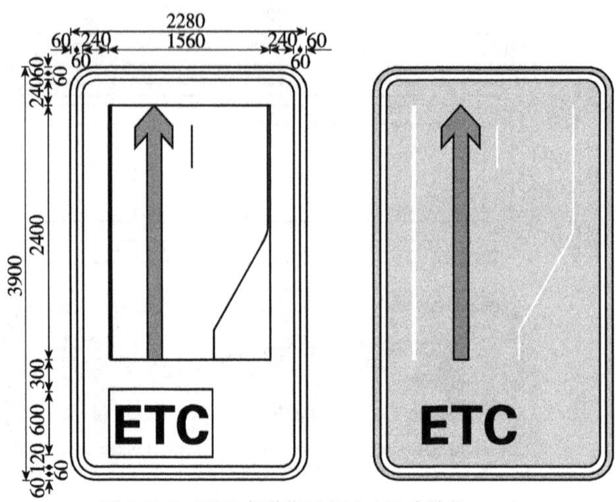

图 2-B-9 ETC 车道指示标志(尺寸单位:mm)

B.3 ETC 收费岛头标志

ETC 收费岛头标志如图 2-B-10 所示。

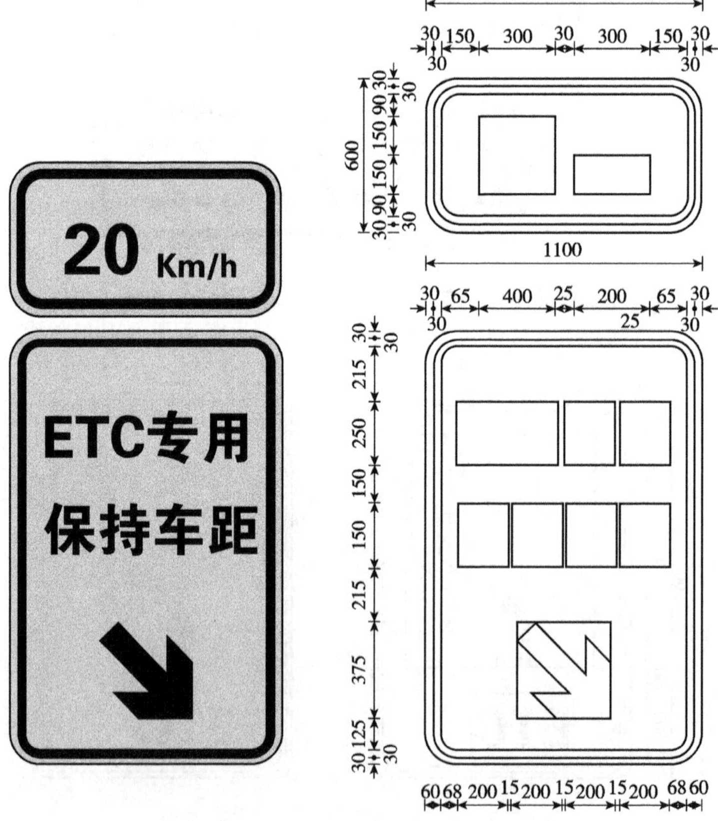

图 2-B-10 ETC 收费岛头标志示例(尺寸单位:mm)

B.4　ETC 车道地面文字和标线

ETC 车道地面文字和标线如图 2-B-11～图 2-B-13 所示。

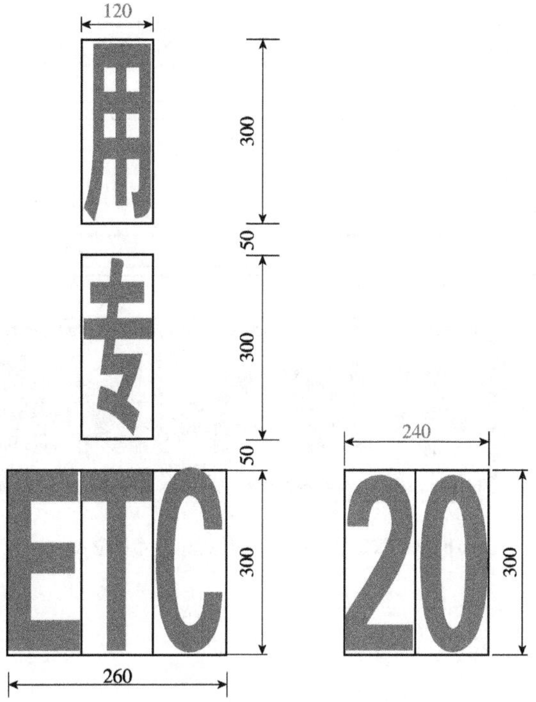

图 2-B-11　ETC 路面文字大样图(尺寸单位:mm)

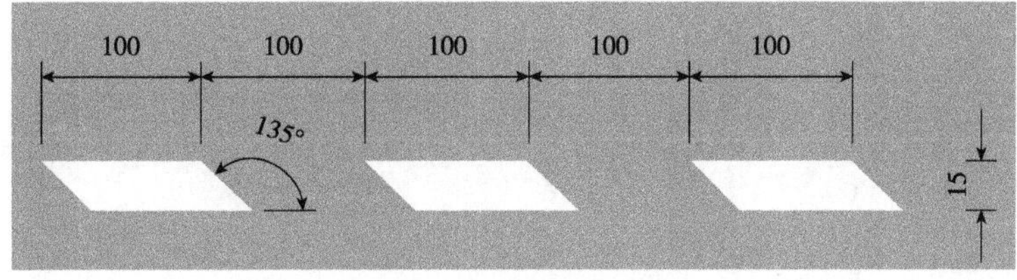

图 2-B-12　ETC 视觉减速标线(尺寸单位:mm)

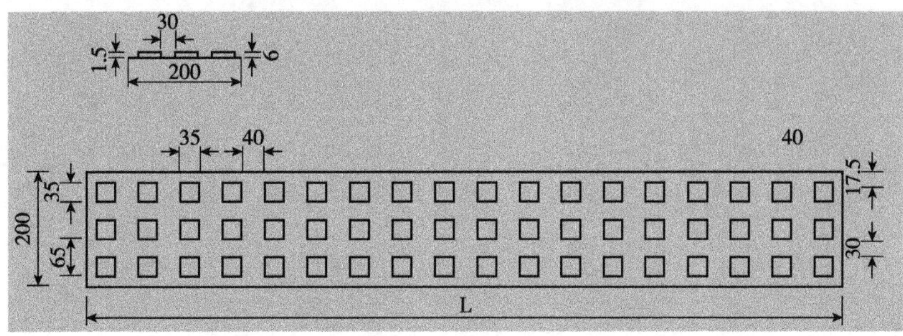

图 2-B-13　ETC 纵向振动标线(尺寸单位:mm)

B.5 ETC 中文解释及相关设计

ETC 中文解释及相关设计如图 2-B-14 所示。

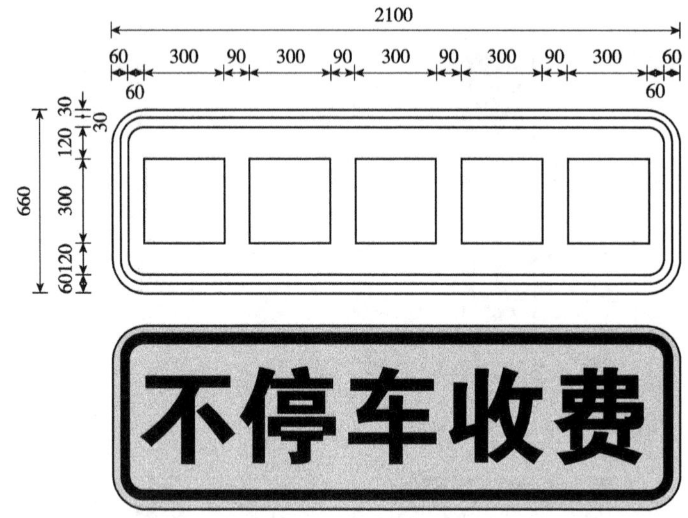

图 2-B-14　ETC 中文解释说明标志(尺寸单位:mm)

第3篇

湖南省高速公路电子不停车收费系统技术方案

第 1 章
总 体 设 计

1.1　设计中采用的主要技术标准规范

(1)《收费公路联网收费技术要求》(交通部 2007 年第 35 号公告)。

(2)《收费公路联网电子不停车收费技术要求》(交通运输部 2011 年第 13 号公告)。

(3)《公路电子收费联网运营与服务规范》(JTG B10-01—2014)。

(4)《公路工程技术标准》(JTG B01—2003)。

(5)《公路工程基本建设项目设计文件编制办法》(交公路发〔2007〕358 号)。

(6)《公路收费制式》(GB/T 18277—2000)。

(7)《公路收费方式》(GB/T 18367—2001)。

(8)《道路运政管理信息系统信息结构体系》(JT/T 414—2000)。

(9)《道路运政管理信息系统编目编码规则》(JT/T 415—2000)。

(10)《公路桥涵施工技术规范》(JTJ 041—2000)。

(11)《公路交通安全设施设计规范》(JTG D81—2006)。

(12)《道路交通标志和标线》(GB 5768—1999)。

(13)中国人民银行《中国金融集成电路(IC)卡规范》。

(14)中国人民银行《中国人民银行 PSAM 卡规范》。

(15)Contact smart card standard 接触式 IC 卡标准(ISO/IEC 7816)。

(16)Contactless Card Standards 非接触式 IC 卡标准(ISO/IEC 14443)。

(17)《道路运输和智能交通自动收费中业主间的清算操作接口规范》(ISO/TR 14904—1997)。

(18)ITU-T 系列标准。

(19)国家 ISO/TC 204 技术委员会关于 DSRC 相关标准。

(20)国家 ITS 中心、全国 ITS 标准化技术委员会相关标准。

1.2　设计原则

(1)从湖南省路网规划出发,符合交通工程总体规划的目标,注意与人工半自动收费的界面和接口,处理好非现金收费、ETC 收费与现有收费管理体制的关系,为道路使用者提供安全、快速、经济、舒适的服务。

(2)采用的技术标准、实施水平同 MTC 协调一致,各设施之间相互配合,相互协调,充分利用现有设施,最大幅度地降低工程造价,提高经济效益,使收费系统总体组成最优化,最大限度地发挥收费设施的功能。

(3)按照"方便用户、便于管理、吸收创新、提高效率"的原则,参照国内外有关标准、规范和技术建议,吸收国内已建成的非现金支付收费系统的经验,精心设计,满足先进性、实用性、可靠性、兼容性、扩充性、经济性的需求。所采用的技术和设备应成熟、可靠、可操作性强,货源充足,备件齐全,易于维修和更换,以达到降低运营成本之目的,减少现金交易,提高收费效率,提高收费站通行能力,减少和提升高速公路服务质量。

(4)应充分利用现有资源,避免大投入、大变动,保证现有高速公路联网收费的合理、平稳性过渡。

1.3 设计结论

从湖南省现有的联网收费系统实际出发,联网不停车收费系统采用组合式收费方案。配备不停车收费车载设备的道路使用者在入口和出口可以自主选择收费方式,既可以选择 ETC 车道采取不停车自动收费方式,也可以选择 MTC 车道采取非现金人工半自动收费方式。当车辆经过收费站时,如果有 ETC 专用车道,则从 ETC 专用车道快速通过;如果没有 ETC 专用车道,则拔下双界面 CPU 卡(即 ETC 专用卡,以下简称 ETC 专用卡),从 MTC 车道通过。

为扩大电子不停车收费用户量,同时保证这些用户享受较好的服务,在全省各地级市建立客户服务中心营业厅,建立特服号码和短信服务,以专业网站提供网络自助服务,在靠近市区的高速公路收费站设立快速安装点,利用社会资源设立代办点。

ETC 车道布置采用"专用、前置、中置、低速",其中"专用"即 ETC 车道为安装有电子标签的车辆的专用车道,不允许未安装电子标签的车辆进入;"前置"即为防止无电子标签车辆误入 ETC 车道,路侧天线及电动栏杆、费额显示器、通行信号灯等设备布置在车道前部;"中置"即为方便安装有电子标签的车辆快速通过 ETC 车道,ETC 车道布设尽量靠近广场中央;"低速"即通过 ETC 车道最高时速一般限制在 20km/h 以下。

1.4 工程范围

湖南省高速公路 ETC 系统项目分期实施,其中一、二的范围为 2010 年 10 月 31 日前已营运的长永、长株、临长、长潭、潭耒、耒宜、醴潭、莲易、潭邵、邵怀、怀新、衡枣、衡炎、邵永、长益、益常、常张、常吉(衡邵因流量小未设置 ETC 车道)共计 18 条路段中的 74 个收费站(含已拆除的松木塘和娄底收费站,其中星沙、长沙西、株洲北为 2 进/2 出)、150 个电子不停车收费专用车道和建设 1 个省高速公路监控中心备份、1 个客户服务和发行管理备份中心。其中一期工程于 2009 年开始,已完成 37 个收费站共计 76 条 ETC 车道、1 个 ETC 联网收费管理备份中心,1 个客户服务与发行备份中心、1 个 POS 客户发行网点的建设;二期工程将建设

37 个收费站共计 94 条 ETC 车道、150 个收费站的 1052 条 MTC 读取湘通卡软、硬件改造。

ETC 三期项目工程范围是针对 2012 年及之前通车运营的高速公路，结合一、二期工程完成的基础上对湖南省 ETC 系统的进一步完善，建设 88 个收费站的 192 条 ETC 专用车道和 14 个分中心改造，实施 94 个收费站的 717 条 MTC 车道兼容湘通卡改造，对省中心系统进行相应的配套升级工程，三期工程的实施使湖南省 ETC 系统达到收费站覆盖率 100%的规划要求和实现全省 MTC 系统兼容读取湘通卡功能。

第 2 章 总体方案

2.1 组合式收费技术方案

组合式收费技术方案设计的出发点就是以目前湖南省高速公路采用的非接触 IC 卡收费系统作为基础，充分考虑 ETC 全自动电子收费方式和 IC 卡人工半自动收费方式的适用条件，将两项技术通过两片式电子标签加双界面 CPU 卡的模式进行有机结合，在全路网内以最经济、最有效的手段实现准确收费、快速通过、提高服务水平等综合目标。组合式收费技术方案实现了 MTC 收费和 ETC 收费的兼容，用户使用一张双界面 CPU 卡和两片式 OBU 即可在高速公路的出入口随意选择通过 MTC 车道或 ETC 车道。

组合式收费技术方案特点：

(1)大大降低建设成本，为解决联网收费和交通瓶颈提供有效手段。ETC 车道可根据实际需要进行逐步扩展，初期可以只在高速公路主线收费站和重要城市出入口收费站设置 ETC 车道，以实现不停车收费和快速通过；而大多数匝道收费站的交通量小，车道数量少，单设一条 ETC 专用车道既困难，又不经济，不符合按需进行系统配置的原则。采用组合式收费降低了高速公路收费系统的改造成本，在资金投入和系统规模上富有弹性、易于试点和推广，运营风险大大降低。

(2)集中 ETC 和 MTC 的优点，真正实现全省"一卡通行"。用户安装电子标签后，可将双界面 CPU 卡插入电子标签，在车流量大的收费站和主线站通过 ETC 车道，实现不停车的支付卡交费；而在车流量小的匝道收费站，可以将 ETC 专用卡抽出，交给收费员，使用停车方式的"电子钱包"交费。真正实现了持一张卡即可从任何一个收费站的任何一条入口车道(无论 ETC 或 MTC)进入封闭的高速公路，又可以从任何一个收费站的任何一条出口车道(无论 ETC 或 MTC)交费通过。

因此，推荐湖南省非现金收费技术采用组合式收费技术，在交通量大的收费站新增 ETC 车道，对现有的 MTC 车道进行收费软件修改，并对非接触读写器进行改造，使其具备读写 ETC 专用卡的功能，其他设备基本不需调整，在初期 ETC 车辆较少、ETC 车道设置不广泛时，实现人工非现金交费和不停车自动交费的组合方式。

2.2 ETC 收费系统总体框架

湖南省高速公路 ETC 收费系统由省监控中心、ETC 收费站系统、ETC 收费车道和客服中心及客服网点(POS)组成。收费车道是ETC收费系统的基本工作单元,收费车道具有独立工作能力。

2.2.1 省监控中心功能

ETC专用卡和电子标签的发行、管理和客户服务;非现金支付系统的账务清算工作。

2.2.2 收费站功能

与ETC车道进行数据交换;对ETC车道收费情况进行实时监视控制功能;对ETC车道收费情况进行事后图像审核、稽查;收费站内ETC收费数据的维护、统计、检索和打印;ETC数据上传到省联网收费管理中心、路段中心;收费站内ETC各类参数的查询等。

2.2.3 ETC车道功能

完成与车载电子标签的数据交换,费用扣除;控制车道附属设备以便合法用户不停车通过。

2.2.4 客服中心和客服网点(POS)功能

用户开户、审核、销售、电子标签安装、充值、挂失、解挂、投诉等客户服务业务。

湖南省联网收费数据流向如图3-2-1所示。

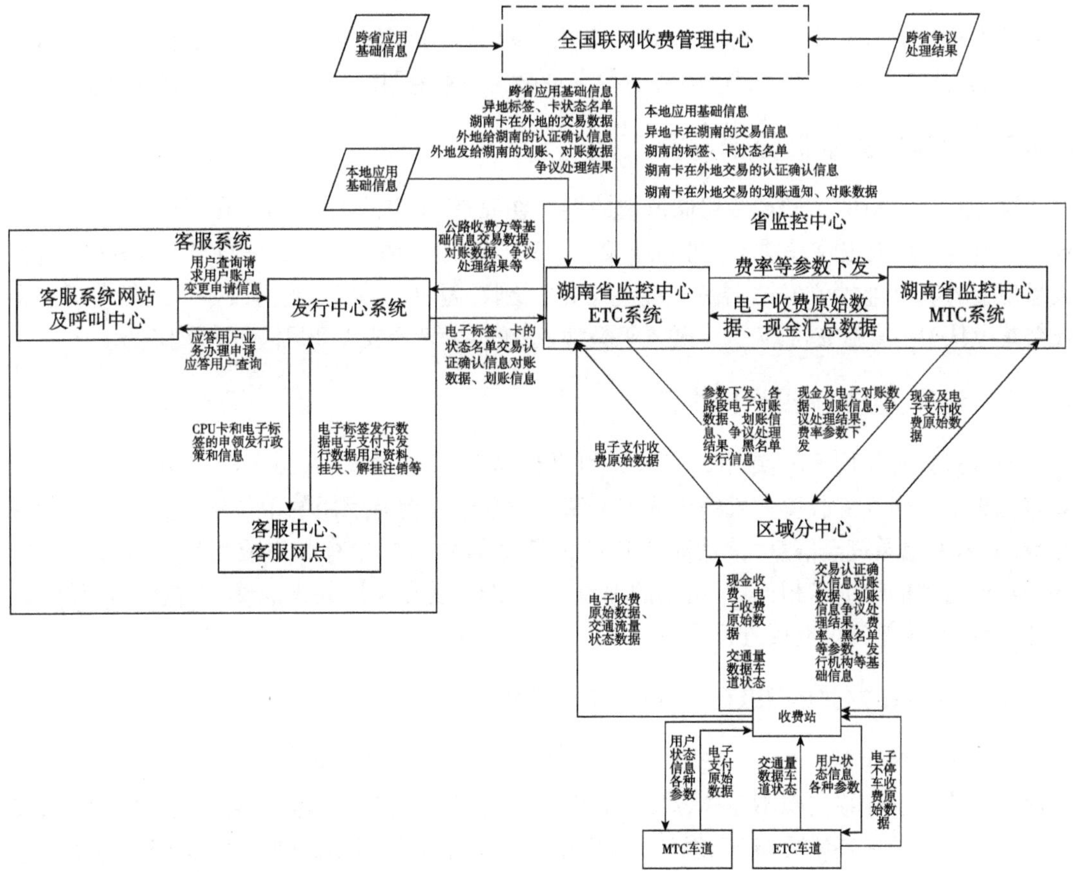

图3-2-1 湖南省联网收费数据流向图

2.3 非现金收费的结算

联网收费系统采用分级管理的方式:即现金收费在监控中心 MTC 系统进行分账结算;非现金收费在监控中心 ETC 系统进行结算。ETC 车道产生的数据上传到路段中心,由路段中心上传到省监控中心。

2.4 非现金支付组合式收费方案的支付方式

湖南省非现金支付方案提供电子标签+ETC 专用卡(ETC 专用储值卡或 ETC 专用记账卡)以及允许用户单独购买 ETC 专用卡用于通行凭证和支付通行费两种方式。

安装有效电子标签的车辆,在收费站可以任意选择 ETC 或 MTC 车道通行,包括:从 MTC 车道进、出;从 ETC 车道进、出;从 ETC 车道进、从 MTC 车道出;从 MTC 车道进、从 ETC 车道出。

单独购买 ETC 专用卡的用户,不允许从 ETC 车道进出高速公路,但入口车道人工刷 ETC 专用卡可以在出口车道使用 ETC 专用卡作为支付手段,不需交纳现金。

2.4.1 停车方式的现金付费

该方式针对未购买电子标签和 ETC 专用卡的用户在 MTC 车道的支付,继续高速公路用户熟悉的"入口领卡、出口交费"的持通行卡现金付费业务,以保护已有车道系统投资。

2.4.2 停车方式的储值卡付费

该方式针对购买了 ETC 专用储值卡的用户在 MTC 车道的支付,以 ETC 专用卡作为通行券兼支付卡实现人工收费方式的非现金交费。ETC 专用卡内记有资金信息,用户省去了携带大量现金的麻烦,收费单位也避免了现金收费中错收、漏收、找零、贪污等现象。通行费可以在收费车道从卡上直接支付,免去了透支等弊病,系统运营管理成本和风险可大大降低。

2.4.3 停车方式的记账卡付费

该方式针对使用 ETC 专用记账卡的用户在 MTC 车道的支付,以 ETC 专用卡作为通行券兼记账卡实现人工收费方式的记账卡交费。记账卡是为有信用的单位和个人发行一种账号卡,卡内不记录资金信息,使用时用户的消费金额从用户专有账户或用户银行账户中扣除。与预付费的储值卡相比,有信用的单位记账,能享受更简捷的先消费后付款的信用结算服务,交通运输部门可直接进行管理。

2.4.4 不停车方式的 ETC 专用储值卡付费

该方式针对购买了电子标签和 ETC 专用卡的用户在 ETC 车道的支付,以双界面 CPU 卡加两片式电子标签实现不停车收费方式的 ETC 专用卡交费。车辆快速通过 ETC 车道,安装在车道的电子标签读写器(天线)可以借助车载电子标签远距离快速读写 ETC 专用卡中的数据信息,自动扣除卡上金额,从而实现免停车通过收费站并完成收费交易。

2.4.5 不停车方式的 ETC 专用记账卡付费

该方式针对购买了电子标签和 ETC 专用记账卡的用户在 ETC 车道的支付，以双界面 CPU 卡加两片式电子标签实现不停车收费记账方式交费。车辆快速通过 ETC 车道，安装在车道的电子标签读写器（天线）可以借助车载电子标签远距离快速读写记账卡中的数据信息，形成消费记录，由后台完成扣款操作，从而实现免停车通过收费站并完成收费交易。

2.5 非现金收费基本消费业务流程

（1）用户到指定的服务网点申请安装电子标签和购买 ETC 专用卡，或对 ETC 专用卡充值；各服务网点将用户预存的通行费存入银行指定的 ETC 专用卡账号。

（2）用户在收费站 ETC 车道凭电子标签消费，或在 MTC 车道使用 ETC 专用卡支付。

（3）收费站将消费记录上传至省高速公路监控中心。

（4）联网管理中心根据各路段上传的 ETC 专用卡消费记录进行拆分并汇总，根据汇总结果形成各收费管理（经营）单位应收款的划款指令。

（5）银行根据省高速公路监控中心下达的划拨指令将 ETC 专用卡账号中相应金额划拨到各收费管理（经营）单位指定账号。

（6）记账卡与 ETC 专用卡消费业务流程基本相同，所不同之处在于持记账卡用户“先消费后付款”，因此只对信誉良好的企业用户发行。

2.6 ETC 站点设置原则

（1）收费站入出口交通量较大（日流量大于 2000 辆），且存在高峰交通拥堵现象。

（2）能提高对外窗口形象，提升投资环境地区所在收费站。

（3）进出重要城市的高速公路收费站。

（4）一些著名风景区的上下高速点。

（5）所在收费站小型客车通行比例较大。

2.7 ETC 车道的布设

国内 ETC 车道一般有两种方式：专用车道和混合车道。专用车道只允许装有电子标签的车辆不停车通过，一般为无人值守车道；混合车道除允许装有电子标签的车辆通过外，还允许未安装电子标签的车辆进入，因此必须有收费员对无电子标签的车辆进行人工收费。专用车道的优点是可保证通过速度，最大限度地发挥 ETC 车道的通过能力的优势，缺点是在 ETC 用户数量少时将占用宝贵的车道资源，造成 ETC 车道在一定程度上的闲置；混合车道的优点是在 ETC 用户少时提高收费广场的 MTC 车辆通行能力，缺点是在 ETC 车辆增加后由于 MTC 车辆的进入导致 ETC 车道必须停车排队。

由于无电子标签车辆的进入将造成整个 ETC 车道通行能力的大幅降低，同时必须安排收费员值班，与设置 ETC 车道的初衷相违，设计推荐采用专用 ETC 车道。

ETC 车道在收费广场的布设一般也有两种方式：中置和旁置。中置即安排在双向岛两侧或尽量靠近双向岛,旁置即安排在收费广场两侧或靠近广场两侧。中置方案的优点是ETC车辆在收费广场行驶路径最短,可快速通过,缺点是ETC车辆较少时将会造成通行能力最高的中央车道的闲置;旁置方案的优点是在ETC车辆较少时不影响广场中央MTC车辆的通行能力,缺点是由于ETC车辆需要横穿整个广场,将对收费广场的交通组织造成一定的影响,且若布设在广场两侧将占用超宽车道。

考虑到电子不停车收费是今后收费技术的发展趋势,故采用中置方案,在不允许占用双向岛两侧车道的情况下尽量靠近双向岛。

ETC车道布设设备一般有“前置”和“后置”两种方案,前置即车道设备布设在ETC收费车道前部,包括路侧天线、电动栏杆、通行信号灯等设备;后置即将以上设备布设在ETC车道后部。采用前置方案可防止未安装电子标签的车辆误入ETC车道,但必须向前方加长收费岛;采用后置方案时可不对收费岛进行土建改造,但由于ETC作为专用车道使用时误入车辆必须倒出车道,势必带来一定的危险性。

采用设备前置方案,加长ETC车道岛头,使电动栏杆水平位置与MTC收费岛岛头平齐。在这种布设情况下,当车辆进入ETC车道出现交易异常(无效电子标签、卡内金额不足等)后,可以不需要倒车即可顺利驶入旁边的MTC车道,最大限度地保障了ETC车道的通畅,也避免了许多由于误入车辆带来的麻烦。

根据我国的国情,ETC车道采用栏杆常闭设计,可有效防止非法车辆的逃费行为。

同时,综合考虑互通立交匝道的通过速度和安全性因素,采用“低速”的方案。

2.8 DSRC频率的选择

由于我国曾引入多家互不兼容的ETC产品,且国内同步进行了仿制和开发工作,因此在高速公路区域联网收费乃至全国联网收费的趋势越来越明确的情况下,ETC系统互不兼容的问题显得更加突出,如不能解决这个问题,势必会阻碍ETC的健康发展,电子不停车收费相关标准的研究刻不容缓。

要解决ETC系统的兼容性,首先就是要统一车载电子标签与车道微波天线之间的通信频段问题,这个频段属于专用短程通信(Dedicated Short Range communication,DSRC)范畴。

国际上,DSRC标准化研究分为欧、美、日三大体系。欧洲CEN/TC 278、日本ISO/TC 204分别于1997年完成了DSRC标准的制定工作,都选择5.8GHz作为DSRC通信频率。在1998年以前,美国研究和讨论的一直是915MHz DSRC标准,1997年5月19日,ITS America向联邦通信委员会(FCC)提出将5.850~5.925GHz频段分配给智能运输服务领域并保留915MHz用于近期ETC系统的申请,这个申请于1998年获得了FCC的通过。至此,全球三大DSRC体系都将通信频率统一到5.8GHz频段。

中国ISO/TC 204委员会充分考虑到国际DSRC标准化发展趋势和国内ETC系统应用需求日趋强烈的现状,认为我国已经没有时间,也没有必要重新制定一套全新的ETC标准,吸收采纳现有的、成熟的国际标准是最为可行的方式。1998年5月,中国ISO/TC 204委员会向无线电管理委员会提出将5.8GHz频段分配给智能运输系统技术领域的短程通信(包括ETC系统)。

选用5.8GHz作为微波短程通信中心频段的理由是:

(1)我国通信系统标准体系靠近欧洲标准体系,无线电频率资源的分配大致相同(900MHz 主要用于移动通信系统,2.45GHz 用于医疗设备和家用微波器具,5.8GHz 用于卫星通信、工业、军事、科研和扩频通信等)。

(2)5.8GHz 频段背景噪声小,解决该频段的干扰和抗干扰问题比 915MHz 和 2.45GHz 容易。

(3)5.8GHz 频段的设备供应商较多,有利于我国 ETC 系统的设备引进,有利于降低系统成本。

(4)有利于开展智能运输领域的其他服务。

具体指标见表 3-2-1。

微波短程通信主要指标　　表 3-2-1

项　目	值
频率用户	智能运输系统技术领域的短程通信
频段	5.795~5.815GHz
调制方式	PSK、BPSK
输出功率	300MW
传输距离	10m

交通部《收费公路联网收费技术要求》中明确指出:"根据电子收费技术的发展趋势以及国内相关标准规范,国内公路电子收费系统应采用 5.8GHz 微波频段的核心设备(包括电子标签读写器、电子标签等)。"

湖南省 ETC 系统 DSRC 选用 5.8GHz 频段。

2.9　电子标签的选择

国际上,美国、欧洲、日本分别就不停车收费系统中的技术进行了深入研究,并分别向国际标准化组织提交了有关不停车收费标准的草案。欧洲和日本提出的标准则更为成熟,获得了较广泛的厂商支持。电子标签也分为欧洲"单片式"和日本的"双片式"两种技术方案。

"单片式"电子标签是指收费信息全部存储在车载电子标签中,无法实现多个应用。在物理结构上是一个不可拆分的整体。

"双片式"电子标签+双界面 CPU 卡组成,收费信息存储在双界面 CPU 卡中。在交通量较大,设有 ETC 车道的收费站,用户可将双界面 CPU 卡插入双片式电子标签,以不停车方式通过 ETC 专用车道;在交通量相对较小,仅设有人工收费车道的收费站,用户可采用双界面 CPU 卡以刷卡的方式通过普通人工收费车道。

早期国内进行试点的 ETC 收费系统,大多采用单片式的电子标签作为 ETC 专用卡介质。这有经济性、可获得性及成熟度方面的考虑,是 ETC 系统建设初期较稳妥的选择。但由于采用单片式的电子标签时,整个 ETC 系统必须构成一个完整的封闭式系统,也就是说在路网内的所有入口和出口,必须有至少一条专用 ETC 车道(非 ETC 专用车道将给现场管理带来较大麻烦,不提倡采用)。这在客观上面临以下不利问题:

(1)系统规模庞大,一次性投资高,建设周期长,风险大。

(2)大多数入口收费站和出口收费站的交通量小,车道数量少,单独开辟出一条专用ETC车道既困难,又不经济。

(3)由于缺乏足够的备份ETC车道,系统可靠性和健壮性将无法得到保障。

基于以上原因,有必要考虑ETC收费系统与已建的非接触IC卡收费系统进行必要的结合。也就是说,ETC电子标签最好能采用双界面CPU卡做数据存储介质,双片式电子标签正好具备这方面的潜力。

IC卡产业界已经推出了同时支持接触式读写方式和非接触读写方式的双界面CPU卡。当电子标签采用双界面CPU卡作为数据存储介质时,就可以很好地解决非接触IC卡半自动收费系统与ETC收费系统的结合问题,使两者的优势充分得以发挥。

具体的方案设计如下:

(1)采用支持ISO 7816、ISO 14443协议,可读写Mifare I、Mifare Pro以及双界面CPU卡的专用系统。

(2)采用双界面CPU卡作双片式ETC电子标签的扩展数据存储介质。双片式ETC电子标签和双界面CPU卡同时存储包括车主、车型、车辆物理参数等固定信息。

(3)双界面CPU卡存储账号、余额、交易记录、入出口编号等信息,双界面CPU卡内存储的信息能以接触式和非接触式两种方式进行读写访问。

(4)ETC专用车道设置ETC车道天线控制器和其他收费辅助设备,由一台车道工控机进行控制,实现对正常ETC车辆以及灰、黑名单核查,原始交易记录生成,车道交通控制等功能。

(5)在交通量大易产生交通流瓶颈的收费站按需设置1条以上的ETC收费专用车道,允许驾驶员将双界面CPU卡插入双片式ETC电子标签,免停车通过收费站,通行费被自动扣取,并大幅度提高收费口通行能力。

(6)在非ETC收费站,允许驾驶员从电子标签中拨出双界面CPU卡以非接触操作的方式刷卡扣款,短暂停车后通过收费站。

湖南省高速公路ETC系统采用双片式OBU,采用双界面CPU卡作为通行券兼ETC专用卡,在MTC车道,用双界面CPU卡作为通行券并在出口以非现金方式缴付通行费,在ETC车道,以不停车方式通过入出口并自动缴付通行费。

ETC收费系统构成

3.1　ETC 系统网络结构

(1)湖南省高速公路联网收费系统的网络及通信系统承担省监控中心、收费站、收费车道及客服中心与 POS 点之间各类数据的上传、下发工作,以保证整个收费系统的正常运作(图 3-3-1)。

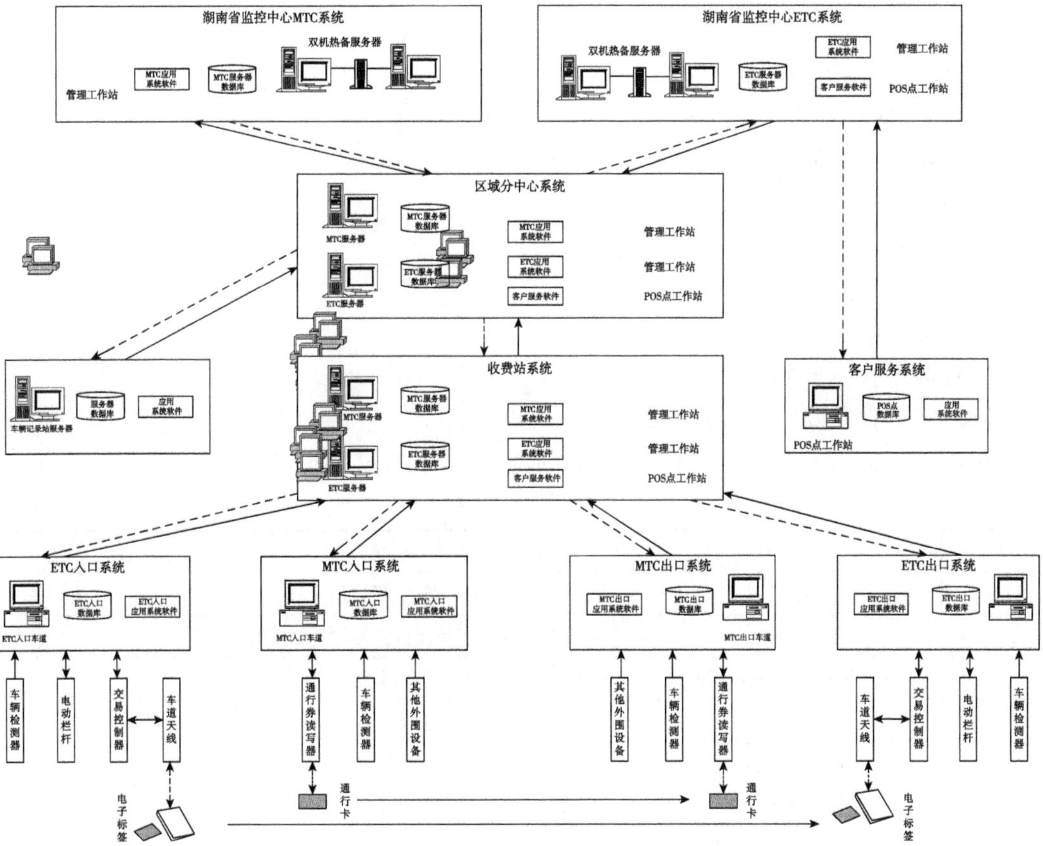

图 3-3-1　湖南省 ETC 系统网络结构图

(2)收费站与收费车道之间采用以太局域网,收费站与省监控中心通过广域网相连,以完成整个 ETC 收费系统的数据传输与管理功能。

3.2 省监控中心 ETC 系统

省监控中心 ETC 系统的主要功能是实现密钥管理、数据备份与恢复、ETC 专用卡的初始化、ETC 专用卡的库存管理、账务管理、黑名单管理、系统管理、通信、后台充值认证、交易认证、进行各种报表的统计查询、客户服务等。同时,省监控中心 ETC 系统与客户服务中心进行实时数据交换,作为整个 ETC 客户服务数据的备份中心。根据对现有省监控中心设备分析,需新增的设备包括数据拆分和管理服务器、磁盘阵列、传输服务器、前置服务器、三层服务器、打印机、发行设备等。

按照省监控中心 ETC 系统的功能可将系统划分为:

(1)密钥管理子系统。

(2)数据备份与恢复子系统。

(3)OBU、ETC 专用卡发行子系统。

(4)账务处理子系统。

(5)黑名单管理子系统。

(6)参数管理子系统。

(7)库存管理子系统。

(8)统计报表查询子系统。

(9)ETC 通行费拆分子系统。

(10)系统管理子系统。

(11)通信子系统。

(12)ETC 专用卡销售核对子系统。

(13)后台充值认证子系统。

(14)交易认证子系统。

(15)客户服务子系统。

(16)客户服务数据备份子系统。

在省高速公路联网收费管理中心设施的基础上,增加表 3-3-1 中主要设备。

主要设备表　　表 3-3-1

序号	名　称	规格要求	备　注
1	机柜	2020mm,黑色,通风门	
2	加密机	符合交通部密钥管理系统要求的加密机	
3	数据拆分和管理服务器	PC 服务器	
4	磁盘阵列	中低端存储设备	
5	传输服务器	PC 服务器	
6	前置服务器	PC 服务器	
7	客户数据备份服务器	PC 服务器	
8	发行服务器	PC 服务器	
9	KVM 切换器		

续上表

序号	名　称	规 格 要 求	备　注
10	三层业务交换机	三层交换机	
11	管理工作站	PC 计算机	
12	湘通卡读写器	支持 CPU 卡读写	
13	OBU 发行终端		
14	报表打印机	A3 激光打印机	
15	彩色打印机		

省监控中心 ETC 系统构成如图 3-2-2 所示。

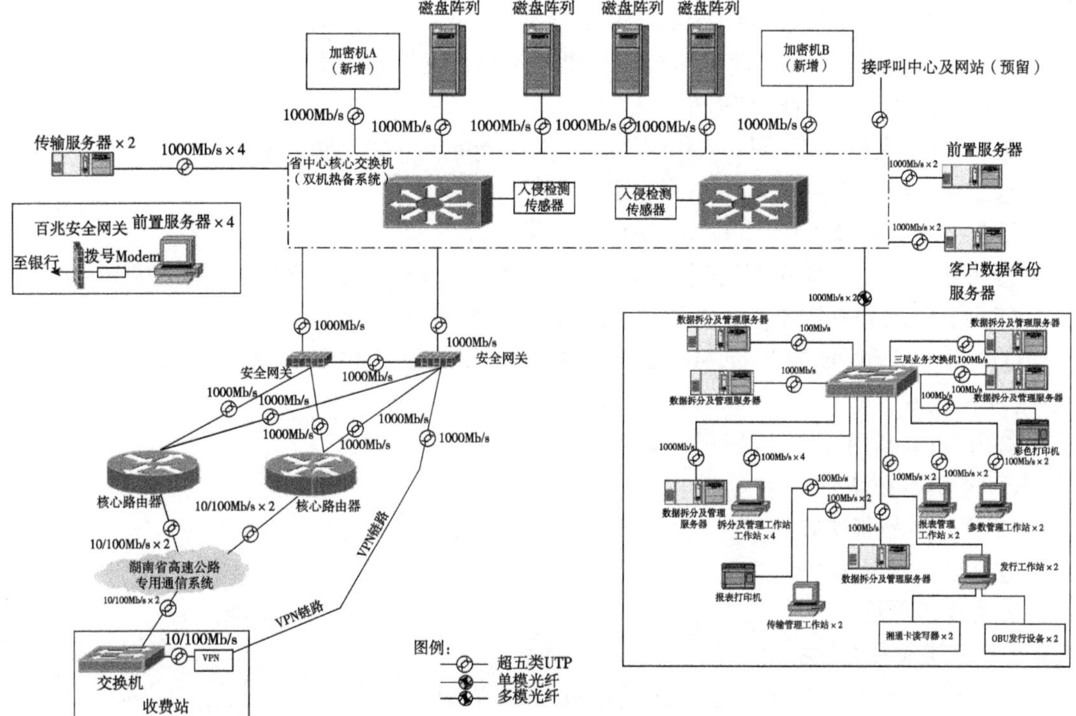

图 3-2-2　省监控中心 ETC 系统构成图

主要设备技术指标如下：

(1)加密机

①传输速率：异步缺省值为 19.2kB/s。

②七种 PIN 类型的识别与转换。

③DES、MAC 算法。

④算法运行速度：计算 8 字节 MAC 验证 2400 笔/min（与主机通信速率为 115.2kB/s 时）。

⑤密钥库的容量：主密钥一个；银行主密钥 512 个；终端密钥 1000 个。

⑥MTBF≥2.5 万 h。

(2)磁盘阵列

①4GB 全光纤存储系统，实现同核心存储系统数据同步，并对核心存储系统生产数据实

现持续数据备份。

②裸容量≥20TB,当前配置≥20 块 1000GB SATA 7200r/min 硬盘。

③采用 RAID5 方式保护。

④磁盘数量扩展性≥120 块。

⑤热备盘≥2 块 1000GB 7200r/min SATA 硬盘,全局热备方式。

⑥存储控制器芯片和内核:64 位处理器及 64 位系统内核。

⑦缓存≥6GB。

⑧前端主机光纤接口≥4 个 4GB,可扩展至 12 个 4GB 或 8GB。

⑨前端主机 iSCSI 接口≥4 个 1GB。

⑩采用双冗余控制器体系结构。

⑪FC 接口速率:端到端速率≥4GB/s,前端端口可支持 8GB FC。

⑫支持的接口种类:FC/iSCSI。

⑬兼容性:支持 AIX,Solaris,HP-UX,Linux,Windows 等主流操作系统。

⑭支持 Cache 掉电保护,支持缓存镜像保护。

⑮支持 RAID6、RAID5、RAID3、RAID0+1 等方式。

⑯支持 SSD 盘(200GB)FC 盘(300GB/450GB,15000r/min)、SATA 盘(1000GB,7200r/min)。

(3)服务器(包括数据拆分和管理服务器、传输服务器、前置服务器)

①不低于 3.0GHz 的 Xeon MP 处理器,4 核心,双处理器,6MB 二级缓存,支持 Intel 扩展内存 64 位技术。

②内存:8GB 内存,可以扩充至 128GB。

③8×73GB 磁盘。

④19 寸液晶监视器。

⑤标准键盘鼠标。

⑥含操作系统。

(4)三层业务交换机

①背板速率大于 32GB/s,包转发速率可达 38.7MB/s。

②256MB DRAM。

③至少 4 个可扩展模块化插槽。

④至少 2 个千兆以太网接口,至少 24 个 10/100MB/s 自适应以太网接口。

⑤支持 VLAN 划分。

⑥冗余电源、风扇。

⑦支持通用的网管系统,如 SNMP、RMON 等。

(5)工作站

省监控中心 ETC 工作站(传输管理工作站、拆分结算管理工作站、参数管理工作站、报表管理工作站),其主要技术指标如下:

①ICPU Intel 酷睿 i5 双核 670。

②主频 3.46GHz;内存:6GB,可扩充至 16GB。

③硬盘:1000GB SATA。

④19 寸液晶显示器。

⑤标准键盘鼠标。

⑥含操作系统。

(6)激光打印机

①打印速度:A3 尺寸≥11 页/min,A4 尺寸≥22 页/min,自动/手动供纸。

②分辨率≥1200dpi。

③300MHz 处理器。

④≥32MB 标准内存。

⑤符合 IEEE1284 标准的双向并行接口,并内置网络打印服务器和 10/100Mb/s 以太网卡。

⑥可打印 A3、A4、A5 等多种幅面。

⑦内置汉字库。

3.3 ETC 收费站系统

3.3.1 系统组成

ETC 收费站计算机系统由专用服务器和收费站计算机等硬件设备以及收费站计算机软件系统所构成,承担对收费车道的收费数据信息、图像信息的集中处理和对收费作业的监督管理的任务;承担将收费数据信息传送到路段收费中心的任务。

ETC 收费站软件系统包括参数浏览子系统、收费监控子系统、收费管理子系统等。

3.3.2 主要功能

(1)收费站内 ETC 收费数据的维护、统计、检索和打印。

(2)与 ETC 收费车道和省监控中心 ETC 系统的数据交换。

(3)收费站内各类参数的查询。

(4)对 ETC 车道收费情况进行实时监视。

(5)对 ETC 车道收费情况进行的事后图像审核、稽查。

(6)维护和管理功能。

3.3.3 软件设计要求

1)报表管理子系统

(1)有完备的身份、权限校验机制,规定该站只能查询统计本站的业务数据。

(2)车流量统计形式多样(如按车型、车种分类,按小时段、日、月、年分类)。

(3)收费情况统计形式多样(如按车型、车种分类,按小时段、日、月、年分类)。

(4)特殊车辆的报表。

2)数据通信管理子系统

实时将车道流水数据(收费数据、图像信息、设备状态信息等)通过同步程序添加到站数据库相关表中,同时在收费站与省监控中心 ETC 系统之间建立通信管道,实现数据传输。

站级的通信监视程序监视该站下所有车道控制器的通信情况。不仅监视车道和站之间网络连接情况,而且监视车道通信程序的运行情况。当发生通信异常时,产生报警。

3)参数浏览子系统

运营参数包括费率表、路段编码、站编码、车道编码、黑名单、灰名单等信息,它是整个系统正常工作的必要保证。因此,对运营参数的管理有严格的规定,在收费站上则只允许有浏览的权限。站级参数浏览就是收费站上的管理人员对系统工作参数浏览的工具。

站级参数管理主要机制是从本地数据库中提取相应的参数表后,用数据表格形式来实现营运参数的浏览、打印功能。

4)收费监控子系统

应能实现对收费站 ETC 车道的硬件设备状态、收费信息、工作流程进度的实时、动态监视,并可以对特殊事件进行声光或图像、文字的报警显示。

5)图像稽查子系统

稽核人员每天通过图像稽核模块结合各类值机员手工台账对收费员、监控的操作进行收费稽核;收费站只能稽核本站的收费、发卡等特情操作的车道抓拍图像。

入口图片查询功能,通过设定时间区间、选择入口站,输入 CPU 卡号或车牌信息,能够查询入口过车信息及抓拍的车辆图片。

出口图片查询功能,通过设定时间区间、选择出口站,输入 IC 卡号或车牌信息,能够查询出口过车信息及抓拍的车辆图片。

所有的稽查结果可输出打印(含图像信息),所有操作写工作日志以备查。能够将查询的过车信息(含图片)保存到本地或移动介质中。

6)维护和管理功能

完成湘通卡和 OBU 的发行,湘通卡的充值、注销等业务。

3.3.4 主要设备列表

主要设备列表见表 3-3-2。

主要设备表 表 3-3-2

序号	名称	规格程式	备注
1	ETC 站服务器	PC 服务器	
2	站管理工作站	PC 计算机	
3	湘通卡读写器		
4	OBU 发行终端		
5	票据打印机		
6	一体机		
7	身份证读取器		

本项目收费站主要设备技术指标如下:

1)服务器

(1)采用 Intel Xeon 3.0GHz 及以上的 CPU,数量≥2 个,可扩展至 4 个。

(2)内存≥2GB,可扩展至 12GB。

(3)硬盘:73.4GB×5,采用 RAID5+1,7200r/min 的 Ultra2 SCSI 磁盘驱动器,可热插拔。

(4)RAID5,数据传输带宽达 80MB/s。

(5)显卡支持 1024×76832 位真彩显示模式。

(6)100/1000M 自适应以太网卡。

(7)DVD 光驱。

(8)具有高可靠性,支持硬件诊断功能。

(9)工作环境,温度-40~55℃,湿度 0~85%(20℃)。

(10)电源 AC 220V±10%、50Hz±2%,支持冗余电源。

(11)MTBF≥10000h。

2)站管理工作站

(1)CPU Intel 酷睿 i5 双核 670。

(2)主频 3.46GHz;内存:6GB,可扩充至 16GB。

(3)硬盘:1000GB SATA。

(4)19 寸液晶显示器。

(5)标准键盘鼠标。

(6)含操作系统。

3.4　ETC 收费车道

ETC 车道在传统的 MTC 车道设备基础上,增加电子标签读写天线、天线控制器以及触发线圈。为保证通过速度,车道附属设备中电动栏杆应选用高速栏杆,费额显示器增加卡内余额显示功能。

采用设备前置方案,即电子标签读写天线、天线控制器、电动栏杆、通行信号灯、黄色闪光报警器等安装在车道前部,并在电动栏杆以前的位置依次排列触发线圈、抓拍线圈和落杆线圈,费额显示器可适当置后,以保证驾乘人员在一定行驶速度下可顺利观察。

安装设备的收费岛应加长 8~12m,在收费岛前端 20m 左右应有文字及图形标线指示 ETC 专用车道,在 ETC 车道收费岛及车道的雨棚上设置相关的标志。

3.4.1　ETC 车道主要功能

(1)探测车辆的到来和离开并对车辆进行计数,并传送检测结果。结合车辆识别可判断来车是否有电子标签。

(2)具有实时的图像抓拍和车牌识别功能。当车辆通过车道时,抓拍设备自动对车辆图像进行抓拍并保存,识别车辆拍照号码并储存。

(3)在入口车道将入口收费站、车类等信息写入 ETC 专用卡;在出口车道,根据车辆经过的入口收费站、标识站、车类信息,查费率表,计算通行费金额,回写出口标识,如果是 ETC 专用卡则扣款。

(4)根据车道控制器控制指令正确控制车道设备的动作,包括:自动栏杆的升起(自动栏杆的下落由栏杆自身控制)、雨棚灯的切换、通行信号灯的切换、声光报警器的开启和关闭、费额显示器的显示等。

(5)完成车道和收费站之间的数据交换。包括:接收收费站下传的信息有同步时钟、费率表、ETC 专用卡黑名单表、记账卡黑名单表、ETC 专用卡的有效启用日期、记账卡的有效启用日期、OBU 的有效启用日期、车类转换表、收费站信息表、收费员信息表等系统设置参数等；上传非现金支付卡原始通行费数据、入口车道的过车记录、上下班登记表等。

(6)ETC 收费车道系统能够以独立作业的方式工作，在出现异常情况时，车道系统可降级运行和脱机操作。例如，当收费站计算机不工作或网络出现问题时，作业参数、数据记录均可存储在本地。

(7)如果车辆通过 ETC 车道时出现异常，车道系统将拦截该车辆、不允许通过，系统不再对该车辆进行处理，由工作人员引导至旁边的 MTC 车道通过。

(8)具有实时的“车型-车类”转换功能。车型信息记录在车载机内，系统通过读取车载机内的车型信息，根据车类转换表可实时计算出通行车辆的车类。

ETC 车道机电系统构成如图 3-3-3 所示。

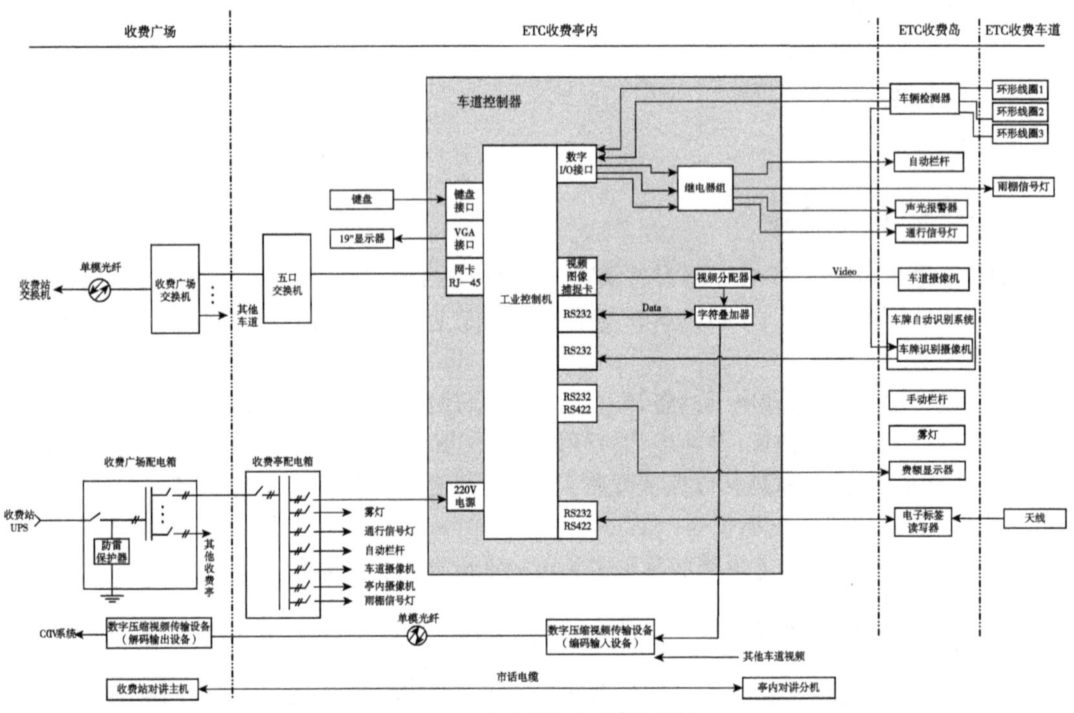

图 3-3-3　ETC 车道机电系统构成图

3.4.2　ETC 车道工作流程

当 ETC 系统检测到车辆进入 ETC 车道时，安装在路侧的微波天线与安装在汽车风窗玻璃上的电子标签自动进行信息交换，与微波天线相连接的 ETC 车道控制器根据电子标签中存储的信息识别出车辆信息，并根据行驶里程和费率从其账号中扣除通行费。交易完成后，车道电动栏杆自动升起，放行车辆，车辆通过后，栏杆自动降下。整个收费过程无须人工干预，用户可不停车快速通过 ETC 收费车道。

(1)车辆进入通信范围，首先压到触发线圈，启动读写天线。

(2)读写天线与电子标签进行通信，判别车辆电子标签是否有效，如有效则进行交易；无效则报警并保持车道封闭，直到车辆离开检测线圈。

(3)如交易成功,系统控制电动栏杆抬升,通信信号灯变绿,费额显示器上显示交易信息。

(4)车辆通过抓拍线圈时,系统进行图像抓拍,字符叠加器可将过车信息叠加到抓拍图像中。

(5)车辆通过落杆线圈,栏杆自动回落,通行信号灯变红。

(6)系统保存交易记录,并将其上传至收费站服务器,等待下一辆车进入。

3.4.3　入口 ETC 车道流程

入口 ETC 车道流程见图 3-3-4。

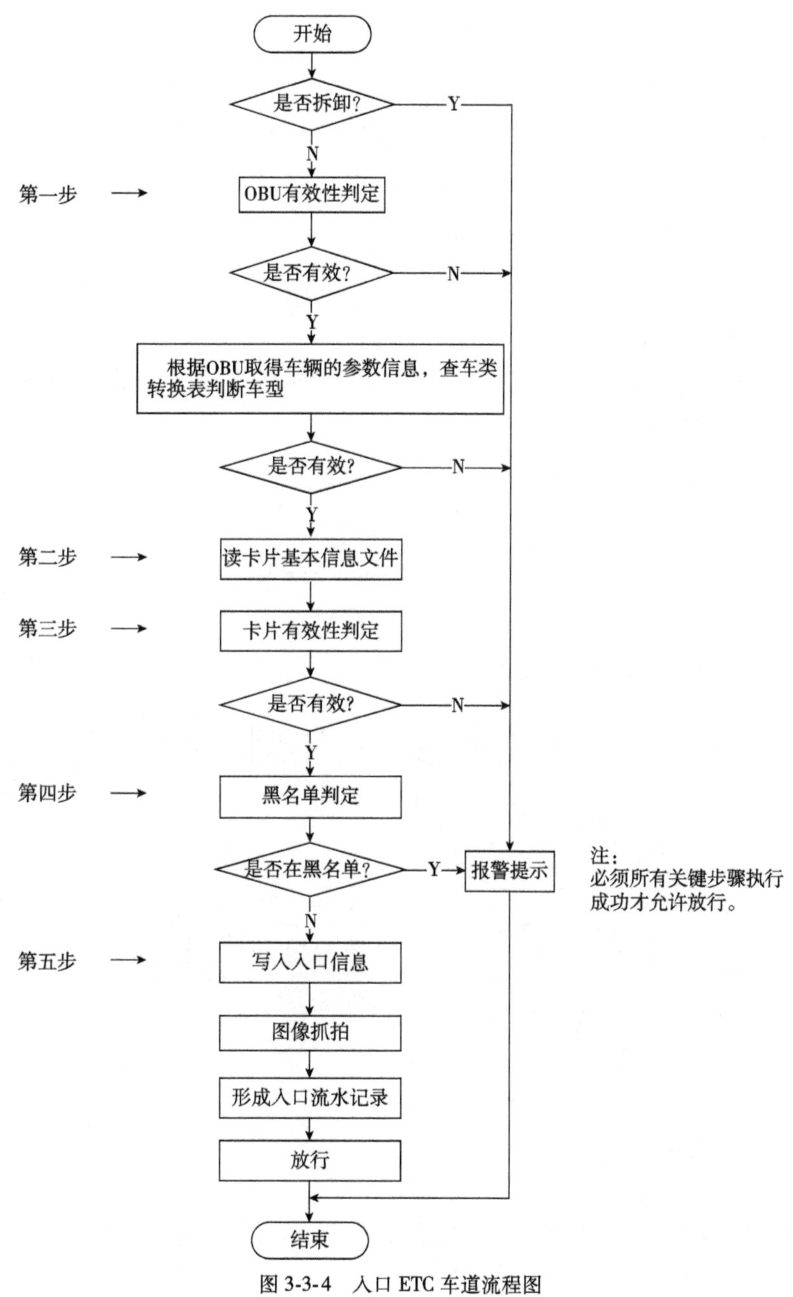

图 3-3-4　入口 ETC 车道流程图

关键步骤说明：

第一步　OBU 有效性判定。

读出 OBU 信息，判断 OBU 是否有效；必须读取的数据包括：OBU 发行商代码、OBU 编号、OBU 有效时间、车型（图 3-3-5）。

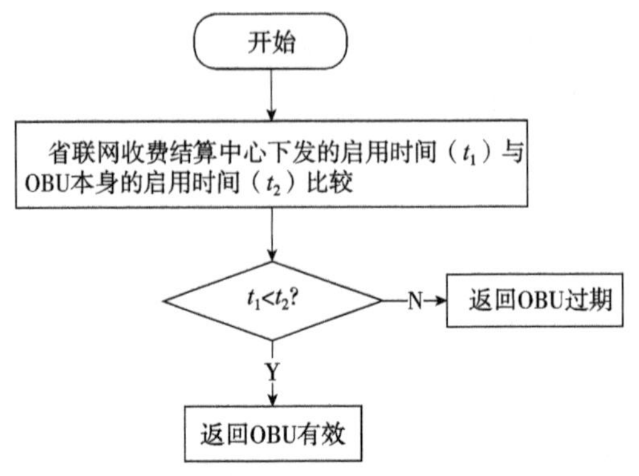

图 3-3-5　OBU 有效性判定图

第二步　读卡片基本文件。

须读出的数据包括：卡编号、卡类型、有效时间、卡网络号、发卡方标识、卡版本号。

第三步　卡片有效性判定（图 3-3-6）。

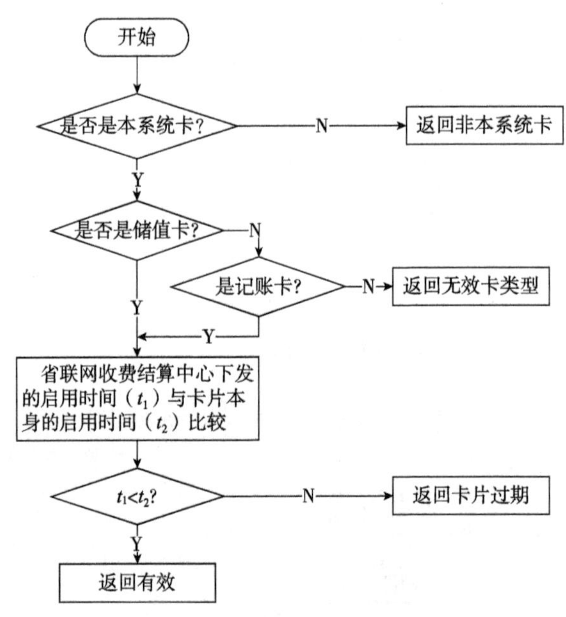

图 3-3-6　卡片有效性判定图

第四步　黑名单判定（图 3-3-7）。

第五步　写入入口信息。

须写入的数据包括：通过区域号、路段号、站点号、车道号、过车时间、入口状态标识、车型、车牌。

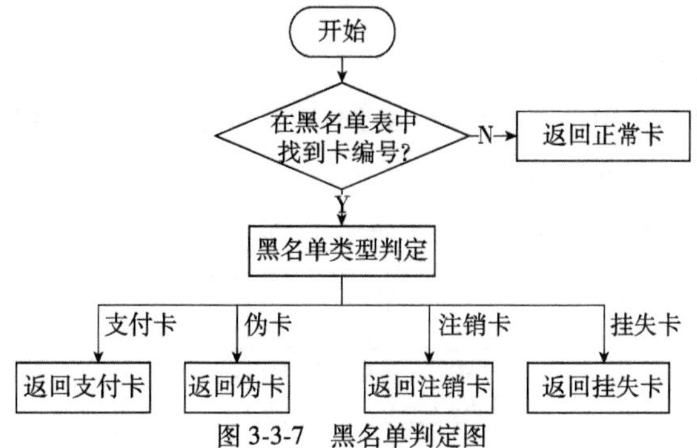

图 3-3-7 黑名单判定图

3.4.4 出口 ETC 车道流程

出口 ETC 车道流程如图 3-3-8 所示。

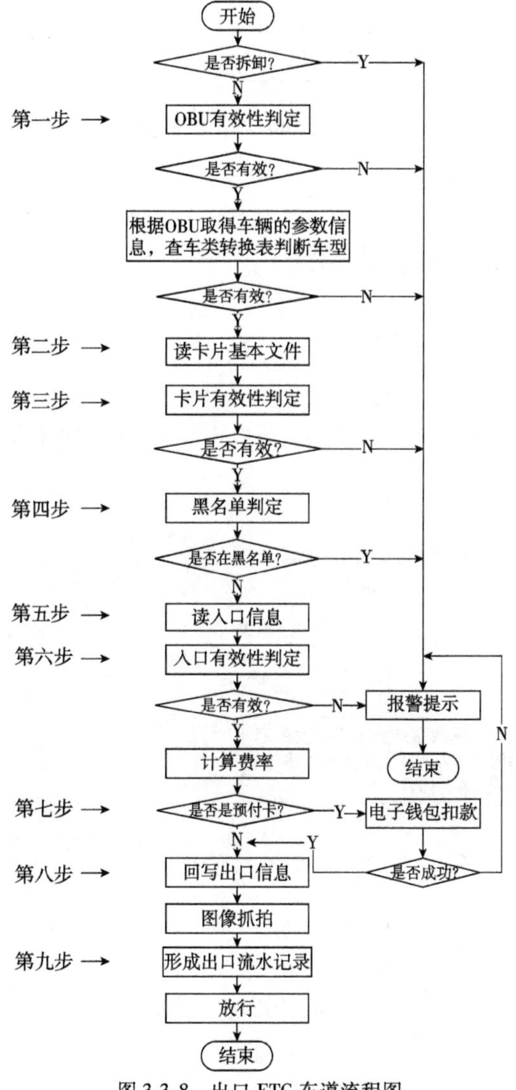

图 3-3-8 出口 ETC 车道流程图

关键步骤说明：

第一步　OBU 有效性判定。

读出 OBU 信息，判断 OBU 是否有效；必须读取的数据包括：OBU 发行商代码、OBU 编号、OBU 有效时间、车型（图 3-3-9）。

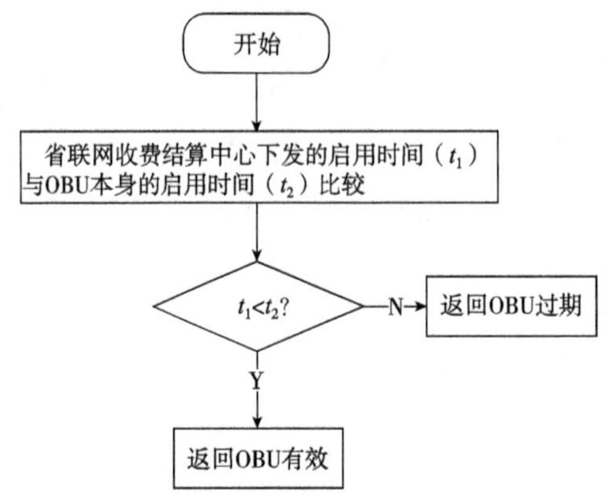

图 3-3-9　OBU 有效性判定图

第二步　读卡片基本信息文件。

需读出的数据包括：卡编号、卡类型、有效时间、卡网络号、发卡方标识、卡版本号。

第三步　卡片有效性判定（图 3-3-10）。

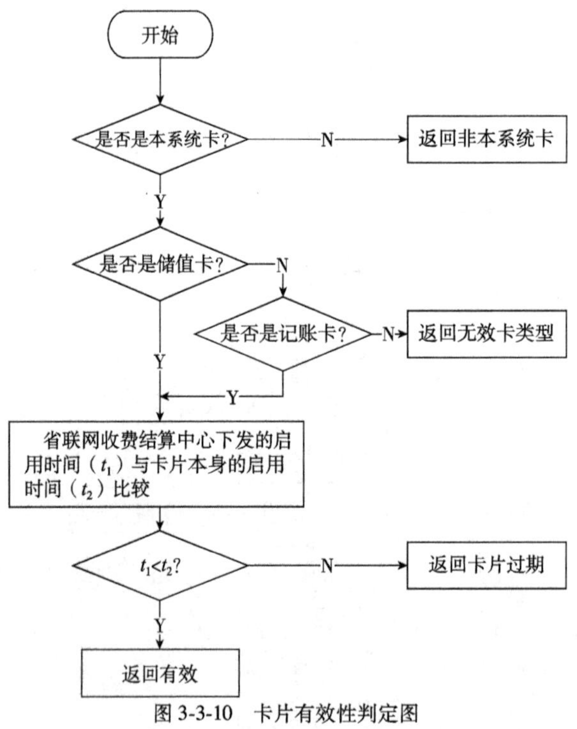

图 3-3-10　卡片有效性判定图

第四步　黑名单判定（图 3-3-11）。

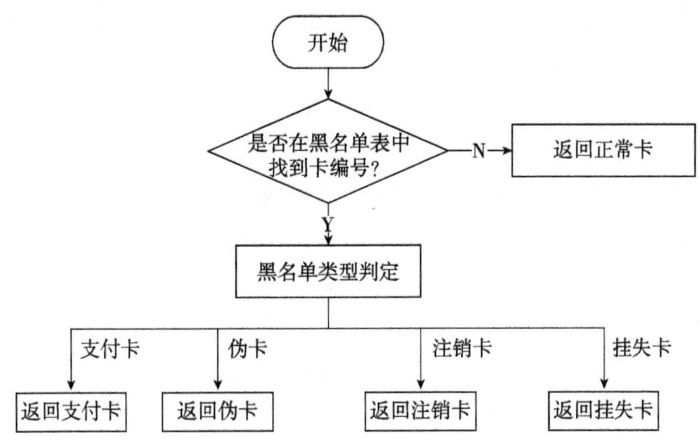

图 3-3-11　黑名单判定图

第五步　读入口信息。

须读取的数据包括:入口通过区域号、路段号、站点号、车道号、时间、车型、车牌,入口状态标识。

第六步　入口信息有效性判定。

判断是否有入口状态标识、是否是有效的入口站编码、入口时间有没有超时、是否是回头车、是否逆向车等。如果正常,则计算应缴通行费,否则报警并退出本流程。

第七步　电子钱包扣款。

ETC 专用卡必须对钱包文件进行扣款操作。仅当扣款成功后才允许放行。

第八步　读写出口信息。

须写入的数据包括:通过区域号、路段号、站点号、车道号、时间、出口状态标识、车型、车牌。

第九步　形成流水记录。

流水记录必须包括如下数据:车道序列号、卡编号、卡类型、入口名称、入口日期时间、出口名称、出口(交易)日期时间、出口车道类型、交易金额、ETC 专用卡余额、车型、车牌、脱机交易序号、终端机编号、终端交易序号、交易验证码。(注:当为 ETC 专用卡时,将卡片的交易时间作为系统出口时间)

3.4.5　主要设备技术指标要求

1)ETC 车道整体指标

(1)车道通过速度:≤60km/h。

(2)车道通行能力:≥1200 辆/(车道 · h)。

(3)可靠性:每 100000 次交易不多于 3 次的错误。

(4)车道信息保存:至少 60000 车次过车记录。

(5)MTBF:>10000h。

2)天线及控制器

天线及控制器由微波天线和读写控制器组成。微波天线是一个微波数据收发模块,负责调制/解调信号数据;读写控制器是控制发射和接收数据以及处理收发信息的模块。微波读写控制器以无线通信的方式,与电子标签进行数据交换、采集和更新标签中的收费信息,并通过串行口与车道控制器通信,采用双天线。

(1)微波读写控制器应具备功能

①RSU 和 OBU 之间的 DSRC 应符合《电子收费　专用短程通信　物理层》(GB/T 20851.1—2007)、《电子收费　专用短程通信　数据链路层》(GB/T 20851.2—2007)、《电子收费　专用短程通信　应用层》(GB/T 20851.3—2007)的相关规定。

②内置 RSU 应内置符合 JR/T 0025 安全交易规范规定的 PSAM 作为安全认证模块,所有的加密和认证过程均通过 PSAM 的方式进行,PSAM 卡通信速率不低于 56kB/s。

③支持高安全性电子钱包交易方式,符合 PBOC 规范。

④使用频道隔离技术,多车道互不干扰。

⑤先进的防碰撞技术,支持多 OBU 交易。

⑥可存储 8000 笔交易信息。

⑦兼容单片/两片式电子标签,提供多自由度可调的安装方式。

⑧可配置天线工作方式,且发射功率软件可调。

(2)微波读写控制器技术指标要求

微波链路特性:

下行链路技术要求见表 3-3-3。

下行链路技术要求　　表 3-3-3

序号	参　数	A　类	B　类
1	载波频率	信道 1:5.830GHz 信道 2:5.840GHz	同左
2	占用带宽	≤5MHz	≤5MHz
3	频率容限	$\pm10\times10^{-6}$	$\pm5\times10^{-6}$
4	e.i.r.p	≤+33dBm	同左
5	杂散发射	≤-36dBm/100kHz(30~1000MHz) ≤-40dBm/1MHz(2400~2483.5MHz) ≤-40dBm/1MHz(3400~3530MHz) ≤-33dBm/100kHz(5725~5850MHz) ≤-30dBm/1MHz(其他 1~20GHz)	同左
6	邻道泄漏功率比	-30dB	同左
7	天线半功率波瓣宽度	水平面<38° 垂直面<45°	同左
8	天线极化	右旋圆极化	同左
9	XPD	最大增益方向:RSUt≥15dB -3dB 区域:RSUt≥10dB	同左
10	调制方式	ASK	FSK

续上表

序号	参数	A类	B类
11	调制系数/调制误差	调制系数:0.5~0.9	调制误差: -200~+200kHz
12	频率偏移	—	±512kHz
13	编码方式	FM0	MANCHESTER
14	位速率	256kB/s	1MB/s
15	位时钟精度	$\pm100\times10^{-6}$	$\pm20\times10^{-6}$
16	OBU 唤醒方式	15~17 个周期 14kHz 方波 b	同左
17	OBU 唤醒时间	<5ms	同左
18	OBU 唤醒灵敏度	≤-40dBm	同左
19	OBU 接收灵敏度	≤-50dBm	≤-70dBm
20	OBU 接收带宽	5.825~5.845GHz	同左
21	BER	10×10^{-6}以内	1×10^{-6}以内
22	前导码	32 位,16 位"1"+16 位"0"	16 位"0"
23	后导码	最多 8 位	最多 8 位

注:1. 对应载波 2.5 倍信道带宽以外。

2. RSU 强制要求发送该波形;OBU 可选择被该波形唤醒或者被正常通信帧信号唤醒。

上行链路技术要求见表 3-3-4。

上行链路技术要求 表 3-3-4

序号	参数	A类	B类
1	载波频率	信道 1:5.790GHz 信道 2:5.800GHz	同左
2	占用带宽	≤5MHz	≤5MHz
3	频率容限	$\pm200\times10^{-6}$	$\pm20\times10^{-6}$
4	e.i.r.p	≤+10dBm	同左
5	杂散发射	≤-36dBm/100(30~1000MHz) ≤-40dBm/1MHz(2400~2483.5MHz) ≤-40dBm/1MHz(3400~3530MHz) ≤-33dBm/100kHz(5725~5850MHz) ≤-30dBm/1MHz(其他 1~20GHz)	同左
6	邻道泄漏功率比	30dB	同左
7	天线半功率波瓣宽度	<70°	同左
8	天线极化	线极化或右旋圆极化	同左
9	XPD	最大增益方向:RSUr≥15dB -3dB 区域:RSUr≥10dB	同左

续上表

序号	参　　数	A　　类	B　　类
10	调制方式	ASK	FSK
11	调制系数/调制误差	调制系数:0.5~0.9	调制误差: -200~+200kHz
12	频率偏移	—	±512kHz
13	编码方式	FM0	MANCHESTER
14	位速率	512kB/s	1MB/s
15	位时钟精度	$\pm100\times10^{-6}$	$\pm20\times10^{-6}$
16	RSU 接收灵敏度	≤-70dBm	同左
17	BER	10×10^{-6}以内	1×10^{-6}以内
18	前导码	32 位,16 位"1"+16 位"0"	16 位"0"
19	后导码	最多 8 位	最多 8 位

注:对应载波 2.5 倍信道带宽以外。

环境特性见表 3-3-5。

环 境 特 性 表　　表 3-3-5

参　　数	规　　格
使用温度	-40~+70℃
保存温度	-60~+80℃
抗电磁干扰	10V/m0.1~1000MHz ASK 调幅电磁波
可靠性	MTBF≥7000h
工作寿命	15 年

安装要求:

①全封闭式防水结构,满足 IP65 标准要求。

②中心发射轴与垂线的夹角可调,调节范围为 45°±15°。

③安装方式:车道吊装法安装(龙门架或悬臂)。

④安装高度:5.5m。

3)车道控制器

车道控制器实现对车道设备的管理和控制,下载费率表、黑名单等,进行图像抓拍,并保存 40 天的收费数据。控制器主要由工业控制机、接口板、电源和设备机箱等部分组成。

(1)工业控制主要配置

①工业级 CPU 母板,充分电磁兼容设计,低功耗,全面故障自我诊断能力及报警提示。

②1 个并口,6 个以上串口。

③配置视频捕捉卡(只限于出口车道)。

④10/100M 自适应网卡。

(2)扩展接口板

①具有对外围设备驱动功能的数据量 I/O 板。

②所有接口板和功能板必须附有光电隔离保护以减少雷电及高能浪涌的冲击。

(3)车道控制器外围电路及设备机箱

①继电器:触点电流容量需大于实际电流10倍以上,寿命5×10^6次以上。

②风扇:需采用含油轴承,免维护高可靠风扇,确保机箱内产生正气压以防止灰尘堆积。

③电源控制:车道控制器需对总电源和工控机等各独立设备电源分别控制,并做抗干扰处理。

④设备机箱:便于安装和内部维修,门框和进线孔加密封橡胶垫圈,不设通风孔,保证机箱防水、防尘。

(4)电源防雷保护器

①放电电流等级:5kA。

②最大放电电流:25kA。

③防护级别:1.8kV。

④可防护的内部短路电流:10kA。

(5)其他技术指标

①电源:220V±44V,50Hz±1Hz。

②工作环境:温度-30~60℃,湿度95%(-5~60℃)。

③MTBF:20000h。

④MTTR:1h。

⑤显示器。

所有的显示和指示应在照明条件下清晰可见,收费员或管理人员能容易地调节屏幕的反差(对比)度。其主要技术指标如下:

①15寸以上液晶显示器。

②1024×768分辨率以上。

③振动:10~55Hz。

④冲击:50g,11ms。

⑤环境温度:0~50℃。

⑥相对湿度:5%~95%非冷凝。

⑦MTBF:大于15000h。

⑧MTTR:小于0.5h。

4)通行信号灯

车道通行信号灯安装在岛的前部,由红色和绿色的一组信号灯组成,其显示体形状推荐为红色圆发光体、绿色圆发光体。发光体单元采用超高亮度LED管。其主要技术参数如下:

(1)红色LED管亮度不低于0.8cd/颗,绿色LED管亮度不低于1.2cd/颗。

(2)信号灯直径ϕ160~200mm。

(3)LED MTBF大于15000h。

(4)防护等级IP65。

(5)温度:-20~+60℃。

(6)湿度:95%(-5~+60℃)。

5)声光报警器

声光报警器用于非 ETC 用户、无效 OBU 或 ETC 专用卡内金额不足以支付通行费的车辆误入 ETC 车道时的声光报警,采用黄闪声光报警器,报警器发出的声响和闪光应使收费广场范围内的人员可听见和/或看见。

6)费额显示器

(1)基本要求

①采用点阵式显示屏,在长期暴露于太阳光的环境条件下,其可见性不能降低。

②收费显示屏可自动调节发光强度,以防止在夜间产生眩光影响驾驶员视觉,又节省了能源,防止器件过早恶化。

③至少能够显示三行汉字,每行不少于 8 个 16 点汉字。

(2)技术参数

①字符尺寸(最小):100mm×40mm。

②分辨率:大于 48×128。

③发光亮度:1000mcd。

④贮存温度范围:-20~+70℃。

⑤操作温度范围:-20~+70℃。

⑥相对湿度:10%~95%非冷凝。

⑦MTBF:大于 15000h。

⑧MTTR:小于 0.5h。

⑨箱体防护等级:IP65。

7)高速电动栏杆

为保证合法用户不停车通过,ETC 车道应采用高速栏杆。在没有车辆通过时保持常闭状态。

栏杆的断面直径为 75mm,外表面推荐用泡沫材料,并且贴有红、白相间的高强级反光膜;当电动栏杆发生故障或断电时,栏杆应始终处于竖直状态;当栏杆处于竖直状态时,自动栏杆距收费车道边缘不小于 450mm;当自动栏杆在下落时,车辆检测器发现有车通过时,栏杆应能自动停止下落并反向抬起;当车辆水平冲撞栏杆时,栏杆体与机箱连接部应有脱离装置,使栏杆体在车辆碰撞力作用下水平移开;栏杆的启动和停止要平稳。其主要技术参数如下:

(1)栏杆抬起时间小于 0.7s。

(2)MTBF:大于 1000000 起落次。

(3)MTTR:小于 0.5h。

(4)电源 AC 220V±33V,50~60Hz;最小电流:50mA,最大电流 5A。

(5)使用寿命大于 5000000 起落次或大于 10 年。

(6)操作温度范围:-20~+70℃。

8)雨棚信号灯

利用现有的雨棚信号灯,为防止未安装电子标签的车辆进入 ETC 车道,建议除在 ETC 车道前方增加自动交费车道外,参考外省成功运行的经验,可考虑雨棚信号常红显示。

9)车辆检测器

车辆检测器应可以检测出入高速公路的各种车辆,当两辆车快速、慢速或相距很近地通过检测器时,应判为两辆车。各车道的检测器不能互相干扰,金属物体在两车道之间的收费岛上移动时,不能影响检测器的性能和精度不要求环形线圈检测器检测出比轻型摩托车更小的运输工具,其主要技术指标如下:

(1)检测器应有人工复位按钮。

(2)频率:3 级以上可调。

(3)灵敏度:4 级以上可调:高 0.02%L/L,次高 0.05%L/L,中低 0.1%L/L,低 0.5%L/L。

(4)使用寿命大于 5000000 辆次。

(5)电源 DC 24V ±3.6V,150mA 最大输入电流。

(6)贮存温度:-40~+85℃。

(7)操作温度:-40~+85℃。

(8)湿度:高达 95%,无冷凝。

线圈埋设要求:

(1)线圈电缆由截面积不小于 1.5mm^2 的多股铜导线构成,应用于超低压电路(AC 32V 以下)。

(2)埋设后的环形线圈绝缘电阻:>10MΩ。

(3)电感量范围:70~1000μH。

10)车牌照自动识别系统

为防止车辆擅自更换电子标签,在 ETC 车道设置嵌入式汽车牌照识别系统(硬件车牌照识别模块),采用以 DSP 为核心的嵌入式设计方式,将视频图像采集及压缩、视频检测车辆、图像识别等功能集成于一体,不需计算机即可独立完成视频采集、车辆检测、牌照识别、识别结果传送等工作,而且识别速度快、运行稳定不干扰用户系统。可以通过视频图像的亮度分析功能实现摄像机的闭环控制,使系统在各种光照环境下都能获得很高的识别率。

考虑到电子标签内已存储车辆牌照号码等信息,为保证车辆通过速度,牌照识别系统获取的结果与车辆抓拍图片同时存放,以便后期稽查。

嵌入式车辆牌照识别系统由 DSP 处理模块、数字摄像机、补光灯等组成。

(1)系统功能

①可响应外部触发信号进行抓拍识别。

②汽车牌照号码、颜色自动识别。

③智能化分析图像亮度,闭环控制摄像机曝光参数。

(2)主要技术指标

①视频车辆检测可适应 0~200km/h 的车速。

②DSP 嵌入式设计、不需操作系统、多重硬件监控设计,运行稳定、不死机。

③性能不受车道控制器配置及任务的影响。

④内部元件少、体积小、功耗低,便于安装维护。

⑤车辆捕获率>99%、牌照定位正确率>98%、字符识别正确率>95%。

⑥对水平比例占到整个图像 1/8 到 1/4 范围内的大小牌照都有较高的识别率。

⑦可识别全国现正在使用的各种制式的汽车牌照包括双层牌、农用牌。

⑧智能化的摄像机及补光闭环控制，白天和夜间都具有很高的识别率。

⑨数据接口可选择并口、USB、以太网、串口等多种方式。

⑩以太网接口支持标准 TCP/IP 协议，可选择客户机或服务器模式。

⑪可提供牌照识。

⑫自动完成找车、抓拍、识别等工作，包含多种应用方案，用户只需接收识别结果。

(3)数字摄像机

数字摄像机是能够自动完成视频图像采集、压缩并传输的外部设备。它可以在抓拍线圈的控制下采集图像或者自动定时采集，传输方式为以太网接口 TCP/IP 协议，支持客户机和服务器两种模式，可通过网络可以不受地域限制，将识别结果传送到系统服务器。

数字摄像机主要技术指标：

①自动完成视频图像采集、压缩并传输。

②可通过串口或触发信号控制视频图像采集。

③支持自动定时采集功能。

④可自行定义图片分辨率。

⑤可自行定义采集间隔时间。

⑥以太网接口 TCP/IP 协议，支持客户机和服务器两种模式。

⑦DSP 嵌入式设计、不需操作系统、多重硬件监控设计，运行稳定、不死机。

⑧体积小、功耗低，便于安装维护。

3.5 省界收费站 ETC 收费车道

省界收费站的出口和入口车道 ETC 独立建设，同一车道的出口 ETC 系统与入口 ETC 系统相互独立、互不干扰(按照长三角互联方案，省界站车道由出口省(市)负责，完成本省(市)通行费征收和代发卡)。跨省(市)ETC 车辆在经过共建收费站时，交易流程如下：

(1)先完成 ETC 出口交易流程，交易流程同所在省(市)的专用 ETC 出口车道交易流程。

(2)如出口 ETC 交易不能完成，则转入相邻的 MTC 车道。

(3)在完成 ETC 出口交易和入口代发卡流程，出口自动栏杆抬起放行后。

(4)将入口交易信息转发到入口省(市)收费系统中。

第 4 章

MTC系统兼容湘通卡方案

湖南 ETC 项目通过建设省中心 MTC 湘通卡收费结算机房，实现 MTC 湘通卡交易数据的存储、结算、管理等功能。对湖南省现有 MTC 车道、收费站系统软件升级，车道增加湘通卡读写器设备，收费站收费软件升级后必须支持 MTC 湘通卡交易数据的单独查询功能。

4.1　MTC 收费系统兼容湘通卡方案

4.1.1　改造方案

涉及联网路段 MTC 收费系统兼容湘通卡的升级改造和交易数据存储、拆账，内容包括车道、收费站设施和应用软件升级及省中心的设施建设。

根据省内联网收费系统现状，同时结合国内 MTC 收费系统兼容湘通卡的升级改造相关成功经验，提出如下整体改造建设方案：

(1)省中心建设 MTC 湘通卡收费结算系统，负责所有 MTC 湘通卡通行交易信息统一运营、管理、拆账，为湘通卡应用 MTC 车道通行和交易提供平台。

(2)根据现有湘通卡结构，通过修改全省 MTC 车道、站级系统软件，增加湘通卡专用读写器硬件设备，完成 MTC 卡车道刷湘通卡通行和交易的相关功能，通过专网和 VPN 网络与省中心 MTC 收费结算系统相连，构成整套 MTC 湘通卡的运营、管理机制。

4.1.2　MTC 车道改造

湘通卡主要应用在 ETC 收费系统的通行和支付，在没有 ETC 设备的车道则采用 ETC 手持机脱机刷卡方式，要在 MTC 车道收费系统完全实现兼容湘通卡的通行和支付，则需要在 MTC 收费车道系统增加相应软、硬件设施，实现 MTC 车道读取、改写湘通卡功能。

改造内容：

1)MTC 车道增加湘通卡读写器

在全省联网收费路段所有 MTC 车道增加湘通卡读写器设备，湘通卡读写器具有读写湘通卡的能力。

2)升级 MTC 车道级收费系统软、硬件

针对现有 MTC 车道级收费软件进行升级和开放车道工控机串口(RS232)。湘通卡读写器通过与工控机串口物理连接,在现有 MTC 出、入口车道收费软件功能基础上增加湘通卡读写器软件接口支持,实现车道收费系统与湘通卡读写器设备的信息交互。

调整车道级收费数据格式,增加 MTC 湘通卡收费数据的表示方法,与 MTC 收费数据区别开。

4.1.3 站级改造

1)收费数据传输

MTC 车道湘通卡收费数据通过传输网络上传至省中心数据存储服务器。

2)升级站级相关收费软件

升级后的系统软件保留原软件功能,通过非常小的改动,增加收费站相关湘通卡交易数据的查询、打印、管理等。

4.1.4 分中心级改造

1)收费数据传输

MTC 车道湘通卡收费数据通过传输网络上传至省中心数据存储服务器。

2)升级站级相关收费软件

升级后的系统软件保留原软件功能,通过非常小的改动,增加收费站相关湘通卡交易数据的查询、打印、管理等。

4.1.5 省中心 MTC 湘通卡结算系统

建设省中心 MTC 湘通卡收费系统结算机房。整个管理中心的原始数据均来源于各个收费站上传的 MTC 湘通卡收费数据。

1)系统设备构成

省 MTC 湘通卡收费结算系统主要由数据存储服务器、数据结算及财务处理服务器、结算及财务处理工作站、数据查询管理工作站构成。

根据 MTC 湘通卡收费模式开发结算软件,MTC 湘通卡结算系统的拆账结算功能。

(1)分析每一条 MTC 湘通卡收费数据,验算数据的完整性和准确性。

(2)MTC 湘通卡收费系统通行费的拆分与清算。

(3)MTC 湘通卡数据查询。

(4)MTC 湘通卡通行费折账数据与湘通卡营销系统对账。

(5)MTC 湘通卡收费系统数据报表统计、打印等。

2）系统功能

MTC 湘通卡收费结算系统的主要功能描述如下：

（1）MTC 湘通卡收费资源规划管理

省 MTC 湘通卡收费结算系统实现日常 MTC 湘通卡收费管理业务和 MTC 湘通卡路网收费资源的管理。

（2）MTC 湘通卡收费系统报表统计/查询/打印管理

可对 MTC 收费车道上传的湘通卡交易的原始数据进行汇总统计和分析处理。可以按照收费路段中心，收费站，收费车道完成日、月、年各种管理报表的打印输出，湘通卡跟踪，设备运行状况和网络运行状况的监视，并可对收费数据进行查询和检索。

（3）图像管理功能

为有效地防止换卡逃费的发生，省 MTC 湘通卡收费结算系统应可调阅、查询各站抓拍的图像并打印。

（4）卡及车牌照查询功能

在系统工作站通过输入湘通卡的卡号或车辆牌照信息，能够在全路网或某个收费站、某个路段查询一定时间区间内该卡或车辆的行驶信息。

（5）数据采集

MTC 车道的湘通卡交易信息自动通过收费站 VPN 自动上传至省中心交易数据存储服务器。

（6）数据备份与恢复管理

省中心交易数据存储服务器依据所制定的备份策略，对 MTC 湘通卡收费数据和其他部分重要的系统文件进行备份；当系统出现故障，根据需要，对数据或系统文件进行恢复。

（7）通行费拆分与清算

省 MTC 湘通卡收费结算系统负责对联网收费区域内上传 MTC 湘通卡交易的每一笔通行费进行拆分和结算，按照日、月、年输出收费区域收费情况统计报表，按照收费区域输出日、月、年拆账结算清单、账务对账单、资金划拨表等；省 MTC 湘通卡收费结算系统同时支持收费区域路网内的各个路段的各类技术分析、数据分析仲裁、决策系统提供、系统网络及数据安全及报表打印。

（8）通行费拆分对账

省 MTC 湘通卡收费结算系统的拆账结算服务器定期对 MTC 湘通卡的收费数据进行拆账，拆出的通行费金额需与湘通卡营销系统进行对账，金额不符时，将通过系统逐条核对该时间段内每一条收费数据或通过人工干预修正，直到金额完全匹配后方可结算。

（9）维护功能

完成系统用户的管理，系统软件硬件设备的管理和控制，故障的记录和报警等功能。

3）系统结构

系统结构如图 3-4-1 所示。

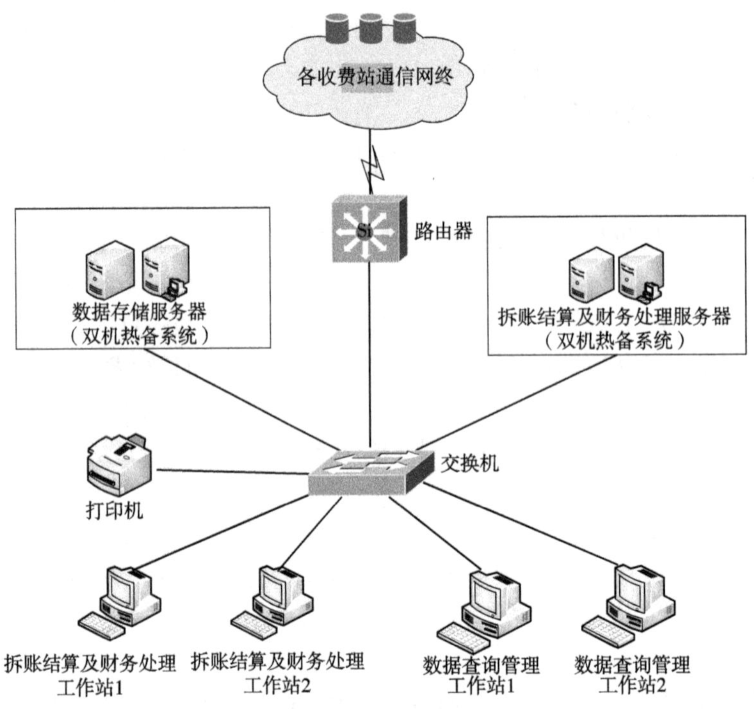

图 3-4-1　省 MTC 湘通卡收费结算系统构成图

4.2　MTC 改造关键设备技术指标

4.2.1　湘通卡读写器

MTC 改造将在 MTC 车道增加湘通卡读写和支付功能，要求 MTC 车道新增支持双界面 CPU 卡读写的 IC 卡桌面读写器。

（1）根据《收费公路联网收费技术要求》（交通部 2007 年第 35 号公告）的要求，IC 卡读写器必须能够兼容所有符合规范的非接触逻辑加密卡以及双界面 CPU 卡的读写操作。

（2）非接触式 IC 卡读写器主要由读写核心单元、读写天线和接口等部分组成。读写器安装在收费员控制台上，接口方式为串口。

（3）读写器应具有极强的抗干扰能力。读写天线应全封闭、防尘防水、防振、免维护，车辆上或车道附近使用的无线电设备及各种电气装置不应对读写器工作造成干扰或错误读写。

（4）读写器与非接触 IC 卡之间读写时应通过三重双向鉴别。双向鉴别方法采用 DEC 加密算法和随机数相结合。

（5）能读写 TYPE A 的 CPU 卡（Mifare pro 标准）。

（6）读写器 SAM 卡至少能存储 5 套密钥，至少支持 3 个 SAM 卡插槽。

（7）非接触式 IC 卡读写器主要技术指标。

①工作频率：13.56MHz。

②传输速率应满足手持非接触式 IC 卡快速划过天线能正确读写的要求。

③读写距离:0~100mm,当 IC 卡手持在 100mm 范围内,与天线平面间夹角≤60°通过时,应满足精度要求。

④工作环境条件:-20~+90℃,相对湿度 10%~95%。

⑤读写器与车道控制器采用串行 RS232C 接口,9600b/s/14.4kB/s。

⑥读写器的读写错误率小于 0.00001。

⑦MTBF 大于 20000h,MTTR 小于 1h。

4.2.2 数据存储、对账、拆分服务器

参数同省监控中心的数据拆分和管理服务器。

4.2.3 台式工作站

同省监控中心工作站。

4.2.4 磁盘阵列

同省监控中心磁盘阵列。

第 5 章

ETC车道土建改造方案

5.1 设计要点

5.1.1 土建改造

根据不停车收费系统要求，需要对不停车收费车道收费岛进行改造，具体如下：

(1)ETC 车道一般设置在靠近双向岛两侧的一入一出两条车道，在具体设置时可根据各个收费站实际情况选着最佳的设置车道。

(2)ETC 车道设置在靠近双向岛两侧时，需要将双向收费岛两端沿岛头方向各加长 8m，并将原岛头拆除，将加长部分岛头及岛缘石直接浇筑在混凝土路面上，并用锚固钢筋进行锚固，在加长收费岛上设置不停车收费设备基础及管道。

(3)ETC 车道设置在远离双向岛时，需要将 ETC 车道单向收费岛沿岛头方向各加长 6~8m，并将原岛头拆除，将加长部分岛头及岛缘石直接浇筑在混凝土路面上，并用锚固钢筋进行锚固，在加长收费岛上设置不停车收费设备基础及管道。

(4)收费岛改造完后，需在收费岛上设置立面标记，加长后的收费岛立面标记应与原有收费岛立面标记顺接并保持一致，建议对收费岛的全部立面标记进行更新，以保持岛头及岛缘石加长部分与原岛面立面标记的一致性，并可使立面标记保持清晰可识。

5.1.2 标志、标线改造

1)标志平面布设

在 ETC 实施以后，为引导 ETC 车辆行驶，在收费站设置相关 ETC 车道引导标志及标线。相关 ETC 车道标志有：

ETC 车道指示标志，设置在 ETC 车道正上方的收费大棚上。

ETC 车道岛头标志，设置在 ETC 车道的岛头上，并设置在雾灯后面。其采用膨胀螺栓固定在岛头上。

2)标志版面设计、标志反光材料

ETC 及收费站预告标志、广场前 ETC 车道指示标志汉字高度采用 60cm，ETC 车道指示标志字高采用 50cm，ETC 车道岛头标志汉字高度采用 25cm。字体采用交通标志专用字体，英文字高为汉字高度的1/2,版面内容中汉字间距、笔画粗度、最小行距、边距、颜色以及版面布置等均以《道路交通标志和标线》(GB 5768)为依据设计。

设计中标志反光膜的选取以《公路交通标志反光膜》(GB/T 18833)为依据,除沪宁高速公路主线收费站预告标志采用一级反光膜外,其余标志均统一采用二级反光膜。

3)标志结构及防腐处理

标志板采用LF2型铝合金板,为了保证板面的平整度及强度,对于板面面积小于$10m^2$的标志,底板采用2mm厚的铝合金板;对于板面面积大于$10m^2$的标志,底板采用3mm厚的铝合金板;铝合金板中部采用铝合金龙骨加强,边缘采用角铝加强,铝合金板与龙骨及角铝之间均采用铝合金沉头铆钉连接。

标志板面应无裂缝、撕破或其他表面缺陷,标志板边缘应整齐、光滑,标志板的尺寸误差应小于±0.5%,平面翘曲的误差应小于±3mm/m。

立柱根据板面尺寸大小采用不同直径的钢管,直径小于或等于152mm的立柱采用镀锌焊接钢管,直径大于152mm的立柱采用无缝钢管,钢管下部与立柱法兰焊接,通过地脚螺栓及法兰与基础固定。

本设计中地脚螺栓、基础法兰、锚板、连接螺栓采用热浸镀锌防腐处理,镀锌量应不小于$350g/m^2$,其他所有钢构件在做热浸镀锌防腐处理后,再做喷塑防腐处理,做喷塑处理的构件镀锌量应不小于$270g/m^2$。喷塑材料采用聚酯涂料,喷塑颜色为乳白色。

4)标线及文字标记

ETC实施以后,为引导ETC车辆行驶、防止普通车辆误入ETC车道,在ETC车道的前方设置相关地面标线,标线从收费岛岛头开始施划,并延长至收费广场直线段末端,同时设置地面“ETC专用、限速20”地面文字标记及锥形路标配合使用。

ETC车道标线为白色,地面文字标记尽量布置在收费广场混凝土路面范围内,颜色为暗红色;若收费广场条件不具备,地面文字的位置处于沥青混凝土路面范围内,文字颜色采用黄色。

标线及地面文字标记均采用热熔2号标线。

5.2 材料

工程采用的混凝土、钢筋等材料应符合《公路桥涵施工技术规范》(JTJ 041)的有关规定。

管道采用的材料应符合下述要求:

(1)钢管的材质、规格、型号应符合《直缝电焊钢管》(GB/T 13793)及设计文件的有关规定,不得有严重锈蚀。钢管的壁厚不得小于设计值,管壁应光滑、无裂缝、无节疤。

(2)钢管采用ϕ60mm×3.0mm等热浸镀锌焊接钢管。

(3)各种钢构件的材质、规格及防锈处理等均应符合质量标准,不得有歪斜、扭曲、飞刺、断裂或破损。钢构件的防锈处理和镀层应均匀完整,表面光洁、无脱落、无气泡等缺陷。

(4)各种管材的管身及管口不得变形,接续配件齐全有效,套管(套箍)内径与插口外径应吻合。

(5)管道工程所用的器材规格、质量,施工单位在使用前必须按有关规定进行检验,无出厂合格证的器材,不得用于本工程。

5.3 施工要点

5.3.1 收费岛改造

1)原有设施的拆除

防止由于拆除作业对邻近的交通、设备和人员产生影响或损害。

2)收费岛加长

收费岛加长时应将原岛头拆除,先按图示位置埋设锚固钢筋。锚固钢筋应与收费岛缘石钢筋牢固绑扎(岛头钢筋比较复杂,宜进行实地放样),浇筑混凝土前应将原混凝土路面清洗干净,并凿毛。

3)收费岛岛面铺装

收费岛加长部分岛面铺装与原岛面铺装保持一致。

4)收费岛立面标记

收费岛立面标记应按《道路交通标志和标线》(GB 5768)采用黄黑相间普通油漆,标线间隔 20cm;岛头不涂黄黑相间斜线的顶面和内侧部分,应刷白漆。在刷油漆之前,表面先用腻子找平,施工时应保证两种不同颜色之间界限分明、整齐、没有相互污染。

5)设备基础和管道

设备基础均采用 C30 混凝土现浇,收费岛内管道均采用 ϕ60mm×3. 0mm 热浸镀锌焊接钢管,一端至设备基础,另一端至收费岛上手孔,再由收费岛上手孔引至收费亭基础布线槽内,其埋深为岛面至管顶 15cm,管道需拐弯时,其弯曲半径不得小于管径的 10 倍,管道铺设完成后应加穿 ϕ3mm 镀锌铁丝,并用 ϕ8mm 钢筋与原管道点焊一体接地。

收费岛内回填应与原收费岛内回填材料保持一致。

5.3.2 标志、标线

1)交通标志

(1)标志板与铝合金龙骨的连接、龙骨与支架连接应牢固。

(2)基础预埋件做好防锈处理,外露的地脚螺栓应涂上黄油后包扎好,防止碰坏丝扣。

(3)为保证路基的稳定性,标志基础的回填应确保压实度,在压实度不能保证的情况下,经现场监理工程师同意,可采用 C15 素混凝土回填。

(4)双柱、单柱式标志板内边缘距路肩边缘的距离不得小于 25cm,单悬臂、附着式标志板的下边缘与路面的垂直距离应满足净空高度要求。

(5)混凝土基础尺寸应严格按图纸执行,混凝土强度等级应满足设计要求。

2)交通标线

(1)标线施工前须标线处路面表面清洁干燥,无松散颗粒、灰尘、沥青、油污或其他有害物质,施工时地表温度高于 5℃。

(2)标线施工应根据设计要求进行标线放样,纵向标线应与路线线形、路缘石边缘线顺适;标线宽度必须一致、线形规则、边缘整齐、线形顺畅。

(3)标线材料的选择、标线厚度、玻璃微珠的含量等均应符合设计文件的要求。

第4篇

湖南省高速公路电子不停车收费系统全国联网技术方案

概　述

1.1　项目背景

随着智能交通的发展,利用 ETC 可以在车辆不停车或在一定的限速条件下顺利通过收费广场,很好地解决收费站区车辆拥堵现象。

到 2014 年初,湖南省高速公路 ETC 项目已经完成三期工程,ETC 已实现全覆盖。

2014 年 3 月,交通运输部下发了《交通运输部关于开展全国高速公路电子不停车收费联网工作的通知》(交公路发〔2014〕64 号),文件规定了 2015 年的实施目标:

(1)基本实现全国 ETC 联网,建立全国 ETC 联网运营管理机制。客车 ETC 使用率不低于 25%,非现金支付使用率达到 20%。

(2)建成较为完善的 ETC 基础设施网络,主线收费站 ETC 覆盖率达到 100%,ETC 专用车道数原则上不少于两入两出;匝道收费站 ETC 覆盖率不低于 90%。

(3)建立统一规范的 ETC 客服体系,客服网点覆盖到县(区)级行政区,用户服务更加便捷。

(4)建立多元化的用户发展模式,全国 ETC 用户数量达到 2000 万(含非现金支付卡用户)。

(5)实现军车、武警车辆使用 ETC 全国联网运行。

(6)建立完善的全国 ETC 联网运行标准及检测体系,规范和带动相关产业发展。

(7)初步建立全国收费公路联网数据服务系统,为国家公路网运行管理及政府行业监管提供决策支持。

主要任务如下:

(1)成立全国高速公路电子不停车收费联网管理委员会(以下简称管委会),负责协调全国 ETC 联网运营管理工作。

(2)依托京津冀区域 ETC 清分结算系统建设全国 ETC 清分结算中心系统;依托中国邮政集团建设全国 ETC 清分结算数据容灾备份系统;开展省级收费结算系统联网改造;搭建部省数据传输通信链路;在不影响各省(区、市)原有联网收费主体结算账户的基础上,依托中国邮政储蓄银行,设立统一的跨省(区、市)结算账户。

(3)已通车高速公路通过增设或改建增加 ETC 专用车道,新建高速公路同步建设 ETC 专用车道,统一 ETC 专用车道标识。

(4)制定《公路电子收费联网运营与服务规范》,建设和完善自营与代理相结合的客户服务网络,建设全国统一的ETC门户网站,探索建立异地充值、网上充值等服务模式。

(5)制定ETC关键设备、系统入网与运行检测规程,开展相应的测试和联网调试工作。

(6)研究制定灵活的通行费优惠政策和车载单元购买补助等ETC用户发展策略,组织开展ETC使用宣传推广工作。

按照文件要求,北京、天津、河北、山西、辽宁、上海、江苏、浙江、安徽、江西、福建、山东、陕西于2014年底前完成联网,其余省份于2015年基本完成联网。湖南省本属于第二批联网省份,但经湖南省申请,交通运输部同意将湖南省纳入第一批联网。根据交通运输部2014年10月电视电话会议精神,第一批联网省份要在11月具备联网条件。

1.2 编制依据

(1)《交通运输部关于开展全国高速公路电子不停车收费联网工作的通知》(交公路发〔2014〕64号)。

(2)《全国高速公路电子不停车收费联网总体技术方案》(交通运输部2014年第112号公告)。

(3)《全国高速公路电子不停车收费联网联合测试方案》(交通运输部2014年第112号公告)。

(4)《公路电子不停车收费联网运营和服务规范》(JTG B10-01—2014)。

(5)《收费公路联网电子不停车收费技术要求》(交通运输部2011年第13号公告)。

(6)《智能运输系统　电子收费　系统框架模型》(GB/T 20135—2006)。

(7)《电子收费　专用短程通信》系列标准(GB/T 20851.1~4—2007)。

(8)《收费公路联网收费技术要求》(交通部2007年第35号公告)。

(9)《关于促进高速公路应用联网电子不停车收费技术的若干意见》(交公路发〔2010〕720号)。

(10)《公路水路交通运输信息化"十二五"发展规划》。

(11)《湖南省高速公路机电系统总体规划》(湖南省交通厅2008年编制)。

(12)湖南省在建高速公路机电工程联网相关工作指南(2013版)。

(13)相关技术标准和会议座谈、调研资料。

第 2 章 建设原则与目标

2.1　建设原则

全国高速公路电子不停车收费联网工程(湖南省)技术方案应遵循如下基本原则:

(1)必须充分利用现有人工半自动收费方式 MTC 联网收费系统资源,避免大投入、大变动,保证系统的平稳过渡。

(2)保持现有湖南省联网收费系统网络和支撑网络基本不动,或改动代价最小。方案应充分考虑联网收费系统的技术先进性、安全性、可靠性、合理性和可扩展性。

(3)符合交通行业发展的技术政策和技术标准。坚持"统筹规划、分步实施",结合路网建设和管理的长远发展,对建设规模、管理模式等进行统筹安排。

(4)充分考虑平衡参与联网电子收费系统各方的权利、权益,明确各方的责任,保护道路业主与用户的利益。

(5)采用先进、成熟的联网不停车收费技术和信息技术,提高联网收费系统的服务效率与质量。

(6)以国家电子收费技术标准,主要包括《智能运输系统　电子收费系统框架模型》(GB/T 20135—2006)、《电子收费专用短程通信　第 1 部分:物理层》(GB/T 20851.1—2007)、《电子收费专用短程通信　第 2 部分:数据链路层》(GB/T 20851.2—2007)、《电子收费专用短程通信　第 3 部分:应用层》(GB/T20851.3—2007)、《电子收费专用短程通信　第 4 部分:设备应用》(GB/T20851.4—2007)和《电子收费专用短程通信　第 5 部分:物理层主要参数测试方法》(GB/T 20851.5—2007);《收费公路管理条例》《收费公路联网收费技术要求》和其他相关技术规范为统一的技术标准。

2.2　建设目标

进行全国高速公路电子不停车收费联网工程(湖南省)的建设,确定以下基本目标:

(1)在现有 MTC 联网收费路网的基础上,保留现有收费制式,运用组合式联网收费技术,采用国家电子收费相关规范、标准,研究制定联网不停车收费的技术条件、技术方案和实施方案,通过设置电子不停车收费车道以及对既有联网收费系统的升级改造,提高湖南省高速公路网中收费站通行能力和服务水平。

(2)湖南省高速公路联网电子收费系统初期保证在省际高速公路与主要干线上设置ETC专用车道,远期根据用户数量、实际需求等,在省内其他高速公路上逐渐扩大ETC专用车道规模。

(3)通过联网电子收费系统的实施,推动电子收费广泛应用,促进交通行业电子不停车技术产业链的成长、成熟和发展。

(4)完成湖南省ETC系统建设和全国联网准备工作,纳入全国高速公路电子不停车收费联网。

第3章 全国ETC总体框架和湖南省ETC系统建设现状

3.1 ETC总体框架

全国联网收费总体框架由部级收费公路联网结算管理中心(以下简称“部中心”)、省(区、市)级联网结算管理中心(以下简称“省中心”)、省内路段收费分中心、收费站、收费车道(MTC车道、ETC车道)五级组成,如图4-3-1所示。

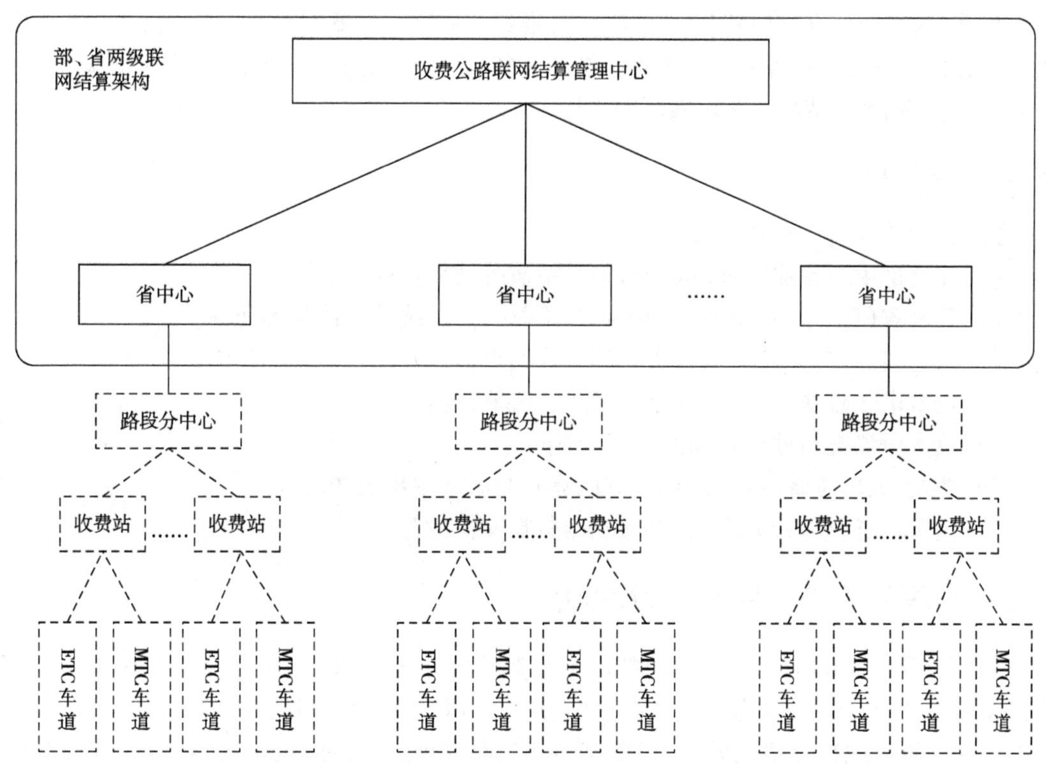

图4-3-1　全国高速公路ETC联网总体架构示意

3.1.1 部中心

在交通运输部领导下由路网监测与应急处置中心（以下简称“部路网中心”）成立收费部中心。

1）部中心组成

部中心作为部路网中心所属机构，由部路网中心负责对其领导与管理。

2）定位与职能

按部文件规定和联网工作需求，部中心承担以下工作：

（1）受部委托，起草全国收费公路联网收费和电子不停车收费方面的规章制度、标准规范和相关政策。

（2）制定全国收费公路联网收费的实施管理办法，并组织实施。

（3）承担 ETC 跨省（区、市）联网收费日常清分、结算、参数管理。

（4）协调、处理 ETC 跨省（区、市）联网运营与服务中出现的问题。

（5）协调省（区、市）际间无法处理的 ETC 跨省（区、市）争议交易、投诉等问题。

（6）对联网区域内的 ETC 公共数据与数据交换进行管理，并向各省级 ETC 联网运营与服务机构提供数据查询服务。

（7）组织 ETC 跨省联网收费系统和关键设备的入网检测。

（8）承担收费公路国家级密钥管理工作。

根据《收费公路联网收费技术要求》（交通部 2007 年第 35 号公告），各省（区、市）内联网收费运营管理工作由各省中心负责。涉及跨省（区、市）清分、结算的，各省中心应配合部中心完成具体清分、结算、核查、客服等工作。

3.1.2 省中心

按联网工作需求，省中心承担以下工作：

（1）配合部中心完成跨省（区、市）通行费清分结算业务。

（2）负责省（区、市）内电子收费数据的汇总、验证、统计与清算等业务。

（3）与省（区、市）内发行及服务机构完成结算数据及用户状态信息的交互。

（4）负责电子收费系统用户状态名单（黑名单）的管理。

（5）负责争议交易处理、投诉处理等工作。

（6）协调、处理本省（区、市）ETC 联网运营与服务中出现的问题。

（7）负责本省（区、市）ETC 公共数据与数据交换的管理。

3.2 湖南省 ETC 系统建设现状

一期工程于 2009 年开始，已完成 37 个收费站共计 76 条 ETC 车道、1 个 ETC 联网收费管理备份中心，1 个客户服务与发行备份中心、1 个 POS 客户发行网点的建设。

一期工程天线统计情况见图 4-3-2、表 4-3-1，马家河、平江西、河洑、衡阳西、新塘、永州、桃花源、沅陵 8 个收费站采用单天线。

图 4-3-2 单天线收费站

ETC 车道情况统计 表 4-3-1

序号	站 数	单向数量	站数	ETC 入口	ETC 出口	总计
1	岳阳	双	1	1	1	2
2	扬梓冲	双	1	1	1	2
3	月形山	双	1	1	1	2
4	黄花	双	1	1	1	2
5	雨花	双	1	1	1	2
6	李家塘	双	1	1	1	2
7	宁乡	双	1	1	1	2
8	株洲西	双	1	1	1	2
9	开慧	双	1	1	1	2
10	马家河	单	1	1	1	2
11	平江西	单	1	1	1	2
12	郴州	双	1	1	1	2
13	德山	双	1	1	1	2
14	金洲	双	1	1	1	2
15	韶山	双	1	1	1	2
16	株洲东	双	1	1	1	2
17	株洲北	双	1	1	1	2
18	河洑	单	1	1	1	2
19	衡阳西	单	1	1	1	2
20	新塘	单	1	1	1	2
21	永州	单	1	1	1	2

续上表

序号	站　数	单向数量	站数	ETC 入口	ETC 出口	总计
22	朝阳	双	1	1	1	2
23	广福	双	1	1	1	2
24	衡阳东	双	1	1	1	2
25	怀化南	双	1	1	1	2
26	吉首	双	1	1	1	2
27	邵阳南	双	1	1	1	2
28	桃花源	单	1	1	1	2
29	湘潭	双	1	1	1	2
30	湘乡	双	1	1	1	2
31	星沙	双	1	2	2	4
32	沅陵	单	1	1	1	2
33	筲箕湾	双	1	1	1	2
34	张家界	双	1	1	1	2
35	长沙西	双	1	1	1	2
合计			35	36	36	72

二期工程于 2013 年 10 月开始，建设 45 个收费站共计 94 条 ETC 车道、1052 条 MTC 车道以及部分软、硬件改造、71 个收费站的湘通卡维护及管理系统。

湖南省高速公路 ETC 系统三期是主要针对 2012 年前通车运营的高速公路，在一、二期工程完成的基础上对该系统的进一步完善，和对全省 MTC 车道进行兼容湘通卡改造，对未建设 ETC 的收费站进行完善建设 ETC 车道及联网收费管理中心系统升级完善。

三期 ETC 车道需建设 192 条，MTC 车道改造 717 条，收费站改造 88 个，分中心改造 14 个。

湖南省二期、三期工程均采用双天线、6 线圈方案（图 4-3-3）。

图 4-3-3　双天线收费站

湖南一、二、三期统计情况参见表 4-3-2。

2012 年、2013 年已通车高速公路 ETC 设置情况参见表 4-3-3。

湖南省一、二、三期 ETC 工程实施情况汇总表

表 4-3-2

序号	分局	路段	No	站名	ETC 一期				ETC 二期				ETC 三期			
					站数	入口	出口	总计	站数	入口	出口	总计	站数	入口	出口	总计
1	岳阳	京港澳高速公路 临长段 G4	1	羊楼司(省界主线)									1	2	2	4
			2	金鸡									1	1	1	2
			3	临湘					1	1	1	2				
			4	桃林									1	1	1	2
			5	岳阳	1	1	1	2	1	1	1	2				
			6	荣家湾					1	1	1	2				
			7	大荆					1	1	1	2				
			8	平江西	1	1	1	2								
			小计		2	2	2	4	4	4	4	8	3	4	4	8
		岳临高速公路 随岳湖南段 S61	1	道仁(主线站)									1	2	2	4
			2	巴陵									1	1	1	2
			3	云溪									1	1	1	2
			4	岳阳东									1	1	1	2
			小计										4	5	5	10
	合计				2	2	2	4	4	4	4	8	7	9	9	18
2	长沙	京港澳高速公路 临长段 G4	1	开慧	1	1	1	2								
			2	广福	1	1	1	2								
			3	杨梓冲	1	1	1	2								
			4	月形山	1	1	1	2								
			小计		4	4	4	8								

续上表

序号	分局	路段	No	站名	ETC 一期				ETC 二期				ETC 三期			
					站数	入口	出口	总计	站数	入口	出口	总计	站数	入口	出口	总计
2	长沙	长浏高速公路长永段 S20	1	永安					1	1	1	2				
			2	星沙	1	2	2	4								
			3	三一												
			4	黄花	1	1	1	2	1	1	1	2				
			小计		2	3	3	6	2	2	2	4				
		长株高速公路 S21	1	榔梨东					1	1	1	2	1	1	1	2
			2	仙人									1	1	1	2
			3	团头									1	1	1	2
			4	云龙北									1	1	1	2
			5	株洲					1	2	2	4				
			小计						2	3	3	6	4	4	4	8
		京港澳高速公路长潭段 G4	1	雨花	1	1	1	2	1	1	1	2				
			2	李家塘	1	1	1	2	1	1	1	2				
			3	马家河	1	1	1	2								
			4	易家湾												
			小计		3	3	3	6	2	2	2	4				
		长张高速公路长益段 G5513	1	长沙西	1	1	1	2	1	1	1	2				
			2	友仁									1	2	2	4
			3	关山									1	1	1	2
			4	金洲	1	1	1	2								
			5	宁乡	1	1	1	2								
			6	泉交河									1	1	1	2
			7	朝阳	1	1	1	2								
			小计		4	4	4	8	1	1	1	2	3	4	4	8
	合计				13	14	14	28	7	8	8	16	7	8	8	16

续上表

序号	分局	路段	No	站名	ETC 一期				ETC 二期				ETC 三期			
					站数	入口	出口	总计	站数	入口	出口	总计	站数	入口	出口	总计
3	湘潭	沪昆高速公路 潭邵段 G60	1	楠竹山									1	1	1	2
			2	韶山	1	1	1	2								
			3	竹埠港									1	1	1	2
			4	湘潭	1	1	1	2	1	1	1	2				
			5	湘乡	1	1	1	2								
			小计		3	3	3	6	1	1	1	2	2	2	2	4
		岳临高速公路 潭衡西段 S61	1	湘潭西									1	1	1	2
			2	杨嘉桥									1	1	1	2
			3	射埠									1	1	1	2
			4	回龙桥									1	1	1	2
			5	白果									1	1	1	2
			6	东湖									1	1	1	2
			7	石市									1	1	1	2
			8	衡阳蒸湘									1	1	1	2
			小计										8	8	8	16
	合计				3	3	3	6	1	1	1	2	10	10	10	20

续上表

序号	分局	路段	No	站名	ETC 一期				ETC 二期				ETC 三期			
					站数	入口	出口	总计	站数	入口	出口	总计	站数	入口	出口	总计
4	株洲	京港澳高速公路潭耒段 G4	1	株洲西	1	1	1	2	1	1	1	2				
			2	伞铺									1	1	1	2
			3	王十万									1	1	1	2
			4	朱亭									1	1	1	2
			5	新塘	1	1	1	2								
			6	大浦									1	1	1	2
			7	冠市									1	1	1	2
			8	新市									1	1	1	2
			9	耒阳					1	1	1	2				
			小计		2	2	2	4	2	2	2	4	6	6	6	12
		莲易高速公路	1	株洲北	1	1	1	2								
			小计		1	1	1	2								
		沪昆高速公路醴潭段 G60	1	株洲东	1	1	1	2								
			2	芷钱桥					1	1	1	2				
			3	醴陵东									1	1	1	2
			4	金鱼石（省界）									1	2	2	4
			5	醴陵工业园									1	1	1	2
			小计		1	1	1	2	1	1	1	2	3	4	4	8
	合计				4	4	4	8	3	3	3	6	9	10	10	20
5	衡阳	耒宜高速公路 G4	1	公平												
			小计									1	1	1	2	

续上表

序号	分局	路段	No	站名	ETC 一期				ETC 二期				ETC 三期			
					站数	入口	出口	总计	站数	入口	出口	总计	站数	入口	出口	总计
5	衡阳	泉南高速公路 衡炎段 G72	1	楠木									1	1	1	2
			2	福星庙									1	1	1	2
			3	松木塘	1	1	1	2								
			4	衡东					1	1	1	2				
			5	高湖									1	1	1	2
			6	攸县					1	1	1	2				
			7	茶陵					1	1	1	2				
			8	浣溪									1	1	1	2
			9	炎帝陵					1	1	1	2				
			小计		1	1	1	2	4	4	4	8	4	4	4	8
		泉南高速公路 衡枣段 G72	1	古城									1	1	1	2
			2	衡阳东	1	1	1	2								
			3	衡阳西	1	1	1	2								
			4	硫市									1	1	1	2
			5	石埠					1	1	1	2				
			6	归阳					1	1	1	2				
			小计		2	2	2	4	2	2	2	4	2	2	2	4
		衡邵高速公路 衡邵段 S80	1	衡阳西渡									1	1	1	2
			2	演陂									1	1	1	2
			3	金兰									1	1	1	2
			4	杨桥									1	1	1	2
			5	邵东南									1	1	1	2
			6	邵阳北									1	1	1	2
			7	新邵									1	1	1	2
			小计										7	7	7	14
	合计				3	3	3	6	6	6	6	12	14	14	14	28

续上表

序号	分局	路段	No	站名	ETC 一期				ETC 二期				ETC 三期			
					站数	入口	出口	总计	站数	入口	出口	总计	站数	入口	出口	总计
6	郴州	京港澳高速公路耒宜段 G4	1	马田									1	1	1	2
			2	永兴					1	1	1	2				
			3	五里牌									0	0	0	0
			4	郴州	1	1	1	2								
			5	良田									0	0	0	0
			6	宜章					1	1	1	2				
			7	小塘(省界)									1	2	0	2
			小计		1	1	1	2	2	2	2	4	2	3	1	4
		宜凤高速公路 S31	1	宜章南									1	1	1	2
			2	梅田									1	1	1	2
			3	长村									1	1	1	2
			4	黄沙									1	1	1	2
			5	堡城(省界)									1	2	2	4
			小计										5	6	6	12
	合计				1	1	1	2	2	2	2	4	7	9	7	16
7		二广高速公路邵永段 G55	1	邵阳县									1	1	1	2
			2	白仓									1	1	1	2
			3	花桥									1	1	1	2
			4	永州北					1	1	1	2				
			5	永州东					1	1	1	2				
			小计						2	2	2	4	3	3	3	6

续上表

序号	分局	路段	No	站名	ETC 一期				ETC 二期				ETC 三期			
					站数	入口	出口	总计	站数	入口	出口	总计	站数	入口	出口	总计
7		道贺高速公路　S81	1	道州									1	1	1	2
			2	道州南									1	1	1	2
			3	江华									1	1	1	2
			4	江永									1	1	1	2
			5	回龙圩									1	1	1	2
			6	永济亭(省界)									1	2	2	4
			小计										6	7	7	14
		泉南高速公路衡枣段　G72	7	潘市					1	1	1	2				
			8	白水					1	1	1	2				
			9	大忠桥									1	1	1	2
			10	永州	1	1	1	2								
			11	黄田铺					1	1	1	2				
			12	珠山									1	1	1	2
			13	枣木铺(省界主线)									1	2	2	4
			小计		1	1	1	2	3	3	3	6	3	4	4	8
	合计				1	1	1	2	5	5	5	10	12	14	14	28
8	邵阳	沪昆高速公路邵怀段　G60	1	隆回					1	1	1	2				
			2	黄桥									1	1	1	2
			3	大水									1	1	1	2
			4	洞口					1	1	1	2				
			5	江口									1	1	1	2
			小计						2	2	2	4	3	3	3	6

续上表

序号	分局	路段	No	站名	ETC 一期				ETC 二期				ETC 三期			
					站数	入口	出口	总计	站数	入口	出口	总计	站数	入口	出口	总计
8	邵阳	沪昆高速公路 潭邵段 G60	11	邵东					1	2	2	4				
			12	邵阳东					1	1	1	2				
			13	邵阳南	1	1	1	2	1	1	1	2				
			14	周旺铺					1	1	1	2				
			小计		1	1	1	2	4	5	5	10				
		娄怀高速公路 娄新段 S70	7	坪上												
			小计													
	合计				1	1	1	2	6	7	7	14	3	3	3	6
9	怀化	沪昆高速公路 邵怀段 G60	6	安江									1	1	1	2
			7	中方					1	1	1	2				
			小计						1	1	1	2	1	1	1	2
		沪昆高速公路 怀新段 G60	1	芷江					1	1	1	2				
			2	土桥									1	1	1	2
			3	兴隆					1	1	1	2				
			4	新晃(省界站)									1	2	2	4
			5	怀化南	1	1	1	2								
			小计		1	1	1	2	2	2	2	4	2	3	3	6
	合计				1	1	1	2	3	3	3	6	3	4	4	8

续上表

序号	分局	路段	No	站名	ETC 一期				ETC 二期				ETC 三期			
					站数	入口	出口	总计	站数	入口	出口	总计	站数	入口	出口	总计
10	湘西	杭瑞高速公路 常吉段　G56	1	泸溪					1	1	1	2				
			2	吉首东									1	1	1	2
			3	吉首	1	1	1	2								
			小计		1	1	1	2	1	1	1	2	1	1	1	2
	合计				1	1	1	2	1	1	1	2	1	1	1	2
11	常德	长张高速公路 常张段　G5513	1	斗姆湖					1	1	1	2				
			2	河　洑	1	1	1	2								
			3	架　桥									1	1	1	2
			4	热　市									1	1	1	2
			5	慈利东					1	1	1	2				
			6	慈利西					1	1	1	2				
			7	岩泊渡									1	1	1	2
			8	阳　和					1	1	1	2				
			9	张家界(主线)	1	1	1	2								
			小计		2	2	2	4	4	4	4	8	3	3	3	6
		杭瑞高速公路 常吉段　G56	1	桃花源	1	1	1	2								
			2	乌云界									1	1	1	2
			3	茶庵铺									1	1	1	2
			4	官庄									1	1	1	2
			5	马底驿									1	1	1	2
			6	沅陵	1	1	1	2								
			7	筲箕湾	1	1	1	2								
			小计		3	3	3	6					4	4	4	8

续上表

序号	分局	路段	No	站名	ETC 一期				ETC 二期				ETC 三期			
					站数	入口	出口	总计	站数	入口	出口	总计	站数	入口	出口	总计
11	常德	长张高速公路 益常段 G5513	1	幸福渠									1	1	1	2
			2	迎风桥									1	1	1	2
			3	军山铺									1	1	1	2
			4	太子庙									1	1	1	2
			5	谢家铺									1	1	1	2
			6	德 山	1	1	1	2								
			小计		1	1	1	2					5	5	5	10
	合计				6	6	6	12	4	4	4	8	12	12	12	24
12	娄底	沪昆高速公路 潭邵段 G60	1	水府庙					1	1	1	2				
			2	娄底	1	1	1	2								
			3	双峰					1	1	1	2				
			4	三塘铺									1	1	1	2
			5	廉桥					1	1	1	2				
			小计		1	1	1	2	3	3	3	6	1	1	1	2
	合计				1	1	1	2	3	3	3	6	1	1	1	2
总计					37	38	38	76	45	47	47	94	86	95	93	188

湖南省 2012～2013 年通车高速公路 ETC 实施情况汇总表

表 4-3-3

序号	路段名称	收费站名称	土建数（入/出）	MTC 车道数（入/出）	ETC 车道数（入/出）	天线情况	线圈情况	设备品牌	分期情况	是否满足	备注
湖南 2012 年通车高速公路 ETC 实施情况											
1	吉茶高速公路	花垣东	3/5	2/4	1/1	双	6	千方		Y	
		茶峒主线收费站	14/14	3/14	0/2	双	6	千方		Y	暂缓实施
		矮寨收费站	2/4	2/4	1/1	双	6	千方		Y	
		花垣西	3/5	2/4	1/1	双	6	千方		Y	
2	炎睦、炎陵高速公路	霞阳(5117)	3/5	2/4	1/1	单	6	金溢		N	
		神龙谷(5118)	3/3	2/2	1/1	单	6	金溢		N	
		省界主线收费站	6/10	10/16	0/2	单	6	金溢		N	计划施工
3	衡岳高速公路	南岳(4301)	5/9	2/6	1/1	单	6	金溢		N	
		石鼓(4302)	3/5	2/2	1/1	单	6	金溢		N	
		衡阳北收费站	7/12	3/7	1/1	单	6	金溢		N	
4	郴宁高速公路	郴州南(2201)	4/7	3/6	1/1	单	6	华软		N	
		郴州西(2202)	4/7	3/6	1/1	单	6	华软		N	
		桂阳(2203)	3/6	2/5	1/1	单	6	华软		N	
		龙潭(2204)	3/5	2/4	1/1	单	6	华软		N	
		嘉禾(2205)	3/6	2/5	1/1	单	6	华软		N	
		楠市(2206)	3/5	2/4	1/1	单	6	华软		N	
5	宁道高速公路	宁远南(7401)	3/5	2/4	1/1	单	6	埃特斯		N	
		梅岗(7402)	3/5	2/4	1/1	单	6	埃特斯		N	
		道州东(7403)	3/5	2/4	1/1	单	6	埃特斯		N	
		道州西(7404)	3/5	2/4	1/1	单	6	埃特斯		N	
		仙子脚(7405)	3/5	2/4	1/1	单	6	埃特斯		N	
		省界主线收费站	12/12		0/2					N	暂缓实施

续上表

序号	路段名称	收费站名称	土建数（入/出）	MTC 车道数（入/出）	ETC 车道数（入/出）	天线情况	线圈情况	设备品牌	分期情况	是否满足	备注
6	吉怀高速公路	吉首南收费站	3/5	2/4	1/1	单	6	金溢		Y	
		吉信收费站	3/3	2/2	1/1	单	6	金溢		Y	
		凤凰收费站	3/5	2/4	1/1	单	6	金溢		Y	
		石羊哨收费站	2/2	2/2	1/1	单	6	千方		Y	
		麻阳收费站	3/6	2/5	1/1	单	6	金溢		Y	
		隆家堡收费站	2/2	2/2	1/1	单	6	千方		Y	
		怀化西收费站	4/11	3/10	1/1	单	6	金溢		Y	
7	汝郴高速公路	集益（3202）	3/5	2/2	1/1	单	6	金溢		N	
		汝城北（3203）	3/5	1/3	1/1	单	6	金溢		N	
		岭秀（3204）	3/5	2/2	1/1	单	6	金溢		N	
		文明（3205）	3/5	2/3	1/1	单	6	金溢		N	
		里田（3206）	3/5	2/2	1/1	单	6	金溢		N	
		平和（3207）	3/5	2/2	1/1	单	6	金溢		N	
		省界主线站	14/14	7/7	0/2	单	6	金溢		N	
8	大浏高速公路	蕉溪收费站	2/2	2/2	1/1	单	6	金溢		N	
		溪江收费站	4/9	3/7	1/1	单	6	金溢		N	
		古港收费站	3/5	2/2	1/1	单	6	金溢		N	
		官渡收费站	3/6	2/3	1/1	单	6	金溢		N	
		张坊收费站	3/6	2/2	1/1	单	6	金溢		N	
		省界主线收费站	15/15	10/10	0/1	单	6	金溢		N	预留了一条 ETC

续上表

序号	路段名称	收费站名称	土建数（入/出）	MTC车道数（入/出）	ETC车道数（入/出）	天线情况	线圈情况	设备品牌	分期情况	是否满足	备注
9	永蓝高速公路	阳明山收费站	3/5	2/4	1/1						计划实施
		平田收费站	3/5	3/5	1/1						计划实施
		宁远收费站	3/5	2/4	1/1						计划实施
		宁远东收费站	2/3	3/3	1/1						复式;计划实施
		蓝山收费站	3/5	2/4	1/1						计划实施
		长铺收费站	3/5	2/4	1/1						计划实施
		省界主线站	19/19	11/19	0/2						暂缓实施
10	娄新高速公路	扶洲收费站	3/5	2/3	1/1	单	6	金溢		N	
		娄底南收费站	4/8	3/7	1/1	单	6	金溢		N	
		娄底西收费站	5/10	3/7	1/1	单	6	金溢		N	
		杨市收费站	3/5	2/3	1/1	单	6	金溢		N	
		涟源收费站	3/7	2/4	1/1	单	6	金溢		N	
		三甲收费站	3/5	2/4	1/1	单	6	金溢		N	
		坪上收费站	3/5	2/3	1/1	单	6	金溢		N	
		冷水江南收费站	3/5	2/4	1/1	单	6	金溢		N	
		新化收费站	3/6	2/4	1/1	单	6	金溢		N	
11	衡桂高速公路	车江(7601)	3/5	2/4	1/1	单	6	金溢		N	
		水口山(7602)	3/6	2/5	1/1	单	6	金溢		N	
		常宁(7603)	4/9	3/8	1/1	单	6	金溢		N	
		庙前(7604)	3/5	2/4	1/1	单	6	金溢		N	
		流峰(7605)	3/5	2/4	1/1	单	6	金溢		N	

续上表

序号	路段名称	收费站名称	土建数（入/出）	MTC 车道数（入/出）	ETC 车道数（入/出）	天线情况	线圈情况	设备品牌	分期情况	是否满足	备注
12	桂武高速公路	春陵江(7801)	3/5	2/4	1/1	单	6	金溢		N	
		行廊(7802)	3/5	2/4	1/1	单	6	金溢		N	
		麦市(7803)	3/5	2/4	1/1	单	6	金溢		N	
		楚江(7804)	3/5	2/4	1/1	单	6	金溢		N	
		临武(7805)	4/7	3/6	1/1	单	6	金溢		N	
		迎春(7806)	3/5	2/4	1/1	单	6	金溢		N	
13	长湘高速公路	铜官收费站	3/5	3/5	1/1	单	6	金溢		N	
		望城收费站	3/5	3/5	1/1	单	6	金溢		N	
		乌山收费站	3/5	3/5	1/1	单	6	金溢		N	
		白箬铺收费站	3/5	3/5	1/1	单	6	金溢		N	
		莲花收费站	3/5	3/5	1/1	单	6	金溢		N	
		南谷收费站	3/5	3/5	1/1	单	6	金溢		N	
14	浏醴高速公路	社港收费站	3/5	2/4	1/1	单	4	金溢		N	
		沙市收费站	3/5	2/4	1/1	单	4	金溢		N	
		北盛收费站	5/8	4/7	1/1	单	4	金溢		N	
		江背收费站	4/6	3/5	1/1	单	4	金溢		N	
		跃龙收费站	3/5	2/4	1/1	单	4	金溢		N	
		普迹收费站	3/5	2/4	1/1	单	4	金溢		N	
		枫林市收费站	3/5	2/4	1/1	单	4	金溢		N	

续上表

序号	路段名称	收费站名称	土建数（入/出）	MTC车道数（入/出）	ETC车道数（入/出）	天线情况	线圈情况	设备品牌	分期情况	是否满足	备　注
15	通平高速公路	上塔市收费站	3/5	2/4	1/1	单	4	金溢		N	
		南江桥收费站	3/5	2/4	1/1	单	4	金溢		N	
		梅仙收费站	3/5	2/4	1/1	单	4	金溢		N	
		平江收费站	4/6	3/5	1/1	单	4	金溢		N	
		安定收费站	3/5	2/4	1/1	单	4	金溢		N	
		湘鄂主线站	16/16	15/15		双			三期	Y	
	小计				81/81						未含三期、暂缓实施站点
湖南2013年通车高速公路ETC实施情况											
1	长浏高速公路	永安收费站	3/3	2/2	1/1	单	6	万集		N	正调整为双天线
		洞阳收费站	3/3	2/2	1/1	单	6	万集		N	正调整为双天线
		浏阳西收费站	4/7	3/6	1/1	单	6	万集		N	正调整为双天线
		浏阳南收费站	3/4	2/3	1/1	单	6	万集		N	正调整为双天线
		大瑶收费站	3/5	2/4	1/1	单	6	万集		N	正调整为双天线
		大瑶主线站	0/10	10/9	0/2					N	暂缓实施
2	潭市互通及连接线	潭市收费站	3/5	2/4	1/1	双	6	金溢		Y	
	水府旅游连接线	水府庙收费站	3/5	2/4	1/1	双	6	金溢		Y	没实施
3	醴茶高速公路	黎家冲收费站	4/7	3/6	1/1	单	4	金溢		N	
		嘉树收费站	3/5	2/4	1/1	单	4	金溢		N	
		泗汾收费站	3/5	2/4	1/1	单	4	金溢		N	
		皇图岭收费站	4/6	3/5	1/1	单	4	金溢		N	
		酒埠江收费站	3/5	2/4	1/1	单	4	金溢		N	
		钟佳桥收费站	3/5	2/4	1/1	单	4	金溢		N	
		攸县东收费站	3/5	2/4	1/1	单	4	金溢		N	
		虎踞收费站	3/5	2/4	1/1	单	4	金溢		N	

续上表

序号	路段名称	收费站名称	土建数（入/出）	MTC 车道数（入/出）	ETC 车道数（入/出）	天线情况	线圈情况	设备品牌	分期情况	是否满足	备注
4	风大高速公路	黄丝桥收费站	3/6	2/5	1/1	单	6	金溢		N	
		凤凰西主线站	5/14	4/9	1/1	单	6	金溢		N	
5	潭耒高速公路改造	株洲西收费站	3/6	3/6	1/1	双	5	新软	一期	Y	
		伞铺收费站	2/3	2/2	1/1				三期	Y	
		王拾万收费站	2/2	2/2	1/1				三期	Y	
		朱亭收费站	2/2	2/2	1/1				三期	Y	
		新塘收费站	2/5	2/5	1/1	单	6	金溢	一期	N	
		大浦收费站	2/4	2/3	1/1				二期	Y	
		冠市收费站	2/3	2/2	1/1				三期	Y	
		新市收费站	2/2	2/2	1/1				三期	Y	
		耒阳收费站	3/5	2/4	1/1	双	6	万集	三期	Y	
6	耒宜高速公路改造	公平收费站	2/3		1/1	单	4	金溢	2013	N	
		马田匝道收费站	2/3		1/1	双	6		三期	Y	
		永兴匝道收费站	3/6		1/1	双	6	万集	二期	Y	
		五里牌收费站	2/2		1/1	单	4	金溢	2013	N	
		郴州匝道收费站	5/9		1/1	双	5	新软	一期	Y	
		良田收费站	2/2		1/1	单	4	金溢	2013	N	
		宜章匝道收费站	3/6		1/1	双	6	万集	二期	Y	
		小塘主线收费站	24/25		0/2	双	6	金溢	三期	Y	

续上表

序号	路段名称	收费站名称	土建数（入/出）	MTC车道数（入/出）	ETC车道数（入/出）	天线情况	线圈情况	设备品牌	分期情况	是否满足	备注
7	张花高速公路	张家界西收费站	4/7	3/6	1/1	单	6	金溢		N	
		三家馆收费站	2/3	1/2	1/1	单	6	金溢		N	（复式）
		青坪收费站	3/5	2/4	1/1	单	4	金溢		N	
		石堤收费站	2/3	1/2	1/1	单	6	金溢		N	（复式）
		抚志收费站	3/6	2/5	1/1	单	6	金溢		N	
		泽家收费站	3/5	2/4	1/1	单	6	金溢		N	
		花垣收费站	3/6	2/5	1/1	单	4	金溢		N	
		保靖收费站	3/5	2/4	1/1	单	6	金溢		N	
		复兴收费站	2/3	1/2	1/1	单	6	金溢		N	（复式）
8	垄茶高速公路	茶陵东收费站	3/5	2/4	1/1	双	6	万集		Y	
		腰陂收费站	3/4	2/3	1/1	双	6	万集		Y	
		光明收费站	3/4	2/3	1/1	双	6	万集		Y	
		高陇主线收费站	12/12	10/10	2/2	双	6	万集		Y	江西未通车
9	怀通高速公路	桐木收费站	3/4	2/3	1/1	单	6	千方		N	
		洪江收费站	3/6	3/6	1/1	单	6	千方		N	
		坪村收费站	3/4	2/4	1/1	单	6	千方		N	
		江市收费站	3/4	2/3	1/1	单	6	千方		N	
		靖州收费站	3/5	3/5	1/1	单	6	千方		N	
		会同收费站	3/5	3/5	1/1	单	6	千方		N	
		甘棠收费站	3/4	2/3	1/1	单	6	千方		N	
		乐安铺收费站	3/5	3/5	1/1	单	6	千方		N	
		万佛山收费站	3/5	2/4	1/1	单	6	千方		N	
		双江收费站	3/4	2/3	1/1	单	6	千方		N	
		陇城收费站	3/3	3/3	1/1	单	6	千方		N	
		主线收费站	16/16		0/2					N	正在实施

续上表

序号	路段名称	收费站名称	土建数（入/出）	MTC 车道数（入/出）	ETC 车道数（入/出）	天线情况	线圈情况	设备品牌	分期情况	是否满足	备注
10	长沙绕城东北、东南	松雅湖收费站	3/5	2/4	1/1	双	6	万集		Y	
		长龙收费站	3/5	2/4	1/1	双	6	万集		Y	
		干杉收费站	3/5	2/4	1/1	双	6	万集		Y	
		鹿芝岭收费站	3/5	2/4	1/1	双	6	万集		Y	
11	洞新高速公路	大水收费站	3/5	2/4	1/1	单	6	金溢		N	
		高沙收费站	3/5	2/4	1/1	单	6	金溢		N	
		武冈东收费站	3/5	2/4	1/1	单	6	金溢		N	
		武冈西收费站	3/5	2/4	1/1	单	6	金溢		N	
		西岩收费站			1/1	单	6	金溢		N	
		司马冲收费站	3/5	2/4	1/1	单	6	金溢		N	
		新宁收费站	4/7	3/6	1/1	单	6	金溢		N	
		八角寨收费站	3/5	2/4	1/1	单	6	金溢		N	
		崀山主线站	12/12	10/10	0/2					N	未建预留
12	石华高速公路	华容北收费站	1/11	1/6	0/2	单	6	杰泰克		N	ETC 在建
13	炎汝高速公路	炎陵西收费站	3/5	3/4	1/1	双	6	千方		Y	
		炎帝陵收费站	3/6	2/5	1/1	双	6	千方		Y	
		船形收费站	2/3	1/2	1/1	双	6	千方		Y	
		中村收费站	3/5	2/4	1/1	双	6	千方		Y	
		八面山收费站	3/5	2/4	1/1	双	6	千方		Y	
		沙田收费站	3/5	2/4	1/1	双	6	千方		Y	
		田庄收费站	2/4	1/3	1/1	双	6	千方		Y	
		汝城南收费站	3/7	2/6	1/1	双	6	千方		Y	
		井坡收费站	3/5	2/4	1/1	双	6	千方		Y	
		主线收费站	8/8		0/2					N	正在建设

续上表

序号	路段名称	收费站名称	土建数（入/出）	MTC车道数（入/出）	ETC车道数（入/出）	天线情况	线圈情况	设备品牌	分期情况	是否满足	备注
14	溆怀高速公路	怀化北收费站	7/12	6/10	1/2	双	6	千方		Y	
		花桥东收费站	3/5	2/4	1/1	双	6	千方		Y	
		辰溪南收费站	3/5	2/4	1/1	双	6	千方		Y	
		大江口收费站	3/5	2/4	1/1	双	6	千方		Y	
		溆浦收费站	3/6	2/5	1/1	双	6	千方		Y	
15	岳常高速公路	君山收费站	2/3	4/6	1/1	单	5	万集		N	复式
		许市收费站	3/5	2/4	1/1	双	8	万集		Y	
		华容东收费站	3/5	2/4	1/1	单	5	万集		N	
		华容西收费站	3/5	2/4	1/1	单	5	万集		N	
		南县收费站	3/5	2/4	1/1	单	5	万集		N	
		安乡收费站	3/5	2/4	1/1	单	5	万集		N	
		西洞庭收费站	3/5	2/4	1/1	单	5	万集		N	
		周家店收费站	3/5	2/4	1/1	单	5	万集		N	
16	东常高速公路	城头山主线站	9/15	6/13	0/2	双	8	金溢		Y	
		复兴厂收费站	2/2	2/2	1/1	双	8	金溢		Y	
		澧县收费站	3/5	2/4	1/1	双	8	金溢		Y	
		津市工业区站	3/5	2/4	1/1	双	8	金溢		Y	
		临澧收费站	3/5	2/4	1/1	双	8	金溢		Y	
		双坪桥收费站	2/2	2/2	1/1	双	8	金溢		Y	
		柳叶湖收费站	3/5	2/4	1/1	双	8	金溢		Y	
		芦荻山收费站	3/5	2/4	1/1	双	8	金溢		Y	
		太阳山收费站	3/5	2/4	1/1	双	8	金溢		Y	
		灌溪收费站	3/5	2/4	1/1	双	8	金溢		Y	
小计					86/86						未含一、二、三期，省界站、暂未实施车道
合计					167/167						

第4章 项目建设方案

4.1 湘通卡及电子标签标准化

《全国高速公路电子不停车收费联网总体技术方案》中对用户卡及电子标签的文件结构做了相应的调整。用户卡的结构如图4-4-1所示。

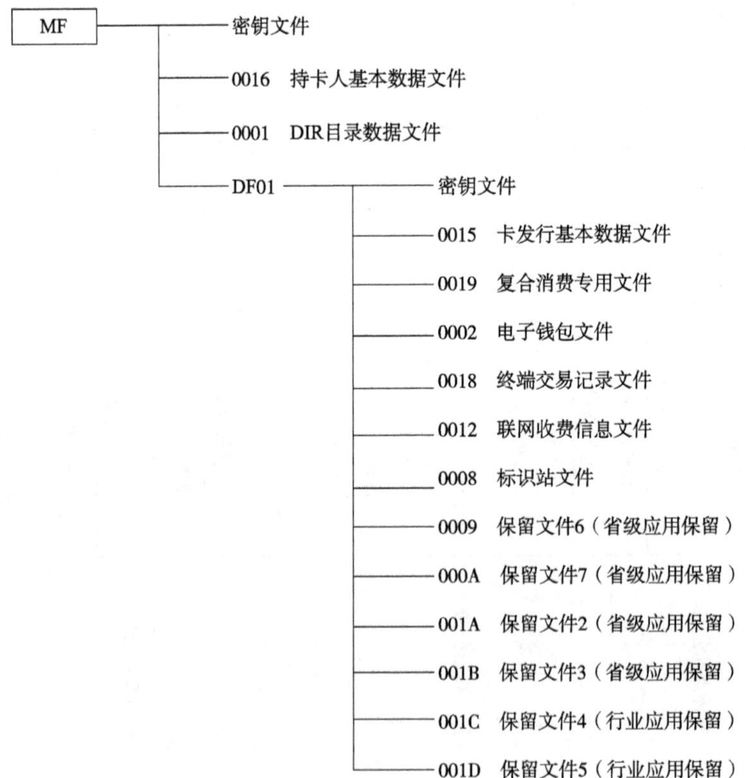

图4-4-1 统一的用户卡结构

电子标签的文件结构如图4-4-2所示。

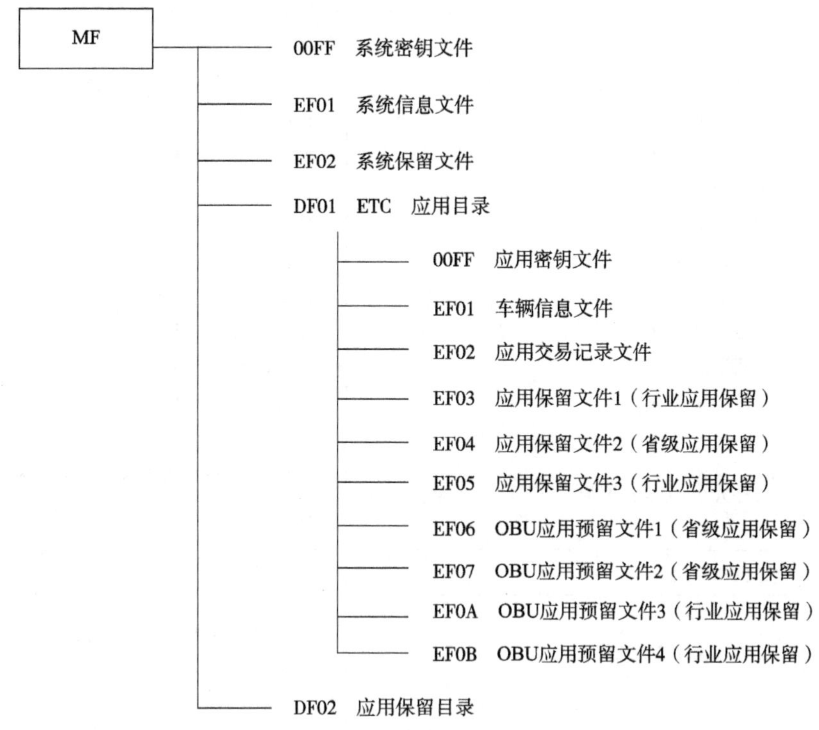

图4-4-2　电子标签文件结构

湘通卡与电子标签和国标对比见表4-4-1。

湘通卡与电子标签和国标对比表　　表4-4-1

内容	湖　南　省	新国标(1024)
内部认证密钥	密钥标识01 计数器3	密钥标识00 计数器—
记账TAC子密钥	密钥标识01	无
Pin码	直接写入123456	ASCⅡ码“123456”
15文件	长度:43 版本号:固定0×10 用户类型:存在21、22 车牌颜色:第42~43(42为0、43记录) 车型:无 行业保留字段:无 省内自定义:无	长度:50 版本号:高四位为4,低四位省级定义 用户类型:0~20 车牌颜色:第42字节 车型:第43字节 行业保留字段:44~46,共3字节,填充0xFF 省内自定义:47~50,共4字节

续上表

内容	湖　南　省	新国标(1024)
19 文件	长度:43 记录 40~43 字节:出口路网号、出口站 预留记录 1:无 预留记录 2:无 预留记录 3:无 预留记录 4:无 预留记录 5:无 预留记录 6:无 预留记录 7:无 预留记录 8:无 预留记录 9:无	长度:576 记录 40~43 字节:收费公路 ETC 预留 预留记录 1:无 预留记录 2:长度 43 预留记录 3:长度 43 预留记录 4:长度 43 预留记录 5:长度 43 预留记录 6:长度 63 预留记录 7:长度 63 预留记录 8:长度 96 预留记录 9:长度 96
18 文件	文件大小:记录长度为 23 字节,50 条交易记录	文件大小:记录长度为 23 字节,不少于 50 条交易记录
09 文件	长度:256	长度:512
1A 文件	文件长度 1024,未创建记录	按照顺序创建 34 省(区、市)记录,记录长度 30 余下 4 字节预留
1B 文件	文件长度 1024,未创建记录	按照顺序创建 34 省(区、市)记录,记录长度 30 余下 4 字节预留
……	……	……

4.2　ETC 清分结算系统升级

完善湖南省跨省高速公路电子不停车收费联网清分结算系统,实现跨省电子不停车收费数据的汇总、验证、统计与清算等业务管理,电子收费系统用户状态名单(黑名单)的管理以及争议交易处理等管理工作。

清分结算系统的主要业务功能包括:

1)系统管理

实现清分结算系统的运营参数管理,人员管理、权限管理等功能。

2)数据传输

实现与收费联网管理中心(简称国家中心)数据的交互功能,包括向国家中心上传数据,接收国家中心下发的数据。

3)清分处理

将产生交易的发行方 ID 和在湖南省公路服务方生成的原始交易包上传至国家中心。

接收国家中心发送的湖南省发行的 IC 卡的跨省原始交易数据。

对接收到的原始交易数据进行记账确认,包括对交易真实性的验证及确认是否从用户账户中扣除通行费。原始交易包中的交易处理结果为两类:确认付款或争议交易。记账结果信息包与原始交易包一一对应,把记账结果更新本地保存的数据。

将记账结果发送给国家中心。

接收国家中心发送的记账结果。

根据记账结果更新本地保存的数据,并发往省内的公路收费服务方(路段单位),公路收费服务方(路段单位)根据记账结果更新本地保存的数据。

4)争议交易处理

ETC 系统不是在线交易,不可避免地会发生重复数据、TAC 验证失败、用户状态更新不及时等情况,进而导致服务方要求发行方按交易信息划拨通行费,但发行方拒绝支付的情况。出现此类情况的交易称为争议交易。

争议交易处理通过国家中心综合业务平台进行交换,湖南省中心增加交易处理的功能模块,以与其他省中心就争议交易进行处理,经协商达成一致的处理结果为最终结果。如双方未能达成一致,由国家中心协调解决。达成一致的处理结果转入下一个周期清分流程。

5)结算处理

国家中心根据最终清分结果对涉及跨省交易的省中心应收、应付金额进行轧差结算,并形成最终结算结果,下发至各省中心及全国结算银行,省 ETC 清分结算系统负责接收结算结果,并按国家中心划拨指令拨付资金,然后将划拨结果反馈至国家中心。

6)用户状态

用户状态名单(黑名单)是由发行方产生的针对 OBU、用户卡的拒收名单。

实际运行过程中,车道对黑名单上的 OBU 或用户卡应拒绝交易。

省 ETC 清分结算系统具有黑名单的产生及撤销功能,向国家中心和接收发送黑名单。

建立黑名单审核管理、交换确认及日志管理机制,建立黑名单自动下发失效应急管理机制,在自动下发失效时系统能给予提示及告警等功能。

7)对账管理

与国家中心在每个清分统计周期内完成对账工作,对账工作由国家中心发起。对于有争议的交易数据,按照争议交易处理流程执行。无争议的对账数据应由国家中心、各省中心进行确认。

8)数据汇总统计

实现各类跨省清分结算数据的统计汇总功能,并提供报表等多样化的查询、打印功能。

9)系统信息安全保障

收费数据在网络传输过程中应具备一定的安全机制,采用基于 PKI(公共密钥基础设施)技术的身份接入机制,通过基于网络链路加密的证书签名、验签技术,实现收费数据的安全传输以及防篡改、防抵赖等安全认证机制。

在省中心清分结算系统中部署签名服务器,并向国家中心申领签名服务器所用的数字证书。数字证书有效期为 5 年,数字证书的更新由国家中心负责组织。使用期间由于各种原因需要更新数字证书的省中心,可向国家中心申请。

数据传输安全应用示意如图 4-4-3 所示。

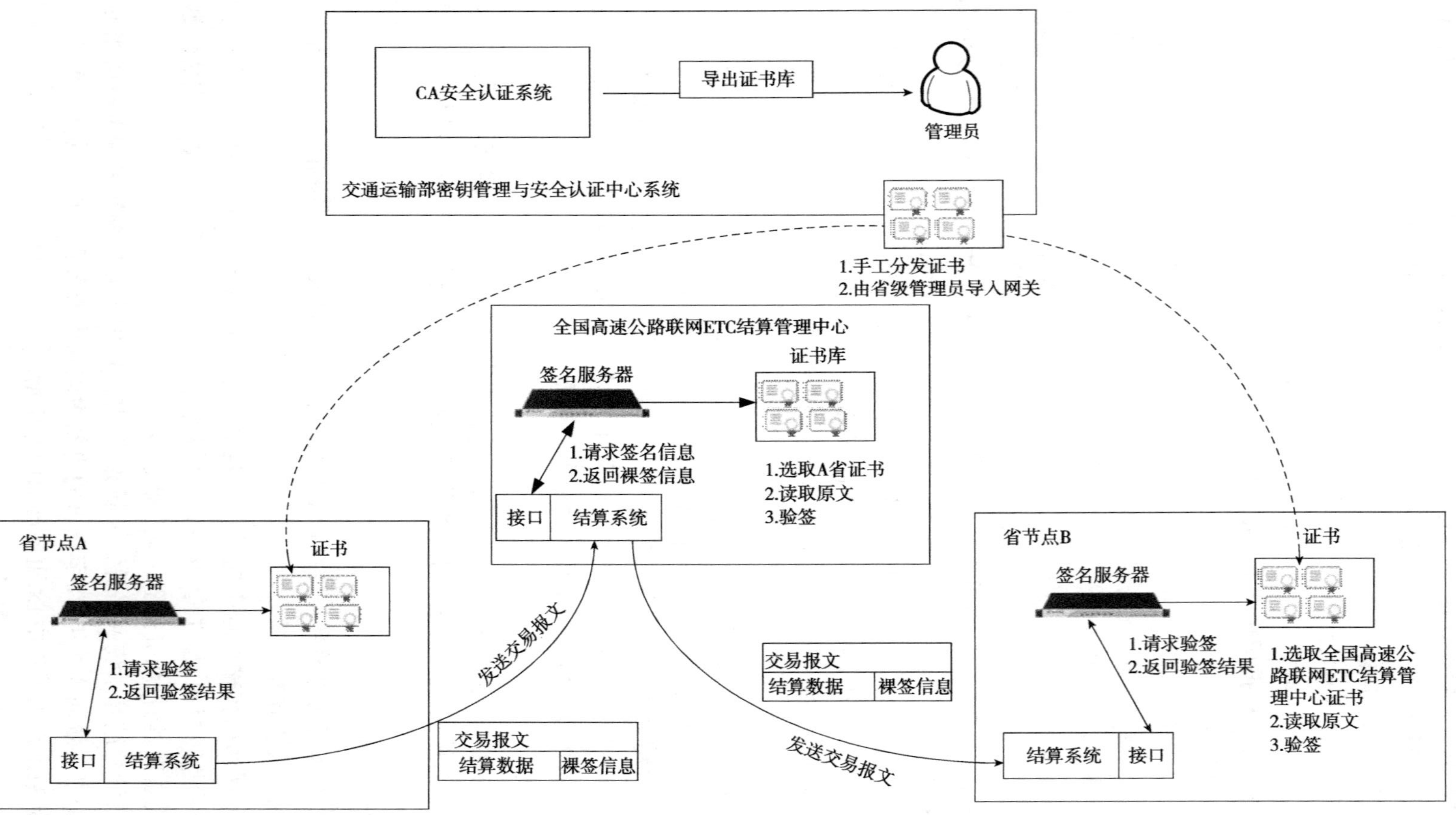

图4-4-3 数据传输安全应用示意图

10）二义性路径识别

重新定义用户卡中保留文件 0008 作为标识站文件，以存储路径标识信息。OBU 中的 ESAM 中存储标识站信息，作为路径精确标识的辅助手段之一，用于车辆经过标识站点时用户卡未插入 OBU 中的应用场景。将对 ESAM 中的省级应用保留文件进行定义，以存储路径标识信息。

11）国家中心系统调用及查询访问接口

根据《全国高速公路电子不停车收费联网总体技术方案》中全国联网接口规范，定义进行通行交易信息、状态名单信息（黑名单）、参与方信息等数据的流转和确认接口，与国家中心清分系统对接。

根据上述要求并结合湖南 ETC 清分结算系统的现状，需升级的功能见表 4-4-2。

湖南省 ETC 清分结算系统升级对比表　　表 4-4-2

项　目	现清分结算系统功能	升级功能
流水检验	根据本省业务规则对流水作完整性校验	增加对省外车辆流水校验
预清分处理	处理特殊流水（军警车、测试车等），再将流水分发给不同发行机构	增加外省车（卡）处理，将外省车流水发至指定位置
发行机构清分确认	发行机构确认本省流水，产生黑名单、争议流水	增加省外流水确认规则判断处理
正式清分	正式流水清分	增加将省外过车清分流水和争议流水发送到国家中心
划账	划账至一个指定账户	省内流水划账至省内结算账户，省外流水划账至全国联网结算账户
黑名单	一天两次全量下发	一天一次全量下发并每隔两个小时一次增量下发
新增与国家中心对接		
1	跨省之间交易数据的清分结算系统	
2	与部中心通信的消息中间件应用	
3	与国家中心的数据传输对接	
4	数据传输的数字签名认证	
5	跨省数据管理系统	
6	消息接收发送监控系统	
7	清分结算监控系统	
8	跨省用户及状态名单管理系统	
9	争议流水处理系统	
10	跨省自动划账接口	
11	清分结算日志分析系统	
12	原始数据文件检索系统	

4.3 ETC客服系统升级

1)CPU卡/OBU一次发行升级

对CPU卡/OBU一次发行模块的升级改造,实现"一车、一标签、一卡"绑定发行,兼容全国联网要求。

2)CPU卡/OBU结构调整

复合消费专用文件0019,从43字节扩展到576字节,为后续的应用拓展保留。

OBE-SAM文件增加应用预留文件3和OBU应用预留文件4,自由读。

OBE-SAM文件建立了DF02应用目录,各省(区、市)可自建文件目录应用。

用户卡中增加0009文件和000A两个自有读写权限的文件,供有特殊应用需求的省(区、市)进行读写。

在用户卡中增加001A、001B、001C、001D文件。

3)中心管理软件升级

增加记账型非现金支付卡的对账、争议处理、结算和划账。

增加第三方支付消费明细的对账、争议处理、清分结算。

对第三方支付的客户消费详单和月结单的升级改造。

4)报表管理软件升级

按照全国联网的要求升级改造清分统计报表。

按照全国联网的要求升级改造结算统计报表。

增加记账型非现金支付卡结算报表。

增加非现金支付卡的通行量、通行费的报表(按日、旬、月、年统计)。

增加非现金充值汇总表按客、货分类统计。

增加非现金支付卡销售、发行业务统计报表。

升级改造客户消费信息查询,加入第三方支付的消费明细。

5)预留警车管理功能

参照军车ETC的相关要求,增加警车管理的相关功能。

6)OBU/CPU卡二次发行软件升级

OBU有效期应不长于10年,OBU与用户卡有效期应一致。

用户卡有效期应不长于10年,OBU与用户卡有效期应一致。

对OBU和用户卡0015文件的42~43字节进行补充定义,定义为车牌颜色。在原有的系统当中没有利用这2个字节,直接填充到车牌当中。

客户车辆信息管理模块的升级改造,按国标要求增加车辆客货分类、车牌颜色功能。

对OBU维修与更换管理模块的升级改造,按国标要求进行完善,调整OBU和用户卡有效期不长于10年,增加车辆客货分类、发行方标识、车牌颜色。

针对储值卡和记账卡的补卡和换卡进行兼容全国联网要求(OBU和用户卡有效期应不长于10年,增加车辆客货分类、发行方标识、车牌颜色按国标要求)。

车牌过户、变更管理模块的升级改造(增加限制条件,普通客户车辆设备不可过户给货车客户车辆)。

7)储值卡/记账卡功能升级

升级改造储值卡的补卡、换卡和退卡流程,兼容储值卡型非现金支付卡补卡、退卡和换卡功能。

升级改造记账卡的补卡、换卡和退卡流程,兼容记账卡型非现金支付卡补卡、退卡和换卡功能。

4.4　时钟授时系统建设

根据《全国高速公路电子不停车收费联网总体技术方案》要求,由国家中心和各省中心分别架设北斗系统授时设备,采用北斗卫星时钟信号校时。各省(区、市)内的各级收费系统,包括车道系统时钟,应与本省(区、市)中心的北斗系统时钟同步。

湖南省结算中心架设北斗系统授时设备,采用北斗卫星时钟信号校时,实现与国家中心的同步。

湖南省内分中心、站级系统、客服中心及客服网点系统、车道系统的系统时钟,应与省中心的北斗系统时钟同步。

4.5　收费系统升级

4.5.1　收费车道软件升级

1)基本要求

车道系统的判断处理逻辑应遵从全国联网技术方案的第3.7节所有判断逻辑,同时符合《交通运输部办公厅关于实施〈军车使用ETC系统技术要求〉的通知》要求。

车道系统对外省(区、市)ETC用户仅做基本的逻辑判定,湖南省特有的自应用流程,应不影响外省(区、市)用户通行前提下实现或仅适用于本地用户。

车道系统不应对外省(区、市)用户卡0018文件进行操作。

OBU发行属地判定,维持现有方式不变。

用户卡发行属地判定方法:读取用户0015卡中文件中的"发卡标识"前4个字节进行判定,即2个汉字(4个字节)的BCD码。

车道系统应针对ETC用户通行所产生的车道原始交易记录进行卡片网络编号(按照GB/T 2260编码,压缩BCD编码)的转换。

收费车道系统(包括ETC车道和MTC车道)的天线或用户卡机具在读取卡内二进制文件和记录文件的完整信息时,应按照"LE=指定读取长度"的方式进行读取。

收费车道系统应生成和保存车道日志,日志内容包括路网号、收费站编号、收费车道号等信息。收费车道日志至少保存40天。发生特殊情况时应保存车道录像,作为争议交易处理以及投诉处理相关证据的录像资料应至少保存15天。

2)其他要求

(1)非省界共建ETC车道系统

ETC 出/入车道应包含 OBU 有效性、用户卡有效性、OBU 和用户卡发行属地一致性判定、车卡绑定以及黑名单查询 5 项基本判定流程。

具体流程图详见《全国高速公路电子不停车收费联网总体技术方案》。

(2)MTC 非现金支付车道

MTC 出口车道应包括用户卡有效性、用户卡发行属地判定、车卡绑定以及黑名单查询 4 项基本判定流程,任意一项不符合按照特情处理。

3)改造主要内容

(1)车道兼容性升级

①针对 OBU 和用户卡的发行属地判定。

②取消用户卡进行 0018 文件的读操作。

③OBU 和用户卡的有效性判定。

④完善收费车道系统日志内容,并对保存时间进行调整至少保存 40 天。

⑤黑名单调用(测试数量要求达到 500 万条)。

⑥用户卡 0008 文件作为标识站文件,存储路径标识信息。

⑦ESAM 中保留文件 EF04 作为路径站文件,存储路径标识信息。

(2)有效期验证

对 ETC 卡和 OBU 进行有效期验证,区分省份进行指定验证。各省(区、市)发行的 OBU 和用户卡有效期应不长于 10 年。

(3)黑名单下载管理

现在的黑名单接口不能适应 500 万次黑名单下载需求,因此需要完善车道黑名单下载接口,增加黑名单反馈、故障报警等功能。

4)省界主线站数据传输

省界主线站交易数据直传国家中心,相应调整省中心数据传输软件设计。

5)ETC 车道状态监测与监视

对 ETC 车道运行状态进行监控,保证 ETC 正常运营。对 ETC 车道进行视频监控,以保存车道特殊情况下视频图像作为争议交易处理的证据。

4.5.2 站级、分中心级软件升级

按照全国联网收费的相关要求,需要对现有的分中心和收费站软件进行升级改造。

1)分中心软件升级改造

(1)ETC 数据完整性校验机制的升级

在新增车道完整性校验记录的基础上,实现分中心的人工监控,日结算的完整性校验功能,便于在数据不完整时问题的及时处理。

(2)增加 ETC 统计报表

增加持 CPU 卡的用户在 MTC 车道通行车辆的非正常统计报表。

2)站级软件升级

(1)增加数据完整性校验功能

为了及时监测 ETC 原始流水数据的上传完整性，在收费站车道完整性校验记录的基础上，增加站级 ETC 数据人工日结算的完整性校验功能（要求在 MTC 日结算时对 ETC 的完整性进行校验日结算，对 ETC 未达到完整性校验做到提示），便于在数据不完整时问题的及时处理。

（2）增加 ETC 统计报表

增加持 ETC 卡的用户在 MTC 车道通行车辆的非正常的统计报表。

黑名单下载管理。

从省中心进行黑名单下载，并且为车道提供下载服务的接口。

（3）数据传输

针对原数据传输出现不完整需要人工干预的问题进行完善，确保数据传输及时、完整。

4.6　全国 ETC 联网测试

4.6.1　测试目标

依据《全国高速公路电子不停车收费联网联合测试方案》，联合测试工作目标如下：

（1）确保联网区域内跨省（区、市）ETC 核心设备之间的有效互通兼容。

（2）实现 ETC 用户在联网区域内不同省（区、市）车道系统的正常交易和准确扣费。

（3）确保湖南省清分结算系统和国家中心清分结算系统之间的数据接口正确、交易记账和清分结算准确。

4.6.2　测试内容

（1）ETC 核心设备（RSU、OBU、用户卡、用户卡机具）、车道软件以及各省（区、市）清分结算系统及记账系统。

（2）军队与武警车辆的 OBU 和用户卡。

测试项目主要集中在设备互联互通和车道交易功能，不包括可靠性测试和交易成功率测试。

4.6.3　车道及 ETC 设备测试

主要针对相关省（区、市）的 ETC 核心设备（RSU、OBU、用户卡、用户卡机具），进行兼容性的测试。

1）用户卡及用户卡机具测试

（1）用户卡消费指令及用户卡结构测试。

（2）车道用户卡机具-用户卡设备兼容性测试。

2）OBU 测试

（1）RSU-OBU 设备兼容性测试。

（2）OBU 的 DSRC 协议一致性测试。

（3）OBU 物理指标测试。

3)RSU测试

(1)RSU-OBU协议互通测试。

(2)RSU物理指标测试。

4)车道软件测试

(1)车道异常交易处理测试。

(2)车道记录准确性测试。

(3)车道交易时间测试。

(4)车道交易异常TAC验证测试。

5)车道功能测试

(1)车道实际ETC设备兼容性测试。

(2)数据完整性及功能测试。

(3)黑名单压力测试。

4.6.4 清分结算联合测试

1)消息文件验证

(1)消息文件格式验证。

(2)消息内容验证。

2)联合功能性测试

(1)原始交易传输记账功能测试。

(2)争议处理功能测试。

(3)清分结算功能测试。

(4)状态名单传输处理功能测试。

(5)消息文件处理回复功能测试。

(6)消息文件异常处理功能测试。

3)其他专项测试

(1)网络通信测试。

(2)压力测试(黑名单500万)。

4.6.5 ETC客服系统测试

对省中心的发行服务系统进行测试,测试全国用户信息共享功能及"一车、一标签、一卡"绑定发行。

对各自有客服网点和银行一站式网点发行程序进行测试,测试全国用户信息共享功能及"一车、一标签、一卡"的绑定功能。

4.6.6 试运行联合测试

1)车道端测试

(1)各省(区、市),使用外省(区、市)测试卡及电子标签,在市界站进行车道测试。

(2)各省(区、市),使用外省(区、市)测试卡及电子标签,在典型收费站进行补充测试。

(3)各省(区、市)测试交易量应达到50笔。

2)国家清分结算中心测试

(1)数据是否正常交互。

(2)争议数据是否正常处理。

(3)状态名单是否正常处理。

(4)车道交易是否正常清算。

(5)各类报表是否正常。

(6)结算系统是否正常工作。

4.6.7　系统切换升级

对相关系统进行软件升级、参数下发等,完成现有系统的切换准备工作。

4.7　关键设备采购

为了满足湖南省快速增长的ETC用户,需购置湘通卡,采购数量为12万张。

4.8　省中心网络安全升级

按照全国联网收费要求,省中心应按照《信息安全技术　信息系统安全等级保护基本要求》(GB/T 22239)中的三级安全要求进行建设和部署。

《信息安全技术　信息系统安全等级保护基本要求》规定了第三级等级保护的基本要求,包括技术要求和管理要求。

技术要求包括:物理安全、网络安全、主机安全、应用安全、数据安全及备份恢复。管理要求包括:包括安全管理制度、安全管理机构、人员安全管理、系统建设管理和系统运维管理。

从上述要求可以看出,第三级等级保护是系统工程,需要从技术和管理方面开展建设,而湖南省全国高速公路电子不停车收费联网工程工期紧、任务重,第三级等级保护建设存在着物理、管理等诸多限制。

为不影响全国联网的进程,本项目对省中心按照第三级等级保护要求进行信息安全体系建设,重点做好系统的网络安全,确保省中心与国家中心之间的网络安全,做好边界防护、访问控制和安全审计、终端安全管理工作。

中心网络安全防护的主要建设内容包括:

4.8.1　安全域划分

整个省中心网络分为如下几个安全域;而且可以按照1~N的数字描述各安全域的安全级别,“安全级1”为最高级别:

(1)最高:安全级1:核心网络域。

(2)最高:安全级1:核心业务域。

(3)安全级 2:安全运维域。

(4)安全级 3:中心外联接入域。

(5)安全级 4:监控业务域。

4.8.2 纵深防御体系建设

纵深防御体系是安全的第一道有效措施,要求包括网络安全防护、系统安全防护和应用安全防护等多个方面,从而实现覆盖网络层到应用层等多层次的安全保护,在不同安全等级的网络边界的位置和系统外部阻止常见的入侵与攻击,并最大限度地减少对业务效率的影响。纵深防御体系由防火墙技术、VPN 技术、网闸技术等技术手段融合组成。

为了保证省中心与国家中心之间的数据安全,拟在省中心和国家中心之间增加一套双向网闸,与外部系统接口之间增加两套单向网闸,以便异常情况发生时能够做到网络物理隔离。

4.8.3 全面监控和审计体系

安全监控和审计系统主要包括入侵检测系统、网络审计系统等监控类的设备,实现全网的实时监控,弥补安全防护系统的不足。

1)入侵检测系统

网络入侵检测系统(IDS)由于涉及数据的存储和处理,所以,多采用 C/S 的部署方式,一般分为“引擎”和“控制台(兼数据中心)”两部分:IDS 引擎分别接入两台核心交换镜像端口,以监听全网的流量;在安全运维域交换机旁路,部署 1 台服务器,安装 IDS 控制台软件,以便存储、分析 IDS 引擎的检测数据,并管控 IDS 引擎。

2)网络审计系统

网络审计系统分为两个部分:审计引擎和审计数据中心。在省中心分别配置如下:

在省中心的核心网络域两台核心交换机旁路,各部署 1 台网络审计系统,分别接入两台核心交换机的镜像口;以便对整网的流量进行审计;核心网络域交换机旁路,部署 1 台网络审计系统—数据中心;各审计引擎抓取的数据,存至本数据中心。

3)可信运维管理系统

(1)主要功能

①本地操作行为审计。

②单点登录。

③身份认证与鉴别。

④访问及操作授权。

⑤违规操作阻断。

(2)部署位置

在核心交换机旁路部署 1 台可信运维管理系统。

部署模式为代理模式,需配置 1 个 IP 地址;运维用户访问业务服务器时,通过本设备进行代理访问。

4.8.4　漏洞扫描与管理体系

1) 主要功能

漏洞扫描及管理系统遵循“发现—扫描—定性—修复—审核”的弱点全面评估法则，综合运用多种漏洞扫描与检测技术，能够快速发现网络资产，准确识别资产属性、全面扫描安全漏洞，清晰定性安全风险，给出修复建议和预防措施，并对风险控制策略进行有效审核，从而在弱点全面评估的基础上实现安全自主掌控。其主要功能如下：

(1) 资产发现与管理。

(2) 脆弱性扫描与分析。

(3) 脆弱性风险评估。

(4) 弱点修复指导。

(5) 安全策略审核。

(6) 漏洞验证。

2) 设备部署

省中心在核心交换机旁路(像终端一样的接入方式)，部署1台漏洞扫描及管理系统(漏洞扫描)实现对省中心当前各类网络设备、操作系统、应用系统的脆弱性进行检测。

4.8.5　终端安全管理系统

1) 主要功能

终端安全管理系统从终端安全、桌面管理、行为监控、网络准入控制等多个角度构建一套完整的内网安全防护体系，贯彻“积极防御、综合防范“的安全理念，通过集中管理、分层保护原则，全方位保证组织内部网络的安全，如图4-4-4所示。

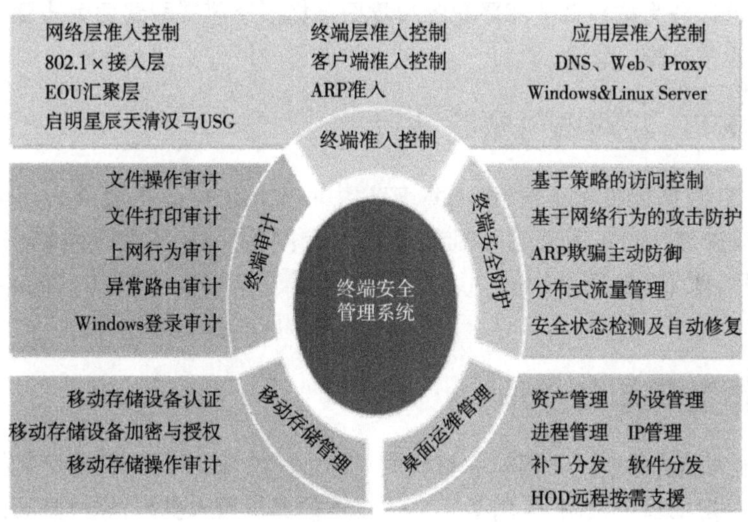

图4-4-4　终端安全管理系统

2) 部署位置

终端安全管理系统为软件系统，需要在终端和服务器端分别部署，采用服务器端多级部署的分布式部署方案。

在终端部署"终端安全管理系统—客户端",在省中心网络安全运维域交换机,接入一级服务器端,用来直接管控省中心的终端。

4.8.6 安全管理中心(SOC)建设

1)主要功能

随着安全系统建设越来越大,除了需要协调各个安全系统之间的问题之外,由于安全相关的数据量越来越大,有些关键的安全信息和告警事件常常被低价值或无价值的告警信息所淹没,一些全局性的、影响重大的问题很难被分析和提炼出来。需要一个综合的管理平台使得整个安全体系的检测能力更加准确,更加集中于影响重大的焦点问题。通过在省级数据中心部署安全管理中心(SOC),实现如下功能:

(1)事件管理。

(2)综合分析、风险评估和预警。

(3)脆弱性管理。

(4)响应管理。

(5)网络管理。

(6)策略管理。

(7)关联分析。

(8)知识管理。

(9)资产管理。

(10)运行状态监控。

2)部署位置

系统部署可以分为核心系统部署配置和数据采集系统部署配置两大步骤。安全管理中心负责对省中心进行统一管理。

4.9 全国 ETC 联网备份链路建设

为保证 ETC 数据的可靠传输,湖南省 ETC 中心至国家中心主通道采用全国高速公路信息通信系统进行传输,备用通道采用专用 VPN 专网,采用扁平化网络结构层次,减少网络端到端的路由跳数,避免迂回路由。在传输通道上增加安全网关、路由器、链路加密设备。

4.10 加密/验签服务

根据《全国高速公路电子不停车收费联网总体技术方案》的要求,收费数据在网络传输过程中应具备一定的安全机制,采用基于 PKI 技术的身份接入机制,通过基于网络链路加密的证书签名、验签技术,实现收费数据的安全传输以及防篡改、防抵赖等安全认证机制。在省中心部署签名服务器,并向国家中心申领签名服务器所用的数字证书。数字证书有效期为 5 年,数字证书的更新由国家中心负责组织。

4.11　车型标准化

根据《交通运输部关于开展全国高速公路电子不停车收费联网工作的通知》（交公路发〔2014〕64 号）和《公路电子不停车收费联网运营和服务规范》（JTG B10-01—2014）的要求，全国 ETC 联网要采用统一的车型分类标准，即采用《收费公路车辆通行费车型分类》（JT/T 489—2003），见表 4-4-3。

收费公路车辆通行费车型分类　　表 4-4-3

类　别	车型及规格	
	客车	货车
第 1 类	≤7 座	≤2t
第 2 类	8～19 座	2～5t（含 5t）
第 3 类	20～39 座	5～10t（含 10t）
第 4 类	≥40 座	10～15t（含 15t），20ft 集装箱车
第 5 类		>15t，40ft 集装箱车

4.12　省（区、市）际共建车道建设

根据《交通运输部关于开展全国高速公路电子不停车收费联网工作的通知》（交公路发〔2014〕64 号）的要求，“主线收费站 ETC 覆盖率达到 100%，ETC 专用车道数原则上不少于 2 入 2 出。”

根据《全国高速公路电子不停车收费联网总体技术方案》的要求，在省（区、市）际共建站采用单 ETC 车道方式，仅设置一台出口车道机，一台入口车道机，两台车道机之间串口通信，所有外设均由 ETC 出口车道控制器控制，如图 4-4-5 所示。

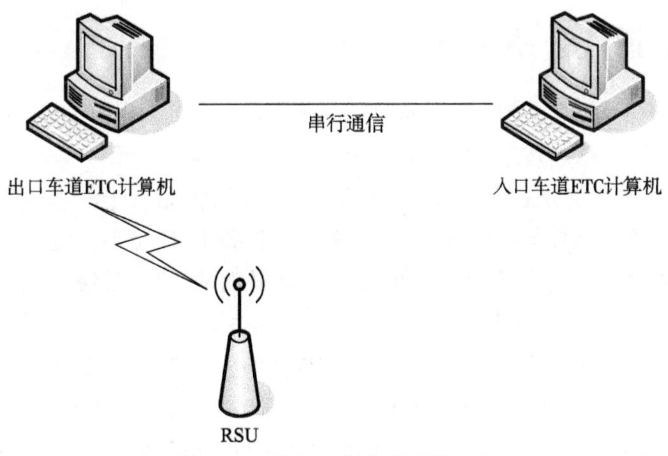

图 4-4-5　省（区、市）际共建站方案

省（区、市）际共建站 ETC 车道的主要功能由 ETC 出口车道完成，所有外设均由 ETC 出口车道控制器控制。

ETC 出口车道系统除应具备总体技术方案的第 3.7.3 中所要求的判定流程外，还应具备以下功能：完成扣款交易的同时，将相邻省（区、市）入口信息写入用户卡（0019 文件），并将相关信息传输给 ETC 入口车道控制器，入口车道控制器负责将相邻省（区、市）的出口车道控制器传输过来的信息上传到本省（区、市）的收费站服务器，然后再逐级上传到省（区、市）清算中心。由于国内 ETC 交易采用的是复合消费流程，因此，入口信息写入的是 0019 文件，各省（区、市）应提供相关 0019 文件格式、写入规则以及具体省界站入口信息等，供相邻省（区、市）参考使用。

4.13 公众服务平台建设

根据《交通运输部关于开展全国高速公路电子不停车收费联网工作的通知》（交公路发〔2014〕64 号）和《公路电子不停车收费联网运营和服务规范》（JTG B10-01—2014）的要求，要建立统一规范的 ETC 客服体系，客服网点覆盖到县（区）级行政区。完善客服体系主要包括三方面的建设：一是客服网点建设，二是客服网站建设，三是呼叫中心建设。

客服网站主要针对现有的 ETC 用户提供网上查询相关资费、充值记录、通行情况等信息，以及提供网上挂失等功能。具体包括以下功能：

（1）系统管理：主要完成系统相关的各项基本参数设置。

（2）用户管理：主要完成电子缴费用户信息注册、查询以及登录密码设置修改。

（3）信息查询：主要完成电子缴费用户的充值记录、车辆办理信息、通行记录查询、充值点查询。

（4）网上营业厅：主要完成电子缴费用户卡片挂失功能，经过网上挂失后，可在限定的时间后在充值点进行补办业务。

（5）信息服务：主要完成公众出行信息发布、推送等业务。

（6）异地充值、网上充值等。

4.14 ETC 车道监管系统

根据《公路电子不停车收费联网运营和服务规范》（JTG B10-01—2014）和《全国高速公路电子不停车收费联网总体技术方案》的要求，国家中心要统计 ETC 车道的工作情况（包括车道交易成功率、各品牌电子标签的交易成功率、车道和各品牌电子标签的兼容性对比、车道交易耗时、车道服务时间、车道的开闭情况等），为跨省 ETC 交易争议提供证据。

为保障 ETC 收费车道的稳定运行，进而确保全国联网 ETC 系统的可靠稳定运行，需要建设 ETC 车道监管系统。系统能够在收费站、收费分中心、省中心实时监控 ETC 车道的开闭情况、设备运行状况、收费情况、异常情况等，当设备发生故障或车辆无法正常通过时，系统可进行报警。统计汇总 ETC 车道车辆通过率及故障率等情况，通过 ETC 车道监控系统能够及时有效的掌握 ETC 车道的运行情况，迅速发现 ETC 车道故障，并进行故障排除。

4.15 统一 ETC 车道标识

根据《交通运输部关于开展全国高速公路电子不停车收费联网工作的通知》（交公路发

〔2014〕64号)的要求,“已通车高速公路通过增设或改建增加ETC专用车道,新建高速公路同步建设ETC专用车道,统一ETC专用车道标识。”

4.16 军车、武警车ETC联网

根据《交通运输部关于开展全国高速公路电子不停车收费联网工作的通知》(交公路发〔2014〕64号)的要求,“(五)实现军车、武警车辆使用ETC全国联网运行。”

附录 A　交通运输部关于开展全国高速公路电子不停车收费联网工作的通知

交公路发〔2014〕64 号

各省、自治区、直辖市、新疆生产建设兵团交通运输厅(局、委),天津市市政公路管理局:

2007 年,原交通部组织开展了京津冀和长三角区域高速公路电子不停车收费(以下简称 ETC)示范工程,并于 2010 年顺利完成。在示范工程的引领下,ETC 技术在全国各地得到了广泛应用,社会效益和经济效益初步显现。实践证明,实施 ETC 是解决公路收费站拥堵、提高公路通行效率的有效途径;是促进交通运输节能减排、节约土地和管理成本的重要举措;是适应公路网络化管理、发挥路网整体效益的现实需要;也是大力推进"四个交通"发展的重要载体。为充分发挥 ETC 的规模效益,交通运输部决定组织开展全国 ETC 联网工作。现就有关事宜通知如下:

一、指导思想及原则

以科学发展观为指导,全面贯彻落实 2014 年全国交通运输工作会议部署和要求,加快实现全国 ETC 联网,全面提升高速公路通行效率和服务水平,方便群众出行,促进经济发展。坚持"统筹规划、分步实施"原则,立足路网建设和管理的长远发展,做好全国高速公路联网收费的顶层设计,并结合各地 ETC 联网发展情况及特点,分期分批、有步骤地推进全国 ETC 联网工程实施。坚持"统一标准、严格检测"原则,依据国家、行业统一的标准和技术要求,对工程实施的关键设备和关键环节进行严格检测评价,确保联网系统兼容互通和稳定可靠。坚持"创新机制、提升服务"原则,以用户需求为导向,创新服务模式,发挥市场作用,形成规模效益,构建高效、优质、便捷的服务体系。坚持"全国联动、合力推进"原则,建立紧密配合、相互协作的联动工作机制,明确分工、各负其责、攻坚克难、共同推进。

二、实施目标

到 2015 年底,力争实现以下目标:

(一)基本实现全国 ETC 联网,建立全国 ETC 联网运营管理机制。客车 ETC 使用率不低于 25%,非现金支付使用率达到 20%。

(二)建成较为完善的 ETC 基础设施网络,主线收费站 ETC 覆盖率达到 100%,ETC 专用车道数原则上不少于两入两出;匝道收费站 ETC 覆盖率不低于 90%。

(三)建立统一规范的 ETC 客服体系,客服网点覆盖到县(区)级行政区,用户服务更加便捷。

（四）建立多元化的用户发展模式，全国 ETC 用户数量达到 2000 万（含非现金支付卡用户）。

（五）实现军车、武警车辆使用 ETC 全国联网运行。

（六）建立完善的全国 ETC 联网运行标准及检测体系，规范和带动相关产业发展。

（七）初步建立全国收费公路联网数据服务系统，为国家公路网运行管理及政府行业监管提供决策支持。

三、主要任务

（一）成立全国高速公路电子不停车收费联网管理委员会（以下简称管委会），负责协调全国 ETC 联网运营管理工作。

（二）依托京津冀区域 ETC 清分结算系统建设全国 ETC 清分结算中心系统；依托中国邮政集团建设全国 ETC 清分结算数据容灾备份系统；开展省级收费结算系统联网改造；搭建部省数据传输通信链路；在不影响各省（区、市）原有联网收费主体结算账户的基础上，依托中国邮政储蓄银行，设立统一的跨省结算账户。

（三）已通车高速公路通过增设或改建增加 ETC 专用车道，新建高速公路同步建设 ETC 专用车道，统一 ETC 专用车道标识。

（四）制订《公路电子收费联网运营与服务规范》，建设和完善自营与代理相结合的客户服务网络，建设全国统一的 ETC 门户网站，探索建立异地充值、网上充值等服务模式。

（五）制定 ETC 关键设备、系统入网与运行检测规程，开展相应的测试和联网调试工作。

（六）研究制定灵活的通行费优惠政策和车载单元购买补助等 ETC 用户发展策略，组织开展 ETC 使用宣传推广工作。

四、实施步骤

（一）第一阶段（2014 年 6 月底前）

1.由交通运输部路网监测与应急处置中心（以下简称部路网中心）会同参与全国 ETC 联网的省级交通运输主管部门及相关单位成立管委会，并制订管委会章程。

2.颁布实施《公路电子收费联网运营与服务规范》《军车使用电子不停车收费通行暂行办法》。由部路网中心牵头制定完成全国 ETC 联网技术实施方案。

3.启动全国 ETC 联网结算中心系统建设，具备完成年度联网任务技术条件；启动数据容灾备份系统建设。

4.各省（区、市）制定完成本地实施方案，明确建设目标和计划。其中：北京、天津、河北、山西、辽宁、上海、江苏、浙江、安徽、江西、福建、山东、陕西于 2014 年底前完成联网，其余省份于 2015 年基本完成联网。

5.未按照行业标准实施车型分类的省份按照行业标准启动车型分类调整工作，未按照国家标准建设 ETC 系统的省份按照国家标准对所用系统实施改造。

（二）第二阶段（2014 年 12 月底前）

1.各地按照制定的实施方案开展 ETC 专用车道、服务网点、联网收费系统建设和改造。

2.北京、天津、河北、山西、辽宁、上海、江苏、浙江、安徽、江西、福建、山东、陕西开展联合测试并于9月底前完成,11月底前完成系统的部署和调试,12月底前联网开通。

3.交通运输部对各省实施情况开展督导检查。

4.全国ETC门户网站开通运行。

(三)第三阶段(2015年9月底前)

1.充分利用各种媒体渠道,统一组织ETC宣传推介活动;在高速公路服务区等车辆密集场所统一组织开展ETC业务咨询、车载单元一站式安装活动。

2.尚未实现联网的其他省份开展联合测试并于6月底前完成,8月底前完成系统的部署和调试,9月底前联网开通。

(四)第四阶段(2015年12月底前)

制定全国ETC联网运营与服务评价体系,对全国ETC联网实施工作进行总结评估,制定下一阶段ETC发展规划。

五、保障措施

(一)加强组织领导。交通运输部成立由分管部领导牵头的领导小组,负责指导全国ETC联网工作。成立由部路网中心和京津冀、长三角区域示范省份等单位有关专家组成的工作组,具体负责全国联网的技术指导、组织协调等推进工作。各省(区、市)交通运输主管部门成立由主要领导牵头的领导小组,负责组织开展本省(区、市)ETC联网具体实施工作,定期检查工作进展情况,及时协调解决实施过程中出现的各种问题。充分发挥管委会的组织协调作用,共商解决全国ETC联网运营相关事宜。

(二)保障资金投入。各省(区、市)应将ETC专用车道建设、联网收费系统改造、客服体系建设、配套设施建设及ETC运营管理费用纳入通行费支出范围或财政预算给予保障。新建高速公路应将ETC基础设施建设纳入项目概算。对各地ETC基础设施、客服体系建设,交通运输部将积极争取国家财政支持。

(三)严格标准执行。ETC工程建设应遵循国家标准和行业技术要求,车载单元和用户卡中自定义文件和数据格式应符合联网统一规定;ETC联网运营应遵循统一规则,服务及配套设施建设应符合统一规范;ETC客车车型分类应严格执行《收费公路车辆通行费车型分类》(JT/T 489—2003)标准。

(四)强化联网检测。强化产品检测,由部路网中心组织具有资质的检测机构,对ETC路侧单元、车载单元、IC卡及读写器等关键设备开展准入检测;强化入网检测,各省(区、市)接入全国联网系统以及省级联网收费系统进行影响全国联网运营的升级改造时,由部路网中心组织开展入网检测;强化运行检测,各省(区、市)要定期对本区域内运行的ETC系统关键指标进行检测和评价。

(五)拓展ETC应用。在具备条件的普通公路收费站推广应用ETC;积极推动ETC在高速公路服务区等场所的消费应用;积极推进ETC在城市停车管理、拥堵收费等领域的应用;鼓励并推动ETC发行工作与第三方服务机构开展合作,灵活运用市场机制,提供复合型服务。

(六)加大宣传力度。广泛利用各种媒体渠道对全国ETC联网工作进行宣传,在高速公路服务区等车辆密集场所开展 ETC 整体形象宣传与推广,让社会公众充分了解实施 ETC 的意义和使用 ETC 的便利,提高公众认知度、扩大社会影响,为全国 ETC 联网工作营造良好的社会氛围。

交通运输部

2014 年 3 月 7 日

第5篇

湖南省高速公路电子不停车收费系统营销合作方案

第 1 章

湖南省高速公路电子不停车收费系统推广应用与银行合作方案

本方案作为《湖南省高速公路电子不停车收费（ETC）推广应用与银行合作协议》（以下简称《协议书》）的附件，与《协议书》具有同等法律效力，经＿＿＿＿＿＿＿＿＿＿（以下简称“甲方”）和＿＿＿＿＿＿＿＿＿（以下简称“乙方”）授权代表签字并加盖公章后生效。

1.1　协议双方对本方案的约定

（1）本方案所指双方即《协议书》签订双方。

（2）乙方承担本方案涉及的由乙方负责的 ETC 营销服务和相关工作的所有费用。

（3）乙方应执行《湖南省高速公路联网收费系统与银行 ETC 营销系统对接技术要求》（以下简称《技术要求》）。

1.2　合作期限

（1）甲乙双方就本方案约定事项的合作期限为 8 年，自本方案生效之日起算，甲方可在以后的合作期限内根据第一年的试行情况及经验与乙方协商，以补充协议的方式调整本方案约定事项。

（2）前款规定的期限届满六个月前，双方应该就本方案执行期限是否延长事宜进行协商。

（3）本方案期限届满后，在任何一方以书面形式明确通知终止关系前，视为不定期合作，双方仍应按本方案的规定履行义务。

1.3　ETC 营销服务内容

1.3.1　乙方负责“一站式”营销网点的建设、管理和服务

1）“一站式”营销网点提供的服务

（1）联名卡和湘通卡销售

“一站式”营销网点须设立联名卡及湘通卡销售柜台并开展联名卡及湘通卡的销售、银

行卡绑定湘通卡服务。

(2)OBU 的采购、发行、安装、激活服务

乙方自主采购 OBU,交甲方完成一次发行后,完成二次发行、安装及激活服务。

(3)联名卡和湘通卡的充值服务

“一站式”营销网点的联名卡和湘通卡充值缴费。

(4)票据打印服务

为 ETC 客户提供票据打印服务。

(5)其他业务服务

为 ETC 客户提供业务咨询以及 OBU(含卡)的挂失、解挂、注销、补换、售后等服务。

(6)实施时间安排

乙方应在 2013 年 10 月 8 日前完成“一站式”营销网点的建设并具备营销服务工作的基本条件,具体开通时间,由甲乙双方另行约定。

2)乙方提供的营销服务基本条件

(1)“一站式”营销网点的选址应在全省各地级市(州)、各县人口密度高、交通发达的繁华区域,并有足够的停车场地。

(2)负责提供网点基础设施(水、电、电话、互联网接入、办公桌椅等)和耗材、印刷资料等。

(3)有办理 OBU、联名卡和湘通卡的专用区域,并有醒目的标识进行引导。

(4)有工作人员负责营销服务及日常管理。

(5)按甲方技术要求配备相应的业务设备。

3)实施宣传与促销

乙方负责在所有网点采取多种方式对 ETC 营销进行广告宣传。乙方进行与联名卡相关的银行业务宣传时,也可以同时介绍全省高速公路联网收费项目的背景资料,不应视为乙方侵权。宣传内容应符合甲乙双方约定的原则,并将与对方相关的内容事先交由对方审核同意,但不得有损双方及双方各自客户的利益。

4)票据领用

票据统一从甲方领用。乙方按月向甲方报送票据领用计划和相关报表等,并按甲方要求处理废票。

5)接受稽查与考核

乙方 OBU 的安装发行应严格按照甲方制定的有关规定进行,并接受甲方的稽查与考核。

1.3.2 乙方负责 ETC 充值网点的建设、管理和服务

1)ETC 充值网点提供的服务内容

(1)乙方为前往充值网点的 ETC 客户提供联名卡及湘通卡充值服务及票据打印(具有打印发票服务的网点应占所有充值网点的 30%以上,其中长沙市、株洲市、湘潭市不少于 5 个,其余 11 个地州市不少于 2 个,并逐年递增),乙方需提供预存通行费一次性全额发票打印服务或提供按月结算费用发票打印服务两种模式。

(2)负责联名卡及湘通卡的销售,并告知客户在“一站式”营销网点或其他技术服务网点可提供湘通卡销售,OBU 销售、发行、安装、激活等 ETC 对外营销服务。

2)乙方提供的营销服务基本条件

(1)有工作人员负责营销服务及日常管理。

(2)按甲方《技术要求》配备相应业务设备。

3)开展宣传工作

乙方应采取多种方式对 ETC 营销进行广告宣传。

1.3.3　乙方负责 ETC 自助充值设备的设置、管理和服务

根据合作协议,经甲乙双方商定,乙方开展 ETC 自助充值服务时,以补充方案明确本节具体内容。

1.3.4　网上银行充值等支付方式

乙方负责研发网上银行充值、手机银行充值、短信充值、电话充值等系统及读写设备,使客户能通过互联网、手机、电话等方式完成联名卡及湘通卡的卡片充值读写的功能。乙方承担由此发生的费用(由甲方录入信息,乙方不另行付费),并对该研发成果的应用所发生的风险承担全部责任。

1.3.5　POS 刷卡缴费

POS 刷卡缴费是指乙方在甲方指定的高速公路收费站安装 POS 机用于通行费收费业务,但甲乙双方合作期内第一年暂不开展此项业务。甲方将根据市场需求,甲乙方商定从合作期第二年或以后的某个时间起,在甲方指定的高速公路收费站人工收费车道免费安装用于非现金支付的移动 POS 机并提供刷卡交通行费业务,乙方承担所有手续费等支出。具体内容以补充协议确定。

1.4　乙方职责

除《协议书》规定的乙方职责外,乙方还应承担以下职责:

(1)乙方须确保和甲方之间的传输数据安全。

(2)乙方负责处理由客户反馈的关于“一站式”营销网点和充值网点的投诉与建议。

(3)接受甲方的监督和管理,对一经发现的乙方错装 OBU 等(如 OBU 安装的车型不符)情况,造成甲方损失,乙方按双方约定的处理办法执行、承担相应责任并赔偿甲方的损失,并承担相应责任。

(4)乙方应建立与甲方的日常沟通渠道,促进工作交流正常化,并指定专人就合作期间事务随时沟通,对出现的问题及时进行通报、解决。

(5)乙方应确保自助设备或与 ETC 有关设备的运行正常,自行维护和监控,对因此产生的问题承担全部责任。

(6)乙方可以为客户的湘通记账卡绑定的银行卡账户或湘通联名记账卡银行账户中,设

置通行费专有额度,仅可用于高速公路通行费扣款,专有额度可根据车型、车种、收费标准等实际情况区别设置。客户湘通记账卡绑定的银行卡或湘通联名记账卡银行账户除通行费专用额度外的余额不足时,乙方须将该客户列为黑名单并将相关信息发送至甲方,甲方负责在收到乙方提供的黑名单后 24h 内下发到全省所有联网收费车道。在乙方发送信息给甲方之后的 24h 内,该客户在高速公路消费所产生通行费由乙方负责按实际消费金额和约定时间划入甲方 ETC 专用账户(如额度不足,则乙方先垫付再向客户追缴),24h 之后,该客户还未缴清欠款的情况下,所产生的高速公路通行费由甲方承担。

1.5 甲方优惠政策及承诺

参见《协议书》。

湖南省高速公路电子不停车收费(ETC)推广应用与银行合作协议

甲方:湖南省高速公路监控中心
地址:长沙市开福区三一大道 500 号
法定代表人:×××

乙方:中国建设银行股份有限公司湖南省分行
地址: ×××号
法定代表人:×××

甲乙双方本着平等自愿、互惠互利、风险共担、共同发展的原则,经友好协商,就湖南省高速公路电子不停车收费(ETC)项目合作事宜达成一致共识,并签署本协议。

1. 合作范围

甲方与乙方合作湖南省高速公路电子不停车收费项目(以下简称“ETC”),合作范围主要包括内容见下,其中涉及乙方负责的 ETC 营销服务和宣传、售后服务等相关工作的所有费用由乙方自行承担。

1.1 甲方授权乙方在湖南省范围区开设 ETC 湘通卡一站式服务网点,并按双方约定的业务权限提供相应的 ETC 湘通卡发行及售后服务等项目。

1.2 乙方同意成为甲方的高速公路 ETC 联网收费服务体系的合作伙伴,乙方负责 ETC 一站式服务网点的建设、管理和服务并遵守该体系的一切技术标准和制度规范。

2. 合作方式

2.1 账户建立

2.1.1 依照《中国人民银行支付结算办法》《人民币结算账户管理办法》以及湖南省交通运输厅、湖南省国资委、湖南省高速公路建设开发总公司等相关规定,甲方在乙方主办行开立湖南省 ETC 通行费专用账户,具体如下:

户名:

账号：

开户行：

开户行号：

2.1.2　湖南省ETC通行费专用账户用于ETC通行费收费资金的汇缴，该专户下设若干二级账户（含清算账户），用于湘通卡用户在高速公路实际消费资金总额的清算和划拨。

2.1.3　甲方委托乙方对账户进行管理，确保账户内资金安全。乙方提供网上银行供甲方使用，甲方使用网上银行自主划转资金。网络发生故障的情况下，甲方可在账户开户行柜台由人工进行资金划转。

2.2　资金清算及对账流程

2.2.1　乙方负责配合甲方完成每日账户资金的归集，划拨，核对等账户管理工作。

2.2.2　湘通卡用户在预存通行费后，乙方在次日12时前，将上日预存资金总额划转到汇缴账户内。特殊情况下未能及时划转的，应在0时至12时以外的其他时间段作资金划转。

2.2.3　乙方在向汇缴账户划入资金的同时，须将当日预存通行费充值明细记录和汇总表通过计算机系统提供给甲方作为对账依据。每个工作日只产生一张预存通行费总表；每张预存汇总表只发生一次资金划转。

2.2.4　甲方每日9时至12时（不含12时）通过计算机系统向乙方提供《清算账户入账通知书》和湘通卡消费明细、汇总表（并保证《清算账户入账通知书》中委托付款金额与汇总表合计金额相符，消费明细与汇总表合计相符），作为乙方向清算账户进行划账和对账依据。每个自然日只产生一张湘通卡消费金额汇总表（当日汇总表可能包括多日交易流水）；每张汇总表只发生一次资金划转。每日12时前，乙方根据《清算账户入账通知书》划转相应资金至二级清算账户（含记账式联名卡消费资金）。特殊情况下未能及时划转的，应在0时至12时以外的其他时间段作资金划转。

2.2.5　甲方于结算日（节假日或网络故障顺延）将清算账户内资金划出。

2.2.6　甲、乙双方根据各自掌握及对方提供的数据逐日分别进行对账。对账发现不符时，双方共同就不符部分逐一核对、查找原因，并及时更正。

2.2.7　差错处理

2.2.7.1　当乙方对湘通卡电子钱包充值时发生差错，由乙方告知持卡人在7日内到发卡行网点更正错误，否则湘通卡将暂时失效。持卡人逾期未作更正的，由乙方向甲方提出书面及电子信息申请，甲方根据乙方主办行所提申请即时对该卡暂作冻结处理，并协助乙方催讨资金损失。

2.2.7.2　乙方跨行汇划时发生多汇的差错，由乙方向甲方提出申请，甲方协助乙方将多汇资金退回。由此而产生的一切损失由乙方负责。

2.2.7.3　乙方应指定专人负责对账。乙方应每日按以下公式进行核对：

所有湘通卡账户余额+湘通卡卡电子钱包余额=汇缴账户金额-二级清算账户金额

并产生核对报表，如有不符，甲方有义务配合乙方核查。

2.2.7.4　乙方须按前述“资金清算及对账流程”中的要求向甲方提供湘通卡充值数据并及时准确地划转专户资金。

2.2.7.5　乙方对写入湘通卡电子钱包及账户的金额及每日提供给甲方明细和汇总表数据的真实性和准确性负责。

2.2.7.6　因乙方办理窗口业务时输入信息错误(包含但不限于)或电子标签安装等环节出错导致甲方损失的,需由乙方全额赔偿。

2.2.7.7　乙方负责受理所办理的湘通卡持卡人充值及消费信息查询,查询结果可能未包括最近48小时内的高速公路通行费的消费情况。如客户对乙方提供的高速公路湘通卡卡消费明细和其卡片记录明细仍持异议的,可请客户与甲方联系,由甲方及时处理。

2.3　资金垫付

2.3.1　湘通记账卡绑定的银行卡余额不足时,乙方须将该客户列为黑名单并将相关信息发送至甲方,甲方负责在收到乙方提供的黑名单后24h内下发到全国所有联网收费车道。在甲方收到黑名单的24h内,该客户在高速公路消费所产生通行费由乙方负责支付(如额度不足,则乙方先垫付再向客户追缴),24h之后,由于黑名单未及时更新至车道而产生的通行费,乙方可拒绝垫付,当该客户缴清欠款,离开黑名单后,乙方须协助甲方向客户追缴此费用。

2.3.2　乙方应执行部路网中心制定《公路电子不停车收费联网运营和服务规范》要求,销户业务自客户申请销户之日起,应于45个自然日之内办理完毕。即甲方收到乙方系统提交的湘通记账卡销户申请起45个自然日内,乙方收到甲方提供的通行流水仍需支付。

2.3.3　乙方应及时完成ETC争议数据的校验核对工作,对因乙方工作人员业务差错造成的争议数据,乙方须先垫付通行费再向客户追缴。对因黑名单未及时更新至车道而产生的ETC争议数据,乙方可不垫付,当该客户缴清欠款,离开黑名单后,乙方须协助甲方向客户追缴此费用。在争议数据尚未处理完成前,乙方不得完成ETC用户注销业务。

2.3.4　乙方应及时处理因ETC大车小标等问题产生的通行费漏缴,对因乙方工作人员业务差错造成甲方ETC通行费损失,乙方须先垫付通行费再向客户追缴。

2.4　ETC发行

2.4.1　按照“方便客户、有利销售、规范管理”的布点原则,甲方授权乙方在下属营业网点开设ETC一站式服务网点,服务范围暂定为湘通卡申办、充值、账单查询、用户信息变更、卡片挂失、注销、用户咨询,以及湘通卡配套的电子标签(下称OBU)发行、安装、激活、变更、注销、设备更换、售后服务等业务。乙方应严格执行甲方制定的业务流程、服务标准和相关管理规定,确保工作的安全性、准确性。

2.4.2　乙方负责做好ETC一站式服务网点工作人员的ETC业务培训和考核监管工作,督促柜面做好ETC湘通卡客户信息的登记、录入、核准、发行、充值、安装、激活、售后服务及资料归档等工作,对于乙方代理甲方的湘通卡业务所涉及的档案资料,先由乙方按规范要求整理归档,待终止该代理业务时一次性移交给甲方。

2.4.3　乙方在办理ETC用户注销业务过程中,必须回收湘通卡,并按时将湘通卡收齐后转交甲方。

2.4.4　乙方应按甲方要求,采购、发行、销售(或赠送)OBU,并向用户提供申办,安装、更换、售后维护等服务。

2.4.5　乙方采购的OBU产品,须通过交通部交通工程监理检测中心的性能测试,交通部路网中心组织的ETC全国联网测试以及甲方组织(委托具备相关资质的第三方检测机构)的湖南省ETC系统兼容性测试。

2.4.6　乙方应按甲方要求,开展ETC推广工作,促进湘通卡用户的发展,并制订切实有力的ETC推广应用营销计划,确保完成甲乙双方约定的ETC用户年度发展目标。

2.4.7　乙方ETC一站式服务网点、客服热线等机构应负责ETC客户投诉的处理,对现场无法解决的投诉应进行登记并及时反馈至甲方,不得推诿。

2.4.8　乙方应在签订本文件之日起3个月内开通ETC空中圈存功能。使湘通卡用户可通过手机APP、微信平台等渠道连接蓝牙读卡器,完成储值卡空中圈存充值功能。

2.4.9　乙方单独开展ETC通行费优惠政策等业务时,须将与甲方相关的内容事先交由甲方审核同意,但不得有损双方及双方各自客户的利益。甲方未审核同意前,乙方不得单方面施行。

2.4.10　乙方发行的联名卡卡片版面设计须经过双方共同商议,体现出发卡行及高速公路行业应用,电子支付卡号段应按甲方分配的号段进行制卡,并将卡号印刷在联名卡卡面上。乙方在制定联名卡推广方案时,应包括湘通卡代销推广内容,并有义务将湘通卡及其使用方法告知客户,乙方不得拒绝客户办理湘通卡的要求。

2.4.11　乙方应明确专人管理,加强收费终端安全控制模块PSAM卡/认证卡的管理工作。

3. 双方权利及义务

3.1　甲方权利及义务

3.1.1　甲方承诺,自合作项目正式运营期起,已办理ETC的客户按湖南省有关规定享受通行费优惠,具体规定以国家和湖北省有关文件为准。

3.1.2　甲方承诺,按交通运输部的要求,争取省交通运输厅、省国资委和省高速公路开发总公司支持,加快ETC车道建设及改造。

3.1.3　甲方负责向乙方提供高速公路电子收费系统与银行ETC系统对接的技术方案,提供本项目涉及的高速公路电子收费相关业务的技术要求。甲方向乙方提供甲乙双方系统对接接口、二次开发包及安装调试服务,乙方承担安装调试费用和使用维护费用。

3.1.4　甲方负责向乙方提供开设ETC一站式服务网点所需的整套设备清单(仅限于符合甲方技术规范标准的设备),配合乙方做好ETC一站式服务网点布设工作。乙方按要求进行采购,甲方负责提供相应的技术支持。

3.1.5　甲方负责协助乙方对乙方ETC一站式服务网点工作人员进行ETC业务培训,乙方承担培训费用。

3.2　乙方权利及义务

3.2.1　乙方负责ETC一站式服务网点的建设及运营,并配备稳定的服务人员,准时对外营业,对外服务时间以乙方网点对外公布的营业时间为准。ETC一站式服务网点应按交通部《公路电子不停车收费联网运营和服务规范》中形象标识示例要求,设置标识明显规范统一的网点标识和独立办理区域及专用的柜台。

3.2.2　乙方应严格执行甲方及甲方主管部门制定的ETC运营管理制度,如《公路电子不停车收费联网运营和服务规范》《收费公路通行费增值税电子普通发票开具运营与服务规则》《湘通卡代理业务管理办法》《湖南省高速公路管理局关于进一步规范管理电子不停车收费(ETC)通行费专用票据的通知》《湖南省高速公路管理局关于规范湖南高速ETC湘通卡退费流程的通知》《湖南省高速公路监控中心关于严格管理ETC电子标签产品质量的函》等文件。

3.2.3 乙方应具有履行合同所必需的技术保障体系、质量保障能力、售后服务能力,确保在甲乙双方约定的时间内,高质量完成系统开通及与甲方技术对接工作。当甲方因业务流程变动、技术指标升级、后续服务功能完善等要求需对系统升级时,乙方须无条件地在规定时间内配合甲方完成ETC相关系统升级工作。

3.2.4 乙方应严格执行甲方制定的ETC运营管理办法,按时将ETC车辆证件图片上传至甲方。

4. 违约及处罚

4.1 甲乙任何一方违反了本协议的规定,并在守约方发出要求违约方纠正的书面通知后30个自然日内仍未纠正的,则构成违约。违约方须赔偿守约方所遭受的实际经济损失。

4.2 甲方将不定期对乙方一站式营销网点进行考核和检查,对营销网点出现违规操作、徇私舞弊等现象(如OBU安装的车型不符)造成甲方通行费流失时,因乙方原因造成的车型发行差错导致通行费或其他损失需全额赔偿,并在差错确认后30个自然日内完成赔偿支付工作。同时乙方应负责召回整改,相关整改情况要及时通报甲方。

4.3 甲方因业务流程变动、技术指标升级、后续服务功能完善等要求需对系统升级时,乙方须无条件地在规定时间内配合甲方完成ETC相关系统升级工作,若乙方未配合甲方按时按期完成相应系统升级工作,甲方将暂停其ETC发行工作。

4.4 由于乙方系统问题造成通行费损失或账户错误的,乙方负责承担相应赔偿责任,具体赔偿办法由甲乙双方约定。

4.5 若ETC一站式服务网点发生下列情形之一的,情形严重且乙方不按甲方要求进行整改,甲方有权终止该网点的ETC代办权限。

①柜面发生"刷卡套现"等违反相关法律法规或内部财务制度的或利用"反充值"操作套取现金的;

②私自利用系统漏洞违规操作(如利用"促销套餐"通过新开户移资等方式套取ETC电子标签设备等)的;

③不执行保密制度泄露客户资料信息的;

④违规使用PSAM卡/认证卡等违反密钥或设备管理规定的,发生串通勾结谋利行为的;

⑤风险防范意识差违规办理或简化手续引发诉讼事件的;

⑥未经严格审核,致使客户利用假行驶证骗办"小车型标签"或违反车型分类标准私自发行激活"大车型小标签"(对情节严重并造成重大损失的,除追缴所造成的通行费损失外,还将移交司法机关处置)等相关违法违规行为的;

⑦一年内,发生2起以上的责任性投诉、未按约定标准配置代理点发行环境的、未按约定的营业时间提供对外服务或柜面发行差错率超过1%的;

⑧在外部检查抽查中被通报批评的、服务质量低劣被第三方监督机构或新闻单位曝光

经查属实的；

⑨其他重大违纪违规行为，性质恶劣影响败坏的。

4.6 在本协议有效期内，未经双方同意不得随意终止ETC一站式服务网点的对外服务，否则违约方将承担由此造成的所有责任和实际经济损失。

4.7 对故意篡改ETC充值或用户信息等数据的，责任方应向对方作出赔偿，并追究当事人的法律责任。

5. 客户投诉机制

5.1 甲乙双方对于客户的查询及投诉，均应热情、积极、及时地处理，并将有关客户投诉处理情况通知对方。需要甲乙双方共同处理的，由双方相互配合处理。

5.2 甲乙双方应指定专人负责协调及日常工作事务处理。对于重大事项，甲乙双方应按指定的联系地址、联系方式和联系人以书面形式进行联系。

5.3 甲乙双方应建立日常沟通渠道，促进工作交流正常化，并指定专人就合作期间事务随时沟通，对出现的问题及时进行通报、解决。

6. 免责条款

因不可预见或不能避免的不可抗力事件以及因政府政策变化导致本协议无法履行或无法完全履行，受影响一方应及时通知对方。甲乙双方应根据不可抗力事件对协议的影响程度，协商决定对本协议进行变更、部分或全部免除受影响一方在本协议中的义务或解除协议。对于未及时通知对方，并且受影响的范围内不承担违约责任的情况，甲乙双方协商解决。

7. 补充、变更、终止解除和解释

7.1 甲乙双方均应善意理解本协议，并以有利于协议目的实现为基础，对协议未定事项进行协商，双方均应遵守诚实信用原则。

7.2 经甲乙双方协商一致，对本协议相关的事项可以书面方式进行补充或变更，但未达成协议之前，甲乙双方应按照本协议规定履行义务。

7.3 由于国家或湖南省的相关法规、政策变动导致本协议无法继续履行，本协议自动终止，甲乙双方均不承担任何责任。

7.4 本协议终止或解除后，甲乙双方应当于协议终止次日起30自然日内安排相关财物、资料的移交工作，并完成所有的结算和对账工作。

7.5 甲乙双方应当以本协议的顺利履行为目的，善意地行使本协议赋予的权利，积极履行本协议规定的义务，相互配合完成业务工作并共同提高业务水平。

8. 纠纷解决

8.1 由于本协议产生的一切争议，甲乙双方应友好协商解决。

8.2 由于本协议产生的纠纷，包括协议效力、履行或违约责任等，经甲乙双方协商、调解不成，由有管辖权的人民法院裁决。

9. 生效及其他

9.1 本协议一式肆份，双方各执贰份，自双方签署盖章之日起生效。本协议有效期为贰年。协议期满双方均无异议的，本协议有效期自动顺延，任一方终止协议，须提前三个月以书面形式通知对方。

9.2 协议任何部分的修改、变更或补充,必须由双方签署书面补充协议方为有效。

年 月 日

1.6 合作项目进程安排

以下合作项目进程安排中乙方提供的营销服务工作量,均以一个银行为单位计算,并暂约定2013—2015年的营销服务工作量。甲乙双方将以补充协议方式约定合作期间内2016年及以后时间段乙方提供的营销服务工作量和合作项目进程安排。

1.6.1 2013年

1)"一站式"营销网点

乙方在长沙、株洲、湘潭市各开放2个"一站式"营销网点,在其余11个地州市各开放1个"一站式"营销网点,2013年共计开放17个"一站式"营销网点。

2)充值网点(含部分网点票据打印)

乙方在全省(市、州、县)所有网点均须开放充值业务(其中30%以上充值网点可进行票据打印)。

3)网上银行等电子渠道充值

乙方完成网上银行等电子渠道充值系统的开发(包含网银、手机银行、短信、电话等电子渠道充值、资金圈存)。

4)年度销售目标

乙方需完成销售OBU及卡3万套。

1.6.2 2014年

1)"一站式"营销网点

乙方在全省(市、州、县)新增18个"一站式"营销网点,其中长沙新增3个,株洲和湘潭各新增2个,其余11个地区各新增1个,累计开放32个"一站式"营销网点。

2)充值网点(含部分网点票据打印)

乙方在全省(市、州、县)当年新增银行开设充值网点。

3)年度销售目标

乙方需完成销售OBU及卡10万套。

1.6.3 2015年

1)"一站式"营销网点

根据实际需要,甲乙双方共同协商新增"一站式"营销网点。

2)充值网点(含部分网点票据打印)

乙方在全省(市、州、县)当年新增银行开设充值网点。

3)年度销售目标

乙方需完成销售 OBU 及卡 15 万套。

1.7　技术对接

1.7.1　总体原则

甲方所辖湖南省高速公路监控中心(下称“省监控中心”)是甲方与乙方进行 ETC 营销系统技术对接的唯一单位。乙方应保证在 9 月 20 日之前完成 ETC 营销系统与省监控中心联网收费系统的技术对接。

1.7.2　整体框架

整体框架如图 5-1-1 所示。

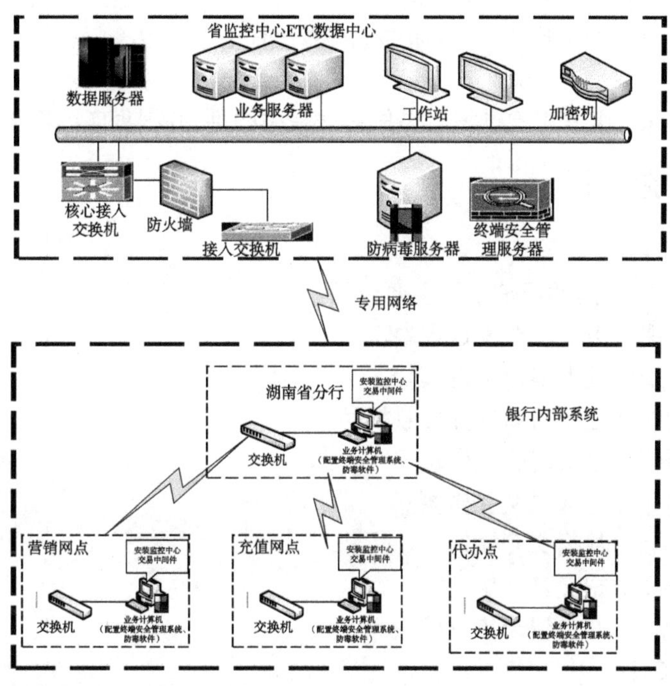

图 5-1-1　整体框架图

1.7.3　主要流程设计

(1)银行发行湘通卡业务设计。

(2)联名卡发行业务设计。

(3)银行发行 OBU 业务设计。

(4)银行充值业务设计。

(5)黑名单业务设计。

(6)湘通卡或联名卡清分清算业务设计。

(7)对账业务设计。

对账业务分为充值对账业务和清分清算对账业务。

①充值对账业务设计。

②清分清算对账业务设计。

试行合作期为半年,半年时间内为ETC结算资金为一月划转一次,之后甲方将视情况减少划转周期。

1.7.4 对接方式

由甲乙双方共同确定双方业务系统软件接口协议和对接方式,具体技术实施方案则需根据双方业务系统的技术要求、接口规范等进行协商。

系统软件接口和对接方式应遵循以下原则:

(1)保证乙方在核心操作的一致性、稳定性。

(2)减少乙方独自建设和升级的成本。

(3)保证乙方系统的架构统一、打印的业务单据统一。

(4)密钥需由甲方统一管理。

为满足以上原则,甲方将提供核心操作的交易中间件,并根据实际需要进行升级。

1.7.5 结算系统设计

1)通信系统设计

结算系统和乙方之间的通信系统主要包括:

(1)联名卡记账卡数据实时发送模块。

(2)联名卡储值卡数据实时发送模块。

(3)联名卡记账卡银行付款情况接收模块。

(4)联名卡争议数据实时交互模块。

(5)联名卡划账指令数据交互模块。

(6)联名卡黑名单数据交互模块。

(7)湘通卡对账数据交互模块。

(8)湘通卡通行费交易记录传输模块。

2)结算系统设计

结算系统是实现湘通卡在高速公路上消费的数据清分清算系统,其功能主要包括:

(1)联名卡在路网中消费的数据分类模块。

(2)联名卡的中心拆分模块。

(3)联名卡和银行之间的清分清算模块。

(4)联名卡和银行之间的资金划拨模块。

(5)联名卡和路公司之间的资金划拨模块。

(6)联名卡黑名单管理模块。

3)报表系统设计

报表系统为决策和分析提供科学有效的数据,主要包括:

(1)联名卡的省内拆分报表。

(2)联名卡争议数据的处理情况报表。

(3)联名卡的省内消费情况报表。

(4)联名卡的银行结算情况报表。

(5)联名卡和现有的湘通卡数据的合成报表。

4)财务系统设计

财务系统为财务工作人员提供财务数据操作平台,主要包括:

(1)联名卡记账卡的划账指令的发送。

(2)联名卡储值卡的划账指令的发送。

(3)联名卡的对账情况查看。

(4)联名卡记账卡的划账指令银行执行结果的查看。

(5)联名卡储值卡的划账指令银行执行结果的查看。

(6)联名卡账户的实际情况查看。

1.7.6　系统建设

(1)为保证甲乙双方合作中电子数据高速完整对接,甲乙双方应根据各自实际情况共同协商制定相关《技术要求》,但主要以甲方意见为准。甲乙双方之间的通信方式及数据传输格式、内容及要求均按《技术要求》进行。

(2)甲方负责完成高速公路联网收费系统的软件开发、硬件配置和交易中间件提供,乙方负责根据交易中间件完成相关业务或服务所需的银行端软件开发和硬件配置。甲乙双方对各自安装的计算机系统的稳定性、安全性和可靠性负责。甲乙双方应当在约定时限内共同完成双方系统接口的集成、联调和测试工作,以确保双方系统在规定时限前满足相关业务服务的需要。具体的软件开发、硬件配置及建设时间等安排由双方另行商定。

(3)乙方承诺完全理解本协议及相关业务对乙方的技术要求和乙方须承担的义务、责任,承诺将配置足够的技术力量达到及符合相关技术要求,并根据甲方的项目建议需要,指派合适的技术人员为甲方提供与乙方系统相关的技术支持。

(4)乙方负责提供本协议项下的银行端软件开发及硬件配置计划,经甲方认可后实施。乙方的软件开发和硬件的配置工作主要包括:为完成OBU、联名卡和湘通卡的发行、充值、绑定和代扣等业务,乙方负责按《技术要求》,自担费用开发乙方相关OBU、联名卡和湘通卡的发行、充值、代扣、绑定和安装等业务软件,并负责投资所需的必要设备。

(5)乙方应在双方约定的时间内完成本协议项下业务所需的人员配置及培训等准备工作,并自担费用。

(6)为保证ETC营销业务顺利开展,乙方负责搭建至少两条实时通信的2×10Mb/s(一主一备)专线至湖南省高速公路监控中心机房,并承担相关费用,以及后续维护和使用费用。

1.7.7　核对机制

(1)甲乙双方应建立科学、合理、有效的数据及资金核对机制,以确保数据及资金的准确、安全,乙方应为甲方和客户提供相关账户和资金的查询便利和短信平台,客户持有联名卡或湘通卡在高速公路消费后，乙方接到甲方相关划款指令后，当日内乙方应以短信方式通知客户该笔消费金额和卡内余额。并为甲方免费开通ETC专用账户的网上查询功能。甲方对资金划转情况存在异议，可以要求乙方配合核对，但不应影响后续业务工作。

(2)甲乙双方应当按照约定的方式分别校验对方传送的数据，以确认数据来源的真实性、有效性和完整性。

(3)甲乙双方应按照《协议书》和《技术要求》，就甲方划款指令的真实性和完整性进行核对。任何一方收到对方传送的数据，应按约定反馈确认信息，发现对方上传或下发的数据不符合规定的应及时通知对方。

(4)乙方执行甲方的划款指令后，应在约定的时间内以电子或人工对账表方式将实际划账信息传送甲方。甲乙双方应就实际划账信息的准确性和完整性进行核对。

(5)乙方负责按照双方约定的内容和方式，在每周第二个工作日前将上周的各类账户对账单交给甲方核对。乙方应当对其出具的对账单所载内容的准确性和真实性负责。

(6)甲乙双方进行本协议项下业务，应当实时对收到的数据进行储存和备份，并按约定的内容建立日志文件，文件保存期不少于2年。

1.7.8 通信及维护

(1)甲乙双方的通信方式和数据传输应当遵循安全、保密、及时、准确的原则。甲乙双方之间的通信方式及数据传输格式、内容及要求均应按《技术要求》进行。

(2)甲乙双方负责己方通信网络与通信设备的投资与建设，对专用通信线路的要求由双方在《技术要求》中规定。双方的通信数据涉及对方多个网点时，双方各自指定己方唯一通信接点，双方通信不建立多点连接，各自网点的通信由己方通过内部网络自行解决。

(3)本方案项下业务过程中，甲乙双方应采取有效措施，以便于工作各自系统处于良好运行状态，保证向对方发送数据的及时性、真实性、准确性和完整性。

(4)本方案项下业务过程中，双方应当保持双方系统接口的畅通，并定期对各自系统运行情况进行检测和维护，并本着相互配合、相互支持的原则，按照双方约定方式进行双方系统接口的维护工作，所需费用由各自承担。

(5)针对本方案下业务过程中实际存在的需要改进的通信及维护问题，双方应当根据实际情况商定改进方案，并各负其责实施。

(6)本方案业务过程中，如发现系统存在故障，发现故障一方应当及时通知对方，由双方共同调查故障原因，分清责任，并尽快使之恢复运营。如造成相关一方遭受损失，由发生系统故障的一方承担。

1.8 名词定义

1.8.1 联网收费

指采用兼容电子不停车收费和人工半自动收费的组合收费技术，实现客户持公路专用缴费卡在全省联网收费高速公路范围“一卡通”缴付通行费，实现“统一缴费，系统分账”的收费方式。

1.8.2　电子不停车收费系统

电子不停车收费系统,是通过“车载电子标签(OBU)+IC 卡”与 ETC 车道内的微波设备进行通信,实现车辆不停车支付高速公路通行费功能的全自动收费系统。

1.8.3　联名卡

1)定义

联名卡是乙方与甲方共同发行的具备湘通卡与银行卡功能的卡,是符合国家金融集成电路卡(IC)规范(PBOC 2.0 或 3.0)带处理器的智能卡,内含湘通卡账户和银行卡账户,可用于湖南省高速公路 ETC 缴费(可拓展)及金融领域的消费,可实现银行账户至湘通卡账户的圈存。联名卡分为联名储值卡和联名记账卡两种。

联名卡印刷版面要求:联名卡左上角印有银行卡字样,右上角印有湖南省高速公路 ETC 湘通卡字样。

(1)联名储值卡

联名储值卡是甲方和乙方共同发行,内具有甲方湘通储值卡账户和银行卡(借记卡/贷记卡)账户,两个账户绑定,实现银行卡账户向湘通储值卡圈存功能的金融卡。客户在指定高速公路支付通行费,兼做通行券使用的记录资金信息的联名卡,客户需先在湘通卡账户内预存资金,使用后,客户的消费金额从湘通卡账户内扣除,即先预存后消费的方式,该卡在使用上需要先至充值设备上充值。

(2)联名记账卡

联名记账卡是甲方和乙方共同发行,内具有甲方湘通记账卡账户和银行卡(借记卡/贷记卡)账户,两个账户绑定。客户在指定高速公路支付通行费,内兼做通行券使用的不记录资金信息的联名卡,使用后,客户的消费金额从银行账户中扣除,即先消费后缴费的方式,该卡可实现不需专用充值设备,进行资金划转。

2)联名卡发行主体

甲方和乙方共同负责全省联网收费高速公路联名卡发行,共同属于联名卡的发行主体。

3)联名卡发行基本业务

一次发行:先由甲方对乙方采购的空白联名卡在湘通卡区域进行建立卡内基本文件结构、导入交通密钥,然后由乙方对联名卡在金融区域进行建立卡内基本文件结构、导入金融密钥。

二次发行:由乙方将客户基本资料及充值金额信息存入联名卡中湘通卡区域;具体操作为乙方根据甲方提供的交易中间件开发相关软件,将客户基本资料及充值金额信息写入联名卡。

1.8.4　湘通卡

1)定义

根据国家 ETC 相关标准规范要求,湘通卡是用于湖南省高速公路电子不停车通行费交费,可反复充值使用,符合交通运输部和国家金融集成电路卡(IC)规范(PBOC 2.0)的带处理器的智能卡，与传统 IC 卡（逻辑加密卡）相比，安全性达到金融级别、性能更强、容量更大，具有用户空间大、读取速度快、支持一卡多用等特点，可拓展使用于社会其他领域支付。湘通卡分为湘通储值卡和湘通记账卡。

（1）湘通储值卡

储值卡是甲方根据持卡人要求将其资金转至卡内储存，交易时直接从卡内扣款的预付钱包式借记卡，即先预存费用、后消费扣减的卡，该卡在使用上需要先至充值设备上充值。

（2）湘通记账卡

适用于 ETC 集团客户和大客户，一个账户下可对应多卡多车。卡内不含资金信息，客户办理时需预存一定数额的保证金到甲方湖南省高速公路 ETC 专用账户，当该账户下的车辆产生 ETC 通行费时，系统将自动从客户账户中扣减预存保证金，该卡可实现不需专用充值设备，进行资金划转。

2）湘通卡发行主体

甲方所辖湖南省高速公路监控中心（以下简称“省监控中心”）是湘通卡发行主体。

3）湘通卡发行基本业务

一次发行：由甲方对采购的空白湘通卡进行建立卡内基本文件结构、导入交通密钥。

二次发行：由乙方将客户基本资料及充值金额信息存入湘通卡内。具体操作为乙方根据甲方提供的交易中间件开发相关软件，将客户基本资料及充值金额信息存入湘通卡内。

1.8.5 湘通卡与银行卡的绑定

方式一：是指客户已有乙方银行卡（借记卡），在办理湘通卡（储值卡）时，可以与客户乙方银行卡（借记卡）进行关联绑定，并可实现圈存；或者客户已有乙方银行卡（贷记卡），在办理湘通卡时（储值卡/记账卡）时，可以与银行卡（贷记卡）进行关联绑定，并可实现扣款。

方式二：是指客户已有湘通卡（储值卡），在办理乙方银行卡（借记卡/贷记卡）时，将客户湘通卡（储值卡）和客户乙方银行卡（借记卡/贷记卡）进行关联绑定；或客户已有湘通卡（记账卡），在办理乙方银行卡（贷记卡）时，将客户湘通卡（记账卡）和客户乙方银行卡（贷记卡）进行关联绑定，并可实现扣款。

方式三：是指客户已有湘通卡（储值卡）和乙方银行卡（借记卡/贷记卡），将客户湘通卡（储值卡）和乙方银行卡（借记卡/贷记卡）进行关联绑定，并可实现圈存；或客户已有湘通卡（记账卡）和乙方银行卡（贷记卡），将客户湘通卡（记账卡）和乙方银行卡（贷记卡）进行关联绑定，并可实现扣款。

以上三种情形，当湘通卡（记账卡）和银行卡（借记卡）绑定时，必须另有一张银行卡（贷记卡）与之绑定，作为第二扣款账户。

其他绑定方式，待条件成熟后，由甲乙双方另行约定。

1.8.6 湖南省高速公路联网收费系统与银行合作系统对接技术要求

指甲乙双方共同制定的，规定甲乙双方之间关于计算机系统信息交换及处理等问题的技术要求和操作规范。

1.8.7 划款指令

指甲方向乙方提交的符合技术接口规范要求的在相关账户之间进行资金划拨的电子指令和通常合规的纸质指令(如转账支票等)。

1.8.8 客户

指利用联名卡或湘通卡支付高速公路通行费的消费者。

1.8.9 授权账户

指记账卡客户在乙方开设的用于结算通行费及其他相关费用并授权乙方自动划款的账户。

1.8.10 湖南省高速公路 ETC 专用账户(简称专用账户)

指甲方在乙方开设的主要用于 ETC 资金结算、存放客户预存通行费或保证金和划收客户消费的账户。此账户仅能接受客户通行费预存或保证金汇入、划转至湖南省高速公路 ETC 汇缴账户和客户销户退预存通行费或保证金,不发生其他任何支出。

1.8.11 湖南省高速公路 ETC 汇缴账户(简称汇缴账户)

指甲方在指定的乙方开设的主要用于核算汇入的 ETC 通行费收费款项,此户仅能划转至清算账户,不能发生其他任何支出。

1.8.12 清算账户

联名卡在高速公路消费点的各业主账户。

1.8.13 车载电子标签

1)定义

车载电子标签是指 ETC 收费单元的车载设备(OBU),用于和 ETC 车道天线通信、存储车辆信息、标识车辆的设备。具备 IC 卡读写接口,支持 IC 卡操作。

2)基本业务

一次发行:由甲方对乙方采购符合甲方要求(交通运输部标准)的空白电子标签进行建立标签内基本文件结构、导入交通密钥的过程。

二次发行:将客户车辆信息存入电子标签内文件的过程。具体操作为乙方通过甲方提供的交易中间件,将客户车辆信息存入 OBU 内。

安装激活:由乙方根据甲方相关要求,将 OBU 装入客户车辆指定位置,并对其进行激活的过程。

1.8.14 ETC“一站式”营销网点

“一站式”是乙方开展 ETC 对外营销服务的网点,具有联名卡的销售、充值缴费,湘通卡和银行卡绑定,OBU 的发行、安装、激活,票据打印服务。

1.8.15 乙方充值(含票据打印)网点

乙方充值网点是乙方具有联名卡的销售、充值缴费及票据打印服务网点。

1.8.16 自助充值设备

自助充值设备是由乙方提供,具备完成联名卡充值功能的设备。

自助充值设备包括 ATM 自助终端、圈存机。

1.8.17 ETC 技术服务网点

ETC 技术服务网点是由甲方建设、营销、管理的服务网点。

ETC 技术服务网点具有湘通卡的销售、充值缴费,OBU 的发行、安装、激活,票据打印及售后服务,可提供技术服务支持和售后保障工作。

1.8.18 POS 刷卡

由乙方提供的用于高速公路收费站点人工车道的非现金支付的缴费方式。

甲方:(公章)

法人代表或授权代表人(签字):

乙方:(公章)

法人代表或授权代表人(签字):

签订时间:年　月　日

签订地点:

第 2 章
湖南省高速公路电子不停车收费系统推广应用与银行合作协议

湖南省高速公路电子不停车收费
(ETC)推广应用与银行合作协议

本协议由______________________(以下简称“甲方”)与_____________(以下简称“乙方”)共同签订。

2013 年 7 月 9 日至 8 月 7 日,为大力推广电子不停车收费在湖南省高速公路的应用,达到减少收费站拥堵、降低运营成本和节能减排等目的。就银行承担电子不停车收费应用客户营销的合作事宜,湖南省交通运输厅组织与部分商业银行进行竞争性谈判,乙方被确定为湖南省高速公路电子不停车收费(以下简称“ETC”)推广应用合作银行。根据《中华人民共和国合同法》,为明确甲乙双方在合作期间的义务、责任、权利,就以下事项达成协议:

2.1　合作范围

甲乙双方合作范围主要包括以下内容,其中涉及乙方负责的 ETC 营销服务和相关工作的所有费用由乙方自行承担。

2.1.1　ETC 营销服务

(1)乙方负责建立“一站式”ETC 营销网点体系。

(2)乙方负责建立 ETC 充值网点体系,其中部分充值网点应具备 ETC 票据打印服务功能。

(3)乙方建立 ETC 自助充值设备体系,包括:

①乙方升级改造 ATM 自助终端并具备 ETC 自助充值功能(合作期第一年可暂不执行,具体执行时间视市场需求情况由甲乙双方另行商定)。

②在高速公路服务区提供圈存机(合作期第一年可暂不执行,具体执行时间视市场需求情况由甲乙双方另行商定)。

(4)乙方具备并能为客户提供网上银行充值或手机银行、短信、电话等电子渠道充值服务。

(5)乙方提供以下 ETC 通行费支付方式(含高速公路通行费非现金支付)的发行与服务:

①联名发行银行卡(借记卡/贷记卡),具有银行卡支付和湘通卡支付功能,作为 ETC 通行费支付卡。

②湘通卡(储值卡/记账卡)作为 ETC 通行费支付卡。

③湘通卡(储值卡/记账卡)和银行卡(借记卡/贷记卡)绑定作为 ETC 通行费支付(含高速公路通行费非现金支付)卡。

2.1.2 高速公路非现金交费其他服务

乙方具备并提供在高速公路收费站利用 POS 机刷卡交费服务(合作期第一年暂不执行,具体执行时间视市场需求情况由甲乙双方另行商定)。

2.2 合作期限

(1)甲乙双方就本协议约定事项的合作期限为 8 年,自本协议生效之日起计算。

(2)前款规定的协议期限届满六个月前,甲乙双方应就本协议期限是否延长事宜进行协商。

(3)合同期限届满后,在任何一方以书面形式明确通知终止合同关系前,视为不定期合作,甲乙双方仍应按本协议的规定履行义务。

2.3 甲方责任和义务

(1)甲方承诺,自 ETC 项目正式运营起,已安装 ETC 车载电子标签设备(OBU)的客车(包括小型客车、客车)客户在湖南省高速公路通行享受通行费 9.5 折优惠,未安装 OBU 但办理了联名卡或湘通卡的载货车辆客户在湖南省高速公路通行可享受通行费 9.8 折优惠。具体规定以国家和湖南省有关文件为准。

(2)甲方承诺,在湖南省联网运营高速公路设立的电子情报板(高速公路经营性质的专用广告电子显示屏除外)可为乙方免费提供 ETC 推广宣传广告(具体广告时间由甲乙双方另行协商)。

(3)甲方承诺,至 2013 年底,全省高速公路设置 ETC 专用收费车道的收费站数量占收费站总数的比率(ETC 覆盖率)达到 70%,至 2014 年底,ETC 覆盖率达到 90%以上,地级市州城区及县(市)城的高速公路主要收费站 ETC 覆盖率达到 100%;在 ETC 正式运营后不允许随意关闭 ETC 专用车道。

(4)甲方向乙方提供《湖南省高速公路联网收费系统与银行 ETC 营销系统对接技术要求》和完整可靠的设计方案,配合乙方做好乙方 ETC 营销服务网点的项目实施工作。

(5)甲方向乙方免费提供涉及 ETC 的充值、减值、移资、查询等核心业务的技术要求,并根据 ETC 系统正式运行期间各类卡(联名卡、湘通卡等)的升级,对标准和细则进行修订和及时提供给乙方;甲方向乙方免费提供甲乙双方系统对接中间件、二次开发包及安装调试服务,乙方承担安装调试费用和使用维护费用。

(6)甲方须协助乙方对乙方 ETC 营销服务工作人员进行 ETC 业务培训,乙方承担培训费用。

(7)甲方免费为乙方采购的空白联名卡中湘通卡部分建立卡内基本文件结构和导入甲方密钥。

2.4　乙方责任和义务

(1)乙方在办理联名卡和湘通卡时,联名储值卡和湘通储值卡客户预存的通行费或湘通记账卡客户预存的通行费保证金须存入甲方开设在乙方的 ETC 专用账户,利率按人民银行公布的相关利率执行。

(2)乙方保证 ETC 客户在高速公路通行后缴纳的通行费存入甲方开设在乙方的 ETC 汇缴账户,利率按人民银行公布的相关利率执行。乙方按甲方规定的时间执行甲方从乙方 ETC 汇缴账户划款指令,划款时间周期一般为 1 天。

(3)乙方负责一站式营销网点的管理,确保 ETC 营销及服务优质、便捷。

(4)乙方须制订切实有力的 ETC 推广应用营销计划,确保完成甲乙双方约定的 OBU 年度销售目标,并按月度、季度、年度向甲方提供销售计划和完成情况分析报告。

(5)乙方负责 OBU 的采购、发行、安装、激活及其他有关业务,并应符合国家和交通运输部相关技术规范规定,应严格执行甲方制定的业务流程、服务标准和相关管理规定,确保工作的安全性、准确性。乙方所选型采购 OBU 产品,须通过交通部交通工程监理检测中心的性能测试,以及甲方组织(委托具备相关资质的第三方检测机构)的湖南省联网收费系统兼容性测试。

(6)乙方接受甲方的监督和管理,对一经发现的乙方违规现象,乙方应按甲乙双方约定的处理办法执行、承担相应责任并赔偿甲方的损失。

(7)乙方应确保由乙方提供的 ETC 相关设备(自助设备等)的正常运行、维护和监控,并承担因此产生全部责任。

(8)乙方须在本合同签订之日起,在每年的贷款规模和贷款成本上给予甲方重点支持。

(9)乙方在湖南省地级市、州及县的营业网点覆盖率应达到 100%。

(10)乙方应具备完成甲方每年下达的 OBU、联名卡或湘通卡的年度销售目标的能力。在合作期限内,乙方单年年度销售目标完成率达不到 50%时,甲方有权要求乙方采取相关措施促使乙方加强销售推广力度。

(11)乙方必须按甲方要求按时完成一站式营销网点体系的建设和开通服务。

(12)在合作期限内,客户办理联名卡或湘通卡,并第一次预存资金(包括向借记卡、贷记卡账户中存钱或以预存通行费及通行费保证金向 ETC 专用账户存钱)达到 1000 元以上(含 1000 元)的客户,乙方应免费赠送 OBU 及联名卡(湘通卡由甲方免费赠送),对于未达到 1000 元的用户,乙方可在 OBU 采购成本价以内适当收取费用后安装。乙方可规定免费获得 OBU 的客户的第一次预存资金仅用于高速公路通行费缴费,对于所有客户,乙方不得规定客户必须预存通行费的额度,也不得以任何理由另收 OBU 维护费等其他任何费用。

(13)乙方应有足够的宣传和营销投入,向客户宣传推广时必须注明“客户第一次预存金额满 1000 元送 OBU(含卡)”的内容。乙方的宣传和营销方案须交甲方审核备案。

(14)乙方具有履行合同所必需的技术保障体系、质量保障能力、售后服务能力,确保在甲乙双方约定的时间内,高质量完成系统开通及与甲方技术对接工作。

(15)乙方在制定联名卡推广方案时,应包括湘通卡代销推广内容,并有义务将湘通卡及其使用方法告知客户,乙方不得拒绝客户办理湘通卡的要求。

(16)(可选择条款)甲方已在长沙设立两个一站式营销网点,其中位于长沙市芙蓉区远大一路 785 号营销网点可由乙方整体接收或租赁。

2.5 客户投诉机制

(1)甲乙双方对于客户的查询及投诉,均应热情、积极、及时地处理,并将有关客户投诉处理情况通知对方。需要甲乙双方共同处理的,由双方相互配合处理。

(2)甲乙双方应指定专人负责协调及日常工作事务处理。对于重大事项,甲乙双方应按指定的联系地址、联系方式和联系人以书面形式进行联系。

2.6 所有权和知识产权

(1)甲乙双方保证就本协议项下业务所开发的软件,不会侵犯任何第三方的著作权、专利权和其他相关权利。如果任何一方在软件开发过程中,涉及使用任何第三方的著作权、专利权或其他相关权利,须向对方作出书面说明,并且提供证明其享有合法使用权的证明材料,并承担由此而导致发生的对第三方的赔偿或补偿。

(2)甲乙双方就本协议项下业务各自开发的软件及投资的硬件设备归各自所有。

2.7 保密责任

(1)甲乙双方承诺对其知悉的商业秘密和技术秘密,在未经对方事先书面许可的情况下,不以任何方式向除对方外的任何第三方以任何方式予以暗示、披露或擅自使用。

(2)本协议履行过程中所涉及的甲方账户资料、技术资料、数据和资金信息等,未经甲方同意,乙方不得外泄或擅自用作本协议规定以外的用途,但法律法规另有规定的除外。

(3)甲乙双方均有义务完善内部管理机制,使无关人员不易知悉双方商业秘密和技术秘密。任何一方的工作人员、代理人或顾问等均有义务保守秘密,否则视为该方违反保密义务。

(4)不论本协议是否变更、中止、解除或终止,本条对甲乙双方一直有效。甲乙双方的保密义务直至本协议终止后 10 年。

2.8 违约及处罚

(1)甲乙双方任何一方违反本协议规定的义务,应当承担违约责任。违约方应当赔偿对方因此遭受的经济损失,即直接损失及利息。本协议履行过程中实际发生损失,由甲乙双方按过错责任原则分别承担。

(2)因甲方原因造成划款指令不准确、不及时并因此造成资金清算错误或者延迟,由甲方负责采取补救措施并承担法律后果,但乙方应当配合甲方所采取的补救措施。因甲方的责任造成乙方损失的,甲方应承担赔偿责任。

(3)因乙方未能按照甲方划款指令或乙方未按甲乙双方约定时间及时完成划转业务,致使甲方因客户银行账户余额不足原因导致该客户的通行费无法足额划缴至 ETC 专用账户的,乙方应承担赔偿责任。

(4)乙方应对自身营销系统的安全承担责任,如因乙方过错或乙方营销系统产生计算机病毒、计算机系统出错等造成资金划账错误,乙方应积极采取补救措施减少相关各方损失;如由第三方原因造成资金划账错误,乙方应积极采取措施协助甲方解决;因乙方的责任造成甲方损失的,乙方应承担赔偿责任。

(5)在合作期限内,乙方未按甲乙双方约定的条件免费赠送 OBU 时,一经发现,甲方将立即通知乙方及时纠正,性质严重时,可约谈乙方法人代表直至甲方单方面解除合作关系,甲方并不赔偿或补偿乙方任何费用。

(6)在合作期限内,乙方"一站式"营销网点的服务和数量达不到甲方要求时,甲方将要求乙方在规定的时间内进行整改,如乙方未进行整改,甲方可单方面提前解除合作关系并且不赔偿或补偿乙方任何费用。

(7)乙方"一站式"营销网点出现违规操作、徇私舞弊等现象造成甲方通行费流失时,甲方可参照省政府关于偷逃通行费的处理办法对乙方进行处罚,情形严重且乙方不按甲方要求进行整改,甲方可以单方面解除合作关系并且不赔偿或补偿乙方任何费用。

(8)乙方出现 ETC 自助充值设备或销售网点设备或数据处理与传输设备运行不正常现象,或未按甲方要求对客户提供人工及设备服务,且未按甲方要求进行整改,甲方有权单方面解除合作关系并且不赔偿或补偿乙方任何费用。

(9)一方的违约行为足以使对方不能实现协议目的时,守约方可以终止本协议,但应提前一个月以书面形式通知对方。

2.9 免责条款

(1)因不可预见或不能避免的不可抗力事件以及因政府政策变化导致本协议无法履行或无法完全履行,受影响一方应及时通知对方。甲乙双方应根据不可抗力事件对协议的影响程度,协商决定对本协议进行变更、部分或全部免除受影响一方在本协议中的义务或解除协议。对于未及时通知对方,并且受影响的范围内不承担违约责任的情况,甲乙双方协商解决。

(2)由于湘通记账卡绑定银行卡额度不足或湘通联名记账卡银行账户额度不足时,乙方需将该客户列为黑名单并将相关信息发送至甲方,该客户在乙方发送信息的 24h 内,在高速公路消费所产生通行费由乙方承担。

2.10 补充、变更、终止解除和解释

(1)甲乙双方均应善意理解本协议,并以有利于协议目的实现为基础,对协议未定事项进行协商,双方均应遵守诚实信用原则。

(2)经甲乙双方协商一致,对本协议相关的事项可以书面方式进行补充或变更,但未达

成协议之前,甲乙双方应按照本协议规定履行义务。

(3)由于国家或湖南省的相关法规、政策变动导致本协议无法继续履行,本协议自动终止,甲乙双方均不承担任何责任。

(4)本协议终止或解除后,甲乙双方应当于协议终止次日起15个工作日内安排相关财物、资料的移交工作,并完成所有的结算和对账工作。

(5)甲乙双方应当以本协议的顺利履行为目的,善意地行使本协议赋予的权利,积极履行本协议规定的义务,相互配合完成业务工作并共同提高业务水平。

2.11 纠纷解决

(1)由于本协议产生的一切争议,甲乙双方应友好协商解决。

(2)由于本协议产生的纠纷,包括协议效力、履行或违约责任等,经甲乙双方协商、调解不成,由有管辖权的人民法院裁决。

2.12 其他

(1)本协议项下的业务区域范围应包括乙方及乙方下属机构在湖南省内开展业务的地区。

(2)本协议经甲乙双方授权代表签字并加盖双方单位公章后生效。

(3)本协议一式捌份,甲乙双方各执肆份,均具有同等法律效力。

(4)本协议附件《湖南省高速公路电子不停车收费(ETC)推广应用与银行合作方案》和《湖南省高速公路联网收费系统与银行ETC营销系统对接技术要求》是本协议的组成部分,与本协议具有同等法律效力,自本协议签订之日起同时生效。

(5)本协议未尽事宜,由甲乙双方协商解决。

甲方:(公章)

法人代表或授权代表人(签字):

乙方:(公章)

法人代表或授权代表人(签字):

签订时间:年　月　日

签订地点:

第6篇

湖南省高速公路联网收费系统与银行ETC营销系统对接技术要求

第1章 总体设计

1.1　总体原则

湖南省高速公路管理局监控中心(以下简称“省监控中心”)是与ETC营销推广应用合作银行进行统一技术对接的唯一单位。

1.2　整体框架

整体框架见图6-1-1。

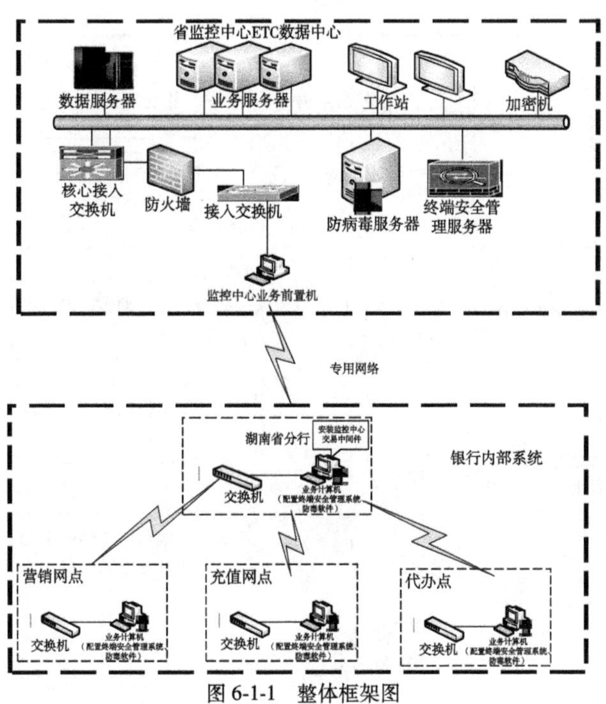

图6-1-1　整体框架图

1.3　网点设备

客服网点所需的设备及其技术要求请参考本篇附录。

第 2 章 业务流程设计

2.1 湘通卡发行业务设计

湘通卡发行业务设计如图 6-2-1 所示。

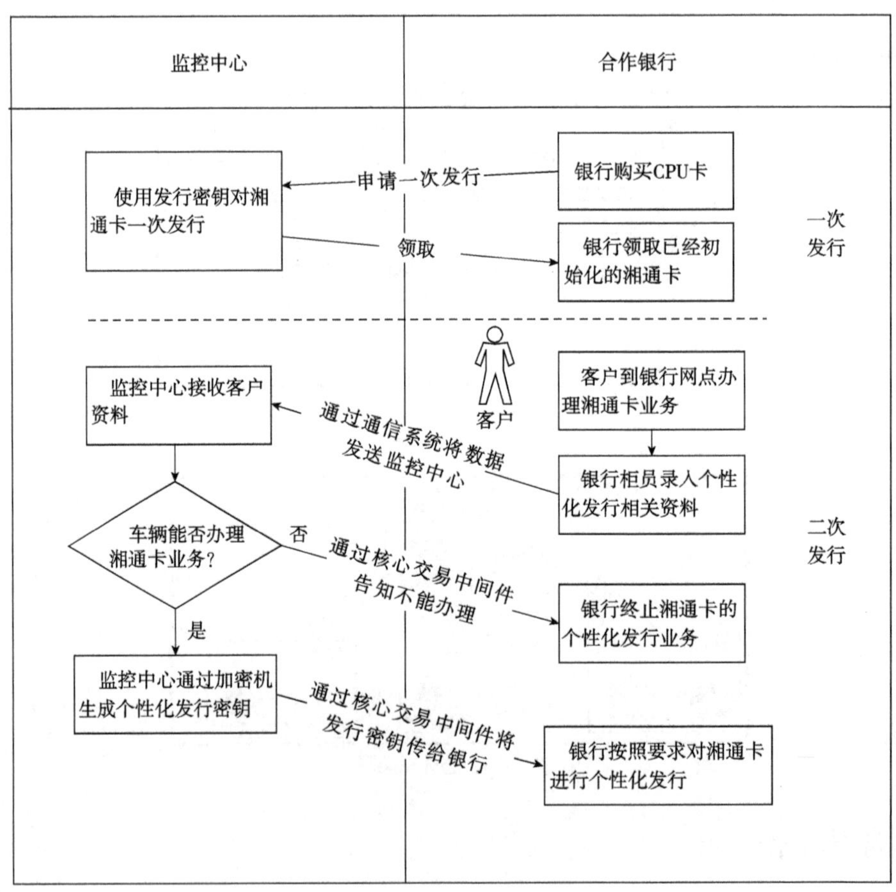

图 6-2-1 湘通卡发行业务设计图

2.2 联名卡发行业务设计

联名卡发行业务设计如图 6-2-2 所示。

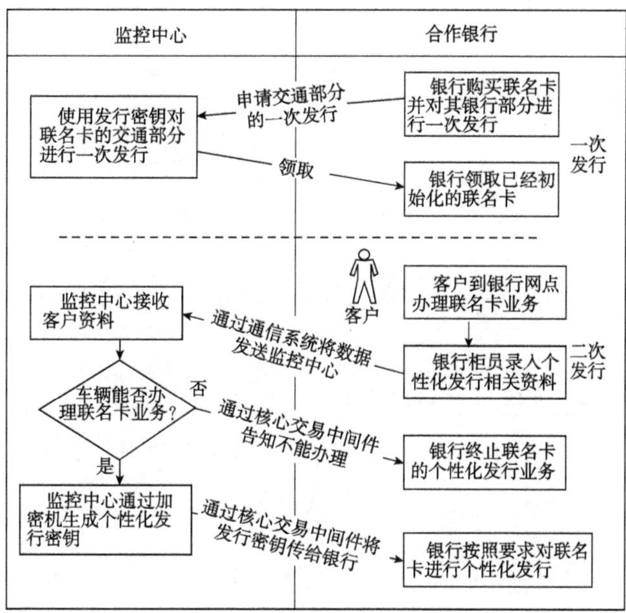

图 6-2-2 联名卡发行业务设计图

2.3 OBU 发行业务设计

OBU 发行业务设计如图 6-2-3 所示。

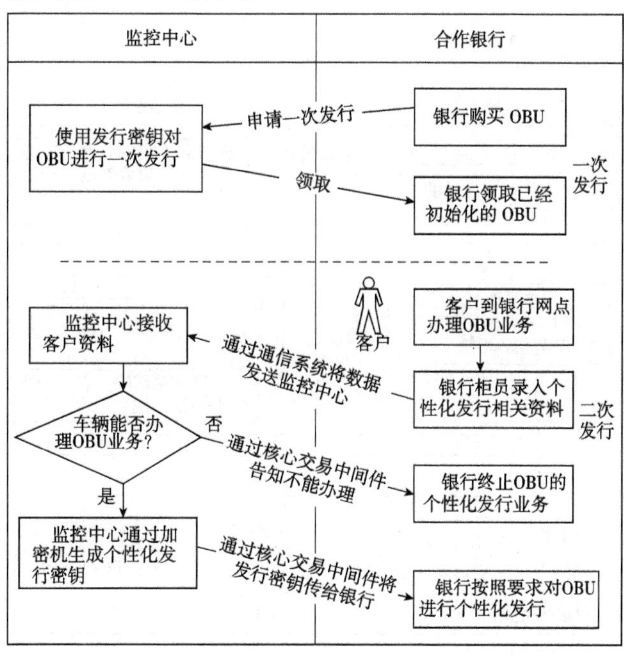

图 6-2-3 OBU 发行业务设计图

2.4 银行充值业务设计

银行充值业务设计如图 6-2-4 所示。

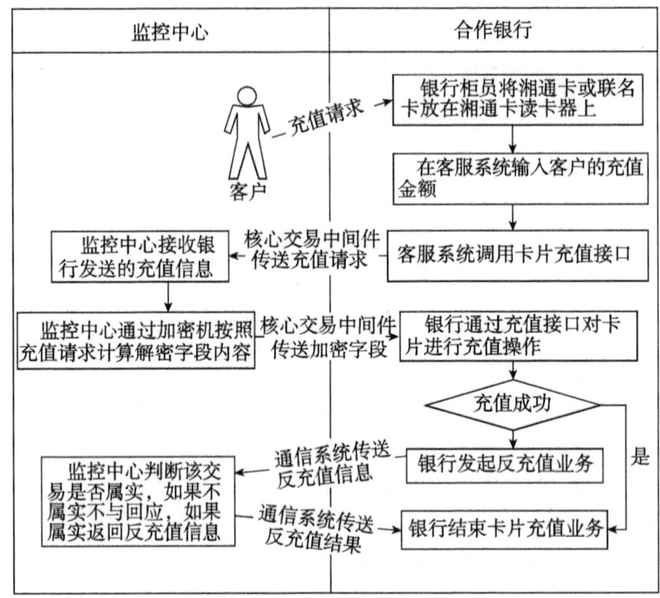

图 6-2-4　银行充值业务设计图

2.5 黑名单业务设计

黑名单业务设计如图 6-2-5 所示。

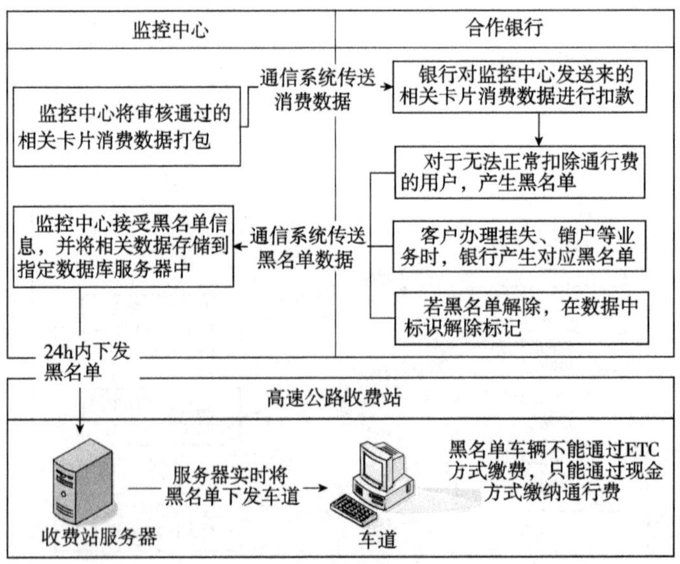

图 6-2-5　黑名单业务设计图

2.6　湘通卡清分清算业务设计

湘通卡清分清算业务设计如图 6-2-6 所示。

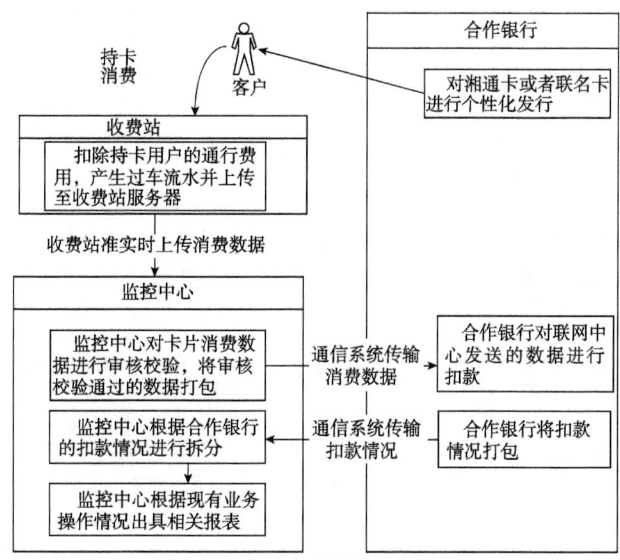

图 6-2-6　湘通卡分清算业务设计图

2.7　对账业务设计

对账业务分为两个:一个是充值对账业务、一个是清分清算对账业务。

2.7.1　充值对账业务设计

充值对账业务设计如图 6-2-7 所示。

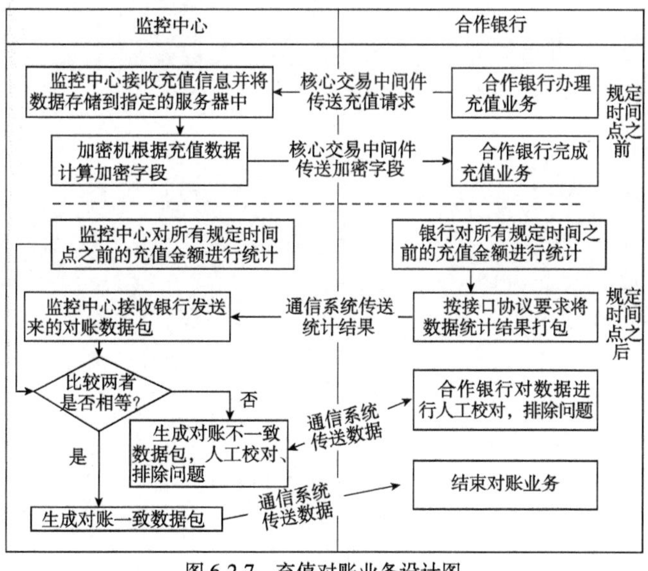

图 6-2-7　充值对账业务设计图

2.7.2 清分清算对账业务设计

清分清算对账业务设计如图 6-2-8 所示。

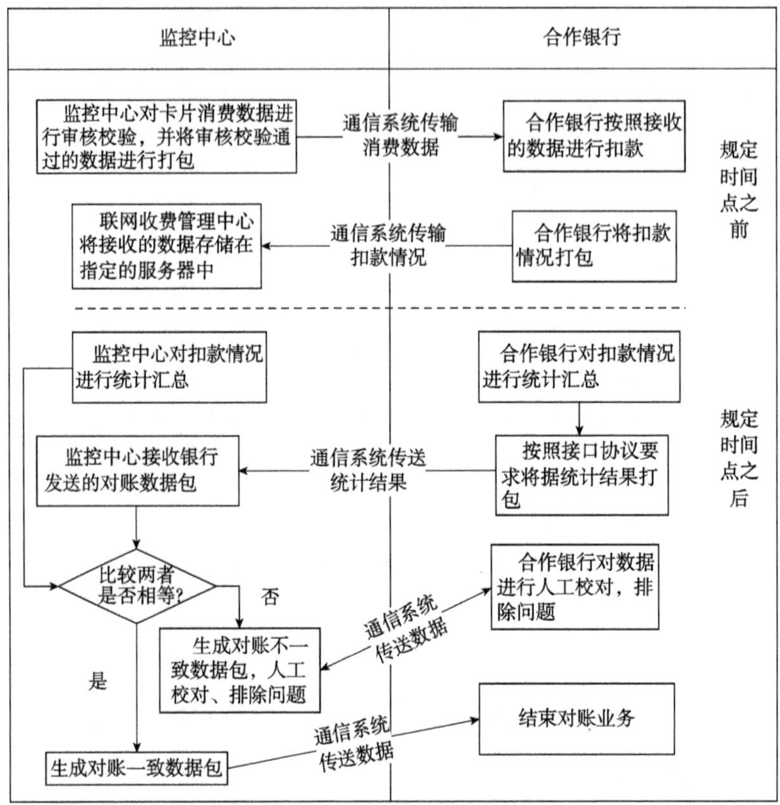

图 6-2-8 清分清算对账业务设计

第3章

核心业务交易接口

3.1 接口形式

一般情况下，核心业务交易接口以动态库的形式提供，接口调用说明主要针对上层业务应用系统使用。接口的具体说明请查看“3.3 核心业务交易接口详细说明”。

3.2 核心业务

3.2.1 卡片二次发行

（1）卡片二次发行，也称卡片个性化发行，是指将用户信息和车辆信息写到卡片的过程。只有经过二次发行之后，卡片才能在收费站使用。

（2）卡片二次发行的流程大致如下：

①客户提出办理湘通卡的申请，填写相关资料。

②工作人员审核资料，并根据要求将客户信息以及车辆信息录入到客服系统中。

③工作人员将经过一次发行的卡片放置在客服系统所连接的读卡器上，读取卡号信息并关联到客户的账户上，然后将客户、车辆信息写到卡片里面。

（3）可能需要使用的接口：

①初始化读卡器（InitCardReader）。

②打开卡片（OpenCard）。

③关闭卡片（CloseCard）。

④获取卡表面号（GetFaceNo）。

⑤获取卡片信息（GetCardInfo）。

⑥修改持卡人数据文件（InitUserInfo、SetUserInfo）。

⑦修改卡片发行数据文件（InitCardInfo、SetCardInfo）。

接口的具体说明请查看“3.3 核心业务交易接口详细说明”。

3.2.2 OBU 二次发行

(1)OBU 只有经过二次发行,并且经过手持机激活之后才能在正常使用。

(2)OBU 二次发行的流程大致如下:

①客户提出办理 OBU 的申请,填写相关资料。

②工作人员审核资料,并根据要求将客户信息以及车辆信息录入到客服系统中。

③将手持机连接到客服系统中,把 OBU 放置到手持机指定的位置。

④读取 OBU ID(或者合同序列号)信息关联到客户的账户上,将车辆信息通过手持机写到 OBU 里面。

⑤将通过手持机二次发行的 OBU 安装到客户的车辆上,并且通过手持机激活 OBU。

(3)可能需要使用的接口:

OBU 发行信息确认(ConfirmOBU)。

接口的具体说明见“3.3 核心业务交易接口详细说明”。

3.2.3 充值

(1)只有储值卡才能对卡片进行充值操作。

(2)充值的流程大致如下:

①客户提出充值卡片的申请,把需要充值的卡片交给工作人员并缴款。

②卡片放置到读卡器上查询充值前的卡片余额。

③通过客服系统对卡片进行充值。

④再次查询卡片余额,确认充值操作是否成功。

(3)可能需要使用的接口:

①初始化读卡器(InitCardReader)。

②获取卡片余额(GetBalance)。

③获取卡片信息(GetCardInfo)。

④卡片充值(InitRecharge、Recharge)。

接口的具体说明请查看“3.3 核心业务交易接口详细说明”。

3.2.4 冲正

(1)冲正指的是当操作员在充值过程中充错金额时,可将卡片的充值金额进行伪消费,使储值卡内金额恢复充值前状态。

(2)冲正的目的是弥补操作员的过失,只能在储值卡没有进行过消费及其他写卡业务时办理。

(3)冲正的流程大致如下:

①工作人员发现充值到卡片的金额大于客户的实际充值金额。

②卡片放置到读卡器上查询卡片信息,判断是否进行过其他操作(主要是消费)。

③确认可以冲正操作以后对卡片进行冲正。

④查询卡片余额，确认充正操作是否成功。

⑤转到“充值”操作，将客户的实际充值金额充到卡片中。

(4)可能需要使用的接口：

①初始化读卡器(InitCardReader)。

②获取卡片余额(GetBalance)。

③获取卡片信息(GetCardInfo)。

④卡片消费(InitPurchase、Purchase)。

接口的具体说明请查看“3.3 核心业务交易接口详细说明”。

3.2.5　挂失

(1)客户的卡片如果遗失，可以凭卡号和密码等证明信息办理卡片挂失业务。

(2)挂失的流程大致如下：

①客户提出挂失申请。

②工作人员核实客户提供的证明信息。

③工作人员根据卡号等信息对卡片办理挂失操作。

(3)挂失操作不必使用到核心业务交易接口，但是办理挂失业务应生成黑名单。

3.2.6　解挂

(1)对于卡片挂失后又找回且未补换新卡的，客户可办理撤销挂失业务，即解挂。

(2)解挂操作应产生相关数据，以便将该卡从黑名单中解除。

(3)解挂的流程大致如下：

①客户提出解挂申请。

②工作人员核实客户提供的身份信息，或者客户将卡片交给工作人员。

③工作人员根据卡号等信息对卡片办理解挂操作。

(4)可能需要使用的接口：

①初始化读卡器(InitCardReader)。

②获取卡表面号(GetFaceNo)。

③获取卡片信息(GetCardInfo)。

接口的具体说明请查看“3.3 核心业务交易接口详细说明”。

3.2.7　换卡

(1)客户的卡片出现异常不能正常使用时，可以提出换卡申请。

(2)换卡的流程大致如下：

①客户提出换卡申请。

②客户将卡片交给工作人员，查看卡片信息是否可读。

③工作人员根据卡片印刷的表面号及用户密码等信息，查找到用户登记在系统里面的

信息，发行一张新的卡片的给用户，同时将原有卡片列入黑名单。

④当卡片不可读时，客户原有卡片的余额不能即时充到新卡中（储值卡才有该流程）。

⑤卡片余额可读时，客户原有卡片的余额可以即时充到新卡中（储值卡才有该流程）。

（3）可能需要使用的接口：

①初始化读卡器（InitCardReader）。

②获取卡表面号（GetFaceNo）。

③获取卡片信息（GetCardInfo）。

④获取卡片余额（GetBalance）。

⑤修改持卡人数据文件（InitUserInfo、SetUserInfo）。

⑥修改卡片发行数据文件（InitCardInfo、SetCardInfo）。

接口的具体说明请查看“3.3 核心业务交易接口详细说明”。

3.2.8 补卡

（1）用户办理挂失业务之后可以申请补卡。

（2）记账卡补卡：用户办理挂失业务后可以即刻办理补卡。

（3）储值卡补卡分为如下两种类型。

①普通补卡：用户办理挂失业务，经过争议期（具体天数待商定，下同）后才办理补卡，原账户余额同时转到新卡内。

②快速补卡：用户办理挂失业务后即刻办理补卡，新卡余额为0，须充值后才能使用，原账户余额需经过争议期（待商定）后通过“余额补领”功能转到新卡。

（4）补卡的流程大致如下：

①客户提出补卡申请。

②工作人员审核申请，了解客户需要办理的补卡类型。

③工作人员根据用户提供的身份信息，查找到系统里面的用户资料，发行一张新的卡片给用户。

④对于普通补卡的，同时把用户账户上的余额充值到新卡上（储值卡才有该流程）。

（5）可能需要使用的接口：

①初始化读卡器（InitCardReader）。

②卡片充值（InitRecharge、Recharge）。

③修改持卡人数据文件（InitUserInfo、SetUserInfo）。

④修改卡片发行数据文件（InitCardInfo、SetCardInfo）。

接口的具体说明请查看“3.3 核心业务交易接口详细说明”。

3.2.9 销户

（1）客户不再使用湘通卡时，可以提出销户申请。

（2）销户的大致流程如下：

①客户提出销户申请。

②工作人员核实客户的身份信息,查找到系统里面的用户信息,将用户的账户注销,同时将所拥有的卡片列入黑名单。

③对于卡片可读的,读取卡片余额,并将卡片内的金额返还给客户(储值卡才有该流程)。

④对于无卡或者卡片不可读的,经过争议期(待商定)后通过“余额补领”功能将用户账户的余额返还给客户(储值卡才有该流程)。

(3)可能需要使用的接口:

①初始化读卡器(InitCardReader)。

②获取卡表面号(GetFaceNo)。

③获取卡片余额(GetBalance)。

接口的具体说明请查看“3.3 核心业务交易接口详细说明”。

3.2.10　余额补领

(1)余额补领是指当储值卡用户进行无卡换卡、快速补卡和无卡销户后,过了争议期(待商定)之后,客户可进行取现和转存到其他卡片的操作。

(2)余额补领的大致流程如下:

①客户提出余额补领申请。

②工作人员根据客户的信息,查找到系统里面的用户信息、账户余额等。

③根据客户的需要把账户余额现金返还给客户或者转到其他卡片上。

(3)可能需要使用的接口:

①初始化读卡器(InitCardReader)。

②获取卡表面号(GetFaceNo)。

③卡片充值(InitRecharge、Recharge)。

接口的具体说明请查看“3.3 核心业务交易接口详细说明”。

3.2.11　绑定更改

(1)客户根据需要可以变更卡片所绑定的车牌号、车牌颜色以及是否绑定 OBU。

(2)绑定更改的大致流程如下:

①客户提出绑定变更申请。

②工作人员核实用户提供的身份信息。

③通过系统更改用户卡片的绑定信息。

(3)可能需要使用的接口:

①初始化读卡器(InitCardReader)。

②获取卡表面号(GetFaceNo)。

③修改卡片发行数据文件(InitCardInfo、SetCardInfo)。

接口的具体说明请查看“3.3 核心业务交易接口详细说明”。

3.3 核心业务交易接口详细说明

3.3.1 初始化读卡器

初始化读卡器格式见表 6-3-1。

初始化读卡器格式 表 6-3-1

函数描述	InitCardReader(int ComNO, int Org_ID, char * Net_Node_id, char * Terminal_id,)				
返回值	返回值类型		返回值说明		
	Int		0-成功;其他-失败		
参数	出入	参数名称	类型	长度	含义
	输入	ComNO	int	4	串口号
		Org_ID	int	4	发卡机构标识,如 01-监控中心;02-建行
		Net_Node_id	char *	6	网点编码
		Terminal_id	char *	12	本次发卡所使用的终端标识
功能	初始化动态链接库,并设置各项参数				
备注	在调用接口库最开始调用,并且一定要调用				

3.3.2 打开卡片

打开卡片格式见表 6-3-2。

打开卡片格式 表 6-3-2

函数描述	OpenCard( )				
返回值	返回值类型		返回值说明		
	Int		0-成功;其他-失败		
参数	出入	参数名称	类型	长度	含义
	—	—	—	—	无参数
功能	打开卡片,建立读卡器与卡片的连接				
备注	调用此接口前必须成功调用了“初始化读卡器”接口;卡片必须放置到读卡器指定位置上				

3.3.3　关闭卡片

关闭卡片格式见表6-3-3。

关闭卡片格式　　表6-3-3

函数描述	CloseCard( )				
返回值	返回值类型		返回值说明		
	Int		0-成功;其他-失败		
参数	出入	参数名称	类型	长度	含义
	—	—	—	—	无参数
功能	断开卡片与读卡器的连接				
备注					

3.3.4　获取物理卡号

获取物理卡号格式见表6-3-4。

获取物理卡号格式　　表6-3-4

函数描述	GetPhysicalNo(char * PhyNo)				
返回值	返回值类型		返回值说明		
	Int		0-成功;其他-失败		
参数	出入	参数名称	类型	长度	含义
	输出	PhyNo	Char *	8	卡片物理卡号
功能	获取卡片物理卡号				
备注	调用此接口前必须成功调用了“打开卡片”接口				

3.3.5　获取卡表面号

获取卡表面号格式见表6-3-5。

获取卡表面号格式　　表6-3-5

函数描述	GetFaceNo(char * FaceNo)				
返回值	返回值类型		返回值说明		
	Int		0-成功;其他-失败		
参数	出入	参数名称	类型	长度	含义
	输出	FaceNo	Char *	16	卡片表面号,即卡片ID
功能	获取卡片表面号				
备注	调用此接口前必须成功调用了“打开卡片”接口				

3.3.6 获取卡片余额

获取卡片余额格式见表 6-3-6。

获取卡片余额格式　　表 6-3-6

<table>
<tr><td>函数描述</td><td colspan="5">GetBalance(unsigned int * Balance)</td></tr>
<tr><td rowspan="2">返回值</td><td colspan="2">返回值类型</td><td colspan="3">返回值说明</td></tr>
<tr><td colspan="2">Int</td><td colspan="3">0-成功;其他-失败</td></tr>
<tr><td rowspan="2">参数</td><td>出入</td><td>参数名称</td><td>类型</td><td>长度</td><td>含义</td></tr>
<tr><td>输出</td><td>Balance</td><td>unsigned int *</td><td>4</td><td>卡片余额,单位分</td></tr>
<tr><td>功能</td><td colspan="5">获取卡片余额,单位分</td></tr>
<tr><td>备注</td><td colspan="5">调用此接口前必须成功调用了“打开卡片”接口</td></tr>
</table>

3.3.7 获取卡片流通状态

获取卡片流通状态格式见表 6-3-7。

获取卡片流通状态格式　　表 6-3-7

<table>
<tr><td>函数描述</td><td colspan="5">GetCirculation(int * Circulation)</td></tr>
<tr><td rowspan="2">返回值</td><td colspan="2">返回值类型</td><td colspan="3">返回值说明</td></tr>
<tr><td colspan="2">Int</td><td colspan="3">0-成功;其他-失败</td></tr>
<tr><td rowspan="2">参数</td><td>出入</td><td>参数名称</td><td>类型</td><td>长度</td><td>含义</td></tr>
<tr><td>输出</td><td>Circulation</td><td>int *</td><td>4</td><td>出入口状态:
0-保留;1-封闭式 MTC 入口;2-封闭式 MTC 出口;3-封闭式 ETC 入口;4-封闭式 ETC 出口;5-MTC 开放式;6-ETC 开放式</td></tr>
<tr><td>功能</td><td colspan="5">获取卡片出入口状态</td></tr>
<tr><td>备注</td><td colspan="5">调用此接口前必须成功调用了“打开卡片”接口</td></tr>
</table>

3.3.8 获取用户信息

获取用户信息格式见表 6-3-8。

获取用户信息格式　　表 6-3-8

<table>
<tr><td>函数描述</td><td colspan="2">GetUserInfo(
int * IDType,
char * IDNo,
char * UserName)</td></tr>
<tr><td rowspan="2">返回值</td><td>返回值类型</td><td>返回值说明</td></tr>
<tr><td>Int</td><td>0-成功;其他-失败</td></tr>
</table>

续上表

	出入	参数名称	类型	长度	含义
参数	输出	IDType	int *	4	证件类型:0-身份证;1-军官证;2-护照;3-入境证(限港台居民);4-临时身份证;其他-保留
		IDNo	char *	32	证件号码
		UserName	char *	20	用户姓名
功能	读取用户信息				
备注	调用此接口前必须成功调用了"打开卡片"接口				

3.3.9 获取卡片信息

获取卡片信息格式见表6-3-9。

获取卡片信息格式 表6-3-9

函数描述	GetCardInfo(char * CardIssue, int * CardType, int * CardVersion, int * CradNet, char * CardID, char * CardUseTime, char * CardEndTime, char * CarPalte, int * UserType, int * PlateColor)				
返回值	返回值类型		返回值说明		
	Int		0-成功;其他-失败		
参数	出入	参数名称	类型	长度	含义
	输出	CardIssue	char *	8	卡片发卡方标志
		CardType	int *	4	卡片类型:21-年/月票卡;22-储值卡;23-记账卡;51-测试用年/月票卡;52-测试用储值卡;53-测试用记账卡
		CardVersion	int *	4	卡片版本号:0x10表示支持符合消费,其他保留
		CradNet	int *	4	卡片网络编号

续上表

参数	出入	参数名称	类型	长度	含义
	输出	CardID	char *	16	卡片内部编号(即卡片表面号)
		CardUseTime	char *	8	卡片起用时间：　　格式 YYYYMMDD
		CardEndTime	char *	8	卡片到期时间：　　格式 YYYYMMDD
		CarPalte	char *	12	车牌号码
		UserType	int *	4	用户类型:0-普通用户;6-公务车用户;8-军警车用户;10-紧急车用户;12-免费用户;14-车队用户;其他-保留
		PlateColor	int *	4	车牌颜色:0-蓝色;1-黄色;2-黑色;3-白色
功能	读取卡片信息				
备注	调用此接口前必须成功调用了“打开卡片”接口				

3.3.10　最近一次交易信息

最近一次交易信息格式见表 6-3-10。

最近一次交易信息格式　　表 6-3-10

函数描述	GetLastTradeInfo(char *　TradeNo, int *　Overdraft, int *　IccMoney, int *　TradeType, char *　TerminalId, char *　TradeTime)				
返回值	返回值类型		返回值说明		
	Int		0-成功;其他-失败		
参数	出入	参数名称	类型	长度	含义
	输出	TradeNo	char *	4	卡片交易序号
		Overdraft	int *	4	透支限额:单位分
		IccMoney	int *	4	交易金额:单位分
		TradeType	int *	4	交易类型标识:0x02-充值;0x06-消费;0x09-复合消费
		TerminalId	char *	12	终端机编号
		TradeTime	char *	14	交易时间格式 YYYYMMDDHHNNSS
功能	读取卡片的最近一次交易信息				
备注	调用此接口前必须成功调用了“打开卡片”接口				

3.3.11 修改持卡人数据文件

修改持卡人数据文件分为两个过程:一是对输入的信息预处理,同时返回需要加密机加密的内容,接口名称为 InitUserInfo;二是传入加密机返回的加密结果,真正将持卡人信息写到卡片上,接口名称为 SetUserInfo,见表 6-3-11、表 6-3-12。

修改持卡人数据文件格式 1 表 6-3-11

函数描述	InitUserInfo(int IDType, char * IDNo, char * UserName, char * Random, char * CardID, char * HashID, char * File0016Data, char * ListNo)				
返回值	返回值类型		返回值说明		
	Int		0-成功;其他-失败		
参数	出入	参数名称	类型	长度	含义
	输出	IDType	int	4	证件类型:0-身份证;1-军官证;2-护照;3-入境证(限港台居民);4-临时身份证;其他-保留
		IDNo	char *	32	证件号码
		UserName	char *	20	用户姓名
		Random	char *	8	写 0016 文件前 CPU 卡产生的随机数
		CardID	char *	16	CPU 卡卡号
		HashID	char *	16	发卡方标识,十六进制字符串
		File0016Data	char *	110	0016 文件内容,十六进制字符串
		ListNo	char *	16	流水号,系统生成
功能	预处理用户信息,调用接口"SetUserInfo"前必须先调用该接口				
备注	调用此接口前必须成功调用了"打开卡片"接口				

修改持卡人数据文件格式 2 表 6-3-12

函数描述	SetUserInfo(char * MAC, char * ListNo, char * MD5)	
返回值	返回值类型	返回值说明
	Int	0-成功;其他-失败

续上表

参数	出入	参数名称	类型	长度	含义
	输出	MAC	char *	8	加密机接口中"湘通卡写 0016 文件验证"返回的 MAC 码
		ListNo	char *	16	流水号,与 InitUserInfo 中的一致
		MD5	char *	32	对特定字段的 MD5 计算结果
功能	将用户信息写到卡片				
备注	调用此接口前必须成功调用了"InitUserInfo"接口,且必须紧跟在接口"InitUserInfo"之后调用				

3.3.12 修改卡片发行数据文件

修改卡片发行数据文件分为两个过程:一是对输入的信息预处理,同时返回需要加密机加密的内容,接口名称为 InitCardInfo;二是传入加密机返回的加密结果,真正将卡片发行信息写到卡片上,接口名称为 SetCardInfo,见表 6-3-13、表 6-3-14。

修改卡片发行数据文件格式 1 表 6-3-13

函数描述	InitCardInfo(char * CardUseTime, char * CardEndTime, char * CarPlate, int CardType, int userType, int PlateColor, char * Random, char * CardID, char * HashID, char * File0015Data, char * ListNo)				
返回值	返回值类型		返回值说明		
	Int		0-成功;其他-失败		
参数	出入	参数名称	类型	长度	含义
	输出	CardUseTime	char *	8	卡片启用时间:格式 YYYYMMDD
		CardEndTime	char *	8	卡片停用时间:格式 YYYYMMDD
		CarPlate	char *	12	车牌号码
		CardType	int	4	卡片类型:21-年/月票卡;22-储值卡;23-记账卡;51-测试用年/月票卡;52-测试用储值卡;53-测试用记账卡
		userType	int	4	用户类型:0-普通用户;6-公务车用户;8-军警车用户;10-紧急车用户;12-免费用户;14-车队用户;其他-保留

续上表

参数	出入	参数名称	类型	长度	含义
	输出	PlateColor	int	4	车牌颜色:0-蓝色;1-黄色;2-黑色;3-白色
		Random	char *	8	写 0015 文件前 CPU 卡产生的随机数
		CardID	char *	16	CPU 卡卡号
		HashID	char *	16	发卡方标识,十六进制字符串
		File0015Data	char *	86	0015 文件内容,十六进制字符串
		ListNo	char *	16	流水号,系统生成
功能	预处理卡片发行信息,调用接口"SetCardInfo"前必须先调用该接口				
备注	调用此接口前必须成功调用了"打开卡片"接口				

修改卡片发行数据文件格式 2　　表 6-3-14

函数描述	SetCardInfo(char * MAC, char * ListNo, char * MD5)				
返回值	返回值类型		返回值说明		
	Int		0-成功;其他-失败		
参数	出入	参数名称	类型	长度	含义
	输入	MAC	char *	8	加密机接口中"湘通卡写 0015 文件验证"返回的 MAC 码
	输出	ListNo	char *	16	流水号,与 InitCardInfo 中的一致
		MD5	char *	32	对特定字段的 MD5 计算结果
功能	将卡片发行信息写到卡片				
备注	调用此接口前必须成功调用了"InitCardInfo"接口,且必须紧跟在接口"InitCardInfo"之后调用				

3.3.13　修改复合消费文件

修改复合消费文件分为两个过程:一是对输入的信息预处理,同时返回需要加密机加密的内容,接口名称为 InitFile0019;二是传入加密机返回的加密结果,真正将信息写到卡片上,接口名称为 SetFile0019,见表 6-3-15、表 6-3-16。

修改复合消费文件格式 1　　表 6-3-15

<table>
<tr><td rowspan="1">函数描述</td><td colspan="5">InitFile0019(
char * Random,
char * CardID,
char * HashID,
char * File0019Data,
char * ListNo)</td></tr>
<tr><td rowspan="2">返回值</td><td colspan="2">返回值类型</td><td colspan="3">返回值说明</td></tr>
<tr><td colspan="2">Int</td><td colspan="3">0-成功;其他-失败</td></tr>
<tr><td rowspan="6">参数</td><td>出入</td><td>参数名称</td><td>类型</td><td>长度</td><td>含义</td></tr>
<tr><td rowspan="5">输出</td><td>Random</td><td>char *</td><td>8</td><td>写 0019 文件前 CPU 卡产生的随机数</td></tr>
<tr><td>CardID</td><td>char *</td><td>16</td><td>CPU 卡卡号</td></tr>
<tr><td>HashID</td><td>char *</td><td>16</td><td>发卡方标识,十六进制字符串</td></tr>
<tr><td>File0019Data</td><td>char *</td><td>86</td><td>0019 文件内容,十六进制字符串</td></tr>
<tr><td>ListNo</td><td>char *</td><td>16</td><td>流水号,系统生成</td></tr>
<tr><td>功能</td><td colspan="5">预处理卡片发行信息,调用接口“SetFile0019”前必须先调用该接口</td></tr>
<tr><td>备注</td><td colspan="5">调用此接口前必须成功调用了“打开卡片”接口</td></tr>
</table>

修改复合消费文件格式 2　　表 6-3-16

<table>
<tr><td>函数描述</td><td colspan="5">SetFile0019(
char * MAC,
char * ListNo,
char * MD5)</td></tr>
<tr><td rowspan="2">返回值</td><td colspan="2">返回值类型</td><td colspan="3">返回值说明</td></tr>
<tr><td colspan="2">Int</td><td colspan="3">0-成功;其他-失败</td></tr>
<tr><td rowspan="4">参数</td><td>出入</td><td>参数名称</td><td>类型</td><td>长度</td><td>含义</td></tr>
<tr><td>输入</td><td>MAC</td><td>char *</td><td>8</td><td>加密机接口中“湘通卡写 0019 文件验证”返回的 MAC 码</td></tr>
<tr><td rowspan="2">输出</td><td>ListNo</td><td>char *</td><td>16</td><td>流水号,与 InitFile0019 中的一致</td></tr>
<tr><td>MD5</td><td>char *</td><td>32</td><td>对特定字段的 MD5 计算结果</td></tr>
<tr><td>功能</td><td colspan="5">将 0019 文件内容(主要是修改卡片的流通状态)写到卡片</td></tr>
<tr><td>备注</td><td colspan="5">调用此接口前必须成功调用了“InitCardInfo”接口,且必须紧跟在接口“InitFile0019”之后调用</td></tr>
</table>

3.3.14 OBU 发行信息确认

OBU 发行信息确认格式见表 6-3-17。

OBU 发行信息确认格式 表 6-3-17

函数描述	ConfirmOBU(char * OBUID, char * VehPlate, int VehType, Int Result, char * ListNo, char * MD5)				
返回值	返回值类型		返回值说明		
	Int		0-成功;其他-失败		
参数	出入	参数名称	类型	长度	含义
	输出	OBUID	char *	8	OBUID
		VehPlate	char *	12	车牌号码
		VehType	int	4	车型
		Result	int	4	OBU 发行结果,0-发行成功;1-发行失败
		ListNo	char *	16	流水号,系统生成
		MD5	char *	32	对特定字段的 MD5 计算结果
功能	OBU 发行结果确认				
备注	调用此接口前必须成功调用了"InitCardInfo"接口 将车辆信息写到 OBU 之后调用该接口				

3.3.15 卡片充值

卡片充值格式见表 6-3-18、表 6-3-19。

卡片充值格式 1 表 6-3-18

函数描述	InitRecharge(int Amount, char * Random, char * CardID, char * HashID, char * TradeNo, char * TerminalID, char * TradeTime, char * ListNo)	
返回值	返回值类型	返回值说明
	Int	0-成功;其他-失败

续上表

	出入	参数名称	类型	长度	含义
参数	出入	参数名称	类型	长度	含义
	输入	Amount	int	4	充值金额： 单位(分)
	输出	Random	char *	8	卡片产生的随机数
		CardID	char *	16	CPU 卡卡号
		HashID	char *	16	发卡方标识,十六进制字符串
		TradeNo	char *	4	卡片交易序号(充值)
		TerminalID	char *	12	终端机编号
		TradeTime	char *	14	交易时间格式 YYYYMMDDHHNNSS
		ListNo	char *	16	流水号,系统生成
功能	预处理充值信息,调用接口“Recharge”前必须先调用该接口				
备注	调用此接口前必须成功调用了“打开卡片”接口				

卡片充值格式 2 表 6-3-19

函数描述	Recharge(char * MAC2, char * TAC, char * ListNo, char * MD5)				
返回值	返回值类型		返回值说明		
	Int		0-成功;其他-失败		
参数	出入	参数名称	类型	长度	含义
	输出	MAC2	char *	8	加密机接口中“湘通卡充值验证”返回的 MAC2 码
		TAC	char *	8	卡片充值返回的 TAC 码
		ListNo	char *	16	流水号,与 InitRecharge 中的一致
		MD5	char *	32	对特定字段的 MD5 计算结果
功能	将充值金额写到卡片电子钱包				
备注	调用此接口前必须成功调用了“InitRecharge”接口,且必须紧跟在接口“InitRecharge”之后调用				

3.3.16　卡片消费

卡片消费格式见表 6-3-20、表 6-3-21。

卡片消费格式 1　　表 6-3-20

函数描述	InitPurchase(int　Amount, char *　Random, char *　CardID, char *　HashID, char *　TradeNo, char *　TerminalID, char *　TradeTime, char *　ListNo)				
返回值	返回值类型		返回值说明		
	Int		0-成功;其他-失败		
参数	出入	参数名称	类型	长度	含义
	输入	Amount	int	4	扣款金额　单位:分
	输出	Random	char *	8	卡片产生的随机数
		CardID	char *	16	CPU 卡卡号
		HashID	char *	16	发卡方标识,十六进制字符串
		TradeNo	char *	4	卡片交易序号(扣款)
		TerminalID	char *	12	终端机编号
		TradeTime	char *	14	交易时间格式 YYYYMMDDHHNNSS
		ListNo	char *	16	流水号,系统生成
功能	预处理扣款信息,调用接口“Purchase”前必须先调用该接口				
备注	调用此接口前必须成功调用了“打开卡片”接口				

卡片消费格式 2　　表 6-3-21

函数描述	Purchase(char *　MAC1, char *　TAC, char *　MAC2, char *　ListNo, char *　MD5)	
返回值	返回值类型	返回值说明
	Int	0-成功;其他-失败

续上表

参数	出入	参数名称	类型	长度	含义
	输入	MAC1	char *	8	加密机接口中“湘通卡扣款验证”返回的MAC1码
	输出	TAC	char *	8	扣款返回的TAC码
		MAC2	char *	8	扣款返回的MAC2码
		ListNo	char *	16	流水号,与InitPurchase中的一致
		MD5	char *	32	对特定字段的MD5计算结果
功能	从卡片电子钱包中扣减指定金额				
备注	调用此接口前必须成功调用了“InitRecharge”接口,且必须紧跟在接口“InitPurchase”之后调用				

3.3.17 关闭读卡器

关闭读卡器格式见表6-3-22。

关闭读卡器格式 表6-3-22

函数描述	CloseCardReader( )				
返回值	返回值类型		返回值说明		
	Int		0-成功;其他-失败		
参数	出入	参数名称	类型	长度	含义
	输出	无参数	—	—	—
功能	关闭湘通卡读卡器				
备注					

3.3.18 获取错误信息

获取错误信息格式见表6-3-23。

获取错误信息格式 表6-3-23

函数描述	GetErrorMessage(int ErrerCode,char * Msg)				
返回值	返回值类型		返回值说明		
	void		无返回值		
参数	出入	参数名称	类型	长度	含义
	输入	ErrerCode	int	4	各接口返回的错误码
	输出	Msg	char *	128	ErrerCode对应的错误信息
功能	获取错误信息				
备注					

前置机实时交互信息接口

4.1 传输方式

省监控中心与银行分行工作站之间采用 TCP/IP 异步短连接方式,各方的 Server 端和 Client端独立,如图 6-4-1 所示。

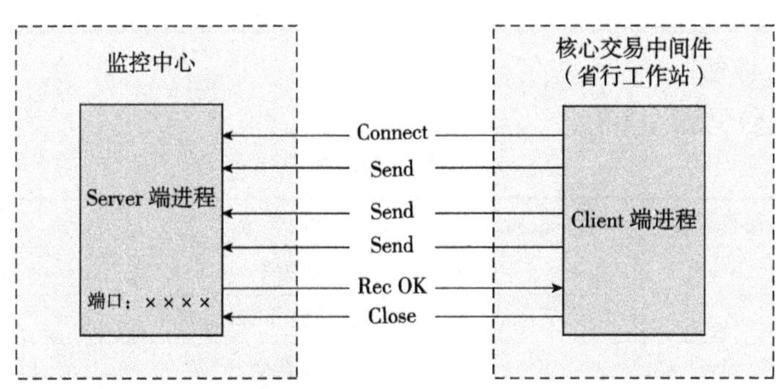

图 6-4-1 传输方式

客户端 Client 进程负责向对方发送消息,服务端 Server 进程负责接收处理对方发送的消息。

客户端发送前,主动向服务端建立 TCP/IP socket 连接,连接建立后,发送消息报文,服务端接收消息,根据报文长度判断接收完毕后,应答客户端通信接收 ok,客户端接收应答后,主动关闭 socket。

4.2 报文格式

标准 XML 报文。若未明确说明,所有整数类型的值均采用十进制,所有表示金额的节点均采用十进制并精确到分,如果表示一百二十三元四角五分为 123.45(报文中定义的为 Decimal 类型)。

所有数据结构由以 Schema 形式定义,所有 XML 数据能够通过对应 Schema 的合法性验证。

4.3 报文接口说明

4.3.1 湘通卡写 0015 文件验证

1) 请求报文数据包

请求报文数据包见表 6-4-1。

请求报文数据包 表 6-4-1

项目代码	代码类型	代码长度	项 目 名 称	备 注 说 明
TranCode	char	6	交易代码	定为 100001
Random	char	8	写 0015 文件前 CPU 卡产生的随机数	
CardID	char	16	CPU 卡卡号	
HashID	char	16	发卡方标识	16 进制字符串
File0015Data	char	86	0015 文件内容	16 进制字符串
ListNo	char	16	流水号，系统生成	

2) 响应报文数据包

响应报文数据包见表 6-4-2。

响应报文数据包 表 6-4-2

项目代码	代码类型	代码长度	项 目 名 称	备 注 说 明
RetCode	char	6	响应码	定为 200001
MAC	char	8	加密机返回的 MAC 码	
Flag	Char	2	成功标识	01-成功；02-失败
FailReason	Char	20	失败原因	

4.3.2 湘通卡写 0016 文件验证

1) 请求报文数据包

请求报文数据包见表 6-4-3。

请求报文数据包 表 6-4-3

项目代码	代码类型	代码长度	项 目 名 称	备 注 说 明
TranCode	char	6	交易代码	定为 100002
Random	char	8	写 0016 文件前 CPU 卡产生的随机数	
CardID	char	16	CPU 卡卡号	
HashID	char	16	发卡方标识	16 进制字符串
File0016Data	char	110	0016 文件内容	16 进制字符串
ListNo	char	16	流水号，系统生成	

2)响应报文数据包

响应报文数据包见表6-4-4。

响应报文数据包 表6-4-4

项目代码	代码类型	代码长度	项 目 名 称	备 注 说 明
RetCode	char	6	响应码	定为200002
MAC	char	8	加密机返回的MAC码	
Flag	Char	2	成功标识	01-成功;02-失败
FailReason	Char	20	失败原因	

4.3.3　湘通卡写0019文件验证

1)请求报文数据包

请求报文数据包见表6-4-5。

请求报文数据包 表6-4-5

项目代码	代码类型	代码长度	项 目 名 称	备 注 说 明
TranCode	char	6	交易代码	定为100003
Random	char	8	写0019文件前CPU卡产生的随机数	
CardID	char	16	CPU卡卡号	
HashID	char	16	发卡方标识	16进制字符串
File0019Data	char	86	0019文件内容	16进制字符串
ListNo	char	16	流水号,系统生成	

2)响应报文数据包

响应报文数据包见表6-4-6。

响应报文数据包 表6-4-6

项目代码	代码类型	代码长度	项 目 名 称	备 注 说 明
RetCode	char	6	响应码	定为200003
MAC	char	8	加密机返回的MAC码	
Flag	Char	2	成功标识	01-成功;02-失败
FailReason	Char	20	失败原因	

4.3.4　湘通卡充值验证

1)请求报文数据包

请求报文数据包见表6-4-7。

请求报文数据包 表 6-4-7

项目代码	代码类型	代码长度	项 目 名 称	备 注 说 明
TranCode	char	6	交易代码	定为 100004
Random	char	8	随机数	
CardTradeNo	Char	4	卡片交易序号	
CardID	char	16	CPU 卡卡号	
HashID	char	16	发卡方标识	16 进制字符串
TradeAmount	char	8	充值金额	无小数点,精确到分
TerminalID	char	12	终端机编号	
TradeTime	char	14	交易时间	YYYYMMDDhhnnss
ListNo	char	16	流水号,系统生成	

2)响应报文数据包

响应报文数据包见表 6-4-8。

响应报文数据包 表 6-4-8

项目代码	代码类型	代码长度	项 目 名 称	备 注 说 明
RetCode	char	6	响应码	定为 200004
MAC2	char	8	加密机返回的 MAC2 码	
Flag	Char	2	成功标识	01-成功;02-失败
FailReason	Char	20	失败原因	

4.3.5 湘通卡扣款验证

1)请求报文数据包

请求报文数据包见表 6-4-9。

请求报文数据包 表 6-4-9

项目代码	代码类型	代码长度	项 目 名 称	备 注 说 明
TranCode	char	6	交易代码	定为 100005
Random	char	8	随机数	
CardTradeNo	Char	4	卡片交易序号	
CardID	char	16	CPU 卡卡号	
HashID	char	16	发卡方标识	16 进制字符串
TradeAmount	char	8	扣款金额	无小数点,精确到分
TerminalID	char	12	终端机编号	
TradeTime	char	14	交易时间	YYYYMMDDhhnnss
ListNo	char	16	流水号,系统生成	

2)响应报文数据包

响应报文数据包见表6-4-10。

响应报文数据包 表6-4-10

项目代码	代码类型	代码长度	项 目 名 称	备 注 说 明
RetCode	char	6	响应码	定为200005
MAC1	char	8	加密机返回的MAC1码	
Flag	Char	2	成功标识	01-成功;02-失败
FailReason	Char	20	失败原因	

4.3.6 湘通卡特殊业务验证

1)请求报文数据包

请求报文数据包见表6-4-11。

请求报文数据包 表6-4-11

项目代码	代码类型	代码长度	项 目 名 称	备 注 说 明
TranCode	char	6	交易代码	定为100006
Listno	char	8	银行流水号	
TradeType	Char	2	交易类型	01-挂失;02-解挂; 03-换卡;04-注销
CardID	char	16	CPU卡卡号	
HashID	char	16	发卡方标识	16进制字符串
TradeTime	char	14	交易时间	YYYYMMDDhhnnss
VerifyCode	char	8	验证码	CRC校验

2)响应报文数据包

响应报文数据包见表6-4-12。

响应报文数据包 表6-4-12

项目代码	代码类型	代码长度	项 目 名 称	备 注 说 明
RetCode	char	6	响应码	定为200006
Listno	char	8	银行流水号	
Flag	Char	2	成功标识	01-成功;02-失败
FailReason	Char	20	失败原因	

4.3.7 湘通卡黑名单查询

1)请求报文数据包

请求报文数据包见表6-4-13。

请求报文数据包 表 6-4-13

项目代码	代码类型	代码长度	项 目 名 称	备 注 说 明
TranCode	char	6	交易代码	定为 100007
CardID	char	16	CPU 卡卡号	
HashID	char	16	发卡方标识	16 进制字符串
TradeTime	char	14	交易时间	YYYYMMDDhhnnss

2)响应报文数据包

响应报文数据包见表 6-4-14。

响应报文数据包 表 6-4-14

项目代码	代码类型	代码长度	项 目 名 称	备 注 说 明
RetCode	char	6	响应码	定为 200007
CardID	char	16	CPU 卡卡号	
IsBlack	Char	2	黑名单标识	00-不是黑名单;01-是黑名单
BlackReason	Char	8	黑名单原因	
Flag	Char	2	成功标识	01-成功;02-失败
FailReason	Char	20	失败原因	

4.3.8 业务办理结果确认

1)请求报文数据包

请求报文数据包见表 6-4-15。

请求报文数据包 表 6-4-15

项目代码	代码类型	代码长度	项 目 名 称	备 注 说 明
TranCode	char	6	交易代码	定为 100008
ListNo	char	16	流水号	交易接口生成,从接口取出填到此处即可
CardID	char	16	CPU 卡卡号	卡操作确认需填此项
OBUID	char	8	OBU ID 号	OBU 操作确认需填此项
RetNo	char	4	接口返回值	交易接口返回值
OBUResult	char	4	OBU 发行结果	OBU 操作确认需填此项
MD5	char	32	MD5	交易接口生成,从接口取出填到此处即可

2）响应报文数据包

响应报文数据包见表6-4-16。

响应报文数据包　　表6-4-16

项目代码	代码类型	代码长度	项目名称	备注说明
RetCode	char	6	响应码	定为200008
Flag	Char	2	成功标识	01-成功;02-失败

第5章 前置机定时交互信息接口

5.1 传输方式

定时交互信息采用为纯文本文件形式,每行为一条记录。文件的防伪和加密由发送方负责处理。文件传送采用FTP协议方式进行,FTP服务器端设在高管局发卡中心前置机上。

例如,合作银行应在每日00:00~12:00前将当日发卡充值数据文件发送到FTP服务器相应目录下,监控中心应在每日9:00~12:00前将湘通卡消费数据发送到FTP服务器相应目录下,消费数据文件可能包含多日的流水及合计数。

数据发送方应负责处理数据文件发送失败后的重传问题。数据接收方负责数据文件的解释和后续处理,数据文件处理无误后,应将文件及时移动到其他目录以便归档和事后查询。

5.2 交互信息文件定义

5.2.1 普通数据文件

文件为纯文本文件,每行为一条记录,记录的字段以“|”为分隔符。

文件命名规则:yyyymmdd+“_”+数据名称+“.txt”。

5.2.2 图像数据文件

文件为图片文件,每张图片一个文件,图片内容为办理OBU对应的车辆。

文件命名规则:yyyymmdd+“_”+车牌+“_”+车型+“_”+OBU ID+“.jpg”。

5.2.3 银行向监控中心传输数据

银行向监控中心传输的数据包括湘通卡日常业务数据、湘通卡消费清分清算对账业务数据等,湘通卡日常业务数据包括客户信息表、卡账户信息表、卡信息表、电子标签信息表、业务操作表、系统日终对账表、业务数据统计情况表、黑名单表、黑名单下发情况表等;湘通卡消费清分清算对账业务数据包括结算争议明细数据、结算统计汇总对账数据等。

5.2.4　湘通卡日常业务数据

1）客户信息（TB_User）

客户信息见表6-5-1。

客　户　信　息　　表6-5-1

名称	字段	数据类型	强制	主要识别字	备　注
系统编号	id	int	TRUE	PK	
姓名	name	varchar(100)	TRUE		
性别	sex	int	TRUE		0-女；1-男
民族	nationality	varchar(10)			
籍贯	nativeProvince	varchar(200)			
出生年月	birthday	date			
证件类型	idType	int	TRUE		证件类型：0-身份证；1-军官证；2-护照；3-入境证（限港台居民）；4-临时身份证；其他-保留
证件号码	idNo	varchar(30)	TRUE		
手机号码	tel	varchar(15)	TRUE		
户口所在地	domicilePlace	varchar(200)			
联系地址	address	varchar(300)	TRUE		
备注	remark	varchar(200)			
固定电话	fixedTel	varchar(15)			
相片	photo	image			
邮箱	email	varchar(50)			
邮编	zipCode	varchar(7)			
客户等级	grade	int	TRUE		0-普通；1-VIP
客户类型	type	int	TRUE		1-个人；6-单位
报装地址	installAddr	varchar(200)			
办理营业厅	customPoint	varchar(200)	TRUE		
单位类型	companyType	int			0-政府机关；1-事业单位；2-国有企业；3-外资企业；4-民营企业；5-其他

续上表

名称	字段	数据类型	强制	主要识别字	备　注
业务联系人	businessContact	varchar(20)			
传真	fax	varchar(15)			
创建人	creation	varchar(30)	TRUE		
创建时间	createTime	datetime	TRUE		
修改时间	lastModifyTime	datetime	TRUE		
修改人	lastModifier	varchar(30)	TRUE		
处理日期	BusinessDate	datetime	TRUE		
处理类型	BusinessType	Int	TRUE		1-增加;2-修改;3-删除

2)卡账户信息(TB_Account)

卡账户信息见表6-5-2。

卡账户信息　　表6-5-2

名称	字段	数据类型	强制	主要识别字	备　注
系统编号	id	int	TRUE	PK	
账户名称	name	varchar(20)	TRUE		
押金	deposit	float	TRUE		
账户余额	balance	float	TRUE		
有效日期	duration	datetime	TRUE		
开户日期	accountDate	datetime	TRUE		
备注	remark	varchar(200)			
充值金额	credit	float			
充值前余额	lastCredit	float			
状态	state	int	TRUE		状态:0-启用;1-预销户;2-注销
账户类型	type	int	TRUE		22-储值;23-记账
所属客户	user	int	TRUE		TB_User. ID
账户密码	password	varchar(30)	TRUE		
创建人	creation	varchar(30)	TRUE		
创建时间	createTime	datetime	TRUE		
修改时间	lastModifyTime	datetime	TRUE		

续上表

名称	字段	数据类型	强制	主要识别字	备注
修改人	lastModifier	varchar(30)	TRUE		
处理日期	BusinessDate	datetime	TRUE		
处理类型	BusinessType	Int	TRUE		1-增加;2-修改;3-删除

3)卡片信息(TB_Card)

卡片信息见表6-5-3。

卡片信息　　表6-5-3

名称	字段	数据类型	强制	主要识别字	备注
系统编号	id	int	TRUE	PK	
卡片表面编号	faceCardNum	varchar(20)	TRUE		
卡片物理编号	phyCardNum	varchar(20)	TRUE		
账户编号	account	int	TRUE		tb_Account. Id 1-账号;n-卡
卡片状态	state	int	TRUE		0-正常;1-挂失卡;2-注销卡;3-伪卡;4-止付卡;5-未发行
卡片版本	CardVersion	varchar(10)			
卡片类型	cardType	int	TRUE		与账户类型一致
卡最后余额	lastBalance	float			
卡最后余额更新时间	lastBalanceTime	datetime			
车牌	vehPlate	varchar(12)			
车卡绑定状态	bind	int	TRUE		0-绑定;1-不绑定
启用时间	startDate	datetime	TRUE		
失效时间	endDate	datetime	TRUE		
转换为黑名单时间	inBlackListTime	datetime			
备注	remark	varchar(200)			
是否绑定 OBU	obuBind	int			0-不绑定;1-绑定
车牌颜色	vehiclePlateColor	int			0-蓝;1-黄;2-黑;3-白

续上表

名称	字段	数据类型	强制	主要识别字	备　注
车客货类别	vehicleType	int			0-不跟车;1-客车;2-货车
核载	nuclearLoad	varchar(10)			不跟车时,留空字符串
创建人	creation	varchar(30)	TRUE		
创建时间	createTime	datetime	TRUE		
修改时间	lastModifyTime	datetime	TRUE		
修改人	lastModifier	varchar(30)	TRUE		
处理日期	BusinessDate	datetime	TRUE		
处理类型	BusinessType	Int	TRUE		1-增加; 2-修改; 3-删除

4)电子标签信息(TB_OBU)

电子标签信息见表6-5-4。

电子标签信息　　表6-5-4

名称	字段	数据类型	强制	主要识别字	备　注
系统编号	id	int	TRUE	PK	
OBU号	obuId	varchar(8)	TRUE		
车型	vehicleType	int	TRUE		
车牌	vehiclePlate	varchar(12)	TRUE		
车牌颜色	vehicleColor	int	TRUE		0-蓝色;1-黄色;2-黑色;3-白色
车辆用户类型	vehicleUserType	int	TRUE		用户类型:0-普通用户;6-公务车用户;8-军警车用户;10-紧急车用户;12-免费用户;14-车队用户;其他-保留
应用序列号	serialNumber	varchar(16)	TRUE		
发动机号	vehicleEngineNumber	varchar(16)	TRUE		
轴数	vehicleAxles	int	TRUE		
轮数	vehicleWheels	int	TRUE		
轴距	vehicleWheelBases	int	TRUE		

续上表

名称	字段	数据类型	强制	主要识别字	备　注
车辆载重(货车)或座位数(客车)	vehicleWeight Limits	int	TRUE		单位:kg/座
车宽	vehicleWidth	int	TRUE		单位:dm
车长	vehicleLong	int	TRUE		单位:dm
车头高	vehicleHeight	int	TRUE		单位:dm
安装防爆膜	protectFilm	int	TRUE		0-没安装;1-安装
车辆特征	vehicleSpecific Information	varchar(16)	TRUE		如“奔驰 307”
服务提供商编码	supplier	varchar(8)	TRUE		
协约类型	contractType	varchar(2)	TRUE		
合同版本	contractVersion	varchar(2)	TRUE		
合同序列号	contractSerial	varchar(2)	TRUE		
合同签署日期	dateofIssue	date	TRUE		
合同过期日期	dateofExpire	date	TRUE		
用户	user	int	TRUE		Tb_User. id
状态	state	int	TRUE		0-未激活;1-已激活;2-未写 OBU
创建人	creation	varchar(30)	TRUE		
创建时间	createTime	datetime	TRUE		
修改时间	lastModifyTime	datetime	TRUE		
修改人	lastModifier	varchar(30)	TRUE		
处理日期	BusinessDate	datetime	TRUE		
处理类型	BusinessType	Int	TRUE		1-增加;2-修改;3-删除

5)充值冲正流水表(TB_TradeList)

充值冲正流水表见表 6-5-5。

充值冲正流水表　　表 6-5-5

名称	字段	数据类型	强制	主要识别字	备　注
机构编号	OrgID	int	TRUE	PK	发卡机构标识
流水号	ListNo	varchar(30)	TRUE	PK	

续上表

名称	字段	数据类型	强制	主要识别字	备　注
客户 ID	user	int	TRUE		Tb_User. id
账户 ID	Account	int	TRUE		Tb_Accout. id
卡片 ID	Card	int	TRUE		Tb_Card. id
卡片表面号	CardFaceNo	varchar(20)	TRUE		
网点编码	NetNodeID	Varchar(10)	TRUE		
网点名称	NetNodeName	varchar(100)			
操作员编码	OperatorNo	varchar(10)	TRUE		
操作员名称	OperatorName	varchar(20)			
交易类型	TradeType	int	TRUE		1-充值;2-冲正
交易金额	TradeAmount	Int	TRUE		单位:分
交易时间	tradeTime	datetime	TRUE		充值/扣款接口返回
卡片交易序号	TradeNo	varchar(4)	TRUE		同上
终端机编号	TerminalID	varchar(12)			同上
卡片随机数	Random	Varchar(8)	TRUE		同上
TAC 码	TAC	Varchar(8)	TRUE		同上
MAC2 码	MAC2	Varchar(8)			冲正才有该值
备注	Remark	varchar(200)			

6)系统日终对账(Tb_DayEndVerify)

系统日终对账见表 6-5-6。

系统日终对账　　表 6-5-6

名称	字段	数据类型	强制	主要识别字	备　注
机构编号	OrgID	int	TRUE	PK	
业务日期	BusinessDate	datetime	TRUE	PK	
记账卡账户充值金额	TollyAccount Money	float	TRUE		
储值卡充值金额	StoreCardMoney	float	TRUE		
记账卡销售数量	SellTollyCnt	int	TRUE		
储值卡销售数量	SellStoreCnt	int	TRUE		
OBU 销售数量	SellOBUCnt	Int	TRUE		
备注	Remark	varchar(200)			

7) 业务数据统计情况表(Tb_BusinessSum)

业务数据统计情况见表 6-5-7。

业务数据统计情况表 表 6-5-7

名称	字段	数据类型	强制	主要识别字	备 注
业务日期	BusinessDate	datetime	TRUE	PK	
客户资料变动数	UserBusinessCnt	int	TRUE		
卡账号资料变动数	AccountBusinessCnt	int	TRUE		
卡资料变动数	CardBusinessCnt	int	TRUE		
标签资料变动数	ObuBusinessCnt	int	TRUE		
业务操作数	BusinessHandleCnt	int	TRUE		
业务操作应收费用金额汇总	OriginalPriceSum	float	TRUE		
业务操作实收费用金额汇总	RealPriceSum	float	TRUE		
系统日终对账记录数	DayEndVerifyCnt	int	TRUE		
备注	Remark	varchar(200)			

5.2.5 湘通卡消费清分结算对账业务数据

1) 结算争议明细数据(Tb_DisputeData)

结算争议明细数据见表 6-5-8。

结算争议明细数据 表 6-5-8

名称	字段	数据类型	强制	主要识别字	备 注
争议流水号	DisputedListNo	varchar(33)	TRUE	PK	
入口路段编码	InroadNo	smallint	TRUE		
入口站编码	InStationNo	Integer	TRUE		
入口站名	InStationName	varChar(20)	TRUE		
入口车道号	InLaneNo	SmallInt	TRUE		
出口路段	RoadNo	smallint	TRUE		
站编码	StationID	Integer	TRUE		
站名	StationName	varChar(20)	TRUE		
车道号	LaneNo	SmallInt	TRUE		
车型	VehType	TinyInt	TRUE		
车种	VehClass	TinyInt	TRUE		

续上表

名称	字段	数据类型	强制	主要识别字	备　注
车牌号	VehPlate	Char(12)	TRUE		
工班号	SquadNo	TinyInt	TRUE		
工班日期	SquadDate	DateTime	TRUE		
收费时间	OpTime	DateTime	TRUE		
湘通卡卡号	PayCardID	Char(16)	TRUE		
湘通卡表面号	PayCardNo	Integer	TRUE		
湘通卡类型	PayCardType	TinyInt	TRUE		
OBU 编码	OBUID	Char(20)	TRUE		
湘通卡余额	PayCardBalance	Integer	TRUE		
湘通卡折扣率	PayCardDiscount	SmallInt	TRUE		
优惠前金额	PDiscountToll	integer	TRUE		
收费车金额	CashMoney	Integer	TRUE		
免费车金额	FreeMoney	Integer	TRUE		
公务车金额	OfficeMoney	Integer	TRUE		
未付金额	UnpayMoney	Integer	TRUE		
湘通卡金额	ETCMoney	Integer	TRUE		
Tac 码	ETCTac	Char(30)	TRUE		
终端交易序列号	ETCTermTradNo	VarChar(8)	TRUE		
终端机编号	ETCTermCode	VarChar(12)	TRUE		
卡区域号	CardNetwork	varChar(20)	TRUE		
交易类型	TradType	Tinyint	TRUE		
确认为争议流水时间	DisputedTime	datetime	TRUE		
争议原因	DisputedReason	varchar(100)	TRUE		
备注	Remark	varchar(100)			

2）结算统计汇总对账数据（Tb_AccountVerify）

结算统计汇总对账数据见表 6-5-9。

结算统计汇总对账数据　表 6-5-9

名称	字段	数据类型	强制	主要识别字	备　注
结算起始日期	DateFrom	DateTime	TRUE	PK	
结算终止日期	DateTo	DateTime	TRUE	PK	

续上表

名称	字段	数据类型	强制	主要识别字	备　注
总结算笔数	RecordCnt	int	TRUE		
总结算金额	RecordMoney	float	TRUE		
记账卡笔数	TollyRecordCnt	int	TRUE		
记账卡金额	TollyRecordMoney	float	TRUE		
储值卡笔数	StoreRecordCnt	int	TRUE		
储值卡金额	StoreRecordMoney	float	TRUE		
可结算笔数	NormalRecordCnt	int	TRUE		
可结算金额	NormalRecord Money	float	TRUE		
争议笔数	Disputed RecordCnt	int	TRUE		
争议金额	DisputedRecord Money	float	TRUE		
备注	Remark	varchar(100)	TRUE		

5.2.6　办理 OBU 业务图像数据

办理 OBU 业务时必须对所绑定的车辆进行拍照，照片的拍摄要求为：从车前方左侧 45°角拍摄，内容须含车前保险杠、左前轮、左后轮及车尾部分（具体可参考行驶证机动车照片标准），如图 6-5-1 所示。

图 6-5-1　示例照片

5.3　监控中心向银行传输数据

监控中心向银行传输的数据包括湘通卡消费数据、清分清算对账数据等。湘通卡消费数据包括高速公路入口通行记录、出口通行记录、工班统计记录等；清分清算数据包括银行结算对账确认数据、系统日终对账确认数据等。

5.3.1 湘通卡消费数据

1)入口流水(TB_EEntry)

入口流水见表6-5-10。

入口流水 表6-5-10

名称	字段	数据类型	强制	主要识别字	备注
记录号	RecordNo	SmallInt	TRUE		
流水号	ListNo	Char(33)	TRUE	PK	
路段	RoadNo	SmallInt	TRUE		
站编码	StationID	Integer	TRUE		
站名	StationName	varChar(20)	TRUE		
车道编码	LaneNo	SmallInt	TRUE		
车型	VehType	TinyInt	TRUE		
车种	VehClass	TinyInt	TRUE		
车辆数	VehCount	SmallInt	TRUE		
车牌	VehPlate	Char(12)	TRUE		
工班号	SquadNo	TinyInt	TRUE		
工班日期	SquadDate	DateTime	TRUE		
收费员编码	OperatorNo	Integer	TRUE		
收费员姓名	OperatorName	Char(8)	TRUE		
身份卡号	UserCardID	Char(16)	TRUE		
身份卡表面编号	UserCardNo	Integer	TRUE		
操作时间	OpTime	DateTime	TRUE		
统计日期	Tolldate	Integer	TRUE		
湘通卡类型	CardType	TinyInt	TRUE		
湘通卡卡号	CardID	Char(16)	TRUE		
湘通卡表面编码	CardNo	Integer	TRUE		
OBU 编码	OBUID	Char(20)	TRUE		
交易状态	DealStatus	Integer	TRUE		

续上表

名称	字段	数据类型	强制	主要识别字	备　注
设备状态	DeviceStatus	Integer	TRUE		
记录类型	RecordType	Integer	TRUE		
广场编码	SquareNo	SmallInt	TRUE		
行驶方向	Direction	TinyInt	TRUE		
图像序号	ImageSerialNo	Char	TRUE		
特殊事件	SpEvent	Integer	TRUE		
车型自动识别	VehTypeAuto	TinyInt	TRUE		
车牌自动识别	VehPlateAuto	Char	TRUE		
流水表文件名	ListName	SmallInt	TRUE		
备用 1	BackUp1	Integer	TRUE		
备用 2	BackUp2	Integer	TRUE		
备用 3	BackUp3	Varchar	TRUE		
备用 4	BackUp4	Varchar	TRUE		
传输标志	TransferTag	Integer	TRUE		
校验码	VerifyCode	Integer	TRUE		

注：

1. 路段、站编码规则说明：

　(1)路段编码使用 2 位,如 1、12、35 等;

　(2)站编码使用 4 位,由“路段编码(2)+路段内编码(2)”构成,如 204、1203、3512 等。

2. 出、入口流水表流水号(ListNo 和 InListNo)编码规则说明:

　区域(4)+路段(2)+站(4)+车道(4)+交易时间(14)+交易顺序号(5),如‘44030505120054200907211445320002E’。

2)出口流水(TB_EExit)

出口流水见表 6-5-11。

出 口 流 水　　表 6-5-11

名称	字段	数据类型	强制	主要识别字	备　注
出口记录号	RecordNo	SmallInt	TRUE		
出口流水号	ListNo	Char(33)	TRUE	PK	
PSam 卡编号	PSamID	Integer	TRUE	pk	读写器中的 PSAM 卡编号,长度不够,本字段不用(用下面的 termcode 字段)

续上表

名称	字段	数据类型	强制	主要识别字	备　注
入口流水号	InListNo	Char(33)	TRUE		
入口路段编码	InroadNo	smallint	TRUE		
入口站编码	InStationNo	Integer	TRUE		
入口站名	InStationName	varChar(20)	TRUE		
入口车道号	InLaneNo	SmallInt	TRUE		
入口车型	InVehType	TinyInt	TRUE		
入口车种	InVehClass	TinyInt	TRUE		
入口车牌	InVehPlate	Char(12)	TRUE		
入口发卡员工号	InOperatorNo	Integer	TRUE		
入口时间	InOpTime	DateTime	TRUE		
入口交易状态	RDealStatus	Integer	TRUE		
入口广场号	InSquareNo	SmallInt	TRUE		
入口行驶方向	InDirection	TinyInt	TRUE		
入口车型自动识别	InVehTypeAuto	TinyInt	TRUE		
入口车牌自动识别	InVehPlateAuto	Char(12)	TRUE		
出口路段	RoadNo	smallint	TRUE		
站编号	StationID	Integer	TRUE		
站名	StationName	varChar(20)	TRUE		
广场编码	SquareNo	SmallInt	TRUE		
车道号	LaneNo	SmallInt	TRUE		
车型	VehType	TinyInt	TRUE		
车种	VehClass	TinyInt	TRUE		
车辆数	VehCount	SmallInt	TRUE		
车牌号	VehPlate	Char(12)	TRUE		
工班号	SquadNo	TinyInt	TRUE		
工班日期	SquadDate	DateTime	TRUE		
收费员工号	OperatorNo	Integer	TRUE		

续上表

名称	字段	数据类型	强制	主要识别字	备　注
收费员姓名	OperatorName	Char(8)	TRUE		
身份卡 ID 号	UserCardID	Char(16)	TRUE		
身份卡表面号	UserCardNo	Integer	TRUE		
收费时间	OpTime	DateTime	TRUE	PK	
统计日期	Exitdate	Integer	TRUE		
通行券类型	TicketType	TinyInt	TRUE		
通行卡 ID 号	CardID	Char(16)	TRUE		
通行卡表面号	CardNo	Integer	TRUE		
湘通卡卡号	PayCardID	Char(16)	TRUE		
湘通卡表面号	PayCardNo	Integer	TRUE		
湘通卡类型	PayCardType	TinyInt	TRUE		
OBU 编码	OBUID	Char(20)	TRUE		
湘通卡余额	PayCardBalance	Integer	TRUE		
湘通卡折扣率	PayCardDiscount	SmallInt	TRUE		
优惠前金额	PDiscountToll	integer	TRUE		
行驶方向	Direction	TinyInt	TRUE		
车辆轴组数	AxisNum	TinyInt	TRUE		
车辆总重	TotalWeight	Integer	TRUE		
修改前车辆轴组信息	PAxisInfo	Varchar	TRUE		
车辆轴组信息	AxisInfo	Varchar	TRUE		
记录类型	RecordType	Integer	TRUE		
图像序号	ImageSerialNo	Char(33)	TRUE		
交易状态	DealStatus	Integer	TRUE		
设备状态	DeviceStatus	Integer	TRUE		
特殊事件	SpEvent	Integer	TRUE		
发票号	InvoiceID	Integer	TRUE		
收费车金额	CashMoney	Integer	TRUE		

续上表

名称	字段	数据类型	强制	主要识别字	备　注
免费车金额	FreeMoney	Integer	TRUE		
公务车金额	OfficeMoney	Integer	TRUE		
未付金额	UnpayMoney	Integer	TRUE		
湘通卡金额	ETCMoney	Integer	TRUE		
拆分字段	SplitTollInfo	Varchar	TRUE		
车型自动识别	VehTypeAuto	TinyInt	TRUE		
车牌自动识别	VehPlateAuto	Char(12)	TRUE		
程序版本号	ProgramVer	Char(20)	TRUE		
费率版本号	PriceVerNo	varchar(20)	TRUE		
流水表文件名	ListName	SmallInt	TRUE		
标识站	FlagStation	Integer	TRUE		
免费业主编码	OwnerCode	Integer	TRUE		
交易系列号	ETCTradeNo	varchar(8)	TRUE		
按键信息	KeyPressInf	Varchar	TRUE		
Tac 码	ETCTac	Char	TRUE		
终端交易列号	ETCTermTradNo	VarChar(8)	TRUE		
终端机编码	ETCTermCode	VarChar(12)	TRUE		
卡区域号	CardNetwork	varChar	TRUE		
交易类型	TradType	Tinyint	TRUE		正常交易: 6:传统交易;9:复合交易 优惠交易: 16:传统交易;19:复合交易
备用 1	BackUp1	Integer	TRUE		
备用 2	BackUp2	Integer	TRUE		
备用 3	BackUp3	Integer	TRUE		
备用 4	BackUp4	Integer	TRUE		
备用 5	BackUp5	Varchar	TRUE		

续上表

名称	字段	数据类型	强制	主要识别字	备　注
备用6	BackUp6	Varchar	TRUE		
传输标志	TransferTag	Integer	TRUE		默认为0 TransferTag&1 = 1MTC中心 TransferTag&2 = 2MTC分中心 TransferTag&4 = 4ETC中心 TransferTag&8 = 8ETC分中心
校验码	VerifyCode	Integer	TRUE		

3）工班统计记录（TB_SquadSum）

工班统计记录见表6-5-12。

工班统计记录 表6-5-12

名称	字段	数据类型	强制	主要识别字	备　注
路段编码	RoadNo	SmallInt	TRUE	PK	
站编码	StationNo	Integer	TRUE	PK	
广场编码	SquareNo	SmallInt	TRUE	PK	
车道编码	LaneNo	SmallInt	TRUE	PK	
工班号	SquadNo	TinyInt	TRUE	PK	
工班日期	SquadDate	DateTime	TRUE	PK	
登录时间	LoginTime	DateTime	TRUE		
下班时间	LogOutTime	DateTime	TRUE		
车道类型	LaneType	TinyInt	TRUE	PK	
总收费车计数	TotalVehCnt	Integer	TRUE		
总收费车金额数	TotalVehMoney	Integer	TRUE		
储值卡金额	CDMoney1	Integer	TRUE		
记账卡金额	CDMoney2	Integer	TRUE		
储值卡计数	CDCnt1	Integer	TRUE		
记账卡计数	CDCnt2	Integer	TRUE		
总车辆数	Cnt	Integer	TRUE		
传输标志	TransferTag	Integer	TRUE		

续上表

名称	字段	数据类型	强制	主要识别字	备　注
备用一	Backup1	varChar(512)	TRUE		
备用二	Backup2	varChar(512)	TRUE		
备用三	Backup3	varChar(512)	TRUE		
校验码	VerifyCode	varchar(8)	TRUE		

5.3.2 清分结算数据

1)系统日终对账确认数据(Tb_RspDayEndVerify)

系统日终对账确认数据见表 6-5-13。

系统日终对账确认数据　　表 6-5-13

名称	字段	数据类型	强制	主要识别字	备　注
业务日期	BusinessDate	datetime	TRUE	PK	
网点	CustomPoint	varchar(100)	TRUE		
记账卡账户充值金额	TollyAccount Money	float	TRUE		
储值卡充值金额	StoreCardMoney	float	TRUE		
记账卡销售数量	SellTollyCnt	int	TRUE		
储值卡销售数量	SellStoreCnt	int	TRUE		
回收记账卡数量	ReturnTollyCnt	int	TRUE		
回收储值卡数量	ReturnStoreCnt	int	TRUE		
确认记账卡账户充值金额	CfrTollyAccount Money	float	TRUE		
确认储值卡充值金额	CfrStoreCard Money	float	TRUE		
确认记账卡销售数量	CfrSellTollyCnt	int	TRUE		
确认储值卡销售数量	CfrSellStoreCnt	int	TRUE		

续上表

名称	字段	数据类型	强制	主要识别字	备　注
确认回收记账卡数量	CfrReturnTollyCnt	int	TRUE		
确认回收储值卡数量	CfrReturnStoreCnt	int	TRUE		
确认结论	Decision	Int	TRUE		1-与银行统计一致;2-与银行统计不一致
结论描述	Descript	varchar(200)	TRUE		

2)银行结算对账确认数据(Tb_RspAccountVerify)

银行结算对账确认数据见表 6-5-14。

银行结算对账确认数据　　表 6-5-14

名称	字段	数据类型	强制	主要识别字	备　注
结算起始日期	DateFrom	DateTime	TRUE	PK	
结算终止日期	DateTo	DateTime	TRUE	PK	
总结算笔数	RecordCnt	int	TRUE		
总结算金额	RecordMoney	float	TRUE		
记账卡笔数	TollyRecordCnt	int	TRUE		
记账卡金额	TollyRecordMoney	float	TRUE		
储值卡笔数	StoreRecordCnt	int	TRUE		
储值卡金额	StoreRecordMoney	float	TRUE		
可结算笔数	NormalRecordCnt	int	TRUE		
可结算金额	NormalRecordMoney	float	TRUE		
争议笔数	DisputedRecordCnt	int	TRUE		
争议金额	DisputedRecordMoney	float	TRUE		
确认总结算笔数	ConfirmRecordCnt	int	TRUE		
确认总结算金额	ConfirmRecordMoney	float	TRUE		
确认记账卡笔数	ConfirmTollyRecordCnt	int	TRUE		

续上表

名称	字段	数据类型	强制	主要识别字	备　注
确认记账卡金额	ConfirmTolly RecordMoney	float	TRUE		
确认储值卡笔数	ConfirmStore RecordCnt	int	TRUE		
确认储值卡金额	ConfirmStore RecordMoney	float	TRUE		
确认结论	Decision	Int	TRUE		1-与银行统计一致;2-需确认争议明细;3-与银行统计不一致
结论描述	Descript	varchar(200)	TRUE		

第 6 章 过渡期方案

由于该接口涉及厂家多、情况复杂，为了确保能够在规定时间内正常发行卡片，特制定该过渡期方案。当银行方面在规定时间内无法依据该接口开发出对应的客服系统时，将启用该过渡期方案，正常发卡。

具体方案为：银行方面直接采用监控中心的整套发行系统。此方案只需要银行方面对监控中心的发行系统稍做了解、掌握其使用方法及业务流程即可，无须做任何开发方面的工作。由于监控中心的发行系统只针对湘通卡做开发，故只能发行湘通卡，不能发行湘通联名卡。监控中心发行系统按照监控中心的标准流程开发，其业务模式及操作流程相对固定，银行方面认为该系统不适用或者需要特殊业务模式时，需提前与监控中心方面沟通协商。

过渡期方案的整体框架如图 6-6-1 所示。

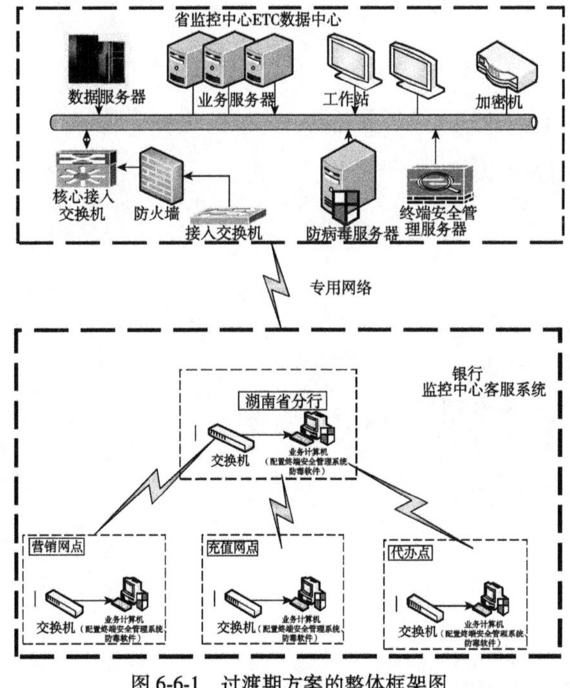

图 6-6-1　过渡期方案的整体框架图

第 7 章

客服网点设备及技术要求

7.1 网点类型及设备要求

7.1.1 一站式网点

(1)业务工作站 3 台或以上。
(2)OBU 发行器 2 台或以上。
(3)湘通卡读写器 2 台或以上。
(4)PSAM 卡(网点发行专用)5 片。
(5)业务交换机 1 台。
(6)票据打印机 1 台。
(7)身份证读取器 1 台或以上。
(8)数码摄像机 1 台或以上。

7.1.2 代售点

(1)业务工作站 2 台或以上。
(2)湘通卡读写器 1 台或以上。
(3)PSAM 卡(网点发行专用)3 片。
(4)票据打印机 1 台。
(5)身份证读取器 1 台或以上。

7.1.3 充值点

(1)业务工作站 1 台或以上。
(2)湘通卡读写器 1 台或以上。
(3)PSAM 卡(网点发行专用)2 片。

7.2 关键设备技术要求

7.2.1 业务工作站

CPU:主频≥2.0GHz。

DRAM 1GB DDR3,可扩充至4GB。

硬盘:500GB SATAII驱动器。

高分辨率彩色图形显示器。

标准键盘、鼠标器。

1000Mb TX网卡。

7.2.2 CPU卡

1)CPU卡芯片技术要求

采用符合高速公路国家标准,同时具有接触与非接触接口的双界面CPU芯片,CPU芯片基本技术要求详见表6-7-1。

卡片的基本技术要求 表6-7-1

项目	参数	备注
非接触界面	符合ISO/IEC 14443 Type A	
接触界面	符合ISO/IEC 7816	
非接触通信速率	106kB/s	按照协议选择方式处理,最大可以达到847kB/s
接触方式通信速率	38400b/s	不需要支持PPS
接触方式通信协议	T=1	
芯片容量要求	16kB	容量不小于16kB
EEPROM寿命	不小于50万次	
数据保持时间	不小于10年	
算法实现	硬件DES运算模块	微秒级完成DES运算
随机数	硬件真随机数发生器	
数据校验	硬件的数据校验模块	

2)COS技术要求

CPU卡片操作系统COS(Card Operation System,COS)的技术要求详见表6-7-2。

CPU 卡片操作系统 COS 的技术要求 表 6-7-2

项　目	参　数	备　注
接触界面复位信息(ATR)	包括版本信息及历史字节;示例: 3B 7D 94 00 00 57 44 47 724A 86 93 00 ××××××××××	
非接触界面复位信息(ATS)	示例:00 08×××××××××× 28 0777 F7 A0 02 47 72	
钱包消费交易时间	小于 100ms	
电子钱包	需要支持电子钱包交易	根据需要支持一至多个电子钱包在同一个应用下,扩展应用
交易明细记录	消费交易的记录可以根据需要选择记录	
选择目录	支持使用短文件标识符选择	不使用文件名称选择
标准	通过 PBOC 2.0 检测	

3)卡片要求

卡片要求见表 6-7-3。

卡 片 要 求 表 6-7-3

数 据 项	参　数	备　注
表面印刷	采用亚光面	减少划痕和磨损
卡基材料	耐高温材料	适用于室外高温高湿低温环境
非接触通信距离	不小于 7.5cm	依赖于读写器的设计与天线半径
非接触工作频率	13.56MHz±7kHz	
定制化要求	可印制照片、文字、签名条、激光文字图案,异型	不建议选择凸字、磁条

4)物理机械性能指标

卡基材料:卡基使用材料的物理性能、化学性能及使用性能应符合 ISO/IEC 7810 及 ISO /IEC 7811 规定。

卡片尺寸:85.6mm×54mm×0.76mm,符合 ISO/IEC 14443 标准,卡片厚度满足用户需求。

抗弯折和扭曲性能:符合 ISO/IEC 14443 的测试标准。

卡片表面:光面/亚光面,可根据要求制作为空白卡或彩色印刷卡。

抗动态弯曲强度:按 ISO/IEC 14443-1 的规定的方法试验:在 IC 卡弯曲试验机上对卡的长、短边各进行 1000 次弯曲,弯曲时,其长边位移为 20mm,短边位移为 10mm,频率为 30 次/min,试验后,卡应能保持功能良好,卡面不应出现有任何破裂。

抗动态扭曲强度:按 ISO/IEC 14443-1 规定的方法试验:在 IC 卡扭曲试验机上对卡进行双向 15℃±1℃,周期为 30 次/min,共 1000 次扭曲试验后,卡应能保持其功能良好,卡面不应有任何破裂。

抗静态弯曲强度：按 ISO/IEC 10373 规定的方法试验：将卡固定在支架上，均匀施加 0.7N 的力，1min 后，去除施加的力，卡应恢复在水平 1.5mm 范围内。

卡的翘曲：按 GB/T 14916 规定的方法试验：用平面平晶、刀口尺和量块测量平面与卡的任何非凸印部分，卡的翘曲应不大于 2.5mm。

耐温度：按 ISO/IEC 14443-1 规定的方法试验：在高低温试验箱内模拟 0℃、+50℃，分别试验 1h 后，测试卡的读写功能、卡的尺寸和弯曲性能，均应符合标准规定。

耐湿度：按 GB/T 14916 规定的方法试验：分别将卡置于温度为 25℃，相对空气湿度为 5%及 95%的试验环境，试验 1h 后，测试卡的读写功能、尺寸和抗弯曲性能，均应符合标准规定。

抗紫外线：按 ISO/IEC 14443-1 规定的方法试验：用波长为 254mm，总能量为 15Ws/cm 紫外线，对卡进行双面辐射，储存在卡内的数据不应改变，并能继续进行数据读写。

抗 X 射线：按 ISO/IEC 14443-1 规定的方法试验：对卡进行总能量为 100kV，累计 0.1Gy 双面辐射，储存在卡内的数据不应改变，并能继续进行数据读写。

抗静电：按 ISO/IEC 14443-1 规定的方法试验：在储能电容为 150pF±15pF，充电电阻为 50～100MΩ 的静电放电装置上，设定电压为 6kV 对卡进行放电试验，储存在卡内的数据不应改变，并能继续进行数据读写。

抗静磁场：按 ISO/IEC 14443-1 规定的试验方法，以 10mm/s 插卡速度，通过强度为 640kA/m 静磁场装置，储存在卡内的数据不应改变，并能继续进行数据读写。

抗交变磁场：按 ISO/IEC 14443-1 规定的方法试验。

卡的负载调制振幅：按 ISO/IEC 14443-1 规定的试验方法，用测试 PCD 组件对卡加载 13.56MHz 载波和指令，卡负载调制振幅应大于 15/Hmvpp，其中，H 是以 A/m 为单位的场强的有效值。

5）电气特性

双界面卡应该符合 ISO/IEC 14443 TYPE A 标准。

采用无源工作方式，能量、数据通过射频（电感耦合）传递，无接触下操作。读写距离：75～100mm。

工作频率：13.56MHz±7kHz。

卡片采用支持接触和非接触的双接口智能卡芯片；芯片的安全性与稳定性应该通过国际标准的测试，并获得相关的认证证书。

数据保存时间大于 10 年，存储区域数据操作次数大于 50 万次。

通信速率大于或等于 10^6kB/s，半双工方式，非接触 IC 卡在读写器天线范围内移动时能被读取和写入（手持 IC 卡快速掠过读写器时能正确读写）。

支持多卡操作：

（1）防冲突机制：同一时间内可处理多张卡，并且在处理卡片时可防止突发的读或写或读写中断现象。

（2）动态读写：当对某张卡片进行处理时，其他卡可进入或离开射频区域。

（3）快速防冲突协议：每增加一张卡对整个处理过程来说没有处理时间的增加。

6)安全性要求

选用的CPU卡片的电源电压的要求,接触界面应支持宽电压,低压应不高于2.7V,高压应不低于5.5V。

双界面卡的芯片通过国际相关安全检测机构的认证,并获得认证证书。

IC卡需要通过国内电子支付行业的检测,符合电子支付卡的行业标准。

双界面卡为单一芯片,支持双接口,保证接触方式和非接触方式访问的资源是一致的,对于芯片的操作与操作方式无关。接触和非接触都可以对相同数据区读写,可以对同一个电子钱包/电子存折操作。

对卡片的操作具有完整性和一致性,完整性是指指令的执行应完成,否则恢复到指令执行前的状态。不应该存在指令的部分执行和数据的不完整操作。

卡片严格按照金融规范中的指令和安全机制,实现读写设备对多个厂商卡片的兼容,应用中不能够存在厂家独特之处。

7.2.3 电子标签技术性能

1)基本功能

电子标签满足如下基本要求:

电子标签符合电子收费专用短程通信系列标准(GB/T 20839—2007、GB/T 20851.1—2007、GB/T 20851.2—2007、GB/T 20851.3—2007、GB/T 20851.4—2007、GB/T 20851.5—2007)等相关国家标准。应通过交通部交通工程监理检测中心的物理层测试、协议和互操作测试。投标人提供的OBU设备在国内高速公路具有成功应用的业绩。

2)技术要求

良好兼容性:基于5.8GHz微波DSRC通信技术;支持国标DSRC技术标准。

安全可靠:高安全智能读写接口,支持双向认证及加/解密。

标签类型:两片式,读写型。

OBU应具备ICC(集成电路卡)读写接口,该接口应符合ISO/IEC 7816或ISO/IEC 14443 TYPE-A标准的相关规定,其支持的ICC交易流程应符合JR/T 0025。支持接触、非接触读写的操作模式。

适用卡类型:Mifare Pro。

交易记录:支持至少50条交易记录的存储,交易记录可以采用DSRC无线链路等方式读出。

大存储容量:电子标签(OBU)配置至少4kB的用户存储空间。

具有可靠防拆卸功能。

典型交易时间≤230ms。

中文字符LCD显示,蜂鸣器提示及LED状态指示;大范围的方向实用性,适合不同安装角度和位置。

工作温度:-30~+75℃。

相对工作湿度:10%~95%。

振动:满足GB 2423.13。

冲击:满足 GB 2423.6。

平均无故障时间:MTBF≥50000h。

3)技术指标

主要技术指标见表 6-7-4。

主要技术指标　　表 6-7-4

参　数	规　格
微波链路特性	
载波频率	信道 1:5.790GHz;信道 2:5.800GHz
带宽	<5MHz
频率容限	±200ppm
最大等效全向辐射功率	+10dBm
杂散发射	≤-36dBm/100kHz(30~1000MHz) ≤-40dBm/1MHz(2400~2483.5MHz) ≤-40dBm/1MHz(3400~3530MHz) ≤-33dBm/100kHz(5725~5850MHz) (注:对应载波 2.5 倍信道带宽以外) ≤-30dBm/1MHz(其他 1~20GHz)
邻道泄漏功率比	30dB
天线半功率角	<70°
天线极化	右旋圆极化或线极化
调制方式	ASK
调制深度	0.5~0.9
编码方式	FM0
位速率	Downlink:256kB/s Uplink:512kB/s
位时钟精度	±100ppm
OBU 唤醒方式	15~17 个周期 14kHz 方波 注: (1)RSU 强制要求发送该波形; (2)OBU 可选择该波形唤醒或者被正常通信帧信号唤醒
OBU 唤醒时间	<5ms
OBU 唤醒灵敏度	≤-40dBm
OBU 接收灵敏度	≤-50dBm

7.2.4　IC 卡读写器

具有 SAM 认证模块,系统选用的读写器要保证与湖南省全省联网收费要求的一致性和兼容性。

非接触式 IC 卡读写器需提供 Windows 和 Linux 操作系统下的操作动态库。

读/写器应具有极强的抗干扰能力，不能因附近使用的无线电设备及其他各种电气装置的电磁干扰造成错误读(写)。

非接触式 IC 卡读写器采用一体式结构，主要由读写核心单元、读写天线和接口等部分组成。

读写器与非接触 IC 卡之间采用三重 DES 加密算法进行双向鉴别，数据通信符合国家相关标准的要求。

能读写非接触 CPU 卡，以及符合 ISO/IEC 7816 和 ISO/IEC 14443 TYPE A 的双界面 CPU 卡。

读写卡时应具有提示音，标识出刷卡成功、刷卡失败等信息。

可处理 MIFARE 标准的非接触 IC 存储卡和双界面 CPU 卡。

具有自检能力，并能验证卡的合法性。

密钥信息只能在读写器计算、生成，并直接和用户卡片进行相关认证，且不能通过 API 泄露到应用程序。

操作频率：13.56MHz。

通信距离：0~100mm。

R232 接口；9600~115200b/s 可调。

大于或等于 4 个安全模块(SAM)插槽，且与 SAM 接口通信时，当任意两个触点之间短路时，读卡器不损坏。

工作温度：-20~+50℃。

读写时间≤0.1s。

MTBF≥20000h。

读写器的读写错误率≤0.00001。

当 IC 卡手持在 100mm 范围内，与天线平面间夹角≤80°通过时，应满足精度要求。

读写器可通过在线程序升级。

7.2.5 手持式 OBU 发行器

设备主要技术参数要求：

电子标签无线手持发行机的 DSRC 无线链路部分应符合电子收费专用短程通信系列标准(GB/T 20839—2007、GB/T 20851.1~5—2007)等相关国家标准，支持对于符合国家标准的不同厂商的电子标签的发行。

支持电子标签的二次发行和激活。

存储空间：内置存储≥64MB，可以存储发行日志数据，激活日志数据。

第7篇

湘通卡代理业务管理办法

1 总则

第一条 为规范湖南省高速公路非现金支付卡(湘通卡)(以下简称"湘通卡")代理业务的管理工作,特制定本管理办法。

第二条 湖南省高速公路管理局对湘通卡及车载电子标签代理业务实行统一监管,禁止个人或其他机构私自发行湘通卡及车载电子标签。

第三条 湖南省高速公路监控中心(以下简称为监控中心)为湘通卡及车载电子标签发行中心,合作银行为湘通卡代理机构。湘通卡及车载电子标签仅能由监控中心或合作银行进行发行使用,其中内部管理车辆湘通卡及车载电子标签仅能由湖南省高速公路监控中心发行。

第四条 根据湖南省高速公路管理局和合作银行签订的《湖南省高速公路电子不停车收费(ETC)推广应用与银行合作协议》《湖南省高速公路电子不停车收费(ETC)推广应用与银行合作方案》和《湖南省高速公路联网收费系统与银行ETC营销系统对接技术要求》,合作银行受湖南省高速公路管理局的委托,开展湘通卡代理业务,并与湘通卡及车载电子标签的使用者签订客户服务协议(代理机构与使用者签订的客户协议和所有证件复印件,需按每月装订交监控中心统一存档)。

第五条 为了规范湘通卡和车载电子标签的发行业务,采用客户先缴费后办理业务的工作模式。

第六条 湘通卡发行及营销实行统一命名、统一编号、统一标识。

第七条 代理机构发行的湘通卡和车载电子标签须接受湖南省高速公路管理局收费稽查处的监督和检查。

2 湘通卡的管理

第八条 湘通卡的类型

湘通卡分湘通储值卡和湘通记账卡两种类型。

(一)湘通储值卡

湘通储值卡是根据持卡人要求,将其资金转至卡内储存,交易时直接从卡内扣款的预付钱包式借记卡,即先预存费用,后消费扣减的卡,该卡在使用上需要先至充值网点或设备上充值。

(二)湘通记账卡

湘通记账卡适用于ETC集团客户和大客户,一个账户下可对应多卡多车。卡内不含资金信息,客户办理时需预存一定数额的保证金到湖南省高速公路ETC专用账户,当该账户下的车辆产生ETC通行费时,系统将自动从客户账户中扣减预存保证金,该卡可实现不需专用充值设备,进行资金划转。

湘通记账卡与银行卡进行绑定,可适用于个人客户。

第九条 湖南省高速公路管理局收费稽查处负责湘通卡的监管,及时掌握发售使用情况,发现问题及时纠正处理。

第十条 监控中心负责湘通卡的一次发行,合作银行负责湘通卡的二次发行。

第十一条 监控中心负责湘通卡的采购工作,合作银行根据业务需要,定期向监控中心提出湘通卡需求的书面申请,并办理领用手续。

第十二条 湘通卡的业务规定

(一)湘通卡业务办理类型

湘通卡业务包括开户、充值、客户资料变更、挂失、解挂、补卡、换卡、销户、查询等。

(二)湘通卡的充值

湘通储值卡充值可支持现金和刷卡转账两种方式;湘通记账卡充值可支持现金、刷卡转账和对公转账三种方式。湘通卡充值金额以人民币计价,最低为 100 元整,客户湘通卡账户金额不计任何利息。

(三)湘通卡的冲正

湘通卡的充值支持当日或隔日冲正功能,但只允许对最后一笔充值记录做冲正操作。其中,湘通记账卡可以直接后台脱卡冲正操作,而湘通储值卡则需凭卡方可进行冲正操作。湘通卡冲正前用户产生的通行费消费,由代理银行承担。

(四)湘通卡的保证金

湘通记账卡需缴纳保证金,保证金的缴纳额度根据车型定义,具体标准为:①非营运车辆,私家车需缴纳保证金最低为 1000 元/台;单位车辆需缴纳保证金最低为 2000 元/台。②营运车辆,7 座以下需缴纳保证金最低为 3000 元/台;7 座以上需缴纳保证金最低为 4000 元/台,货车缴纳金额根据实际情况办理记账卡。

第十三条 湘通卡的申办

湘通卡发行对象为个人客户和单位客户,其办理说明如下:

(一)申请办理湘通卡的客户需详细阅读《湖南省高速公路非现金支付卡(湘通卡)使用说明》(基本样式见附件)并确认签字,然后如实、完整地填写《湖南省高速公路非现金支付业务湘通卡办理申请表》(基本样式见附件)。个人客户提供有效身份证件、机动车辆行驶证原件;单位客户经办人须提供有效身份证件、机动车辆行驶证原件、单位营业执照(或组织机构代码证)复印件加盖公章和加盖公章的单位委托函。

具体办理业务流程由各银行自行制定。

(二)可委托他人办理。个人客户如有特殊情况不能至客服网点办理申领业务,可委托他人前往客服网点办理。(能否办理代办业务由银行自行确定)

如可委托他人办理申领业务,代办人需提供以下资料:

(1)湘通卡客户的有效身份证件原件;

(2)代办人的有效身份证件原件;

(3)机动车辆行驶证原件。

代办流程参照湘通卡个人客户的申办流程办理。

第十四条 湘通卡特殊业务的办理

湘通卡客户办理以下特殊业务需至湘通卡客服网点填写《湘通卡特殊业务办理申请表》(基本样式见附件)。

(一)湘通卡挂失

湘通卡挂失办理,客户凭办理时登记的有效身份证件(单位客户需指定经办人携带有效身份证件、加盖公章的单位委托函)到湘通卡申办网点办理挂失手续,挂失生效时间为办理书面挂失手续后第三天零点。挂失的湘通卡卡号纳入黑名单管理。

客户也可通过96528进行电话挂失,但在电话挂失24小时内客户须凭办理时登记的有效身份证件(单位客户需指定经办人携带有效身份证件、加盖公章的单位委托函)到湘通卡申办网点办理正式挂失手续,24小时内未办理正式挂失手续的,该用户卡将恢复至正常状态。(前期暂不能办理电话挂失,待条件成熟后开通该项功能)

(二)湘通卡解挂

湘通卡挂失后又找回、且未补换新卡的客户可办理解挂业务。湘通卡解挂业务生效时间为办理完解挂手续后第三天零点。

(三)湘通卡补卡

客服网点受理补卡手续,客户须持办理时登记的有效身份证件(单位客户需指定经办人持有效身份证件、加盖公章的单位委托函)至客服网点进行核对后,办理补卡。

湘通储值卡客户应在办理书面挂失业务15个工作日后,到客服网点办理补卡手续,并交纳新卡工本费。客户原卡账户余额转入到新办的湘通卡内。客户如有特殊情况,可在客服网点办理快速补卡业务,即客户挂失原湘通卡后可立即办理一张余额为零元的新卡,充值后可马上使用。待15个工作日后,客户可到客服网点办理将客户原卡账户余额转入到新办的湘通卡内的业务。

湘通记账卡客户挂失后可以立即补办新卡。

(四)湘通卡换卡

若湘通卡不能使用,客户可根据用户使用说明排除不能使用的原因,仍不能使用的湘通卡客户,可至客服网点办理换卡手续。湘通卡自购买之日起一年之内,非人为原因卡损坏的,免费更换新卡;购卡一年以上或因人为原因导致卡损坏的,换领新卡时,客户需支付新卡工本费。原湘通卡卡号纳入黑名单管理。

湘通储值卡客户办理换卡业务时,若原卡芯片可读,原卡内余额即时转入到客户新办的湘通卡内;若原卡芯片不可读,将为客户更换一张余额为零元的新卡。客户可在15个工作日后,到客服网点办理将客户原湘通卡账户余额转入到新办的湘通卡内的业务。

湘通记账卡客户办理换卡业务可以立即换领新卡。

(五)湘通卡销户及退款

湘通卡客户申请销户业务时需提供原湘通卡和办理时登记的有效身份证件(单位客户经办人持有效身份证件及加盖公章的单位委托函)到客服网点办理,填写《湘通卡特殊业务办理申请表》。

对于湘通储值卡客户,若卡片可读,客户可直接办理销户手续,网点工作人员将湘通储值卡内金额退还给客户;若卡片不可读或者无卡,先做预销户处理。预销户15个工作日后,客户先办理预销户湘通储值卡的退款手续,再办理销户手续。

对于湘通记账卡客户，客户办理销户手续15个工作日后，网点工作人员将湘通记账卡的保证金余额退还给客户。

销户的湘通卡卡号纳入黑名单管理。

（六）湘通卡换卡、销户的卡片处理

当网点工作人员收到客户办理换卡、销户时交回的湘通卡，核实后回收由银行自行销毁。

（七）登记资料或服务变更

客户在申办湘通卡后，如发生登记资料或服务变更，需至客服网点填写《湘通卡客户资料和服务变更证明》（基本样式见附件），个人客户携带有效身份证件，单位客户经办人须持单位委托函及经办人的有效身份证件办理相关业务。

第十五条 信息查询

客户可在客服网点查询湘通卡详细使用流水账目及卡内余额，并可打印交易清单（原则上为半年），具体规定由银行规定。消费详情需至高速公路监控中心和下属分中心查询。

第十六条 黑名单管理

（一）产生黑名单的情况有：

（1）挂失的湘通卡；

（2）换卡及坏卡的湘通卡；

（3）销户的湘通卡；

（4）余额不足；

（5）因违反结算业务规则录入的湘通卡；

（6）确认为伪造的湘通卡；

（7）其他特殊情况需纳入黑名单的湘通卡。

（二）黑名单管理根据《湖南省高速公路联网收费系统与银行ETC营销系统对接技术要求》和《湖南省高速公路电子不停车收费系统（ETC）应用客户营销银行合作方案》相关规定执行。

第十七条 湘通卡代理业务流程图详见附件。

3 车载电子标签的管理

第十八条 车载电子标签的申领

个人客户须携带个人有效身份证件和车辆行驶证，驾驶申办车辆到客服网点办理车载电子标签；单位客户经办人须携带有效身份证件、加盖公章的单位委托函、单位营业执照（或组织机构代码证）复印件加盖公章及车辆行驶证，到客服网点办理车载电子标签（可向客服网点预约上门服务）。

具体办理流程如下：

（1）个人客户到客户服务网点需详细阅读《车载电子标签使用须知》（基本样式见附件六）后认可签字确认，并填写《湖南省高速公路非现金支付业务OBU办理申请表》（基本样式见附件），同时提供有效身份证件、车辆行驶证的原件及复印件，单位客户还须提供加盖公章的单位委托函；

(2)客户缴费后,凭缴款单(基本样式见附件)及相关资料领取车载电子标签,并交网点业务办理工作人员;

(3)网点工作人员审核相关资料信息,并由网点安装技术人员核实车辆信息;

(4)车辆信息通过审核后,由网点安装技术人员初始化车载电子标签,绑定使用该车载电子标签的机动车辆信息,并安装车载电子标签。

第十九条 车载电子标签的安装

车载电子标签由专人安装,须与车辆牌照号相对应,专车专用,不得私自拆卸,否则车载电子标签将自动失效。

安装位置:一般小客车安装在风窗玻璃后视镜附近位置,大中型客车安装在司机位置的右下方的风窗玻璃上(目前货车还无法使用 OBU)。

第二十条 车载电子标签的特殊业务办理

(一)车载电子标签的转移

客户如需转移使用车载电子标签,需至客服网点填写《湘通卡/OBU 转移使用承诺书》(基本样式见附件九),并提供需安装车载电子标签的机动车行驶证原件及复印件,待客服网点工作人员审核后迁移车载电子标签。

(二)车载电子标签的更换

若车载电子标签无法正常使用,客户可凭有效身份证件、车辆行驶证及车载电子标签至客服网点办理更换手续,车载电子标签更换手续按申领新车载电子标签程序办理。自办理之日起一年之内非人为损坏的,客服网点免费更换。办理之日起一年后或因人为损坏的,换领新车载电子标签时,客户需支付新车载电子标签成本费。由于车载电子标签属于电子产品,成本费不予退还。

第二十一条 车载电子标签代理业务流程图详见附件。

4 资金的管理

第二十二条 合作银行办理的湘通卡,需将用户预存通行费、保证金和已产生的通行费存入省高速公路管理局开设在合作银行的 ETC 专用账户。账户内用户预存通行费、保证金由省高速公路管理局和合作银行共同监管,并需依据监控中心所出具的通行费汇总报表定时将已产生的 ETC 通行费转入我省高速公路通行费总汇缴账户(目前开设在建设银行)。

第二十三条 资金管理流程如下

(一)资金预存阶段

合作银行网点进行日常网点营业工作,通过收取"储值卡预存资金"和"记账卡保证金",将湘通卡客户的预付通行费存入省高速公路管理局开设在合作银行的 ETC 专用账户。

监控中心根据统计当日银行网点业务流水的金额,生成"营业网点业务统计报表",并与银行当日清点金额进行相互核对。如有出入,双方应当及时处理。

(二)资金计扣阶段

监控中心根据统计当日通行费流水(如未及时上传的流水则顺延到下一个统计日),生成当日"通行费明细流水""通行费明细账报表""通行费汇总报表"。

银行根据报表进行不同账户的资金计扣,如有计扣异常的记录,应产生"争议流水记录"

"黑名单记录"以及"最终计扣明细账报表"。

监控中心根据银行返回的"最终计扣明细账报表",更新计扣结果。

资金管理流程详见附件:资金管理流程示意图。

(一)资金划拨阶段

监控中心统计划账周期内统计的通行费,生成当次划账周期的"应划账报表"。

合作银行查看"应划账报表",核对并确认报表数据。

财务处查看"应划账报表",核对报表数据。确认无误后,以依据报表进行资金划拨。

(二)资金划拨确认阶段

高管局财务处划账成功后,向监控中心出具"划账结果确认文件"。

监控中心根据"划账结果确认文件",生成"最终资金划账报表"。

第二十四条 合作银行暂不办理湘通卡跨行充值业务。

第二十五条 湘通卡通行费消费发票统一使用车辆通行费收费专用票据,由湖南省高速公路管理局收费稽查处负责发放和管理。储值卡客户可充值时,可打印充值的全额发票,也可消费后,按月打印发票;记账卡客户只能按月打印发票。

第二十六条 湖南省高速公路管理局及相应合作银行对所发售的湘通卡资金进行监管。

第二十七条 合作银行要严格执行国家和湖南省有关资金、票据等管理规定,建立健全内部管理控制制度;加强资金管理,切实保证资金的安全、完整;按省高速公路管理局票据管理要求(详见《湖南省高速公路管理局关于印发湖南省高速公路通行费专用票据及统计工作管理规定的通知》(湘高局收稽〔2013〕601 号)执行)规范票据使用,及时登记账簿,切实做到账账相符、账表相符、账实相符。

5 监督检查

第二十八条 合作银行要定期或不定期对湘通卡、OBU、票据、资金及服务质量等各项工作进行自查,加强管理,提高服务水平。湖南省高速公路管理局收费稽查处及相关部门不定期对营销业务工作进行抽查监督,并按《湖南省高速公路电子不停车收费系统(ETC)应用客户营销银行合作协议》《湖南省高速公路电子不停车收费系统(ETC)应用客户营销银行合作方案》和《湖南省高速公路联网收费系统与银行 ETC 营销系统对接技术要求》处理。

第二十九条 湘通卡及 OBU 的发行工作,代理机构需经过高管局授权认可,否则因私自发行产生的纠纷,将由代理机构自行承担。

6 附则

第三十条 本管理办法最终解释权由湖南省高速公路管理局所有。

第三十一条 本管理办法自颁布之日起试行。

第三十二条 专用名词及解释。

湘通卡:根据国家 ETC 相关标准规范要求,湘通卡用于湖南省高速公路非现金交费,并可反复充值使用,符合交通运输部和国家金融集成电路卡(IC)规范(PBOC 2.0)的带处理器的智能卡，与传统 IC 卡（逻辑加密卡）相比，安全性达到金融级别、性能更强、容量更大、具有客户空间大、读取速度快、支持一卡多用等特点，可拓展使用于社会其他领域支付。

ETC：电子不停车收费系统（Electronic Toll Collection System，以下简称“ETC”），是通过“车载电子标签+IC 卡”与 ETC 车道内的微波设备进行通讯，实现车辆不停车支付高速公路通行费功能的全自动收费系统。

车载电子标签（OBU）：是指 ETC 收费单元的车载设备（On Board Unit，以下简称“OBU”），用于和 ETC 车道天线通信、存储车辆信息、标识车辆的设备。具备 IC 卡读写接口，支持 IC 卡操作。

附录 A　湖南省高速公路非现金支付卡（湘通卡）使用说明

第一条　湖南高速公路非现金支付卡（以下简称"湘通卡"）由湖南省高速公路管理局监制，并委托湖南省高速公路监控中心发行。为方便客户使用湖南省高速公路电子不停车收费系统（以下简称"ETC"），并规范湘通卡的使用和管理，特制定本使用说明。

第二条　湖南省高速公路管理局收费稽查处负责湘通卡的监督、稽查工作。湖南省高速公路监控中心负责湘通卡的制作、一次发行、结算和管理工作。合作银行按照方便客户的原则，设置客服网点负责湘通卡的开户、充值、资料变更、挂失、解挂、补卡、换卡、销户等。

第三条　客户（包括单位和个人）的车辆在湖南省联网收费高速公路使用湘通卡通行时，须遵守国家和湖南省的相关法律、法规，同时遵守本说明的相关规定。

第四条　办理了湘通卡和 ETC 车载设备的客户车辆可以在 ETC 专用车道不停车通过，在没有 ETC 专用车道或 ETC 专用车道暂时关闭的收费站，可在人工收费车道刷湘通卡充当通行卡或支付卡使用通行，通行费享受 9.5 折优惠。仅办理了湘通卡的客户车辆，只能从人工收费车道通行，其中实行计重收费的载货类车辆（不安装 ETC 车载设备）使用湘通卡结算，享受车辆通行费 9.8 折优惠。注：测试客户可享受此通行费折扣，但不再办理充值等业务。

第五条　湘通卡包含储值卡和记账卡两种类型。储值卡客户需预先在卡内存入一定的金额，卡内记录客户资金信息，客户在通过联网收费高速公路出口收费站时，用刷卡支付代替现金支付通行费，通行费由收费系统在卡中记扣；记账卡客户需缴纳一定数额的保证金或与个人信用卡及对公账户绑定，采用先消费后结算的扣费模式。

第六条　湘通卡的发票管理。湘通卡客户的高速公路通行费发票，统一由客服网点提供。客户使用湘通卡支付高速公路通行费时，不单独就每次通行提供发票。客户可以在合作银行指定网点办理打印发票的业务。

第七条　个人客户办理湘通卡时须提供有效身份证件、机动车辆行驶证原件及复印件；单位客户办理湘通卡，须提供单位营业执照（或组织机构代码证）复印件、单位委托函（须加盖公章）、委托人有效身份证、机动车辆行驶证。湘通卡可多次充值，长期使用。

第八条　客户可持湘通卡到合作银行客服网点充值，湘通卡最低充值 100 元/次，每次充值额度为 100 元的整数倍，卡内资金最高不超过 5 万元，湘通卡内金额不计利息。客户可持湘通卡到客服网点查询余额。办理新卡时须按规定缴纳工本费，具体按公布情况为准。

第九条　办理湘通卡的车辆通过联网收费高速公路时的方式：

（一）办理了湘通卡并安装车载电子标签的车辆，可以从 ETC 专用车道入，ETC 专用车道出。车辆通行于收费站 ETC 入、出口专用车道时，无须停车缴费。

（二）办理了湘通卡并安装车载电子标签的车辆，可以从 ETC 专用车道入，从人工收费车道出。车辆通行于收费站入口ETC专用车道,无须停车刷卡;车辆通行于人工收费车道出口时,将湘通卡从车载电子标签中取出,交予收费员进行刷卡扣费操作。

(三)办理了湘通卡并安装车载电子标签的车辆,可以从人工收费车道入,ETC专用车道出。车辆通行于收费站人工收费车道入口时,将湘通卡交予收费员进行写卡操作(无须领取通行卡),车辆通行于ETC专用车道出口时,无须停车缴费。

(四)办理了湘通卡的所有客户,可以从人工收费车道入,从人工收费车道出。车辆通行于收费站人工收费入口车道时,将湘通卡交予收费员进行写卡操作(无须领取通行卡),车辆通行于人工收费车道出口时,将湘通卡从车载电子标签中取出,交予收费员进行刷卡扣费操作。

(五)车辆通行收费站出入口车道方式详见附件。

第十条 设置有ETC专用车道的收费站详见附件。

第十一条 湘通卡特殊业务的办理

湘通卡客户办理以下特殊业务时需至湘通卡申办网点(详见附件)填写《湘通卡特殊业务办理申请表》。

(一)湘通卡挂失

客户凭办理时登记的有效身份证件(单位客户需指定经办人携带有效身份证件、加盖公章的单位委托函)到湘通卡申办网点办理挂失手续,挂失生效时间为办理书面挂失手续后第3天零时。湘通卡挂失正式生效前,所发生的通行费消费,均由客户自行承担。

(二)湘通卡解挂

湘通卡挂失后又找回且未补换新卡的客户可办理解挂业务。湘通卡解挂业务生效时间为办理完解挂手续后第三天零点。

(三)湘通卡补卡

申办网点受理补卡手续,客户须持办理时登记的有效身份证件(单位客户需指定经办人持有效身份证件、加盖公章的单位委托函)至申办网点进行核对后,办理补卡。

1. 湘通储值卡补卡

客户应在办理书面挂失业务15个工作日后,到申办网点办理补卡手续,并缴纳新卡工本费。同时,将原卡账户余额转入到新办的湘通卡内。

客户如有特殊情况,可在申办网点办理快速补卡业务,即客户挂失原湘通卡后可立即办理一张余额为零元的新卡,充值后可马上使用。待15个工作日后,客户可到申办网点办理将原卡账户余额转入到新办的湘通卡内的业务。

2. 湘通记账卡补卡

客户可以挂失后直接办理湘通记账卡补卡手续。

(四)湘通卡换卡

若湘通卡不能使用,客户可根据使用说明排除不能使用的原因,仍不能使用的湘通卡,可至申办网点办理换卡手续。湘通卡自购买之日起一年之内,非人为原因卡损坏的,免费更换新卡;购卡一年以上或因人为原因导致卡损坏的,换领新卡时,客户需支付新卡工本费。

1. 湘通储值卡换卡

办理湘通储值卡换卡业务时,若原卡芯片可读,原卡内余额即时转入到客户新办的湘通卡内;若原卡芯片不可读,将为客户更换一张余额为零元的新卡。客户可在 15 个工作日后,到申办网点办理将原湘通卡账户余额转入到新办的湘通卡内的业务。

2. 湘通记账卡换卡

湘通记账卡客户至湘通卡申办网点可直接办理换卡业务。

(五)湘通卡销户及退款

湘通卡充值后,预存金额在未打印发票的前提下,需要销户、退款的客户凭有效身份证件、行驶证及原记名型卡(单位客户还需委托人持有效身份证件及加盖公章的单位委托函)等资料到客服网点办理相关手续。卡内剩余款项可提现,或者转入原湘通卡客户的银行账户。接受转入的客户须与转出的湘通卡客户一致,否则不予办理。由于湘通卡属于电子产品,销户时工本费不予退还。

湘通卡客户申请销户业务时需提供原湘通卡和办理时登记的有效身份证件到申办网点办理,并填写《湘通卡特殊业务办理申请表》。

1. 湘通储值卡

湘通储值卡客户在办理销户手续时,若卡片内信息可读,客户可直接办理销户手续,网点工作人员将湘通储值卡内金额退还给客户;若卡片内信息不可读或者无卡,需先做预销户处理。预销户 15 个工作日后,客户先办理预销户湘通储值卡的退款手续,再办理销户手续。

2. 湘通记账卡

湘通记账卡客户在办理销户手续 15 个工作日后,网点工作人员将湘通记账卡的保证金余额退还给客户。

(六)登记资料或服务变更

客户在申办湘通卡后,如发生登记资料或服务变更,需至申办网点填写《湘通卡客户资料和服务变更证明》,个人客户携带有效身份证件,单位客户经办人须持单位委托函及经办人的有效身份证件办理相关业务。

第十二条 原 ETC 测试客户的升级

(1)从 2014 年 1 月 1 日起,湘通卡测试用户将无法使用湘通卡从高速公路通过,测试用户需尽快办理升级业务。

(2)测试用户办理升级业务后,可至合作银行网点办理正式用户卡。

(3)建议测试用户在正式升级前尽量少充值,并尽可能在正式升级前将原测试期资金使用完。

第十三条 湘通记账卡未与银行贷记卡进行绑定时,需缴纳一定金额的保证金,保证金的缴纳额度根据车型进行划分,具体标准为:

(1)非营运车辆,私家车需缴纳保证金最低为 1000 元;单位或公司车辆需缴纳保证金最低为 2000 元。

(2)营运车辆,7 座以下需缴纳保证金最低为 3000 元;7 座以上需缴纳保证金最低为 4000 元。

第十四条 使用湘通卡时请及时充值,当卡内余额不足以全额支付通行费时,客户应以现金全额支付当次的通行费用,现金支付不享受湘通卡的相关优惠。

第十五条 客户在使用湘通卡时,若遇非现金支付系统出现故障或其他原因导致不能正常使用时,客户应以现金全额支付当次的通行费用,现金支付不享受湘通卡的相关优惠。

第十六条 严禁使用已挂失、伪造、变造或以其他方式篡改、破译的湘通卡,一经发现,各收费站有权收缴。情节严重的,将依法追究相关责任。

第十七条 后台稽核发现湘通卡有异常消费数时,为保护客户权益,湘通卡将被暂停使用。客户应积极配合协助有关部门进行调查。

第十八条 本使用说明履行时发生争议,客户应在现场与经营单位业主协商解决,协商无果时需报送至省高速公路管理局协调。

第十九条 以上内容如发生变更,将在合作银行网点或高速公路收费站以通告或其他方式告知客户。本使用说明与通告不一致的,以通告内容为准。

第二十条 本使用说明由湖南省高速公路监控中心负责制定,修改和解释。

(1)如高速公路收费站出、入口有 ETC 专用车道,客户将湘通卡插入车载电子标签可以直接从 ETC 专用车道不停车通过,通过速度见实际限速标示。

(2)如高速公路入口收费站有 ETC 专用车道,出口收费站无 ETC 专用车道或 ETC 专用车道因故关闭,客户在入口收费将湘通卡插入车载电子标签可以直接从 ETC 专用车道不停车通过,在出口收费站人工收费车道将湘通卡从车载电子标签中取出交给收费员刷卡用于通行并支付通行费。

(3)如高速公路入口收费站无 ETC 专用车道或 ETC 专用车道因故关闭,出口收费站有 ETC 专用车道,客户在入口收费站人工收费车道将湘通卡从车载电子标签中取出交给收费员刷卡后,在出口收费站将将湘通卡插入车载电子标签可以直接从 ETC 专用车道不停车通过。特别提示:如在入口收费站人工车道拿取了通行卡的客户,将不能在出口收费站走 ETC 专用车道通过。

(4)如高速公路出、入口收费站均无 ETC 专用车道或 ETC 专用车道因故关闭,客户可在入口收费站人工收费车道拿取通行卡或将湘通卡从车载电子标签中取出,递交给收费员刷卡通行,客户如在入口收费站人工收费车道拿取了通行卡,在出口收费站人工收费车道,需将通行卡和湘通卡同时递交给收费员用于通行并支付通行费;客户如在入口收费站人工收费车道直接刷湘通卡通过,在出口收费站人工收费车道将湘通卡递交给收费员用于通行和支付。

(5)仅办理了湘通卡的客户需在出入口收费站人工收费车道将湘通卡递交给收费员刷卡通行或支付。

(6)仅办理了湘通卡的客户在入口收费站人工收费车道拿取普通通行卡,在出口收费站将入口拿取的普通通行卡和湘通卡递交给收费员用于通行并支付通行费。

特别提醒:仅办理了湘通卡的客户只能从人工收费车道通过。

如图 7-A-1、图 7-A-2 所示为安装车载电子标签和未安装车载电子标签但办理了湘通卡的客户车辆通行示意,表 7-A-1 为 2005 年设置有 ETC 专用车道的收费站,表 7-A-2 为合作银行湘通卡一站式服务网点分布表。

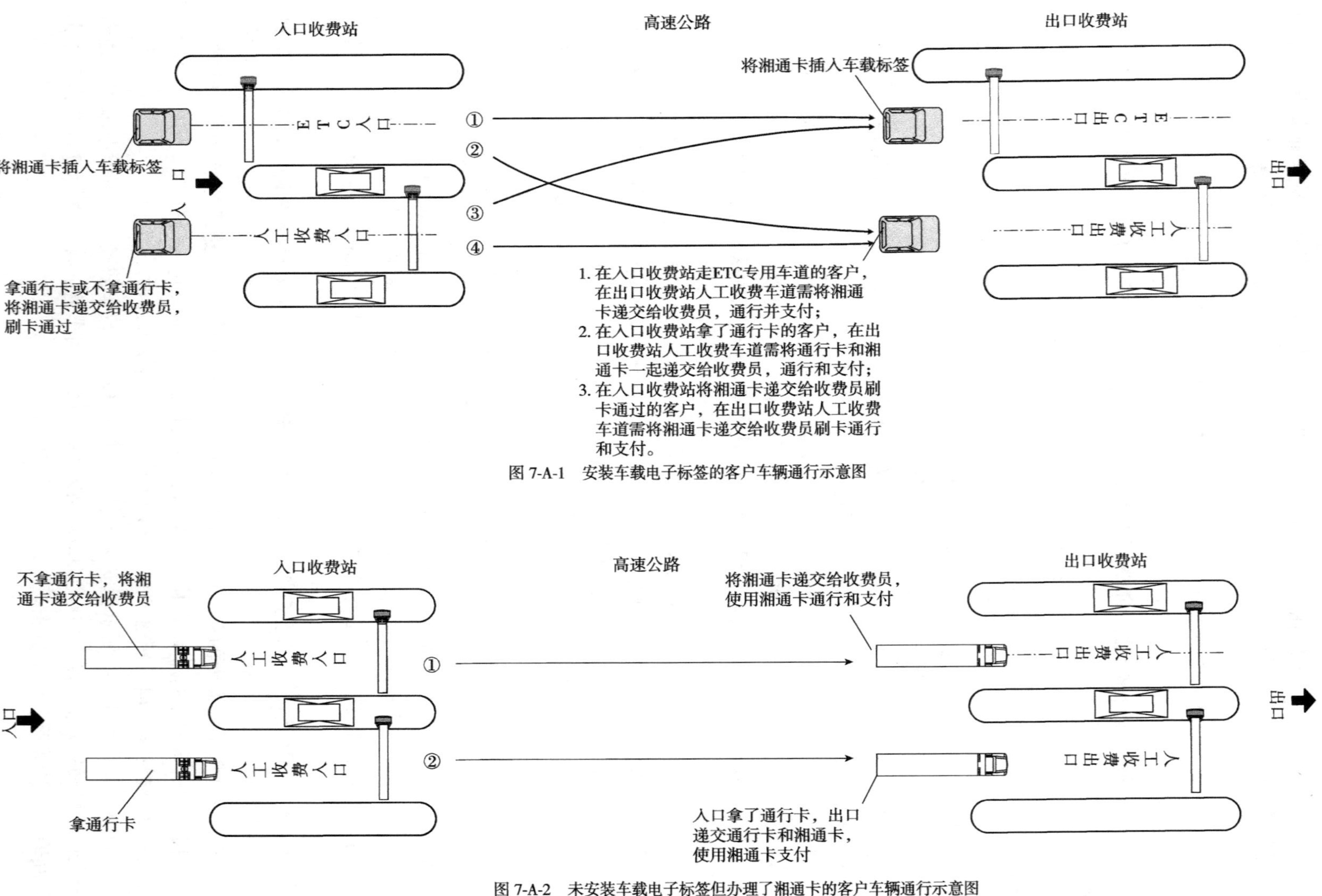

图 7-A-1 安装车载电子标签的客户车辆通行示意图

图 7-A-2 未安装车载电子标签但办理了湘通卡的客户车辆通行示意图

2015 年设置有 ETC 专用车道的收费站表 表 7-A-1

路　段	收费站	路　段	收费站	路　段	收费站
临长高速公路	岳阳	莲易高速公路	株洲北	衡枣高速公路	衡阳东
	平江西	怀新高速公路	怀化南		衡阳西
	开慧	长益高速公路	长沙西		永州
	广福		金洲	常张高速公路	张家界
	杨梓冲		宁乡		河洑
	月形山		朝阳	吉怀高速公路	吉信
长潭高速公路	雨花	常吉高速公路	桃花源		吉首南
	李家塘		沅陵		凤凰
	马家河		筲箕湾		怀化西
长永高速公路	永安		吉首		麻阳
	星沙	宁道高速公路	宁远南	衡桂高速公路	车江
	黄花		梅岗		水口山
潭邵高速公路	邵阳南		道州东		常宁
	韶山		道州西		庙前
	湘潭		仙子脚		流峰
	湘乡	桂武高速公路	春陵江	娄新高速公路	扶洲
炎睦高速公路	霞阳		行廊		娄底南
	神龙谷		麦市		娄底西
汝郴高速公路	集益		楚江		杨市
	汝城北		临武		涟源
	岭秀		迎春		三甲
	文明	郴宁高速公路	郴州南		坪上
	里田		郴州西		冷水江南
	平和		桂阳		新化
浏醴高速公路	社港		龙潭	长湘高速公路	南谷
	沙市		嘉禾		铜官
	北盛		楠市		望城
	江背	通平高速公路	上塔市		乌山
	跃龙		南江		白箬铺
	普迹		梅仙		莲花
	枫林市		平江	大浏高速公路	大围山南
长浏高速公路	洞阳		安定		张坊
	浏阳西	益常高速公路	德山		官渡
	浏阳南	南岳高速公路	南岳主线		古港
	大瑶		石鼓		浏阳东
潭耒高速公路	株洲西	耒宜高速公路	郴州	醴潭高速公路	株洲东
	新塘				

合作银行湘通卡一站式服务网点分布表 表 7-A-2

序号	所属银行	网点名称	地　址	联系电话
1	工商银行	长沙澜北湾支行	长沙市开福区盛世路 248 号	0731-84510460
2		长沙月湖支行	长沙市开福区万家丽路 899 号	0731-89824935
3	招商银行	湘府支行	长沙市芙蓉南路一段 549 号湖南省地税局综合楼一楼	0731-84724999
4		大河西先导区支行	长沙市岳麓区金星中路 479 号	0731-82273180
5	长沙银行	瑞昌支行	长沙市芙蓉区八一路 10 号天佑大厦	0731-89767217
6		钢贸支行	长沙市天心区披塘实业物流市场 898 号	0731-84198098
7		电广支行	浏阳河大桥东广电中心西裙楼	0731-84800199
8		河西交警大队一楼	长沙市银盆南路 1 号	0731-88878246
9		株洲支行	株洲市天元区嵩山路 205 号	0731-28679888
10		芦淞支行	株洲市芦淞区建设南路 88 号环球国际商贸中心门面	0731-28868996
11		湘潭支行	湖南省湘潭市岳塘区晓塘西路 9 号	0731-52376973

附录 B　湖南省高速公路非现金支付业务湘通卡办理申请表

湖南省高速公路非现金支付业务湘通卡办理申请表

办理日期：　　　　　　　　　　　　　　　　　　　　编号：

此联由客户填写

1. 个人用户（注：客户请如实、完整填写资料，带★为客户必填项目）

★用户名称：________________（须与个人身份证一致）

★办理湘通卡数量：________________张

★联系电话或手机号码：________________

★证件类型：________________　　★证件号码：________________

★代理人：________________（须与个人身份证一致）

★证件类型：________________　　★证件号码：________________

2. 单位用户（注：客户请如实、完整填写资料，带★为单位用户必填项目）

★业务联系人：________________　　★手机号码：________________

★单位名称：________________

★办理湘通卡数量：________________张

单位类型：政府机关□　事业单位□　国有企业□　外资企业□　民营企业□　其他□

★单位电话：________________　　传真：________________

★通信地址：________________　　邮政编码：________________　　邮箱：________________

是否办理电子标签：是□　否□

网点工作人员填写下列车辆信息（1 辆车以上请填写《车辆信息附表》。

此联由网点填写

3. 车辆信息（1 辆车以上请填写《车辆信息附表》）　　附表张数：________________

湘通卡号				车牌号码			
车辆尺寸		车辆类型	一客□　二客□　三客□　四客□　货车□			轮数	
发动机号		牌照颜色		座位数/载重		轴数	
行驶证号		轴距		车辆特征			

4. 声明事项

本公司承诺对本表中提供的所有资料承担保密义务。

申请人在此申明《湖南省高速公路非现金支付卡（湘通卡）使用说明》（见客户留存联背页）作为本申请表的组成部分，已仔细阅读、了解并认可本表及组成部分的全部内容。

客户签字（或代理人）：

年　　月　　日

备注：车辆类型：一客：≤7 座　二客：8～19 座　三客：20～39 座　四客：≥40 座

网点经办人：________________　　办理网点（盖章）________________（网点填写）

客服热线：×××××

第一联银行存留　第二联监控中心存留　第三联客户存留

附录C 湘通卡(记名卡)特殊业务办理申请表

湘通卡(记名卡)特殊业务办理申请表

<table>
<tr><td colspan="2">兹有湘通卡申请挂失止付或其他相关业务,请按照客服网点相关业务规定办理(书面挂失生效前的经济损失由申请人承担),倘日后发生任何纠葛,由申请人负全部责任。

此致</td></tr>
<tr><td colspan="2">客户姓名:________ 办理相关业务湘通卡卡号:________
客户联系电话或地址:________
代办人姓名:________ 代办人身份证件号码:________
代办人联系电话或地址:________ 代办理由及关系:________

申请人签字:
年 月 日</td></tr>
<tr><td>申请业务</td><td>□挂失 □解挂
□补卡 □销户
□换卡(人为损坏/非人为损坏)
备注:________</td></tr>
<tr><td colspan="2">客户须知:
1. 提交申请书前,请用户(个人用户/单位用户代办人)确认填写内容完整、无误,并承诺对挂失原因的真实性负责。
2. 书面挂失生效后,挂失《湘通卡特殊业务办理申请表》客户联交用户(个人用户/单位用户代办人)做临时收据,15个工作日后用户持有效法定的证件(开户时所持的有效身份证,单位用户代办人还需携带单位委托函)到挂失受理网点办理相关手续。
3. 挂失生效后,撤销挂失的用户应取得挂失受理网点的同意,并按照要求持有效法定的证件、《湘通卡特殊业务办理申请表》客户联到该受理网点办理解挂手续。
4. 湘通卡卡内金额在挂失生效前或挂失失效后被他人支取的,我公司概不负责任。</td></tr>
<tr><td colspan="2">(单位盖章)
经办人:
年 月 日</td></tr>
</table>

第一联银行存留 第二联监控中心存留 第三联客户存留

附录 D　湘通卡客户资料和服务变更证明

湘通卡客户资料和服务变更证明

湖南省高速公路非现金支付业务湘通卡________________________________网点：

本(公司/单位)__________________________________(填写公司/单位名称)因______________________________________,需变更在贵司办理的湘通卡____________________(填写湘通卡号、通行费划账账号)的(□联系电话　□手机　□地址　□邮政编码　□传真　□电子邮箱　□清单打印　□发票打印　□短信服务　□其他),变更为如下内容:____________________________________。

本次手续特委托____________________(身份证号:____________________)代为办理,请贵司给予协助办理为盼。

特此证明。

用户盖章:

日期:

附录 E　湘通卡代理业务流程图

湘通卡代理业务流程图

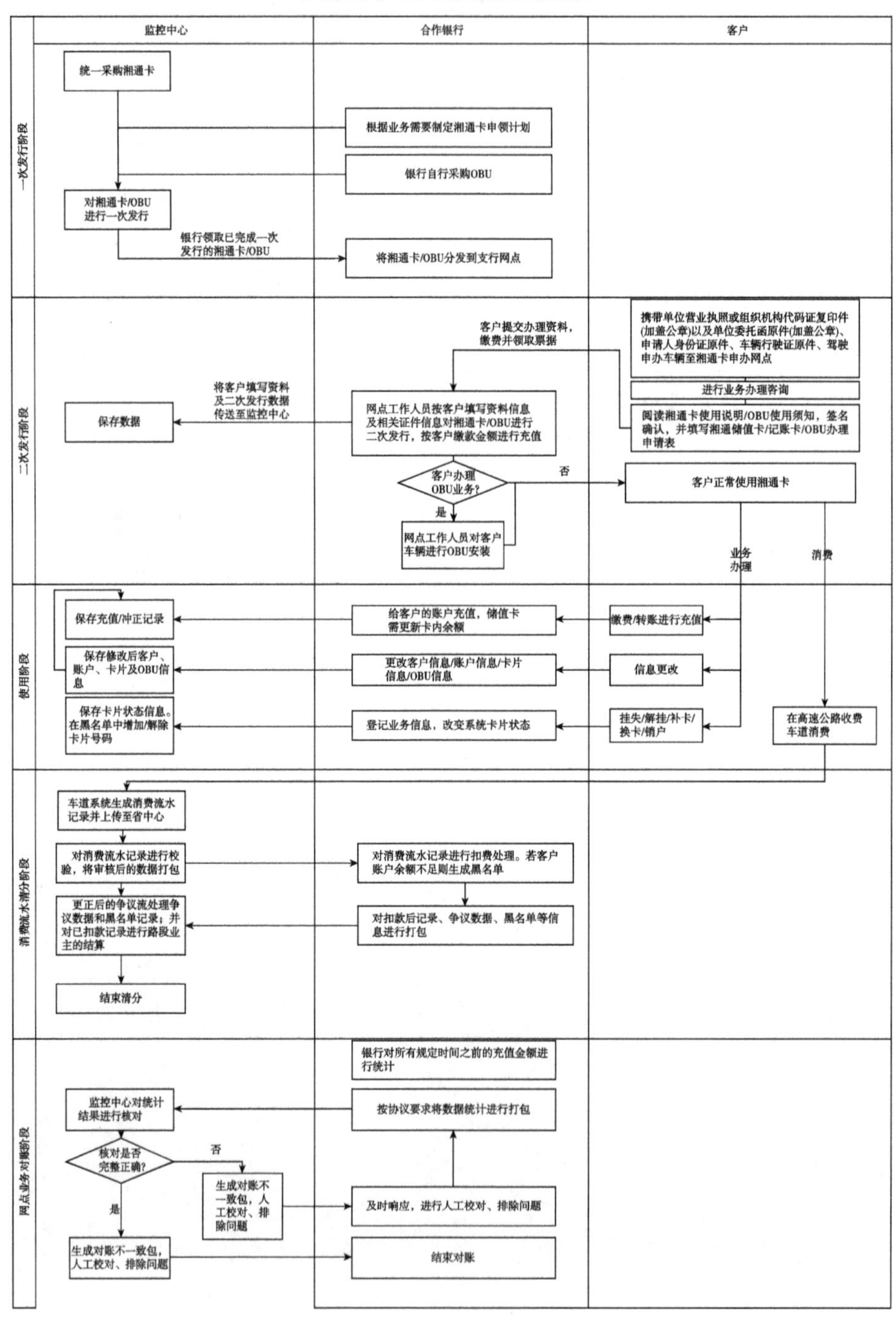

附录 F 车载电子标签(OBU)使用须知

第一条 为了规范湘通卡专用车载电子标签(以下称“车载电子标签”)的安装和使用，特制定本须知。

第二条 车载电子标签是湖南省高速公路监控中心(以下简称“监控中心”)向社会发行的，安装在车辆上，记载车辆信息并和车道上安装的专用微波通信设备进行短程通信和信息交换的车载设备。该车载电子标签符合《电子收费专用短程通信》系列标准(GB/T 20851.1～4—2007)。

第三条 车载电子标签须与湘通卡配套使用，在通过收费站 ETC 专用车道时，可实现不停车电子缴费。

第四条 车载电子标签与登记使用的车辆为唯一对应关系，一车一标签、专车专用。车载电子标签的安装、使用暂不对货车开放。

第五条 任何个人/单位同意本须知，均可成为车载电子标签的客户(以下简称“客户”)。

第六条 客户同意按监控中心要求提供办理车载电子标签所需的资料，并保证所提供的资料真实、准确、完整、合法。监控中心承诺对客户提供的资料信息保密。

第七条 客户网点向客户收取车载电子标签的工本费，符合优惠方案的可免除工本费，具体以柜面销售方案为准。

第八条 客户应遵照本须知及其他相关规定正确使用车载电子标签。在配合湘通卡使用时，应遵守湘通卡的相关说明。

第九条 客户应当按照本须知的约定使用车载电子标签，不得篡改、伪造或者以其他方式破译车载电子标签以逃避应付消费金额的行为。

第十条 客户购买车载电子标签后，应由客户网点安装技术人员安装。客户不得擅自拆卸、转租、转借或移用到其他车辆上使用，否则，因此造成的车载电子标签失效，客户自行承担。

第十一条 车载电子标签为微波通信产品，车辆的风窗玻璃本身含有防爆膜或者后期安装了防爆膜，由于防爆膜里面含有金属离子，会影响微波通信链路的信号传输，所以根据车辆具体情况需要割开防爆膜。客户本着自愿原则进行割膜处理，产生的一切后果均由客户承担，与监控中心无关。

第十二条 装有车载电子标签的车辆，通过 ETC 专用车道时，车速按现场的限速标志规定行驶。

第十三条 ETC 的交易区域是 ETC 天线立柱前面 3m×7.5m 左右的区域，一旦有装载了湘通卡+车载电子标签的车辆进入交易区就会完成自动收费。当 ETC 车道前面有车辆停留时，请与前车保持 20m 以上的距离，以防止误交易的情况发生。

第十四条 车载电子标签不能拆卸，一旦私自拆卸需要到客服网点去激活才能继续使用。高温天气对车载电子标签设备影响不大，湘通卡按正确方向插入车载电子标签中，否则通过 ETC 车道的时候不能交易成功。

第十五条 如果是物理的原因如卡片没有插好等原因交易不成功,请将卡片在交易区域内重新插好,系统会不断重试,这时候客户不要超过 ETC 交易区域,请等待 1~3s,系统会自动重试;如果客户已经驶出交易区域,请在确保安全的情况下稍微向后倒车,完成交易。如果的确是因为车载设备损坏的原因导致交易不成功时,客户可将湘通卡取出通过人工刷卡或现金支付的方式从人工收费车道通过收费站。

第十六条 客户应妥善保管 OBU,注意防潮、防水、防强磁,以避免损坏。

第十七条 车载电子标签无法正常使用的,客户凭身份证、行车证及车载电子标签到客服网点办理更换手续,车载电子标签更换手续按申领新车载电子标签程序办理。自办理之日起一年之内非人为损坏的,客户网点免费更换。办理之日起一年后或因人为损坏的,可到客户网点按车载电子标签成本购买价给予更换。由于车载电子标签属于电子产品,成本费不予退还。

第十八条 客户认可和接受监控中心所提供的非现金支付系统的服务方式。

第十九条 在 ETC 专用车道不能正常使用时,客户同意转入人工收费车道停车缴费。

第二十条 以上内容如发生变更,监控中心在其客服网点及代销网点以张贴通告的方式通知客户,或以其他方式发布通告。

第二十一条 本章程由监控中心负责制定,修改和解释。

附录 G　湖南省高速公路非现金支付业务车载电子标签(OBU)办理申请表

办理日期：　　　　　　　　　　　　　　　　　　　　编号：

第一联银行存留　第二联监控中心存留　第三联客户存留

此联由客户填写

1. 个人用户(注:客户请如实、完整填写资料,带★为客户必填项目)

★用户名称:____________(须与个人身份证一致)

★办理 OBU 数量:____________个

★联系电话或手机号码:____________

★证件类型:____________　★证件号码:____________

★代理人:____________(须与个人身份证一致)

★证件类型:____________　★证件号码:____________

2. 单位用户(注:客户请如实、完整填写资料,带★为单位用户必填项目)

★业务联系人:____________　★手机号码:____________

★单位名称:____________　★办理 OBU 数量:____________个

单位类型:政府机关□　事业单位□　国有企业□　外资企业□　民营企业□　其他□

★单位电话:____________　传真:____________

★通信地址:____________　邮政编码:____________　邮箱:____________

此联由网点填写

3. 车辆信息(1 辆车以上请填写《车辆信息附表》)　附表张数:____________

湘通卡号		电子标签号		车牌号码	
车辆尺寸		车辆类型	一客□　二客□　三客□　四客□　货车□	轮数	
发动机号		牌照颜色		座位数/载重		轴数	
行驶证号		轴距		车辆特征	

★车辆是否需要割防爆膜:是□　否□

4. 声明事项

①割膜对车辆产生的影响,本公司不予承担责任。

②本公司承诺对本表中提供的所有资料承担保密义务。

申请人在此申明《电子标签使用须知》(见客户留存联背页)作为本申请表的组成部分,已仔细阅读、了解并认可本表及组成部分的全部内容。

客户签字(或代理人):

年　　月　　日

备注:车辆类型:一客:≤7 座　二客:8~19 座　三客:20~39 座　四客:≥40 座

网点经办人:____________　办理网点(盖章)____________(网点填写)

客服热线:×××××

附录 H 湘通卡代理业务管理办法——缴款单

缴款人： 缴款单编号:8411

证件编号:123123 卡号:

序号	名　称	单　价	数　量	合　计
1	优惠套餐:t2			
	储值卡	30.0 元	1	30.0 元
	充值	500.0 元	1	500.0 元
	电子标签(赠送)	277.0 元	1	100.0 元
2	充值	100.0 元	1	100.0 元
3	电子标签	277.0 元		277.0 元

缴款应收:人民币壹仟壹佰捌拾肆元(￥1184.0)　缴款实收:人民币玖佰零柒元(￥907.0)

缴款方式:转账　备注:新优惠政策　办理时间:2013-09-23　10:33:55　网点:

收款人签名:____________________

附录 I　湘通卡/车载电子标签(OBU)转移使用承诺书

湘通卡/车载电子标签(OBU)转移使用承诺书

湘通卡____________________客服网点：

本人/单位____________________(证件号码：________________________)现向贵中心申请办理湘通卡□/车载电子标签□(编码：____________________)转移使用业务，即自原(车型：__________________，车牌：__________________车牌颜色：__________________)车辆转移至(车型：______________________，车牌：______________________车牌颜色：________________)车辆。

由于本人现无法提供原车辆相关的有效证明(行车证□　营业执照□　其他________________)原件，现本人于此声明及承诺如下：

本人是该湘通卡□/车载电子标签□之合法所有人，今后因该湘通卡□/车载电子标签□权属及信息更新、迁移等问题所产生的任何争议和责任均由本人自行承担，与贵中心无关，本人以上所述完全属实，若因此而造成贵中心任何额外负担或损失，本人负责予以赔偿。

申请人：

年　　月　　日

附录 J 湘通卡代理业务管理办法——资金管理流程示意图

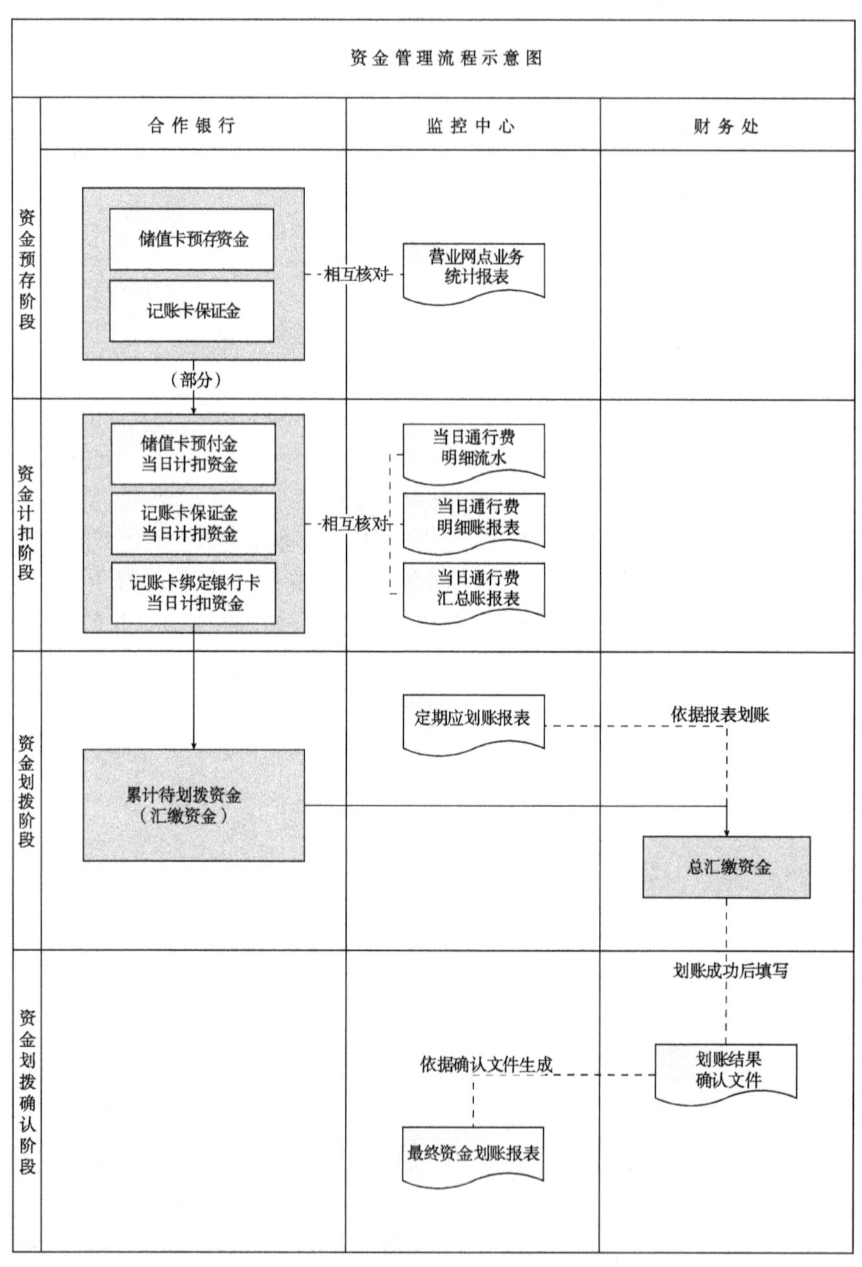

第8篇

湖南省高速公路电子不停车收费系统运行及服务管理办法

1 总则

第一条 2013年10月31日，湖南省高速公路电子不停车收费系统（以下简称ETC）正式面向社会启动运营，为进一步规范ETC车道运行管理、客户服务管理、系统维护管理、通行费结算管理、电子标签及卡发行管理等工作，为广大ETC客户提供快捷、优质的服务，进一步提升我省高速公路管理和服务水平，特制定本办法。

第二条 湖南省高速公路监控中心（以下简称省监控中心）负责全省高速公路ETC建设、运行、维护及服务的行业管理，ETC车载装置（OBU）和ETC通行卡（湘通卡）的发行，ETC运行及设备维护管理制度的制定，对各运营管理机构的ETC运行及设备维护管理工作进行监督、检查和考核，负责全省已通车高速公路及在建高速公路ETC建设的监督指导工作。

第三条 湖南省高速公路管理局财务处负责全省高速公路ETC运行及服务工作的财务管理，包括但不限于ETC专用账户管理、ETC通行费对账及划拨等。

第四条 湖南省高速公路管理局收费稽查处负责全省高速公路ETC收费现场监督管理、收费稽查，负责OBU使用、票据使用、用户办理流程的监督检查及ETC免费车辆办理业务的管理，负责监管湘通卡及OBU办理工作，负责稽查非高管局授权机构私自发行湘通卡及OBU行为。负责对利用ETC逃费或违规办理OBU及湘通卡行为进行调查处理并补缴通行费。负责按照票据管理制度对车辆通行费收费专用票据的领用、使用进行监督和检查。

第五条 与湖南省高速公路管理局签订ETC营销合作协议的银行或其他经批准的ETC营销机构（以下简称合作银行）作为ETC服务及湘通卡代理发行机构，负责ETC用户的办理、发行和安装OBU等工作，负责ETC营销网点建设。

第六条 全省各高速公路管理处及经营性高速公路公司负责ETC车道现场管理、配合高速交警做好非ETC车辆闯入ETC车道及ETC车道冲关的处理等工作，各监控分中心负责所辖范围内收费系统中ETC设备管理及维护工作。

第七条 省监控中心根据局收费稽查处提供的数据制作并下发全省高速公路ETC用户黑、白、灰名单，任何单位不得擅自制定或篡改。

第八条 合作银行应在省高管局财务处、收费稽查处和省监控中心监督指导下开展湘通卡、OBU发行工作。

第九条 新通车高速公路ETC系统设备应符合湖南省高速公路联网收费相关技术要求及《湖南省高速公路机电系统目录库》要求，采用全省统一的ETC联网收费软件。

第十条 专用名词及解释

湘通卡：根据国家ETC相关标准规范要求制作，用于湖南省高速公路非现金交费，可反复充值使用，符合交通运输部和国家金融集成电路卡（IC）规范（PBOC 2.0）的带处理器的智能卡。湘通卡与传统IC卡（逻辑加密卡）相比，安全性达到金融级别、性能更强、容量更大，具有客户空间大、读取速度快、支持一卡多用等特点，可拓展使用于社会其他领域支付。

ETC:是电子不停车收费系统(Electronic Toll Collection System)的简称,是通过“车载电子标签+IC 卡”与 ETC 车道内的微波设备进行通信,实现车辆不停车支付高速公路通行费功能的全自动收费系统。

OBU:ETC 车载装置(On Board Unit),简称 OBU,是用于和 ETC 车道天线通信、存储车辆信息、标识车辆的设备,具备 IC 卡读写接口,支持 IC 卡操作。

MTC:人工半自动收费车道。MTC 车道由车辆自动分类系统(AVC)、读卡装置、显示设备、视频监控、自动栏杆和计算机软件系统组成,读卡器可以采用接触式或非接触式。当车辆进入 MTC 车道时,软件系统根据相关信息告诉读卡器应该收取多少数额的通行费,当交易完成后,软件系统向自动栏杆发出命令,让车辆通过,完成收费。

黑、白、灰车辆名单:将有违法行为的车辆信息录入黑、灰名单中,当名单内有记录的车辆进出收费站时能及时报警,提示收费站人员进行相关处理,有效地遏制和减少恶意冲关等现象的发生。

2 ETC 车载装置(OBU)发行管理

第十一条 合作银行负责根据 ETC 营销合作协议的要求,采购和向用户提供符合国家规范及湖南省高速公路管理局有关规定的 OBU,负责完成与省监控中心技术对接和申请 OBU 一次发行等工作。

第十二条 省监控中心负责 OBU 与湘通卡的一次发行工作,并根据设备到货情况制定发行计划,填写《湖南省高速公路 ETC 专用设备一次发行情况登记表》。一般情况下,5 个工作日内将送达的 OBU 发行完毕(具体发行所需时间视 ETC 专用设备数量而定)。

第十三条 省监控中心对一次发行的 OBU 与湘通卡信息录入进行逐张(个)检验,并对所发行的 OBU 与湘通卡进行抽样查验,以确保所有信息录入正确率达到 100%。

第十四条 OBU 发行完毕后,省监控中心应及时联系各合作银行领取,领取机构须填写《湖南省高速公路 ETC 专用设备出库单》。

第十五条 合作银行受省高管局的委托,开展 OBU 代理发行业务,并与 OBU 的使用者签订客户服务协议(代理机构与使用者签订的客户协议,每月需交省监控中心统一存档,电子档按 T+1 天上传至省监控中心服务器)。

3 湘通卡发行管理

第十六条 湘通卡发行及营销实行统一命名、统一编号、统一标识方式进行管理。

第十七条 合作银行需经省高管局授权许可发行湘通卡,因私自发行湘通卡产生的纠纷由合作银行自行承担。

第十八条 省监控中心负责湘通卡的一次发行工作,并根据合作银行提交的申请,完成湘通卡一次发行工作。

第十九条 合作银行根据开设的网点数量和发行进度提前(至少 10 个工作日)向省监控中心提交领取经一次发行的湘通卡申请书。

第二十条 合作银行受省高管局的委托,开展湘通卡代理业务,并与湘通卡的使用者签订客户服务协议(代理机构与使用者签订的客户协议,每月需交省监控中心统一存档,电子档按 T+1 天上传至省监控中心服务器)。

4 ETC 通行费结算管理

第二十一条 合作银行必须使用省监控中心提供的专用软件和设备联网收取湘通卡预收款和打印发票。

第二十二条 湘通卡预收款必须按省高管局财务处要求定期存入指定账户,并将形成的通行费按省高管局财务处要求按时划入指定账户。

第二十三条 省监控中心负责包括 ETC 在内的非现金电子付费的交易数据校核和拆分工作,ETC 通行费按车辆通行的实际路径拆分,拆分结果接受上级机关、审计部门及稽查部门的监督和审查。

第二十四条 合作银行办理湘通卡业务,需将用户预存通行费和保证金存入省高管局开设在合作银行的 ETC 预存款、保证金账户,根据高管局指令划入开设在该合作银行的 ETC 拆账账户,并定时转入我省高速公路通行费总汇缴账户(目前开设在建设银行)。

第二十五条 合作银行暂不办理湘通卡跨行充值业务。

第二十六条 湘通卡通行费消费发票统一使用车辆通行费收费专用票据。

第二十七条 合作银行要严格执行国家和湖南省有关资金、票据管理规定,建立健全内部管理制度;加强资金管理,切实保证资金的安全、完整;规范票据使用,及时登记账簿,切实做到账账相符、账表相符、账实相符。

第二十八条 省高管局及合作银行对所发售的湘通卡资金进行监管。

第二十九条 合作银行要定期或不定期对湘通卡、OBU、票据、资金及服务质量等各项工作进行自查,加强管理,提高服务水平。省高管局不定期对营销业务工作抽查监督,并按《湖南省高速公路电子不停车收费系统(ETC)应用客户营销银行合作协议》《湖南省高速公路电子不停车收费系统(ETC)应用客户营销银行合作方案》和《湖南省高速公路联网收费系统与银行 ETC 营销系统对接技术要求》处理。

5 ETC 车道运行管理

第三十条 安装有 ETC 收费车道的收费站应保证 ETC 车道 24h 开启,不得随意关闭 ETC 车道。

第三十一条 各收费站要维护好收费现场秩序,确保装有 OBU 设备的车辆顺利进入 ETC 车道。如遇装有 OBU 的车辆无法正常从 ETC 车道通行时,收费站人员应主动引导车辆从 MTC 车道通行,并报告监控分中心最迟在 5 个工作日内修复。

第三十二条 收费站未设置 ETC 车道或因故关闭 ETC 车道时,ETC 车辆收费应按在 MTC 入口车道写入湘通卡入口信息、在 MTC 出口车道读取湘通卡信息收取通行费的方式操作。

第三十三条 收费站应对所有异常信息进行统计,并上报局收费稽查处。发现涉嫌利用 MTC、ETC 系统偷逃车辆通行费的违法行为,应追缴通行费并通过黑、白、灰车辆名单系统上报,限制其车辆通行。

第三十四条 收费站工作人员应认真核对 ETC 专用车道交易数据,并打印相关报表报收费稽查科和监控分中心汇总,如发现交易数据不符应记录并立即上报监控分中心,监控分中心应立即上报省监控中心。

第三十五条 站级 ETC 系统数据传输链路和 MTC 为同一链路,各监控分中心应定时检查 MTC、ETC 数据传输链路,确保传输链路畅通。如传输链路发生故障,应报告省监控中心并尽快恢复。在 24h 内不能修复的,应采用手工拷贝数据的方式,经其他途径上传至省监控中心。

6 ETC 系统维护管理

第三十六条 ETC 系统维护采取省监控中心监督指导、监控分中心负责管理和实施模式。

第三十七条 监控分中心要根据所辖区域 ETC 系统设备的实际情况制订月、季、年度维护计划,并将季、年度维护情况报省监控中心。

第三十八条 监控分中心根据所辖区域的实际情况制定维护流程,维护人员要严格按照维护程序及各项安全操作规程进行维护工作,注重人员的安全,禁止任何非维护人员擅自维护设备。

第三十九条 监控分中心要根据 ETC 系统的特点为站维护人员配备必要的维护工具和常用备品备件,对站维护员、监控分中心维护员进行必要的技术培训,确保维护保养工作能够正常开展。

第四十条 ETC 设备维护工作应选择在收费站车流量小的时间段进行,原则上关闭 ETC 收费车道维护时间一般不得超过 2h。

第四十一条 因设备故障无法正常使用 ETC 设备时,收费站应及时通知监控分中心,监控分中心维护员应在 3h 内到达现场进行维护,12h 内修复故障;如预计故障维修时间超过 12h,应由监控分中心上报省监控中心。

7 ETC 客户服务管理

第四十二条 合作银行应搭建 ETC 服务体系,建立独立的服务机构或者外委服务,设立 ETC 服务热线,接收客户的投诉;应积极配合各单位(公司)调查人员对有逃费嫌疑车辆的信息查询工作。

第四十三条 湖南省高速公路客户服务热线 12328 接受 ETC 客户投诉。

第四十四条 车道损坏类投诉由省监控中心处理;车载设备类投诉由合作银行负责处理,因堵车关闭 ETC 车道的投诉由各管理处(公司)处理,因扣费错误引起的投诉由省监控中心处理。

第四十五条 合作银行应建立核查体系,每个季度或者每 5 万客户对办理的 ETC 车辆进行自查,确保车型等信息准确。省高管局收费稽查处或委托省监控中心稽查人员负责核查,并由省高管局收费稽查处对审核结果进行复查。如合作银行出现办理差错,由省高管局各管理处对当地办理存在问题的银行进行调查、核实。因银行的问题,追缴流失的车辆通行费并按《湖南省高速公路电子不停车收费(ETC)推广应用与银行合作协议》相关规定进行补缴,客户造假出现办理差错的由银行配合管理处(公司)进行追缴并按相关文件进行补缴。对屡次失误且造成车辆通行费大量流失的,按以上内容进行追缴、补缴,并取消其 ETC 合作资格,收回安装激活 OBU 的权利,以上调查结果属银行责任的,其调查所产生的费用由银行承担。

第四十六条 退费是指在使用 ETC 进行正常消费时,发生的消费金额与实际存在差异而退还差额部分通行费的业务。差额部分由高速公路管理局通过合作银行退还给用户。

第四十七条 客户因欠费进入黑名单,而后足额归还欠费并充值,正常情况其账户状态必须在 3 个工作日恢复为正常,以保证客户高速通行体验。

8 附则

第四十八条 本办法适用于全省高速公路管理处、经营性高速公路公司、ETC 合作银行或其他经批准的 ETC 营销机构。

第四十九条 违反本办法规定的,将由相关部门依法依规进行处罚。

第五十条 本办法由湖南省高速公路管理局负责解释。

第五十一条 本办法自印发之日起执行,原《湖南省高速公路电子不停车收费系统运行及维护管理暂行规定》同时终止。

第9篇

湖南省高速公路电子不停车收费系统维护手册

第1章 前 言

根据高速公路机电系统运营管理办法,ETC 系统维护和运营视同 MTC 系统管理,纳入三级管理体系(收费站—监控分中心—省监控中心)。为提高各路段 ETC 系统维护的水平,本手册向电子不停车收费(ETC)系统的维护人员提供系统前端部分的基本介绍,包括功能介绍、配置、操作说明等方面。

第 2 章 ETC车道设备及常见维护方法

2.1 工控机

2.1.1 简介

工控机也称车道计算机，是车道 ETC 系统的核心工作单元，主要负责：处理地感输入信号；通过控制车道控制器控制外设（栏杆机）；通过串口控制天线、费显、字符叠加器；与站服务器的数据通信；处理车道过车、交易流程；储存 ETC 过车所需的相关数据。

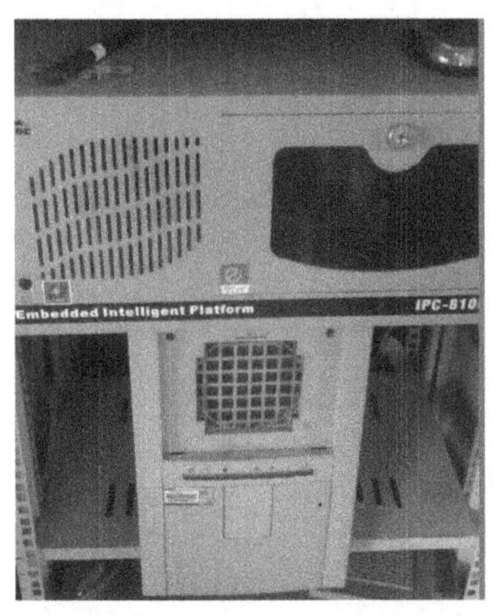

图 9-2-1

2.1.2 工作原理

工控机接收来自地感线圈、天线、栏杆机、抓拍摄像机的信号，根据车道软件的过车逻辑，完成 ETC 车辆通行的相关外设控制，生产交易日志、交易流水及过车图像，并将相关数据传送至站服务器及管理机。

2.1.3 型号

研祥 IPC-810 系列、研华 IPC-610 系列，见图 9-2-1。

2.1.4 基本配置组成

工控机基本配置包括：机箱（含电源）、CPU、底板、主板、内存、显卡、网卡、多串口卡、730/725 数字 IO 卡、硬盘、键盘鼠标、视频捕捉卡等配件。参考配置见表 9-2-1。

主要设备配置　　表 9-2-1

产品规格	名　称	主要参数
IPC-610P4	工业机箱	
IPC-610P4-250E	工业底板	带 PCA-6114P4（8ISA/4PCI/1CPU 槽）底板，架装式工业机箱，提供 250W 工业电源、可安装 3 个 3.5 寸磁盘驱动器，2 个 5.25 寸驱动器，带过滤冷却风扇

续上表

产品规格	名　　称	主要参数
PCA-6006LV	工业 CPU 卡	Intel Pentium 4 up to 3.06G 级 CPU 板卡,512kB CPU 内置全速缓存, INTEL 845GV 芯片组, 100/133MHz FSB, ISA 高驱动 64MA,可编程,(63 级)看门狗定时器,带 32M VGA 显示。
	CPU	Intel Pentium 4 2.0GZ,400/533FSB Pro Cessors
	内存	金士顿 512MB,Upto2.0GB 3 DIMMs
	多串口卡	C104UL　4 串口(ISA 插槽)MOXA
	显示器	飞利浦 107S7 17 寸 CRT
	视频捕捉卡	SDK2000
	PCL-730 卡	数字量 I/O 卡,ISA 隔离 32 通道
	网卡	D-LINK-530TX　10/100M
	硬盘	金钻 IDE80G HDD(7200R)
	键盘、鼠标	爱国者 KB+双飞燕 MOUSE

工控机系统构成示意如图 9-2-2 所示。

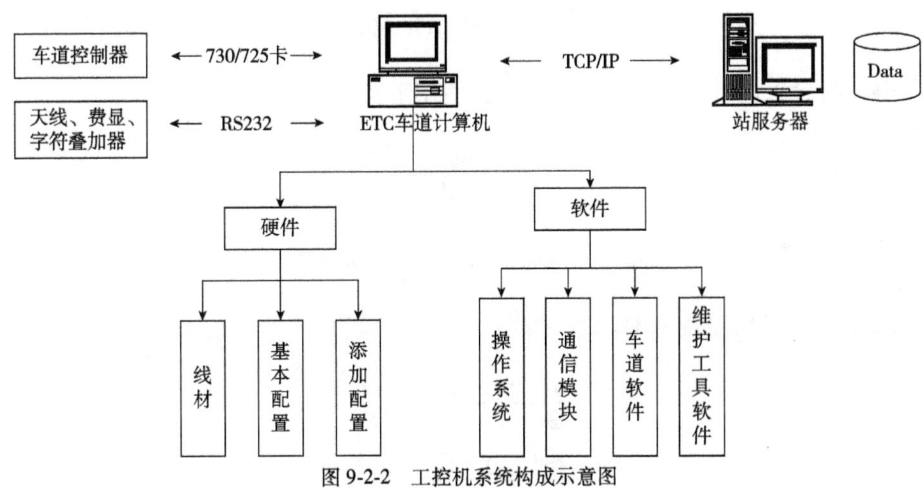

图 9-2-2　工控机系统构成示意图

2.1.5　线材

所用到与外设相连的线见表 9-2-2。

与外观连接线一览表　　表 9-2-2

序号	名　　称	要　　求	备　　注
1	DB37 连接线	730 数字 I/O 卡连接车道控制器(公头—公头)	
2	1 分 8 串口线	多串口卡输出(9 针串口)	
3	网线	超五类双绞线	
4	电源线	国标三插	

2.1.6 设备安装

(1)插入 PCI 槽的配件包括:网卡、显卡、抓拍卡、多串口卡。

(2)对于 730、725 数字 I/O 卡,在使用之前必须根据实际情况进行硬件跳线设置(图 9-2-3~图 9-2-7)。

730 卡 I/O 地址设置(SW1):

①研华工控机(有 8 位地址码)1 和 2 拨至 OFF 位,3~8 拨至 ON 位。

②研祥工控机(有 6 位地址码)1 为 OFF 位,2~6 拨至 ON 位。

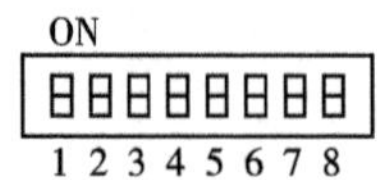

图 9-2-3　I/O 地址码示意图

中断级设置(JP1):短接跳线座 7(使用 IRQ7)。

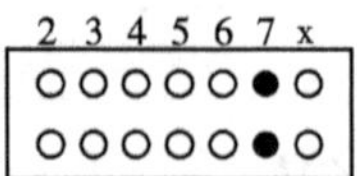

图 9-2-4　中断级设置(JP1)示意图

中断触发沿设置(JP2):短接右侧跳线座(使用下降沿)。

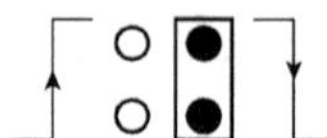

图 9-2-5　中断触发沿设置(JP2)示意图

中断源设置(JP3):短接 IDI1。

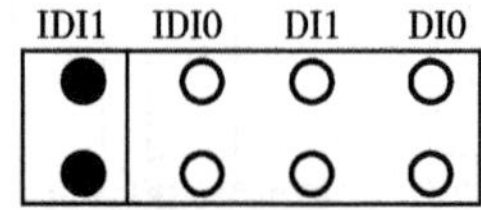

图 9-2-6　中断源设置(JP3)示意图

版本控制(JP4、JP5):使用 A1 版本。

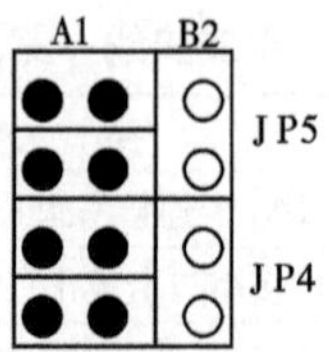

图 9-2-7　版本控制(JP4、JP5)示意图

(3)插入 ISA 槽的配件包括:730/725 数字 I/O 卡。

(4)所有板卡接插件及电源插口必须牢固安装并接触良好。

2.1.7 常见故障

(1)地感线圈信号总有误。

(2)无法控制费显正常的过车信息。

(3)无法看到视频流。

(4)车辆通过后栏杆不降落或栏杆不能抬杆。

(5)无字符叠加。

(6)声光报警器故障。

(7)天线故障。

2.2 路侧读写控制器

2.2.1 简介

路侧读写控制器由天线和天线控制器组成。天线是一个微波收发模块,负责调制/解调信号数据;天线控制器是控制发射和接收数据以及处理收发信息的模块(图 9-2-8)。路侧读写控制器以无线通信的方式,与电子标签进行数据交换,采集和更新标签中的信息,并通过串行口与计算机通信。

图 9-2-8　天线

2.2.2 型号

DP268-RSU、SHINE-G60。

2.2.3 工作原理

通过专用短程协议完成与车载设备的通信,并将信息反馈至工控机。

2.2.4 基本配置组成及接线

接线图如图 9-2-9 所示。

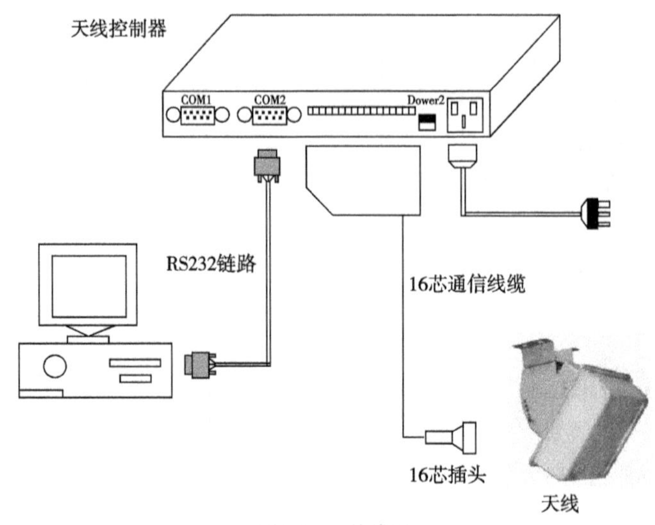

图 9-2-9　接线图

2.2.5 设备安装

(1)将十六芯天线通信线铺设好。

(2)将 PSAM 卡装在天线内。

(3)用 4 个 M14×20 的螺栓把天线固定在一定高度的立柱上;在支架与天线之间要装一片胶垫。

(4)将天线安装在立柱上,位置在车道中间,栏杆机上面,接好天线的信号传输线,固定天线位置。

(5)接好天线与天线控制器的信号传输线。

2.2.6 常见故障及处理方法

1)天线始终处于关闭状态,没有信号输出

(1)检查电源:检查交流电源插头是否插上,电源开关是否打开,尝试将电源插头插至能确认有效的电源接线板上。

①检查线路:检查天线控制器至工控机的串行通信线插接是否正确。

②检查机柜内天线通信线路(包括天线至天线控制器,天线控制器至工控机的线路)是否有断裂。

(2)如果线路及插头插接没有问题,则考虑是不是天线控制器或者天线存在故障,如果只有一个天线存在此问题,则可以考虑调换两个天线控制器,确认具体是天线原因还是天线控制器的原因。

2)天线范围有误

(1)调节天线角度:通过手动调节天线立柱上天线的照射角度。

(2)调节天线功率:通过在车道软件配置项中修改天线的发射功率,功率越大发射距离越远。

3)微波读写控制器的信号,但信号不稳定或不正确

(1)微波读写控制器的通信插头是否牢固。

(2)专用电源及接线盒提供给微波读写控制器的电源大小是否适当。

4)PSAM 卡故障

(1)卡槽出现松动,引起卡故障,重新插卡。

(2)卡坏,需要更换。

2.3 自动栏杆机

2.3.1 简介

为保证合法用户不停车通过,ETC 车道应采用高速栏杆。在没有车辆通过时保持常闭状态。栏杆臂的断面直径为 75mm,外表面推荐用泡沫材料,并且贴有红、白相间的高强级反光膜;当电动栏杆发生故障或断电时,栏杆应始终处于竖直状态;当栏杆处于竖直状态时,自动栏杆距收费车道边缘不小于 450mm;当自动栏杆在下落,车辆检测器发现有车通过时,栏杆应能自动停止下落并反向抬起;当车辆水平冲撞栏杆时,栏杆体与机箱连接部应有脱离装置,使栏杆体在车辆碰撞力作用下水平移开;栏杆的启动和停止要平稳。

2.3.2 型号

Magenetic MIB-10、比利时 AS-223。

2.3.3 工作原理

栏杆机中主要的部件是栏杆机控制器,由它发出控制信号来控制传动马达的转动方向。在本系统中,栏杆机的抬杆信号由车控器发出,降杆信号由车检器提供,当车检器检测到车辆通过落杆线圈后发出落杆信号给栏杆机(图 9-2-10)。当栏杆控制器收到抬杆和降杆信号(24V 控制电压信号)之后,控制传动马达顺转或逆转来推动传动装置,使栏杆抬起或降落。

图 9-2-10 栏杆机

2.3.4 实物图示及接线

自动栏杆机的接线如图 9-2-11 所示。

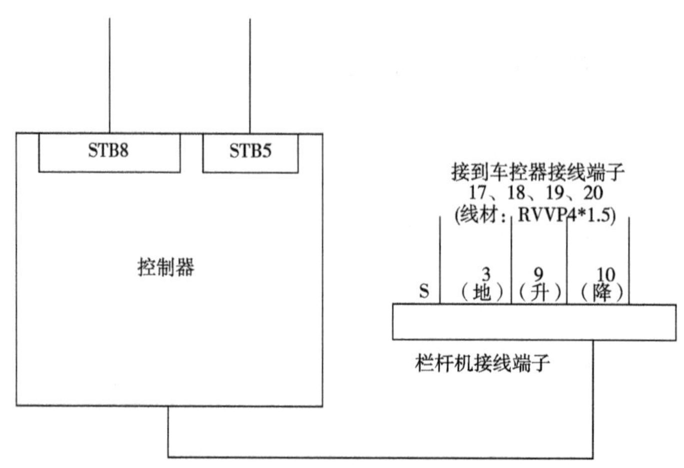

图 9-2-11 栏杆机连线图

说明:STB8 和 STB5 分别是 8 端口和 5 端口的接口,原设备已经配有接头。

图中的 S、3、9、10 是栏杆机接线端子的端口号。

2.3.5 基本配置组成

(1)栏杆机控制器 MLC:栏杆机控制器安装于电动栏杆机箱体内,为一个可编程的控制单元。电动栏杆的响应时间,抬杆、降杆等动作的完成,都是通过栏杆控制器的统一控制下实现的。通过该控制器,可以设置栏杆机的工作模式。

(2)传动马达:传动马达是动力装置,安装在机箱里面。它在控制器的控制下顺转或者逆转,从而带动传动装置,使栏杆升起或者降下。

(3)传动装置。

(4)机箱。

(5)栏杆臂(维护中需要经常更换的就是栏杆臂)。

2.3.6 设备安装

1)安装

安装前准备工作:在把栏杆机安装固定在安装基础上,相关的线缆已经铺设好。

安装接线步骤:

(1)打开控制器的盖子,把控制器的模式调为“5”。

(2)把 STB8 和 STB5 的插头插上。

(3)如果栏杆机的安全开关(安全开关安装在栏杆机栏杆臂回转头上)没有安装,则要把栏杆机接线端子的两根接线取出把两端口短接。

(4)把电源线接到栏杆机机箱里的接线端子上。

通过专用程序来配置栏杆机的升杆和降杆速度,起杆时间是0.6s,落杆时间是0.6s,自动降杆时间为20s。专用程序由厂家提供。配置时需要用手提电脑通过串口与栏杆机控制器连接。

2)测试

(1)在检查接线正确后,插上电源插头。

(2)用手动开关控制栏杆机,看栏杆机是否能正常控制。

手动开关在机箱中的背板上,手动开关有3挡,从上到下依次是open、normal、close,分别对应栏杆打开、正常工作模式、栏杆关闭(降杆)。栏杆机正常工作的时候,要把手动开关置于normal位置。

(3)在栏杆关闭的状态下,把手动开关置于open位置,看栏杆能否正常抬杆。然后把手动开关置于close位置,看栏杆是否关闭。测试完之后,要把手动开关置于normal位置。

(4)联合测试:模拟正常过车,看栏杆是否能够正常抬起与降下,并观察车道软件,看车道软件中的栏杆机状态是否与栏杆机的实际状态一致。

2.3.7　常见故障及处理方法

1)栏杆机无法正常抬降杆,用手动开关也控制不了

(1)检查栏杆机的电源供给,包括机柜处的栏杆机空开和栏杆机内的电源插座。

(2)由于安全开关没有安装,并且栏杆机接线端子的11、14没有短接,安全开关起作用,导致栏杆机不受控制。解决办法是把接线端子的11、14端子短接。

(3)如果上面1、2都没有问题,则可能是马达或者是控制器本身的问题,需要更换栏杆机。

2)用手动开关能够控制栏杆机,但过车时,无法正常抬降杆

(1)检查手动开关是否置于nomal位置。

(2)检查车检器响应是否正常。

(3)检查车道软件是否正常发送抬杆指令。

(4)检查工控机至车道控制器,车道控制器至栏杆机的信号线接口是插好,线路是否有断损。

(5)检查栏杆机内接线是否有松动或者坏损。

(6)如果以上都没有问题,则尝试更换车道控制器或者栏杆机。

2.3.8　MIB-10栏杆机配置程序使用说明

(1)安装:双击程序的图标,进入安装程序,使用默认选项安装该程序。

(2)注册:安装程序后,进入安装目录,双击s图标,程序会自动进行注册,现在可以正常进入程序了。

(3)使用串口连接线(一公一母)连接电脑的串口及栏杆机控制器的串口。打开程序

(4)进入程序后,栏杆机出厂时的指标参数显示在界面上。

需要修改的参数有：

①Hold open time

将“栏杆保持抬起时间”更改为“20s”。

②Running Times

将“Running times”的 opening 选项改为“0. 6”；closing 选项改为“0. 6”

修改完毕，点击“DOWNLOAD”键后，参数修改成功，然后退出程序。

程序的配置界面如图 9-2-12 所示。

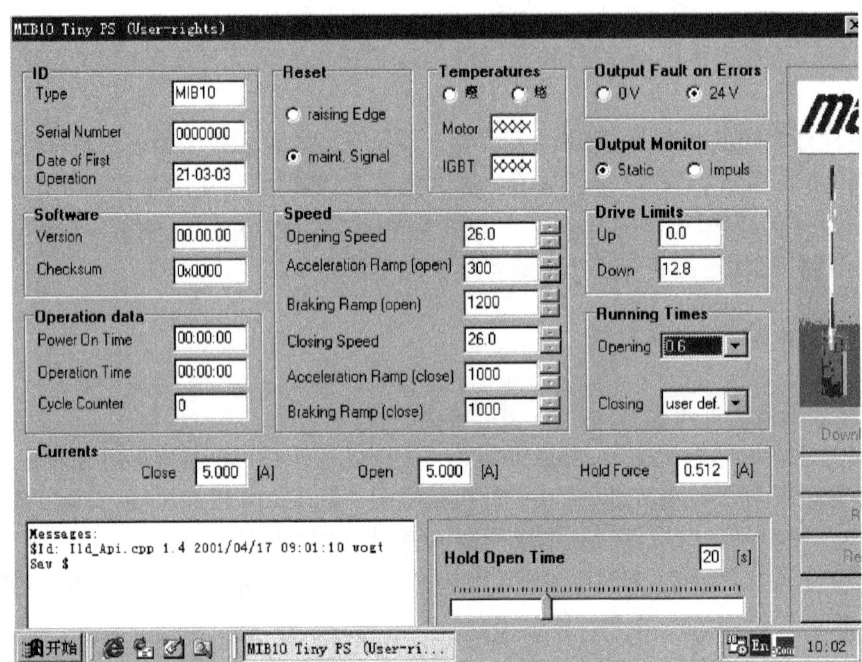

图 9-2-12　栏杆机配置图

2.4　车道控制器

2.4.1　简介

车道控制器的功能是：

(1)输出信号转化。通过内部电路把车道计算机的输出指令(数字信号)转化为继电器输出信号，从而控制外设动作。

(2)输入信号转化功能。通过内部电路把外设的输入信号(模拟信号)转化为车道计算机能够辨认的数字信号。

由此可知，车道控制器的工作原理是通过与车道计算机连接的数字 I/O 卡，把外设的输入信号转化为数字信号并传输给车道计算机；并且把车道计算机的输出信号转化为继电器输出信号，从而控制外设的动作。

2.4.2　型号

新软 NSLC-0105。

2.4.3　实例

(1)湘筑公司:其车道控制器负责对栏杆机和车检器的信号线进行控制转换。

(2)云星宇公司:其车道控制器负责对栏杆机、车检器、费额显示器、雨棚信号灯的信号进行控制转换。

2.4.4　过车时车道控制器、工控机及栏杆机的通信流程

(1)天线感应到可用的电子标签。

(2)车道软件完成 OBU 交易,发送抬杆指令给车道控制器。

(3)车道控制器将抬杆指令发送至栏杆机,抬起栏杆。

(4)栏杆机反馈抬杆到位至车道控制器,再由车道控制器将抬杆到位信号反馈至工控机,在车道软件上显示栏杆抬起。

(5)车辆通过落杆线圈,车检器反馈落杆线圈信号至车道控制器,车道控制器再转交至工控机,由车道软件发送落杆信号至车道控制器,然后发送至栏杆机,栏杆机降杆。

(6)栏杆机反馈降杆到位至车道控制器,再由车道控制器将抬杆到位信号反馈至工控机,在车道软件上显示栏杆抬起。

2.4.5　实物图示及接线

实物图示及接线如图 9-2-13、图 9-2-14 所示。

图 9-2-13　车道控制机照片

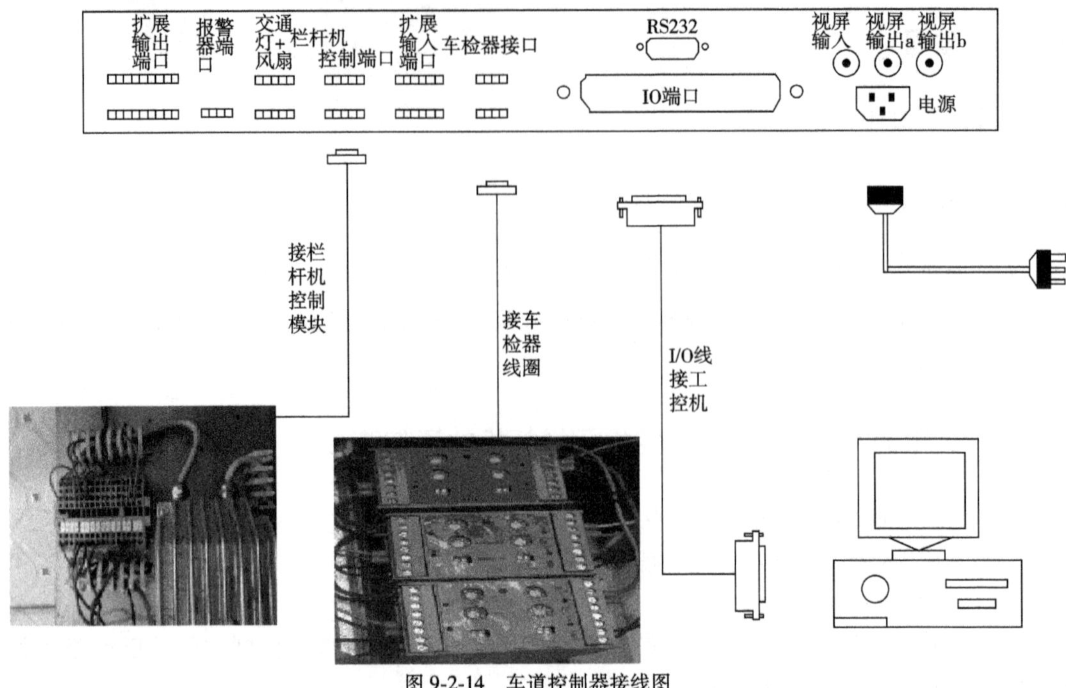

图 9-2-14　车道控制器接线图

2.4.6　设备安装

1）安装

（1）把车道控制器固定在机柜上。

（2）把外设（栏杆机、声光报警器、通行灯、雨棚灯）的线缆接到机柜底板的接线端子，再从接线端子接至车道控制器的输出端口；同样，把车辆检测器的线缆接至机柜底板的接线端子，再从接线端子接到车道控制器的输入端口（DB25）。

（3）把车道控制器的电源线接好。

（4）用专用线缆把车道控制器的 DB37 口与车道计算机连接起来。

2）测试

（1）用车道软件设备测试功能可以测试车控器工作是否正常。

（2）用设备提供商提供的 730 卡管理程序也可以测试车控器的工作状态。

2.4.7　常见故障及处理方法

1）加电后，车道控制器的指示灯没有亮

车道控制器的指示灯没亮，说明车道控制器没有电。首先应检查有没有电输入；如果有电源输入，则检查一下车道控制器的开关是否坏了。

2）触发线圈信号或者栏杆机信号，车道控制器相应的提示灯不亮

（1）可能车道控制器电源开关没打开。

（2）车辆检测器或者栏杆机输出到车道控制器的线路有问题。

(3)车道探制器存在故障。

3)ETC 车道能正常通过的车辆,驶入并已压到抓拍线圈,OBU 已完成交易,系统提示升杆,实际栏杆没有升起

(1)检查栏杆机电源是否打开。

(2)检查栏杆机至车道控制器及车道控制器至工控机的信号线及线缆是否接驳好。

(3)检查栏杆机内相关信号线是否接正确。

(4)尝试更换车道控制器。

(5)尝试更换栏杆机。

2.5　车辆检测器

2.5.1　简介

用于检验和解析来自线圈的电感,并将信号传递到车道控制器,以此来判断有无车压到线圈上。

2.5.2　工作原理

车检器分为双通道和单通道车检器,区别在于不管线圈有多接近,同一检测器的线圈间可以消除串扰(图 9-2-15)。

车检器与 ETC 车道的地感线圈相连,当有车辆经过线圈时,导致了线圈的电感量发生了一些变化,地感线圈通过感应此地感的变化,判断是否有车通过。

图 9-2-15　车检器接线图

2.5.3　型号

恒富威 HLQ-1、HLQ-2 型的车检器,索松 SC260 型。

当车辆压到触发线圈的时候,车检器感应到信号,将信号传给车道控制器。

2.5.4　设备安装

1)安装

(1)线圈铺设,将线拉入已经切好的槽内,一般是绕平行四边形 3~5 匝。

(2)按照接线图将火线、零线、线圈线、信号线按图 9-2-16 所示接好。

(3)把车辆检测器安装在栏杆机机箱里面的安装导轨上。

2)测试

将主线槽过来的线圈连接线按顺序接入车检器,压线圈,使用地感测试仪分别接电感线圈的两头,测量线圈电感量大小是否合适。正常范围为 120~180μH。

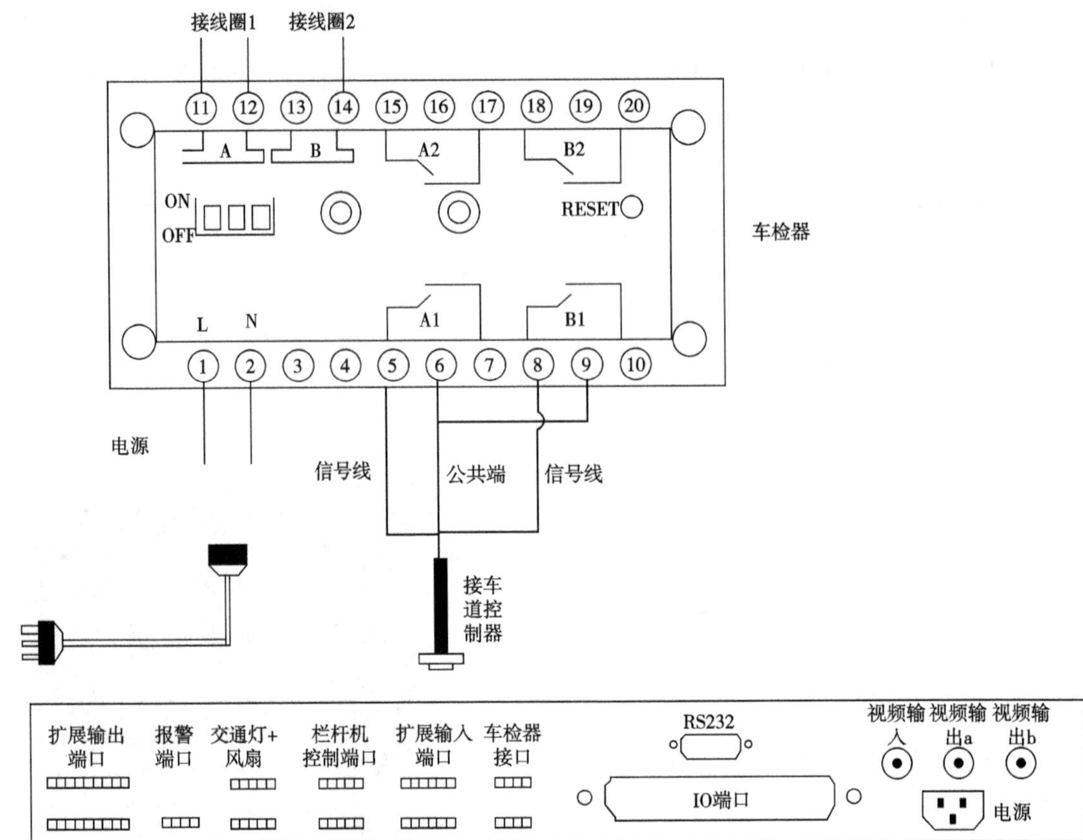

图 9-2-16　恒富威车检器接线图

2.5.5　常见故障及处理方法

不能检测到车辆经过:

(1)检查车辆检测器没有电源供给,检查输入电源。

(2)确认车检器信号线接驳是否正确。

(3)将线圈信号线接至其他车检器,看是否能够正常感应过车,如果不能,则可判断是线圈断了,需要查找线圈断开的位置,重新接好线圈;如果其他车检器能过正常感应过车,则考虑更换故障车检器。

2.6　避雷器

2.6.1　简介

避雷器连接在被保护设备的前端,当传输线路受到雷电的感应产生过高电压时,避雷器能把雷电产生的电流通过其放电支路泄放到大地,保证输出电压钳位在受保护设备允许的电压上,从而达到保护设备的作用,在 ETC 车道系统应用中主要使用到费额显示器防雷器、视频防雷器、电源防雷器、网络防雷器。

2.6.2　工作原理

RS232 接口避雷器(费用显示器)实物图示及接线,如图 9-2-17、图 9-2-18 所示。

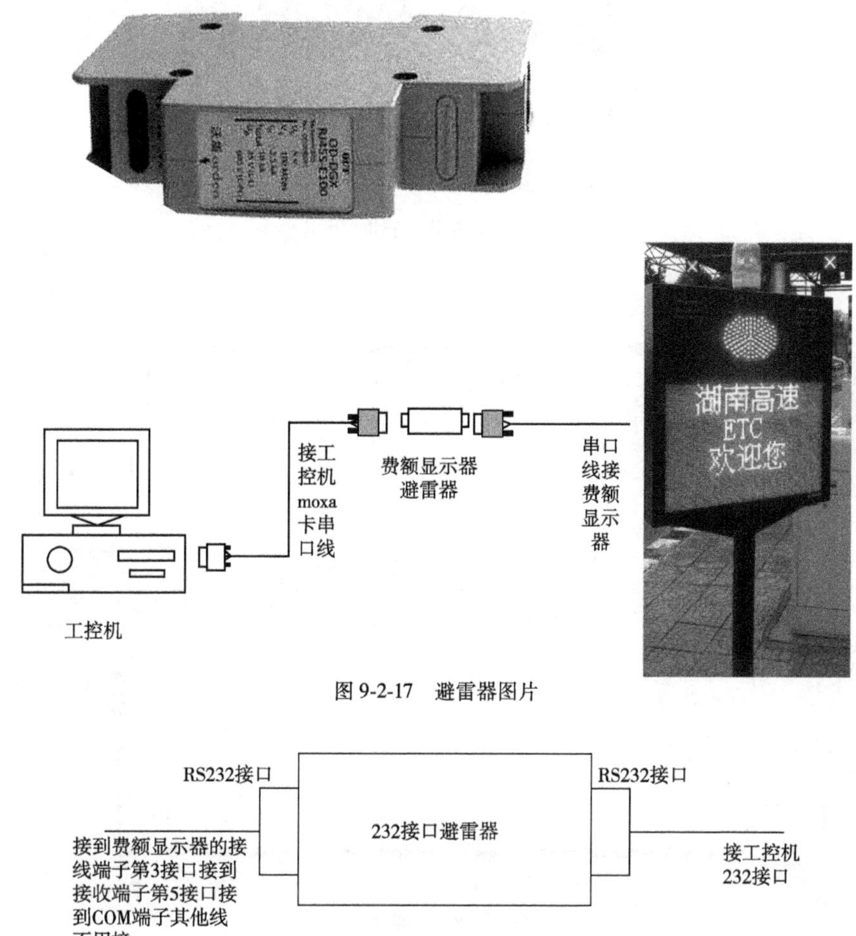

图 9-2-17　避雷器图片

图 9-2-18　避雷器构成图

2.6.3　设备安装

232 接口避雷器两端已经提供标准的 232 接口,所以安装的时候只要把避雷器串接在线路中就可以,但线路两端要提供 2 个 232 接口。安装位置是在收费亭里面的机柜中,工控机串口的前端。

2.6.4　常见故障

如果 232 避雷器有故障,故障现象是费额显示器显示不正常。所以如果出现费额显示器显示不正常的,可以检查避雷器是否正常。

2.6.5 同轴接口避雷器(视频避雷器)实物图示及接线

同轴接口避雷器实物图示及接线如图 9-2-19、图 9-2-20 所示。

图 9-2-19　同轴接口避雷器图片

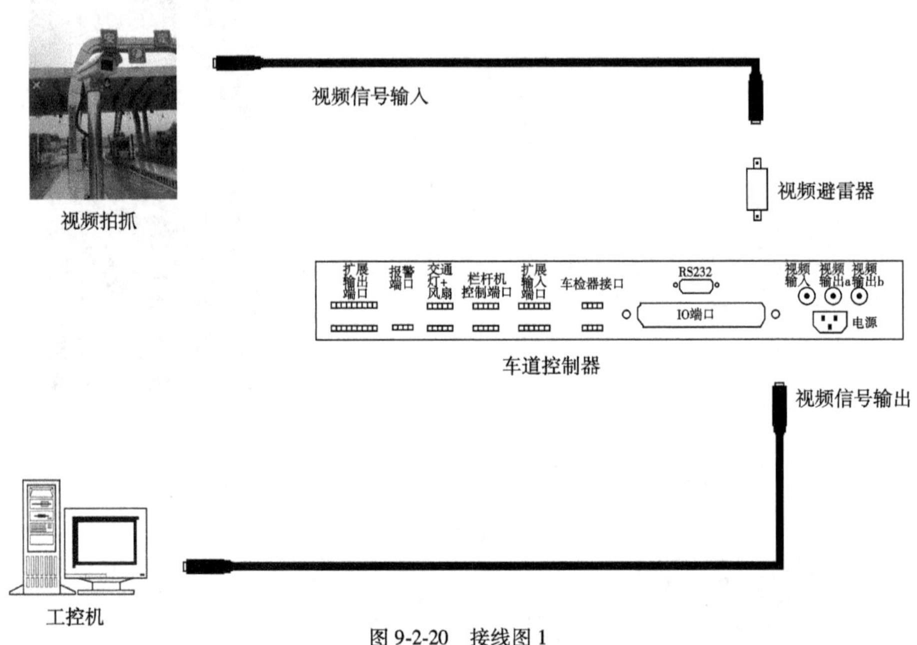

图 9-2-20　接线图 1

2.6.6 设备安装

同轴接口避雷器作为车道摄像机的保护设备,接到车道摄像机的视频输出端口。

安装时,接线必须可靠,避雷器接地线要尽可能短地接到接地母线上,如图 9-2-21 所示。

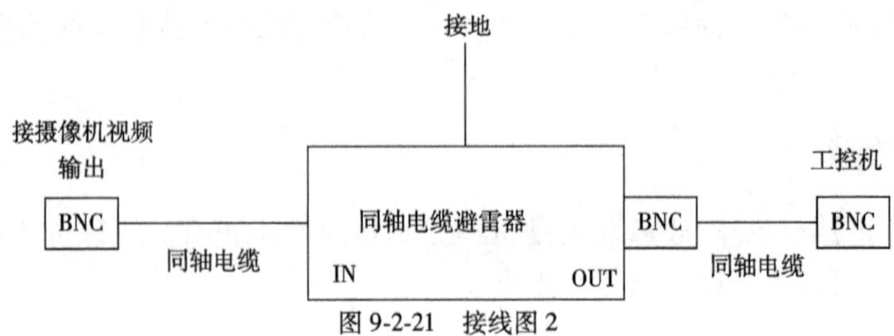

图 9-2-21　接线图 2

2.6.7 常见故障

如果同轴接口避雷器有故障,它能导致监控图像不正常,有可能是没有图像,也可能是图像质量差等,这时候需要检查是否是避雷器的故障。

2.7 电源防雷

2.7.1 实物图示及接线

电源避雷器如图 9-2-22 所示。

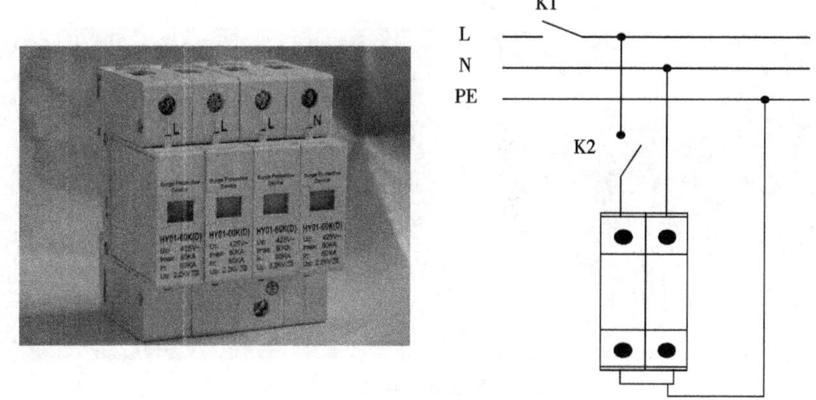

图 9-2-22　电源避雷器图

2.7.2 设备安装

电源避雷器安装在各个收费亭前的小配电箱里,如图 9-2-23 所示。

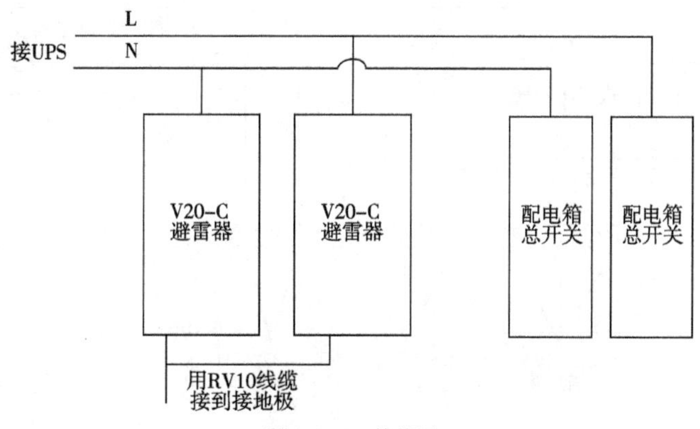

图 9-2-23　接线图

2.8 费额显示器及车道通行灯

2.8.1 简介

通过车道计算机控制费额显示器及车道通行灯;显示过车信息、故障信息及车道信号灯的通行信号。

2.8.2 型号

HFEP-B 型。

2.8.3 工作原理

费额显示器与车道控制器相连,由工控机信号控制其内容的现实。

2.8.4 实物图示及接线

实物图示及接线如图 9-2-24、图 9-2-25 所示。

图 9-2-24 费额显示器与车道灯示意图

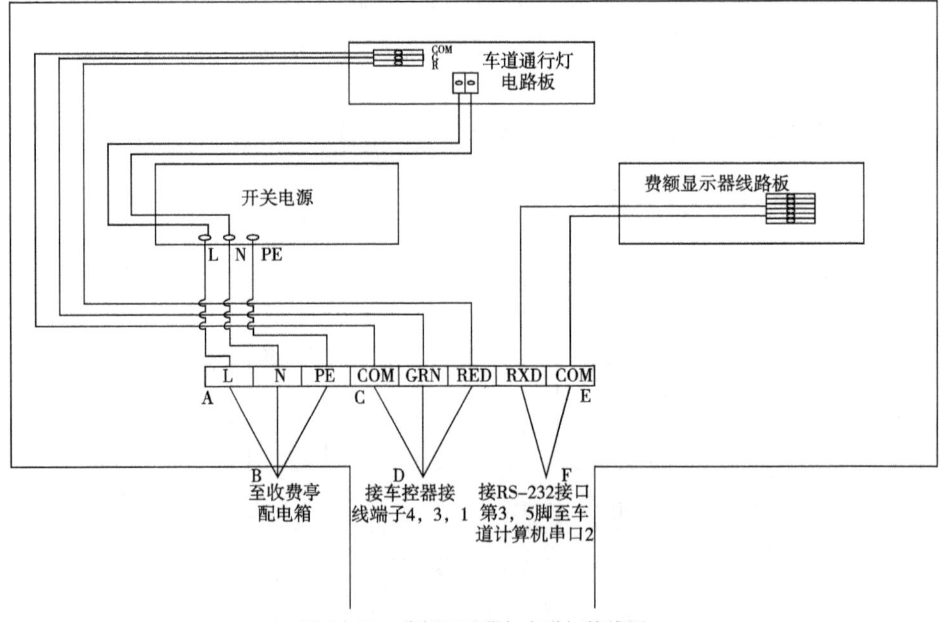

图 9-2-25 费额显示器与车道灯接线图

2.8.5 设备安装

1)安装

(1)穿好费额显示器的线缆,把线缆安装在安装基础上。

(2)安装前先检查费额显示器是否完好,如完好则进入第三步。

(3)将收费岛费额显示器基础处预埋好的线缆穿过费额显示器支架,并安装好支架,注意保持支架上端面水平,用螺母固定紧。

(4)将线缆穿过费额显示器穿线孔,安装费额显示器在支架上,在水平方向调整好费额显示器正面与车道的角度,以过车时驾驶员的最佳视角为准。安装过程中注意不要将线缆擦伤。

(5)连接电缆,注意接线准确。

2)测试

打开费额显示器,确定显示正常的初始化信息,连接车道软件,过车测试,确认屏幕上显示的信息是否正确。

2.8.6　常见故障机处理方法

1)其他显示正常,车道通行灯没显示

(1)检查费额显示器内部接线是否有断损,重新接一下通行灯的外部控制线路。

(2)尝试更换通行灯电路板。

2)费额显示器没显示

检查连至收费亭配电箱的电源和费额显示器内的电源空开是否打开。

3)显示信息不能控制

(1)检查费额显示器与避雷器及避雷器与工控机相连的232接口,看接口是否接好;检查232接口。

(2)尝试更换费额显示器避雷器。

(3)尝试更换费额显示器电路板。

2.8.7　配件清单

配件清单见表9-2-3。

配件清单　　表9-2-3

序号	材料名称	材料型号	数量	备注
1	费额显示器支架		1	
2	螺母M12	不锈钢	4	与基础地脚螺钉配合固定费额显示器支架
3	平垫圈 $\phi12$	不锈钢	4	与基础地脚螺钉配合固定费额显示器支架
4	弹簧垫圈 $\phi12$		4	与基础地脚螺钉配合固定费额显示器支架

2.8.8　工具清单

工具清单见表9-2-4。

工具清单　　表9-2-4

序号	工具名称	数量	备注
1	活动扳手	2把	用于固定M12螺母

续上表

序号	工具名称	数量	备注
2	小型一字和十字螺丝刀	1套	接线
3	电工刀	1把	
4	电工胶带	1个	
5	拨线钳	1个	

2.9 声光报警器

2.9.1 简介

湖南 ETC 系统使用的声光报警器有 24V 和 220V 供电两种类型,当外部给出电压信号时,报警声和报警灯会同时起作用。

2.9.2 工作原理

当车道控制器或者工控机给出电压信号后,报警器和报警灯同时工作。

2.9.3 实物图示及接线

实物图示及接线如图 9-2-26、图 9-2-27 所示。

图 9-2-26 声光报警器图片

2.9.4 设备安装

1)安装

(1)将声光报警器安装在收费亭顶部的前端。

(2)通过多股铜芯电线 3×1.5 连到车道控制器 20 口输出接线端子的第 8、第 10 脚或第 8、第 9 脚。

(3)通上 AC 220V 电源,如声光报警器报警则正常。

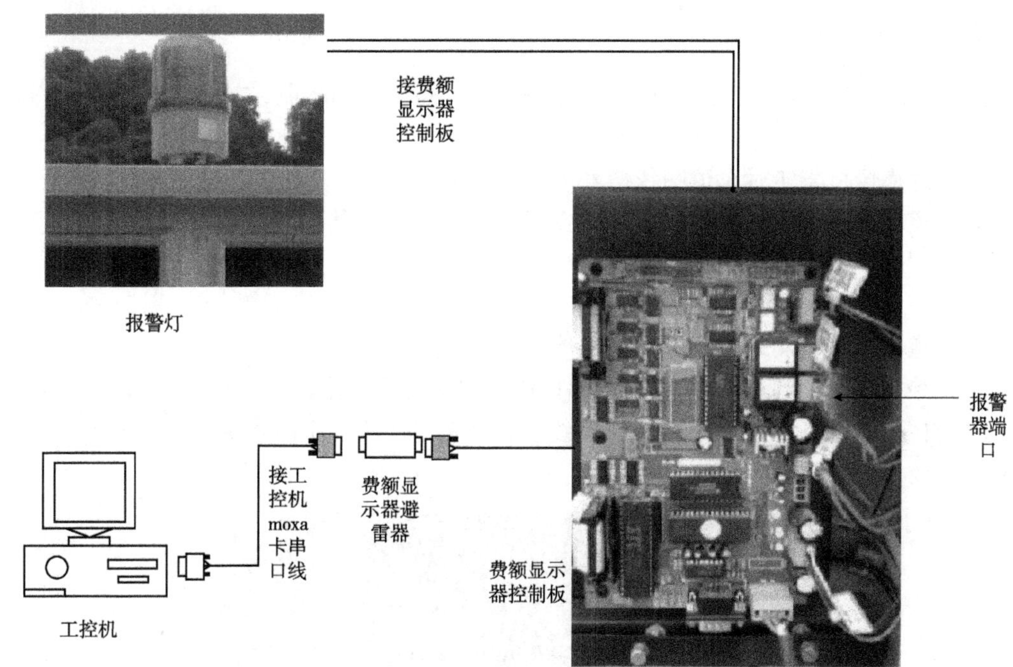

图 9-2-27　声光报警器构成图

2)测试

将声光报警器内的选择声音和闪光的开关去掉,并将其短接。

2.9.5　常见故障及解决办法

1)有声音但没灯光

更换灯泡。

2)有灯光但没声音

更换声光报警器。

2.9.6　声光报警器没动作

(1)如果费额显示器能够正常显示,而只有声光报警器没有动作,则先重接一下费额显示器内部与声光报警器的连接线路,如果还不行,则更换声光报警器。

(2)如果费额显示器也无法正常显示,则考虑是工控机与费额显示器的线路存在问题,或者费额显示器控制板存在问题。

2.10　抓拍摄像机

2.10.1　简介

拍摄通过 ETC 车道过车的车辆图片,用于过车记录及事后稽查。

2.10.2 工作原理

湖南 ETC 车道的抓拍流程存在两种工作机制,一是湘筑的机制,二是其他单位的机制。

湘筑:

(1)车道摄像机将实时车道图像信号传至工控机。

(2)车道软件将检测到的 OBU 信息叠加至车道图像上,然后图像以二进制的形式传输至站数据库中。

其他:

(1)车道摄像机将实时车道图像信号传给字符叠加器。

(2)工控机将检测到 OBU 信息通过串口传送到字符叠加器,由其将图片信息和 OBU 信息进行叠加,再将叠加成的图片通过视频线发送工控机,以图片格式保存在工控机硬盘上(图 9-2-28)。

图 9-2-28 抓拍摄像机图片

2.10.3 实物图示

实物如图 9-2-29 所示。

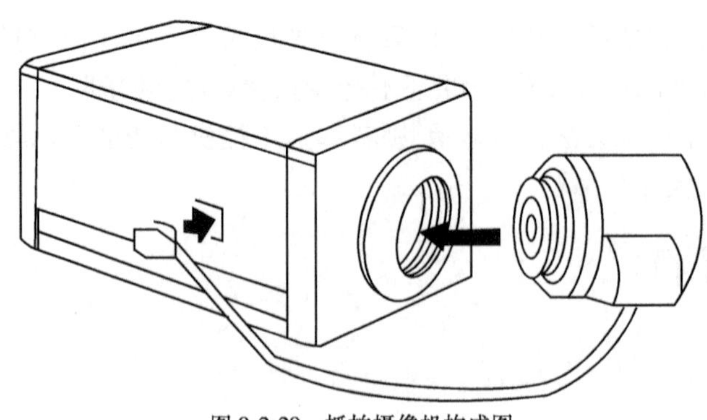

图 9-2-29 抓拍摄像机构成图

2.10.4 设备安装

1)安装

先将摄像机立柱安装在收费岛基础上,电力电缆和同轴视频电缆穿过立柱,并紧固立柱。

(1)将镜头按顺时针方向装在摄像机上,直到拧紧为止。

(2)将镜头电线插头插入摄像机相应插座内。

(3)先调好摄像机的亮度及焦距。

(4)然后把摄像机安装在防护罩内。

(5)再把防护罩安装到摄像机的安装支架上,最后紧固。

2)焦距的调节

首先调节摄像机前端的调焦旋钮进行粗调,调节时要先松开摄像机侧面的锁定螺钉,当调到一定程度后,再用镜头上对焦环进行对焦微调,转动镜头上的对焦环进行微调来获得清晰的画面。调好焦距后,一定要把松开的螺钉锁紧。

3)对比度的调节

调节对比度时要调出摄像机的设置菜单。

在摄像机的背板上有5个按钮,把摄像机接到监视器后,按5个按钮中间的一个,在监视器的屏幕上就显示摄像机的设置菜单——CAMERA SET UP。

调出菜单后选择:MODEL SELECT,改变该菜单下Av:Pk项的值,就可以改变摄像机的对比度,该数值最小是5:5,最大是10:0。数值越大,图像越亮。

4)测试

通过设备提供商提供的管理程序查看摄像影像,确认画面是否清晰,影像是否流畅。

2.10.5 常见故障及处理方法

1)监视器图像不清晰

没对好焦,需重新调焦;视频连接线接头连接不牢固,需紧固接头。

2)监视器没图像

(1)检查电源线,看是否正常供电到摄像机。

(2)可用万用表测量摄像机的视频输出端口有没有1V左右的交流信号输出,以此来确定是否是摄像机出故障。

(3)尝试更换摄像机。

2.11 网络

2.11.1 简介

负责车道至站和站至联网中心的数据传送。

主要由以下设备构成:

VPN、路由器、站交换机、光纤收发器、车道交换机。

2.11.2 网络构成

网络构成如图 9-2-30 所示。

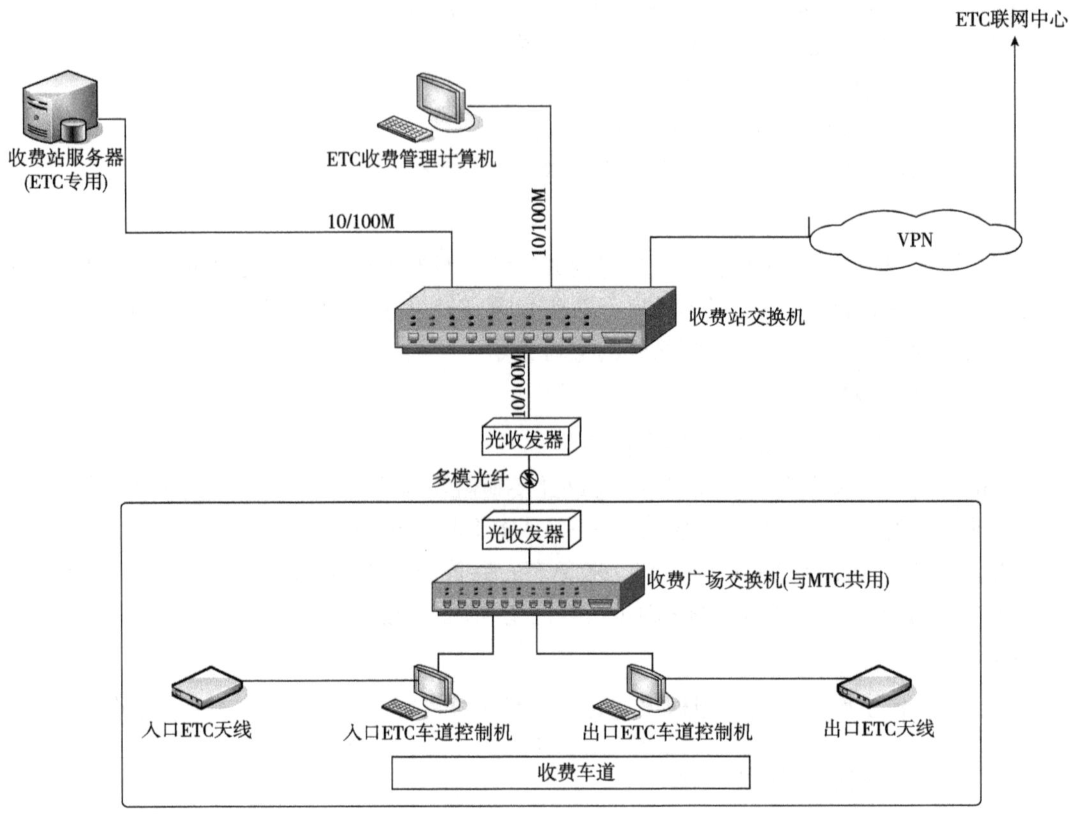

图 9-2-30 网络构成图

2.11.3 设备调试

站网络的调试主要是对完成对 VPN 的设置,具体操作方法见《联网管理中心及营销网点 VPN 接入操作手册》。

2.11.4 常见故障及解决办法

站与中心网断。

车道与站网断。

某一台服务器与其他设备网断。

管理机与车道网断。

站与中心网断一般查看外网的 VPN 接线、调制解调、路由器、交换机、网线的通断。

其他问题查看内网的光收发器、交换机、网线。

2.12 车道常见故障及解决方法

2.12.1 线圈及车辆检测器常见问题及解决方法

1)车辆检测器偶发拉高

重新启动栏杆机(车检器)电源。

2)车辆检测器经常拉高、跳变或不能检测过车

(1)检查是否频率干扰问题

复位各个车检器,读取各个车检器的频率,看是否各个车检器之间存在频率相近(相差在 1kHz 以内)或倍频的情况。如存在该情况,则需重新设置各个车检器的频率。

(2)检查是否车检器故障

更换车辆检测器进行测试(可通过对调出问题的车检器和正常的车检器,如抓拍车检器跟触发车检器对调测试),更换车检器后,需重新调整车检器频率。如更换车检器后正常,则工作完成。如更换后故障依旧,则排除车检器原因。

(3)检查是否车检器线路问题

检查车辆检测器底座及车辆检测器安装、线路是否有松动现象,在车检器通电情况下,用手拍打线路、车辆检测器看是否存在跳变,如正常,可进一步对调线圈接线进行测试,具体操作为对调 2 个车检器(一个正常、一个有跳变)的 5、6、7、8 号接线(注:不能对调落杆线圈信号线)。如原来正常的车检器出现跳变,则为线圈问题,如原来有跳变的车检继续跳变,则排除线圈问题,判断为线路问题,需重接车检器底座或固定线路。

(4)线圈问题

用万用电表检查线圈两输入端连线是否通路(通路为正常),检查线圈对地电阻(可对比其他正常线圈对地电阻,无穷大正常)。查看路面情况,是否线圈(含引线)位置出现裂缝、有伸缩缝横跨线圈或路面下陷情况。如出现路面异常情况,在尝试步骤(1)、(2)、(3)后都没解决问题情况下,则可判断为线圈损坏,需重做线圈(路面损坏严重的,必要时需重做路面)。

2.12.2 车辆通过后栏杆不降落或栏杆不能抬杆

1)检查是否因落杆车检器拉高引起

现象:程序界面显示落杆线圈有车。

解决方法:

(1)可重新启动栏杆机电源。

(2)如线圈、车检器问题的,可参考以上车检器的故障处理方法。

2)检查是否因程序死机引起

现象:程序界面无变化,不能进行操作。

解决方法:强行关闭程序,重新启动程序。

3)其他

重新启动整套系统(包括计算机、车道控制器、栏杆机)。

4)检查是否因栏杆机异常(关于栏杆抬杆、降杆异常均可按以下步骤检查)引起

如经过以上操作,故障依旧,则重点检查栏杆机问题。

(1)检查供电电压。

(2)栏杆机供电电压要达到220V,如过小(190V),则会出现功率不足,栏杆不能正常抬杆、降杆情况。

(3)检查是否栏杆控制器偶发故障。

(4)打开栏杆控制器外壳,按“reset”键复位,如问题解决,则为栏杆控制器偶发故障。

(5)如为栏杆控制器偶发故障,如次数过多(如几天一次不降杆),可设置栏杆的风扇为常开状态。设置方法为,断开栏杆机配电箱电源后,把栏杆风扇的两个电源线直接连接到220V电源上。

(6)检测栏杆机本身是否存在异常。

①检查栏杆控制器模式是否已经设置为5。

②断开栏杆机与其他外设的所有连线,短接栏杆控制器13、14端子,检查手工抬杆、降杆是否正常。

③断开栏杆机与其他外设的所有连线,短接13、14端子,把栏杆机开关置于“normal”状态,分别短接S与9、S与10端子,检查栏杆机是否抬杆、降杆正常。如该项正常,则不需进行④项目的测试。

④检查栏杆控制器面板上指示灯提示。

⑤绿灯亮:正常。

⑥其他灯亮或闪动:可能为控制器故障。

⑦所有灯均不亮。

(7)栏杆控制器供电问题(或控制器熔断丝是否烧坏):检查供电是否正常。

(8)线路故障:检查栏杆控制器与电动机连线是否牢固、正确。

(9)栏杆控制器故障:在确保线路无短路、松动情况下,可更换栏杆控制器进行测试。

(10)栏杆电动机问题:如以上操作均未能解决问题,则为栏杆电动机问题,需更换栏杆电动机。

(11)检查是否是车道控制器问题。

①检查栏杆控制器供电是否正常、后面输出连线是否牢固。

②把栏杆机手动开关置为“normal”状态,测试抬杆降杆情况。

(12)进入车道程序,手工测试抬杆、降杆是否正常。

测试正常:线路、控制器均无问题。

(13)不能正常抬杆或降杆。

①用万用表测试在抬杆状态下,车道控制器的20路输出端子的17、19为短接状态;降杆状态下18、19为短接状态。

②如①项测试状态不正常,则为车道控制器前端问题,可更换车道控制器测试。具体处理请查看“车道控制故障”部分。

③如①项测试状态正常,则为线路问题,检查车道控制器与栏杆控制器端子之间连线是否牢固、正确(车道控制器输出端的17、18、19分别对应栏杆控制器的9、10、S端)。

2.12.3 车道计算机无抓拍图像

车道计算机图像是经过摄像机—避雷器—字符叠加器—视频捕捉卡传送到计算机的。可按以下步骤检查：

1)依次检查摄像机、避雷器、字符叠加器的输出端是否有图像

可通过直接用监视器连接对应设备的输出端检查。

如检查出对应设备端输出有图像，则前面的设备与线路均正常，如输出无图像，则为前面线路与设备存在问题。

2)线路、接口的检查

(1)检查各个视频接口接线位置是否有松脱、虚焊现象，固定好接头。

(2)视频线路的检查。

把视频线一端的两根线短接，在另一端用万用电表检查视频线的两根线是否为通路状态，如为通路则线路正常；如为断开状态，则为线路问题。

3)更换设备测试

如经过前面检查，线路正常，则将按步骤1)检查出的存在问题的设备进行更换。如更换后问题依旧，需重复以上步骤，注意接口是否有松动现象。

4)视频捕捉卡问题

如字符叠加器输出图像正常，同时字符叠加器连接到视频捕捉卡视频线连接正常，或者存在程序测试时报“抓拍图像失败”，则可判断为视频捕捉卡故障。

(1)检查视频捕捉卡驱动是否完整

在“设备管理器”—“声音、视频和游戏控制器”目录下，可检查视频捕捉卡驱动是否安装完整，可尝试重装视频捕捉卡驱动程序，具体方法请参考ETC车道安装部分。

(2)打开“10Moons SDK-2000视频捕捉”程序，检查图像是否能正常显示、抓拍。

(3)如重装驱动程序后，故障依旧，可更换PCI插槽、重装驱动检查是否PCI插槽原因。

(4)更换视频捕捉卡。

如以上操作均未能解决，则需更换视频捕捉卡。

注：关于监控等其他设备无图像处理方法与上面方法类似。

2.12.4 无字符叠加

计算机通过串口线，把字符信息送给字符叠加器，然后字符叠加器把字符叠加到图像上。

1)检查程序配置字符叠加器端口是否正确。

检查程序配置，其字符叠加器端口的设置与实际接线是否一致。需注意实际接线中如接到多串口卡端口，其配置值一般为端口值+2(以“设备管理器”中的端口分配为准)。

2)检查串口是否正常

更换正常串口测试(如连接到天线的串口正常，可暂用天线串口替换测试)。

3)检查线路、设备是否正常

如以上操作未能解决问题，可依次更换串口线、字符叠加器进行检查解决故障。

2.12.5 费额显示器红绿灯不能显示

费额显示器红绿灯为220V电压控制，测试时需注意用电安全。

1)费额显示器继电器故障

更换继电器检查。

2)检查车道控制器输出端子的1、3、4端的通行灯输出电压

在程序测试模式下，测试红灯、绿灯环境下，1与4、3与4端电压是否为220V，如为220V则车道控制器输出正常。

如无电压输出，则为车道控制器前面设备故障，可更换车道控制器测试。具体处理请查看“车道控制故障”部分。

3)检查费额显示器红绿灯的输入电压

在程序测试模式下，测试红灯、绿灯环境下，费额显示器的红灯、绿灯对应线路电压是否为220V，如为220V，则费额显示器红绿灯输入端正常；如无电压，则需检查前面线路。

4)检查费额显示器红绿灯

如以上测试均未能解决，则为费额显示器红绿灯板块有故障，可更换该板块。

2.12.6 费额显示器字符不能显示

1)检查费额显示器供电是否正常

检查费额显示器电源输入端是否为220V，经过变压器后是否有12V电压输出（如输入220V，没有输出可判断为费额显示器变压器模块损坏）。

2)检查程序配置费额显示器端口是否正确

检查程序配置，其费额显示器端口的设置跟实际接线是否一致。需注意实际接线中如接到多串口卡端口，其配置值一般为端口值+2（以“设备管理器”中的端口分配为准）。

3)检查串口是否正常

更换正常串口测试（如连接到天线的串口正常，可暂用天线串口替换测试）。

4)避雷器故障

去除串口避雷器进行测试。

5)检查线路是否正常

短接靠近计算机端的串口的2、5连线，利用万用表测试费额显示器串口输入端是否通路，如通路则线路正常；如不通，则需进一步检查线路，看是否串口接线、中间线路磨损断开等情况。

6)费额显示器板块设备原因

如以上设备、线路均正常，则可判断为费额显示器板块问题。可检查费额显示器板块接线是否牢固，必要时可整块板块更换。

2.12.7 声光报警器故障（无声音或无闪动）

费额显示器红绿灯为220V电压控制，测试时需注意用电安全。

1)检查报警器的声音控制开关

有部分报警器有声音控制开关,检查是否由于开关关闭引起。

2)检查车道控制器的声光报警电压输出

在程序测试模式下,在声光报警环境下,8 与 9、8 与 10 之间的电压应为 220V,如为 220V 则车道控制器输出正常。

如无电压输出,则为车道控制器前面设备故障,可更换车道控制器测试。具体处理请查看"车道控制故障"部分。

3)检查声光报警器的输入电压

在程序测试模式下,在声光报警环境下,声、光与公共线之间的电压是否为 220V,如为 220V,则声光报警输入端正常;如无电压,则需检查前面线路。

4)检查声光报警器

如以上测试均未能发现问题,则需检查声光报警器接线是否松动、错接情况,如正常,则需更换声光报警器。

2.12.8 车道控制器故障

车道控制器负责收集地感信息,同时计算机通过车道控制器控制声光报警器、栏杆抬杆降杆动作、费额显示器的红绿灯。

1)车道控制器输出端无对应输出

在程序测试模式下进行测试时,声光报警器、栏杆抬杆降杆动作或费额显示器的红绿灯无对应输出的,可通过以下步骤检查。

(1)检查车道控制器供电是否正常。

(2)检查熔断丝是否烧毁。

(3)更换车道控制器进行测试。

(4)如故障依旧,则更换 730 线进行测试。

(5)如故障依旧,则检查 730 卡的驱动程序是否安装正确、管理程序"Advantech Device Manager"是否正确配置:地址为 300,中断号为 7。可尝试重装驱动、更换 PCI 插槽、更换 730 卡解决。

2)车检器检测过车正常,但程序未能接收到地感信息(更换车检器后情况一样)

(1)检查车道控制器供电是否正常、熔断丝是否烧毁。

(2)检查车检器 DIP 开关设置是否正确(DIP2-6 必须为 OFF、DIP7 必须为 ON)。

(3)检查线路。

检查车道控制器到车检器线路是否有断开情况、车道控制器接头是否有松动,固定好接头。

注:在测试过程中,如发现车道控制器有正确提示,但程序界面接收不到地感信息的,则车道控制器与车检器之间线路不存在问题。

(4)更换车道控制器进行测试。

(5)如故障依旧,则更换 730 线进行测试。

(6)如故障依旧,则检查730卡的驱动程序是否安装正确、管理程序"Advantech Device Manager"是否正确配置:地址为300,中断号为7。可尝试重装驱动、更换PCI插槽、更换730卡解决。

2.12.9 天线故障

天线故障处理,在一般故障处理流程的基础上进行了细化。

1)天线维护前的准备

(1)天线准备

天线、天线控制器必须准备5台以上。其中,省外车道所用天线与省内不同的,需按省份各准备两套以上。

考虑到天线返修情况,客服组仓库库存省内天线需要准备10套以上。

准备的天线、天线控制器必须经过严格的出厂测试。

(2)天线测试工具(可固定于工程车上)

天线线排两根。

OBU、湘通卡(储值卡)、测试卡、测试PSAM卡2套(测试卡、测试PSAM卡不能与正式密钥湘通卡、PSAM卡混用)。

天线测试程序。

笔记本电脑。

2)现场维护时,严格按照操作流程操作,并在《天线维护表格》中详细记录操作过程

(1)尽可能保留现场情况

对于出现天线故障的车道,经电话沟通不能解决或有以下情况的,应该要求现场人员保留车道现场不变动。

①出现故障后,经指导现场人员重启动整套系统后还不能使用的车道,需要向现场班长说明保持车道现场不变。

②同一车道在2周内出现3次以上重复现象时,需要跟现场班长说明保持车道现场不变。

(2)详细描述车道故障现象,保存相关记录

①记录过车故障现象(何种报警导致不能过车)、之前收费过程所做的操作。

②记录当前车道控制器指示灯状态。

③拍照或拍DV记录车道程序界面、车道控制器指示灯状态。

④使用OBU测试天线读取的情况,记录OBU、天线控制器的状态。

⑤拷贝车道日志(至少1周,所有5个文件)、车道程序目录、计算机日志(应用日志、系统日志)。

(3)判断是否需要更换天线

①对不能过车的车道,依次重启动天线控制器、车道程序、整套系统,记录整个过程的设备情况。

②对于反复出现的天线故障,需要统计、记录一个月的数据。

③对写卡失败、无标签故障率偏高的车道,统计至少一个月的数据,判断是否需要更换

天线。

④检查 ETC 车道日志，进一步判断故障原因。

(4)天线故障判断

①天线写卡失败率高

对于日车流量在 1000 辆以上的车道写卡失败率超过 1%的(天气炎热时上浮 30%)或日车流量在 1000 辆以下的车道写卡失败率超过 1.5%的，需要更换天线。

②所有的储值卡都出现写卡失败，记账卡可交易。

可能为 PSAM 卡故障，测试 PSAM 卡，并更换。

③反复出现同一故障的

经分析，排除其他原因后，可更换天线进行测试。

④天线自动下班

a. 检查串口，更换串口、串口线测试。

b. 检查天线控制器接线排端子。

c. 更换天线控制器。

d. 更换天线。

3)*天线维护方法*

对于已经排除不是串口、串口线、天线控制器(含接线排端子)的故障，初步判断是天线问题的，可通过以下方式操作：

(1)整台天线更换。

(2)更换天线后，仍然不能交易的，则取下天线进行测试。

①检查是否天线故障。

可通过天线测试程序、测试卡、测试 PSAM 卡、OBU 测试天线的情况等步骤，判别是否属于天线问题。

②检查是否 PSAM 卡出问题。

PSAM 卡的问题一般表现为不能读取到 PSAM 卡，或所有储值卡都写卡失败。

可通过天线测试程序、储值卡、PSAM 卡、OBU、天线测试 PSAM 卡的情况等步骤，判别是否属于 PSAM 卡问题。

(3)按以上步骤排除天线、PSAM 卡原因后，可检查是否天线线路问题。

天线控制器断电，拔出天线控制器后端插排。

拔出天线插头，两个人分别位于天线的两端。

依次在 1 端短接 1 与 2、3 与 4、…、15 与 16，另一端检测是否通路。

(4)按以上步骤如不能排除问题，需要重新检查天线控制器、串口、串口线、接头等部位。

(5)测试记录天线角度、工作范围、参数。

天线默认角度为 30°。

手持测试用的 OBU(至少两个不同的 OBU，暂按水平方向测试)检查、调整天线的工作强度，使天线工作在最佳状态。

注：4 线圈要求前端刚覆盖前触发线圈；3 线圈要求前端在触发线圈的前面 1~2m；无旁道(旁道信号不

影响车辆经过的车道)较为理想。

记录最终的天线强度、天线前后距离、天线旁道距离的情况。

(6)现场观察过车情况

现场观察过车 100 台或 2h 以上,没有任何问题方可确认故障修复。

(7)回访

天线维护完毕后,第 2 天必须回访 1 次,3 天后再回访 1 次。

(8)建立收费站的天线维护档案

天线维护档案应详细记录天线故障时间、现象、解决方法等。

4)天线电路板的维护

对于没有整台天线更换的情况下,可以通过更换天线电路板来解决故障问题。天线电路板分为:发射板、接收板、电源板、通信主板。具体可根据现象,应用测试环境更换电路板尝试。

(1)天线板卡供电问题

更换电源板。

(2)ETC 自动下班,连接不上天线

更换通信主板。

(3)写卡失败较多

更换发射板或接收板。

(4)应用 OBU 测试,OBU 闪红灯,不能显示“无卡”

更换接收板。

5)天线检测维修

详见《DP368 型微波通讯设备技术手册》。

2.12.10 维护工具

常用的维护工具有扳手、尖嘴钳、测电笔、万用表、螺丝刀、接线板、电工胶布、网线、机柜、费额显示器、栏杆机钥匙、电烙铁、内六角扳手、铁钳、压网线钳、网线测试器等(图 9-2-31)。

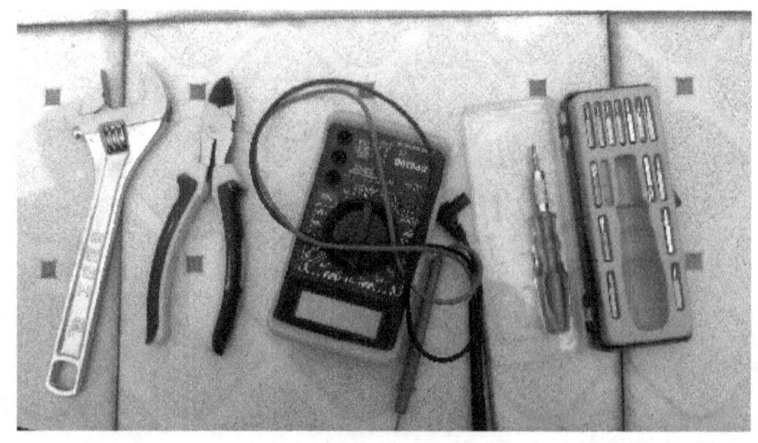

图 9-2-31 维护工具

第3章 参数设置及初始化

3.1　ETC车道程序

3.1.1　ETC车道程序是整个收费系统的最前端部分，负责采集和生成系统的原始收费数据信息

其基本功能是：

(1)按车道操作流程正确控制设备动作，生成原始收费记录，并将收费处理数据实时上传收费站计算机系统。

(2)接收收费站下传的系统运行参数(如：同步时钟、费率表、优惠信息表、黑名单等系统设置参数等)。

(3)为车辆提供交通指挥信息，将各种违章报警信号实时传送到收费站监控室。

(4)管理与控制车道设备。

(5)系统具有自动处理一般异常情况的能力(如：车道系统在与收费站通信中断时具有后备独立工作能力)。

3.1.2　车道设备布局图

车道设备布局图如图9-3-1所示。

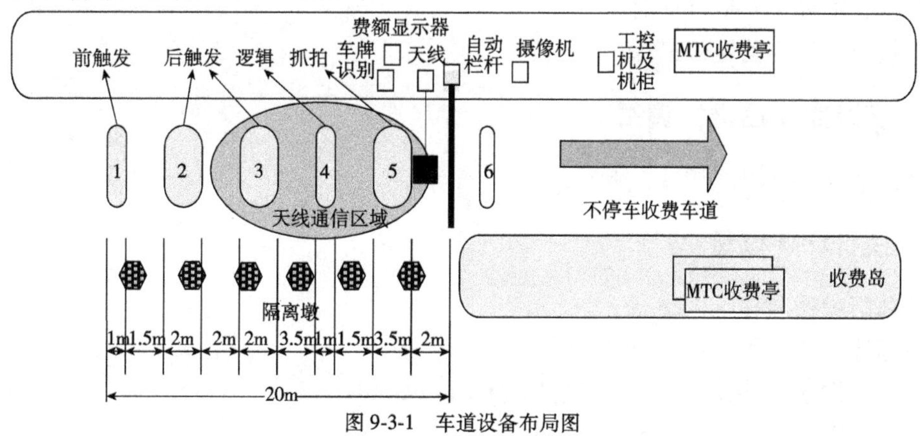

图9-3-1　车道设备布局图

3.1.3 默认参数数据文件

车道程序的运行需要一些参数数据文件,这些文件包括站编号、费率和黑名单点等。参数数据文件与车道参数配置文件在同一个目录(..\xzset\)下。安装车道程序时会提供默认的数据文件,在正式运行时,先从站数据库中主动下发以便启用正式参数。

具体的数据文件见表 9-3-1。

默认参数数据文件　　表 9-3-1

数据文件名称	描　述
CarBlackList. xml	黑名单信息
DiscountInfo. xml	路段优惠信息表
DiscountList. xml	优惠名单信息表
DOverTime. xml	动态超时表
EventOP. dat	异常报警信息
FeeData. xml	费率表
FeeDataBak. xml	未来费率表
LocalCar. xml	本地车牌表
SOverTime. xml	静态超时表
User. xml	操作员表
UseTime. xml	参数启用时间表
Squad. xml	工班表,该表不需要操作,保持原样
Station. xml	站编码表
YearTicket. xml	本地车年票表

3.2 车道执行程序

3.2.1 车道程序安装

(1)安装系统、安装硬件驱动(抓拍卡、网卡、MOXA 卡、I/O 卡)。

(2)先 setup,后拷贝最新 exe。

(3)检查配置文件是否正确。

(4)检查外设驱动是否正常。

3.2.2 安装完毕后进行调试

调试步骤及内容如图 9-3-2 所示。

3.2.3 执行程序位置

(1)执行程序名称:xz_etc. exe. 。

(2)程序安装位置:d:\单天线车道。

(3)程序配置文件:d:\单天线车道\xzset\xz_etc. ini。

(4)程序在 windows 桌面有快捷方式。

系统调试

1.测试外设
2.天线范围测试

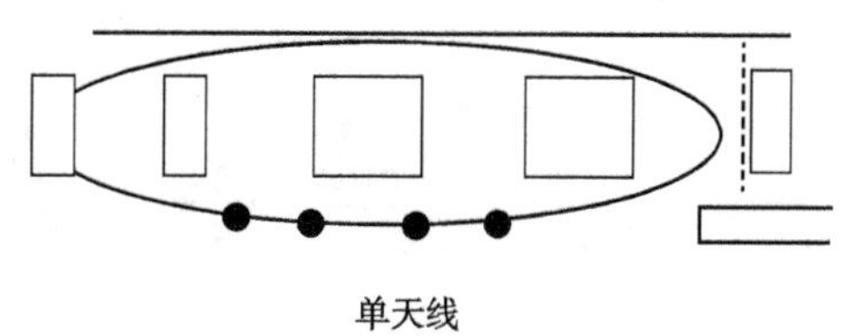

单天线

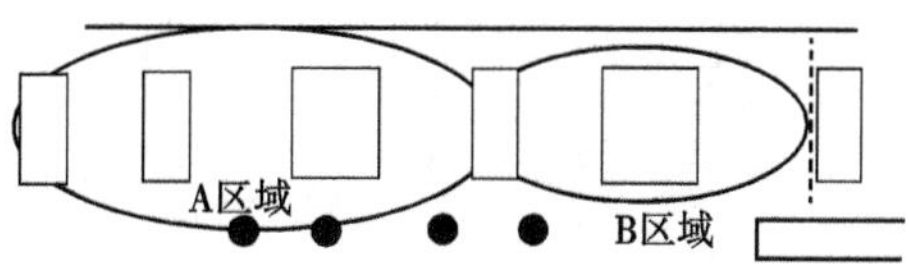

3.配置车道参数
4.程序运行调试（入口、出口交易）
5.数据传输调试（下发、上传）

双天线

图 9-3-2　车道执行程序

3.2.4　联调测试

(1)准备工作。

(2)内部调试。

(3)联调检测前准备。

(4)联调、检测。

(5)下发参数。

(6)车道测试。

(7)数据上传。

(8)中心检查数据。

ETC车道日常维护

4.1　ETC 车道设备接线图

ETC 车道设备接线如图 9-4-1 所示。

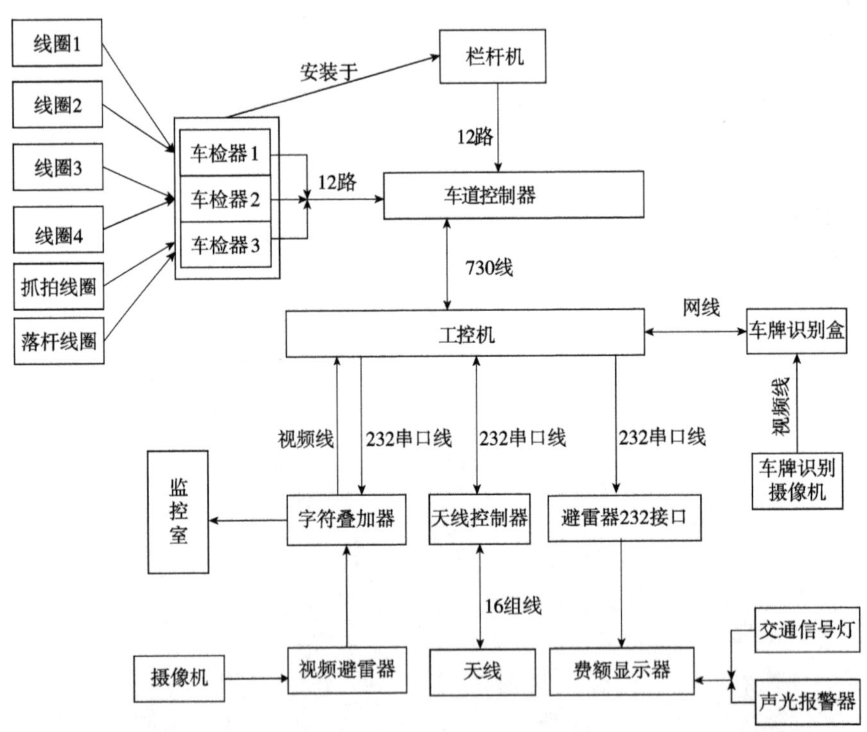

注：1. 字符叠加器集成在车道控制器里，B是字符叠加输出，字符叠加到工控机的视频线的接头为一头莲花头一头BNC头。

2. 730线标准为线的两头一个公头一个母头。

图 9-4-1　ETC 车道设备接线图

4.1.1　车道异常过车情况及其处理

车道异常过车情况及其处理如图 9-4-1 所示。

车道异常过车情况及其处理　　表 9-4-1

正 常 过 车		入口在卡上写入入口站、时间、入口 OBU 车牌等信息后抬杆放行,形成过车记录并上传到站级保存;出口在卡上写入出口站、时间、扣除通行费,形成过车记录并上传到站级保存
入口异常处理	无 OBU	报警并拦截,费额显示器提示无电子标签
	无卡	报警并拦截,费额显示器提示卡未插好
	非法拆卸	报警并拦截,费额显示器提示电子标签非法拆卸
	车牌绑定	报警并拦截,费额显示器提示车牌绑定不符
	黑名单	报警并拦截,费额显示器依据类型提示黑名单卡
	外地卡	报警并拦截,费额显示器提示外省卡
	超时停留	车辆在交易成功抬杆后滞留栏杆前,超过 5s,费额显示器提示超时停留,几秒后落杆,并读秒,10s 后声光报警,15s 后,落杆线圈无车则落杆,费额显示器提示超时停留,请走人工车道
出口异常处理	出入口车牌不符	报警并拦截,费额显示器提示出入口车牌不一致
	回头车	不允许 U 转的情况下,入出口为同一收费站,报警并拦截,费额显示器提示回头车
	无入口	ETC 车辆未从 ETC 入口进入高速,报警并拦截,费额显示器提示无效入口信息
	余额不足	储值卡余额不足,报警并拦截,费额显示器提示余额不足
	行驶超时	报警并拦截,费额显示器提示行驶超时
	行驶超速	报警并拦截,费额显示器提示行驶超速
	模拟	依据车道过车设备信号,模拟车道通行状况

4.1.2　车道软件一些内部处理逻辑的说明

1)天线打开方式

天线常闭,压触发、抓拍线圈后,打开天线方可交易。

2)先读先交易原则

天线先读到的车辆必须交易完后,后面天线读到的车辆才能交易。

3)报警拦截逻辑

无 OBU 报警:触发线圈检测到车辆超过 5s(可设置)或抓拍线圈检测到车辆超过 5s(可设置)而没有读到 OBU 的信息,系统会报警"无 OBU"。

其他:系统读到卡、OBU 不能通过验证时,会报警进行拦截。

报警后,系统会锁定当前发生报警的车辆,不能与其他车辆进行交易。

4)倒车复位

系统报警后,会锁定车辆,不能与其他车辆交易,车辆倒车离开,任意线圈无信号后,系统复位。

5)序列交易,依次放行

系统按读到的车辆顺序,依次进行交易,并进行放行,即交易几辆车,放行几辆车。

6）再放行原则

车辆交易后，如没有马上通过车道。系统会记录已交易车辆的信息，在规定时间内（一般设置为 120s）进入车道，系统读到该车已经交易，就会进行放行。

4.1.3 车道过车测试

1）一般要求

（1）正常车能顺利通过 ETC。

（2）不多扣款，不少收款。

（3）过车异常不扣款，并转入 MTC 处理。

（4）车辆离开，系统自动恢复正常

2）车道正常过车测试

车道正常过车测试见表 9-4-2。

车道正常过车测试　　表 9-4-2

序号	测试项目	测试目标/要求	测试方法
1	ETC 入 ETC 出	支持组合式过车交易	同一个站的双向 ETC 车道，将出口改为相邻站的站编码（模拟为相邻站出）； 用正常车从入口入，驶出入口通信区域后绕到出口出，驶出出口通信区域后再绕到入口入； 车辆以尽可能快的速度通过； 如此反复，测试并记下车辆通过情况
2	ETC 入 MTC 出	支持组合式过车交易	同一个站的 ETC 车道入口、MTC 出口，将 MTC 出口改为相邻站的站编码（模拟为相邻站出）； 用正常车从 ETC 入口入，驶出入口通信区域后绕到 MTC 出口出，驶出后再绕到 ETC 入口入； 车辆以尽可能快的速度入口不停车通过，出口停车人工收费； 如此反复，测试并记下车辆通过情况
3	MTC 入 ETC 出	支持组合式过车交易	同一个站的 MTC 入口车道、ETC 出口车道，将 ETC 出口改为相邻站的站编码（模拟为相邻站出）； 用正常车从入口入，驶出入口通信区域后绕到出口出，驶出出口通信区域后再绕到入口入； 在 MTC 入口车道，车辆停车方式进入；在 ETC 出口车道，车辆以尽可能快的速度通过； 如此反复，测试并记下车辆通过情况
4	MTC 入 MTC 出	支持组合式过车交易	选择同一个站的双向 MTC 车道，将出口改为相邻站的站编码（模拟为相邻站出）； 用正常车从入口入，驶出入口后绕到出口出； 如此反复，测试并记下车辆通过情况

续上表

序号	测试项目	测试目标/要求	测试方法
5	连续过车	两车相隔距离>5m时，两车均应能快速顺利通过ETC车道	同一个站的双向ETC车道，将出口改为相邻站的站编码（模拟为相邻站出）； 两车相隔距离>5m，车辆以尽量快的速度通过，在同一个站的出入口行车； 反复，测试并记下车辆通过情况

3）车道异常过车测试

车道异常过车测试见表9-4-3。

车道异常过车测试　　表9-4-3

序号	测试项目	测试目标/要求	测试方法
1	已注销介质	包括对黑名单卡、黑名单OBU与过期卡片、过期OBU待测试	持已注销介质的车辆通过ETC车道（含出入口）时，被拦住，报警，提示"黑名单卡/OBU黑名单/卡片过期/OBU过期"，由人工引导至MTC车道处理
2	非本系统卡	不能交易，报警提示	持非本系统卡车辆通过ETC车道（含出入口）时，被拦住，报警，提示"卡"，由人工引导至MTC车道处理
3	回头车/U型车	不能交易，报警提示	车辆从同一个站进入，在本站ETC车道出时，被拦住，报警，提示"U型卡"，由人工引导至MTC车道处理
4	非法拆卸	不能交易，报警提示	持非法拆卸OBU车辆通过ETC车道（含出入口）时，被拦住，报警，提示"非法拆卸"，由人工引导至MTC车道处理
5	无OBU车	不能交易，报警提示	无OBU车辆通过ETC车道（含出入口）时，被拦住，报警，提示"无车载机"，由人工引导至MTC车道处理
6	无卡车	不能交易，报警提示	持有OBU但无卡车辆通过ETC车道（含出入口）时，被拦住，报警，提示"无卡"，由人工引导至MTC车道处理
7	出入口不一致	不能交易，报警提示	如果出入口车型、车牌不一致，则拦住、给出提示，转入MTC处理
8	无入口信息	不能交易，报警提示	在ETC出口，当出现无入口信息的车辆时，给以相应的提示，转MTC操作

续上表

序号	测试项目	测试目标/要求	测试方法
9	近距离跟车1	有三种情况：两正常车紧跟，两车距离<1.5m，通过车道；能判断出车辆的先后顺序，辆车均能通过	两正常车紧跟，两车距离<1.5m，通过车道
10	近距离跟车2	情况2：两车，前为无卡车，后为正常车，紧跟，两车距离<1.5m，通过车道；能拦住前无卡车，不交易后车，待车辆退出，前车转MTC，后车再进通过	两车，前为无卡车，后为正常车，紧跟，两车距离<1.5m，通过车道
11	近距离跟车3	情况3：两车，前为正常车，后为无卡车，紧跟，两车距离<1.5m，通过车道；前车通过，拦住后车	两车，前为正常车，后为无卡车，紧跟，两车距离<1.5m，通过车道
12	旁道干扰	旁有OBU车通过不影响ETC车道的过车情况，不对旁车交易	一储值卡车正常进入ETC车道，另一记账卡车以逆方向从旁边的车道行驶过来，两车几乎同时到达有效通信区域的水平界限内
13	插卡交易	在进入ETC后插卡应能继续交易	车辆先不插卡，进入触发线圈，在栏杆前插卡；记下插卡后的交易状况

4.1.4 常见故障及故障处理

常见故障及故障处理见表9-4-4。

常见故障及故障处理 表9-4-4

序号	现象	原因	解决方法
1	无电子标签	车辆没有安装车载电子标签(OBU)	引导驾驶员车辆从旁道离开
2	储值卡黑名单、记账卡黑名单	1. 该卡本身为黑名单卡； 2. 卡片取消黑名单后，参数没有更新	告诉驾驶员ETC通行介质进入黑名单，引导车辆从旁道离开，如果是取消了黑名单后没及时更新的，则在服务程序重新下发黑名单参数即可
3	记账卡/储值卡/电子标签过期	1. 记账卡/储值卡/电子标签使用日期过期； 2. 记账卡/储值卡/电子标签启用日期错误	告诉驾驶员ETC通行介质有误，需要到发行单位重新激活或采取其他方式处理，引导车辆从旁道离开

续上表

序号	现　　象	原　　因	解 决 方 法
4	非法拆卸	OBU 安装后,因拆移或其他原因导致的 OBU 防拆卸开关出现过失效情况	告诉驾驶员 OBU 拆卸过,引导车辆从旁道离开
5	非本系统卡	卡片为外地卡或网络号设置错	引导车辆从旁道离开
6	无效入口信息	1. 车辆没有入口信息; 2. 站编码错误	车辆没有 ETC 入口信息,引导车辆从旁道离开
7	超时行驶	1. 车辆行驶时间超过了路段规定的最大行驶时间限制; 2. 超时表设置、下发出错	如是参数错误则重新下发动态超时表参数,否则引导车辆从旁道离开
8	出入口车牌不一致	设置了出入口车牌的比较	引导车辆从旁道离开
9	出入口不匹配 (入口不明)	费率没有下发完整	需要重新下发费率表参数
10	ETC 设备正常,但部分从某一个入口过来车辆提示"无标签"	出入口时间同步问题	重新执行同步时间的指令,保证车道与站时间同步,保证站与中心时间同步
11	跟车、旁道干扰 (后车交易放走前车)	1. 跟车过紧; 2. OBU 信号不一致	宣讲 ETC 过车需规范通行,跟车距离保持 3m 以上,实施时注意收束交易天线的范围,长 9m 宽 3.5m
12	出口:已经扣款成功但没有生成流水放行	1. 写卡失败后,再读到时处于锁定报警拦截状态; 2. 写卡失败后,超过规定车辆交易间隔	引导车辆旁道离开,读取湘通卡查看卡上的最近交易记录,包括交易时间、入出库状态等,由此判断是否需要 MTC 再收费
13	图像、工班不能传输	1. ETC 流水数量过多; 2. 车道传输负担过重,特别是图像	建议分开处理,先把图像文件剪切到别的位置,待流水传输完毕再把图像复制回原位置即可
14	次票收取价格有误	1. 次票费率表错误; 2. 参数下发问题	重新下发次票费率参数
15	ETC 时间没有同步	1. ETC 服务器问题; 2. 时间同步参数问题	重新运行时间同步程序,服务器重新下发同步指令到车道
16	流水积压在 ETC 车道	1. 网络、服务程序传输原因; 2. 车道文件损坏	维护车道到站的网络,保证网络通信正常,开启接收流水的服务程序

续上表

序号	现　　象	原　　因	解 决 方 法
17	车检器拉高、跳变	1. 线圈或车检器坏； 2. 车检器设置问题； 3. 线路问题	参见 2. 12. 1
18	车辆通过后栏杆不降落或栏杆不能抬杆	1. 线圈或车检器故障； 2. 栏杆机故障； 3. 车道控制器故障	参见 2. 12. 2
19	车道计算机无抓拍图像	1. 摄像机、避雷器、字符叠加器故障； 2. 视频捕捉卡故障	参见 2. 12. 3
20	无字符叠加	1. 串口故障； 2. 字符叠加器故障	参见 2. 12. 4
21	费额显示器红绿灯不能显示	1. 费额显示器继电器故障； 2. 费额显示器板块故障； 3. 车道控制器故障	参见 2. 12. 5
22	费显字符不能显示	1. 费额显示器串口故障； 2. 避雷器或费显板块故障	参见 2. 12. 6
23	声光报警器无报警	1. 报警器故障； 2. 车道控制器故障	参见 2. 12. 7
24	车道控制器无对应输出或输入	1. 车道控制器故障； 2. I/O 卡或 I/O 线问题	参见 2. 12. 8
25	车道无法读取标签、写卡失败或自动下班等问题	1. 天线故障； 2. 天线控制器故障； 3. 天线串口故障； 4. PSAM 卡故障(无法读取 PSAM 卡或所有储值卡写卡失败)	参见 2. 12. 9

4.2 站级软件日常维护

4.2.1 车道运行参数数据结构

车道运行参数数据结构见表 9-4-5~表 9-4-25。

费率表(Tb_Feedata) 表 9-4-5

名 称	字 段	数 据 类 型	长度	主键	备 注
入口网络编号	EntryNetWork	Smallint	2		
入口站号	Entrystation	Integer	4	PK	
出口网络编号	Exitnetwork	Smallint	2		
出口站号	Exitstation	Integer	4	PK	
车型	Vehicleclass	Integer	4	PK	
标示站号码	Flagstation	Integer	4	PK	
拆分单位	BaseOwnerid	Smallint	2	PK	
收费模式	FeeType	Integer	4		该路段的通行费计算方式。0 表示按里程,1 表示按次,2 表示固定
收费标准	FeeStd	Integer	4		对照收费标准表,获取计费相关参数
优惠标示	Rebate	Integer	4		0 表示正常,1 标示已经优惠,其余备用
客车拆分金额(分)	CBaseOwnertoll	Integer	4		精确到分
货车拆分金额(分)	VBaseOwnertoll	Integer	4		精确到分
行驶时间精确到秒	Runtime	Integer	4		
拆分次数	Splitnumber	SmallInt	2		
第几次拆分	Splitsequence	SmallInt	2		
客车总金额(分)	CTotaltoll	Integer	4		精确到分
货车总金额(分)	VTotaltoll	Integer	4		精确到分
里程(m)	Distance	Integer	4		
版本号	FeeVersion	Char(20)	20	PK	YYYYMMDDHHMMSS
启用时间	StartTime	datetime	8		
失效时间	ExpireTime	datetime	8		
备用 1	Spare1	Integer	4		
备用 2	Spare2	Integer	4		
备用 3	Spare3	Varchar	50		

注:拆分相关字段说明。

(1)费率表拆分单位:当按公里数计费时,与业主编码取值一致;当按次计费时,与年次票收取单位编码一致(做年次票费率用)。

(2)出口流水表中的拆分字段中,拆分单位×××同等采用上述定义,不足位数前面补0。

黑名单表(tbl_CardBlacklist) 表9-4-6

名　称	字　段	数据类型	长度	主键	备　注
卡号	CardID	Char(20)	20	PK	
卡类型	CardType	Integer	4	PK	同技术要求数据编码定义: 0:通行卡; 3:公务卡 22:ETC 储值卡; 23:ETC 记账卡; 24:PSAM 卡; 26:OBU; 51:收费员身份卡
黑名单类型	BlackType	Integer	4		1:挂失卡; 2:注销卡; 3:伪卡; 4:止付卡
生成时间	OccurTime	datetime	8		启用时间
失效时间	ExpireTime	datetime	8		
有效标识	ValidFlag	TinyInt	1		0:无效; 1:有效
登记黑名单机构	RegisterOrgID	Integer	4		可为省中心、分中心、收费站、网点
登记人员	RegisterOperatorID	Integer	4		
备用1	Spare1	Integer	4		
备用2	Spare2	Varchar	64		
备注	Remarks	Varchar	100		
版本号	version	Char(20)	20		YYYYMMDDHHMMSS

人员表 tbl_User××××(××××为相应机构编码) 表9-4-7

名　称	字　段	数据类型	长度	主键	备　注
工号	UserID	Integer	4	PK	
身份卡卡号	OpCardID	Char(16)	16		
口令	UserPassword	Char(10)	10	PK	

续上表

名　称	字　段	数据类型	长度	主键	备　注
姓名	UserName	Char(10)	10		
权限	Purview	integer	4		0:操作员; 1:维护员
所属班组	Shift	integer	4		所属站编码
状态	State	integer	4		
操作时间	OperateTime	datetime	8		
校验码	VerifyCode	integer	4		
传输标记	TransTag	integer	4		
启用时间	StartTime	datetime	8		
失效时间	ExpireTime	datetime	8		
版本号	Version	Varchar	20		YYYYMMDDHHMMSS

密码表 tbl_SQLLUID(保留使用)　　表 9-4-8

名　称	字　段	数据类型	长度	主键	备　注
类型	sType	Integer	4	PK	0:SQL 账号; 1:服务器账号; 2:管理机账号
用户名加密信息	sUserID	Varchar	255		
口令加密信息	sPassword	Varchar	255		

路段编码表(tbl_Road)　　表 9-4-9

名　称	字　段	数据类型	长度	主键	备　注
路段编码	RoadNo	Integer	4	PK	
路段名称	RoadName	Char(10)	10		
路段服务器名	ServerName	Char(16)	16		
路段服务器 IP	ServerIP	Char(15)	15		
业主编码	OwnerID	SmallInt	2		
启用时间	StartTime	datetime	8		
失效时间	ExpireTime	datetime	8		
版本号	Version	Varchar	20		YYYYMMDDHHMMSS

站编码表(tbl_Station) 表 9-4-10

名　称	字　段	数 据 类 型	长度	主键	备　注
站编码	StationID	Integer	4	PK	
站名称	StationName	Char(10)	10		
站服务器名	StationServerName	Char(16)	16		
站服务器 IP	StationServerIP	Char(15)	15		
启用时间	StartTime	datetime	8		
失效时间	ExpireTime	datetime	8		
版本号	Version	Varchar	20		YYYYMMDDHHMMSS

广场编码表(tbl_Square) 表 9-4-11

名　称	字　段	数 据 类 型	长度	主键	备　注
站编码	StationID	Integer	4	PK	
广场编码	SquareNo	SmallInt	2	PK	
广场名称	SquareName	Char(10)	10		

工班表(tbl_Squad) 表 9-4-12

名　称	字　段	数 据 类 型	长度	主键	备　注
工班号	shiftNo	SmallInt	2	PK	
起始时间	StartTime	Datetime	8	PK	
结束时间	EndTime	Datetime	8		
启用日期	StartDate	Datetime	8		
日期偏移	TimeDiff	TinyInt	1		
备注	Remark	Char(30)	30		

注:该表数据由收费站自行创建、维护,中心不下发。

动态超时表(tbl_DOverTime)(保留使用) 表 9-4-13

名　称	字　段	数 据 类 型	长度	主键	备　注
车型	Cartype	TinyInt	1	PK	
最小速度	MinMPH	Integer	4		
最大速度	MaxMPH	Integer	4		
启用时间	StartTime	datetime	8		
失效时间	ExpireTime	datetime	8		
版本号	Version	Varchar	20		YYYYMMDDHHMMSS

静态超时表(tbl_SOverTime)(保留使用)　　表 9-4-14

名　称	字　段	数据类型	长度	主键	备　注
车型	Cartype	TinyInt	1	PK	
超时时间	MaxTime	Integer	4		
启用时间	StartTime	datetime	8		
失效时间	ExpireTime	datetime	8		
版本号	Version	Varchar	20		YYYYMMDDHHMMSS

卡及 OBU 启用日期表(tbl_UseTime)　　表 9-4-15

名　称	字　段	数据类型	长度	主键	备　注
卡类型	Cardtype	TinyInt	1	PK	同技术要求数据编码定义： 0:通行卡； 22:ETC 储值卡； 23:ETC 记账卡； 26:OBU
启用时间	FirTime	Datetime	8		
失效时间	ExpireTime	datetime	8		
版本号	Version	Varchar	20		YYYYMMDDHHMMSS

PSAM 卡白名单表(tbl_PSAM_Wlist)(保留使用)　　表 9-4-16

名　称	字　段	数据类型	长度	主键	备　注
Psam 卡卡号	PSAMCardID	varchar(20)		PK	
Psam 卡种类	PSAMCardType	varchar(20)			
生成时间	OccurTime	datetime			
失效时间	ExpireTime	datetime			
登记机构	RegisterOrgID	varchar(20)			
登记操作员	RegisterOperatorID	varchar(20)			
生效机构	UseOrgID	varchar(20)			
生效车道代码	UseLaneID	varchar(20)			
备注	Remarks	varchar(20)			
版本号	Version	Varchar	20		YYYYMMDDHHMMSS

车型转换表(tbl_VehType_Convert)　　表 9-4-17

名　称	字　段	数据类型	长度	主键	备　注
Id	Id	Integer		PK	
车类	Class	integer			21:客车 22:货车
车长	Length	integer			
车头高	Height	integer			
车宽	Width	integer			
轮数	WheelNumber	integer			
轴数	AxleNumber	smallint			
载重/座数	Weight	integer			座数单位:座位数 载重单位:公斤
车型	VehType	varchar(2)			
版本号	Version	varchar(20)	20		YYYYMMDDHHMMSS
启用时间	StartDate	datetime	8		
失效时间	ExpireTime	datetime	8		

注:湖南将按车类、载重/座位数进行车型转换,而 ETC 只用于客车,根据技术标准,车型、车类、座位数的对应关系见表 9-4-18。

车型、车类、座位数的对应关系　　表 9-4-18

车型	车　类	座位数(取车型分类标准对应的上限值)
1	21	7
2	21	19
3	21	39
4	21	65535

优惠信息表(全用户优惠,tbl_DiscountInfo),代替原折扣信息表　　表 9-4-19

名　称	字　段	数据类型	长度	主键	备　注
Id	Id	Integer		PK	
优惠项目编码	DisNo	smallint			
优惠项目名称	DisName	varchar(20)			
优惠类型	DisType	smallint			1:所有卡按折扣优惠; 11:记账卡按折扣优惠; 21:储值卡按折扣优惠

续上表

名　称	字　段	数据类型	长度	主键	备　注
优惠业主	DisRoad	integer			0:全业主优惠; 其他:业主优惠,业主号
优惠数	Dis	integer		PK	按折扣时,955: 95.5%;
车型	VehType	smallint			
开始时间	StartDate	datetime			
结束时间	EndDate	datetime			
版本号	Version	Varchar	20		YYYYMMDDHHMMSS
备用1	Backup1	varchar(100)			
备用2	Backup2	varchar(100)			

注:当需要按业主优惠时,先从费率表中获取行驶路径,确认经过的路径拆分单位包含优惠选项表中的业主时,对该业主的拆分金额进行优惠处理,最后汇总实收金额,进行扣款处理。

全业主优惠时,可直接对费率表中的收费总金额进行优惠处理,并按优惠后的金额进行扣款处理。

优惠名单表(按名单优惠,tbl_DiscountList)　　表9-4-20

名　称	字　段	数 据 类 型	长度	主键	备　注
Id	Id	Integer		PK	
OBU号	OBUId	Varchar(20)			
卡号	CardNo	Varchar(16)			
车牌号	VehPlate	Varchar(12)			
业主编码	RoadNo	Integer			0:全业主; 其他:业主编码
优惠折扣	DisValue	Integer		PK	955:95.5%
启用时间	StartTime	datetime	8		
失效时间	ExpireTime	datetime	8		
版本号	Version	Varchar	20		YYYYMMDDHHMMSS
备注	Memo	VarChar(50)			

注:按业主设优惠名单,只提供折扣式优惠。

年票缴交表(tbl_YearTicket)　　表 9-4-21

名　称	字　段	数 据 类 型	长度	主键	备　注
路段编码	RoadNo	Smallint		PK	
站编码	StationNo	Integer		PK	
车牌号	VehPlate	Varchar(12)		PK	
车牌颜色	VehColor	Integer			
启用时间	BeginTime	DateTime			
到期时间	EndTime	DateTime			
版本号	Version	Varchar	20		YYYYMMDDHHMMSS

注:年票缴交表存放外地车,已缴纳年票的车辆经过开通城通费 ETC 车道时,不再收取城通费费用。

本地车表(tbl_LocalCar)　　表 9-4-22

名　称	字　段	数 据 类 型	长度	主键	备　注
Id	Id	Integer		PK	
路段编码	RoadNo	Integer			
站编码	StationNo	Integer			
本地车牌号	VehMark	Varchar(12)			
本地车牌颜色	VehColor	Integer			
启用时间	StartTime	datetime	8		
失效时间	ExpireTime	datetime	8		
版本号	Version	Varchar	20		YYYYMMDDHHMMSS

注:本地车表存放本地免收城通费的车牌特征信息,开通城通费的 ETC 车道对符合车牌特征(从 OBU 中获取车牌信息)的车辆免收城通费。车牌特征字可能是湘 A,或者湘 AB 等。

标识站信息表(tbl_FlagStationInfo)　　表 9-4-23

名　称	字　段	数 据 类 型	长度	主键	备　注
标志站 Id	FlagStationId	Integer		PK	不超过 6 位数字
站编码	StationNo	Integer			
站名称	StationName	Varchar(10)			
所属路段	RoadNo	Integer			
服务器 Ip	ServerIp	Varchar(15)			
启用时间	StartTime	datetime	8		
失效时间	ExpireTime	datetime	8		
版本号	Version	Varchar	20		YYYYMMDDHHMMSS

车型信息表(tbl_VehTypeInfo) 表 9-4-24

名　称	字　段	数据类型	长度	主键	备　注
车型编码	VehType	Varchar(20)		PK	
车型名称	VehTypeName	Varchar(20)			
备注	ReMarks	Varchar(100)			
启用时间	StartTime	datetime	8		
失效时间	ExpireTime	datetime	8		
版本号	Version	Varchar	20		YYYYMMDDHHMMSS

车类信息表(tbl_VehClassInfo) 表 9-4-25

名　称	字　段	数据类型	长度	主键	备　注
车类编码	VehClass	Varchar(20)		PK	
车类名称	VehClassName	Varchar(20)			
备注	ReMarks	Varchar(100)			
启用时间	StartTime	datetime	8		
失效时间	ExpireTime	datetime	8		
版本号	Version	Varchar	20		YYYYMMDDHHMMSS

4.2.2 站级软件功能

站级软件功能见表 9-4-26。

站级软件功能 表 9-4-26

站级软件	接收	接收记录	接收正常过车及图片流水
		接收事件	接收车道异常事件
	下发	参数自动下发	下发车道运营参数,包括电子标签黑名单、黑名单卡、费率表、卡片启用日期、操作员工号密码等
		参数手动下发	同上
		同步时间	下发同步时间的命令
	流水查询	收费流水	依据时间、车道等查询数据库中的过车流水
		图像	依据时间、车道等查询数据库中的过车图像
	监控并模拟车道过车状况	监控	监控车道收费状况,并及时显示车道过车流水
		模拟	依据车道过车设备信号,模拟车道通行状况

4.2.3 常见故障列表

常见故障见表9-4-27。

常见故障列表 表9-4-27

序号	故 障	原 因	解决方法
1	费率表不能下发	1. 下发任务表不完整(多种方式); 2. 站级库无合适的费率	重新下发费率参数
2	优惠信息表不能下发	1. 下发任务表不完整(多种方式); 2. 站级库无合适的优惠信息表	重新下发优惠信息表参数
3	记账卡黑名单不能下发	1. 下发任务表不完整(多种方式); 2. 站级库无合适的黑名单表	重新下发黑名单参数
4	流水不能上传到库	流水字段错误	依据流水表数据结构检查流水表设置,把字段修改正确
5	数据库满	日志文件或数据文件过大	收缩数据库或删除数据库日志
6	ETC数据库数量过多	ETC数据库数量过多会引起流水、工班、图像不上传	定期备份数据库,建议保持量3~6个月
7	数据库不能打开	数据文件损坏	重构数据库,依据日志恢复
8	ETC流水或工班记录的工班号为0	1. 工班文件下发时异常; 2. 程序原因	将整理正确的工班表参数下发到车道
9	ETC流水找不到对应图像	1. 图像没有生成或生成错误; 2. ETC数据库流水表的图像号(image No.)与图像表的图像号(image No.)不相等	重新核对数据库图像表的生成时间,与流水表的生成时间对比,时间来关联流水和图像

4.2.4 一些软件故障处理方法

1)数据无法入库

现象:

数据库满,不能插入数据。

原因分析:

数据库日志文件过大或数据文件过大。

解决办法(图9-4-2):

(1)设置数据库属性,把故障还原模型设置为"简单",并选上"自动收缩"。

(2)对数据库进行一次收缩。

(3)清理数据库数据。

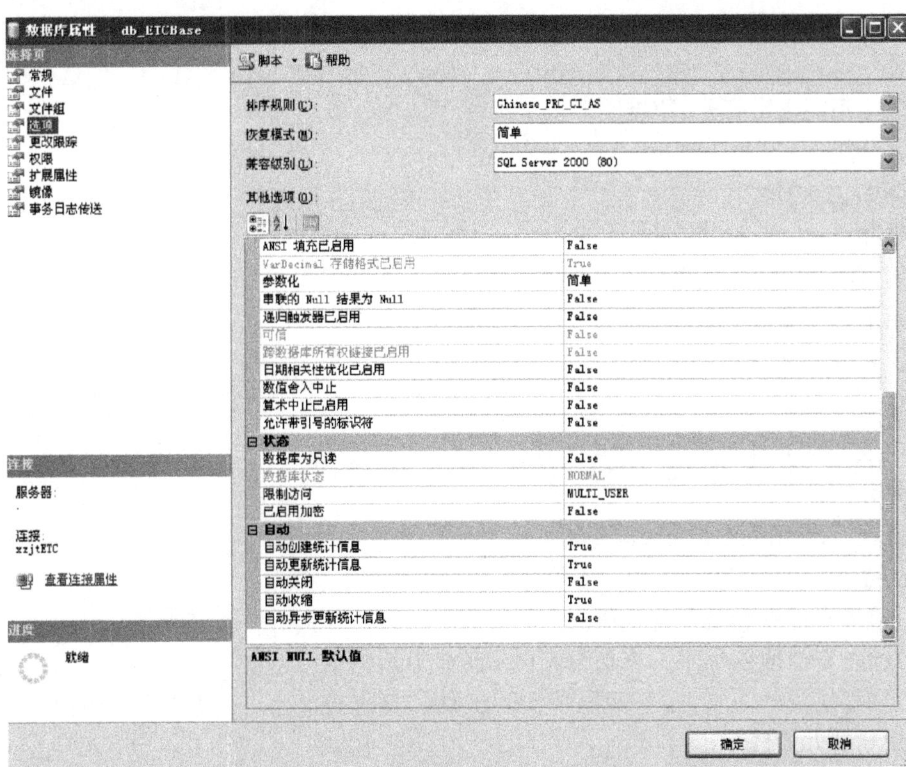

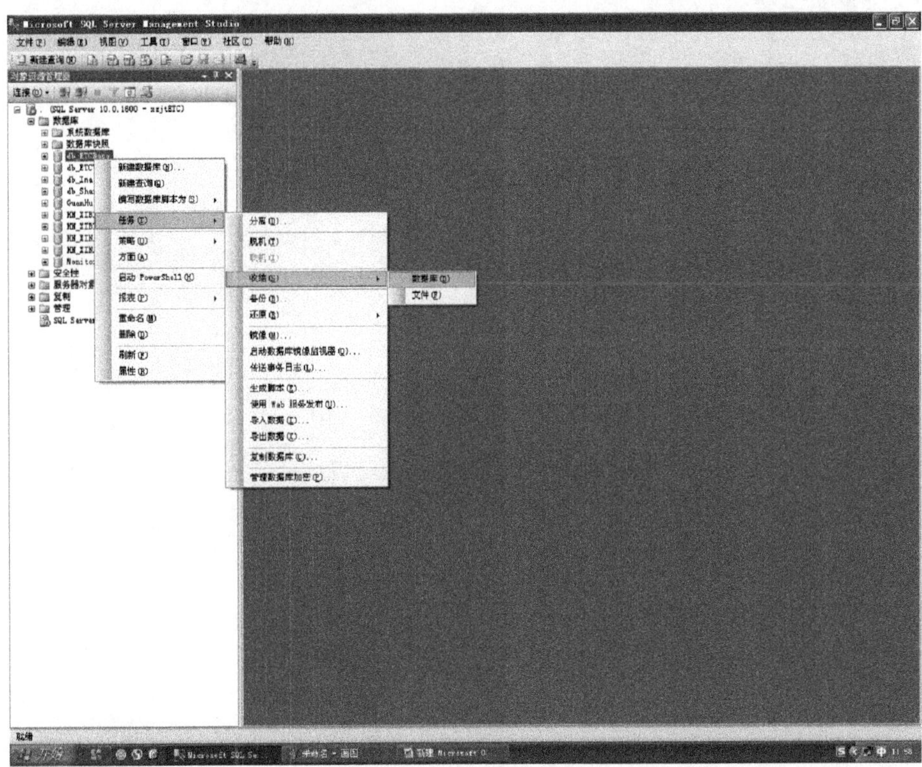

图 9-4-2　数据无法入库解决

2)数据库文件损坏

现象：

数据库不能正常打开，数据不上传。

原因分析：

数据库文件损坏。

解决办法：

重建 ETC 数据库（或重新安装 SQL）。

使用工具恢复流水。

3)工班统计不符

现象：

ETC 数据库工班与流水数量不一致。

原因分析：

工班统计出错或流水丢失。

解决办法：

(1)检查车道数据是否有积压。

(2)检查车道服务程序日志是否有提示缺少流水的信息。

(3)恢复丢失的流水（站管理程序、DM 工具、“日志查流水”工具、“日志模拟”工具及直接人工恢复的方式）。

4)流水数据异常

现象：

ETC 数据库生成错误的流水（含重复流水）。

原因分析：

车道程序异常，导致了错误生成流水。

解决办法：

(1)检查是否重复流水。

(2)检查错误的流水字段。

参 考 文 献

[1] 中华人民共和国国家标准.GB/T 20135—2006　智能运输系统　电子收费　系统框架模型.2006 年.

[2] 中华人民共和国国家标准.GB/T 20851—2007　电子收费　专用短程通信.2007 年.

[3] 交通部.收费公路联网收费技术要求.2007 年第 35 号公告.

[4] 交通运输部,国家发展改革委,财政部.关于促进高速公路应用联网电子不停车收费技术的若干意见.2010 年 12 月.

[5] 交通运输部.公路水路交通运输信息化“十二五”发展规划.2011 年.

[6] 交通运输部.收费公路联网电子不停车收费技术要求.2011 年第 13 号公告.

[7] 交通运输部.交通运输部关于开展全国高速公路电子不停车收费联网工作的通知.2014 年第 64 号公告.

[8] 交通运输部.全国高速公路电子不停车收费联网总体技术方案.2014 年第 112 号公告.

[9] 交通运输部.全国高速公路电子不停车收费联网联合测试方案.2014 年第 112 号公告.

[10] 中华人民共和国行业标准.JTG B10-01—2014　公路电子不停车收费联网运营和服务规范.2014 年.

[11] 中华人民共和国行业标准.JTG B01—2014　公路工程技术标准.2014 年.

[12] 中华人民共和国行业标准.JTG B80—2006　高速公路交通工程及沿线设施设计通用规范.2006 年.

[13] 国家发展改革委,建设部.建设项目经济评价方法与参数(第三版).北京:中国计划出版社,2006 年 7 月.

[14] 湖南省交通厅.湖南省高速公路机电系统总体规划.2008 年.

[15] 湖南省交通运输厅,交通运输部公路科学研究院.湖南省高速公路综合智能收费方式评估分析报告.2013 年 3 月.

[16] 湖南省高速公路管理局.湖南省在建高速公路机电工程联网相关工作指南(2013 版).2013 年.